MW01705683

Question sur la Louisiane,
p. 141.

pour analyse 2 :
p 177
(Comparaison avec
la SACE

Les Américains

André Kaspi

Les Américains

1. Naissance et essor des États-Unis (1607-1945)

Éditions du Seuil

Avec le soutien du

CNL Centre national du livre

www.centrenationaldulivre.fr

TEXTE INTÉGRAL

ISBN 978-2-7578-4154-9
(ISBN 2-02-009363-4, édition complète)
(ISBN 978-2-02-009358-3, édition reliée en un volume)

En guise d'introduction

L'histoire des États-Unis suscite en France un intérêt intermittent. Au mieux, elle reste une curiosité qu'alimentent des ouvrages d'inégale valeur, un domaine marginal de la recherche historique, l'un des parents pauvres de l'Université. Mais je ne suis pas pessimiste. Les mentalités changent, même s'il convient d'être patient. Une nouvelle génération manifeste ses dons et ses talents. Mon livre poursuit des objectifs limités : répondre à des questions qu'il est légitime de se poser, initier à une histoire à la fois méconnue et capitale, susciter des vocations.

Si mon ambition est satisfaite, ne fût-ce que partiellement, je n'aurai pas déçu celles et ceux qui m'ont prodigué leurs encouragements et n'ont pas cessé de me faire confiance, mes proches, mes amis et mes étudiants que je tiens à remercier très chaleureusement.

Les États et leur date d'entrée dans l'Union

1

La naissance des États-Unis (1607-1815)

1

La fondation des colonies anglaises d'Amérique du Nord

L'histoire des États-Unis commence dans l'Angleterre du XVIIe siècle. Ce n'est pas que les Anglais aient découvert l'Amérique. Tout au contraire. Ils se sont laissé devancer par d'autres nations européennes, comme s'ils n'avaient ni les moyens ni le désir de participer à la grande aventure transatlantique. Et puis, dans les quarante premières années du XVIIe siècle, ils se décident à franchir le pas. Mieux encore, ils fondent des colonies, y installent environ 40 000 personnes, soit 1 % de la population anglaise, et mettent sur pied un empire américain. Au total, treize colonies sur le territoire qui sera celui des États-Unis, chacune fondée dans des circonstances particulières, avec ses caractères propres, mais toutes unies bon gré mal gré par un lien commun avec la métropole britannique.

La colonisation anglaise en Virginie

La fondation de la Virginie remonte à 1607. Les Anglais paraissent avoir longuement hésité. Ils ont d'abord abandonné l'initiative aux Portugais, aux Espagnols et aux Français.

Au XVe siècle, le Portugal mène les grandes expéditions de découverte. Ses navigateurs longent les côtes africaines, franchissent l'équateur, puis le cap de Bonne-Espérance. L'océan

Indien leur est désormais ouvert. Ce qu'ils recherchent, c'est la route des Indes pour se fournir en épices, accessoirement pour découvrir des mines d'or et convertir au christianisme. Nouveaux venus dans la chasse au trésor, les Espagnols donnent leur soutien en 1492 à Colomb qui se propose d'atteindre les Indes, non plus par l'est, mais par l'ouest puisqu'il sait que la terre est ronde. Le Génois découvre l'Amérique sans le savoir, en fait les Antilles et une partie de l'Amérique du Sud. Les habitants qu'il rencontre, il les dénomme Indiens. Nouvelle erreur qui s'explique par l'objectif principal de ses expéditions. Ses successeurs, une fois qu'ils ont compris que le Japon (Cipango), la Chine (Cathay) et *a fortiori* les Indes sont situés plus à l'ouest, s'entêtent à repérer le passage du nord-ouest, c'est-à-dire un bras de mer qui devrait relier le Pacifique et l'Atlantique. Il faut du temps, beaucoup de temps, la mise au jour des richesses du sous-sol américain en métaux précieux, pour que les Portugais et les Espagnols construisent un empire colonial outre-Atlantique. Les premiers prennent possession du Brésil, les seconds du Mexique puis du reste de l'Amérique centrale et de l'Amérique du Sud. Le nord du continent n'intéresse pas les Espagnols. Certes, quelques-uns de leurs explorateurs y font des reconnaissances, à la recherche de l'or, de l'argent et d'une fantastique fontaine de Jouvence. En 1513, Juan Ponce de León atteint la Floride, qu'il prend pour une île. De 1539 à 1543, Hernando de Soto découvre des cours d'eau comme la Savannah, l'Alabama, le majestueux Mississippi, l'Arkansas. Au même moment, Francisco Vásquez de Coronado part du Mexique, franchit le rio Grande, parcourt l'Arizona, le Texas, le Kansas. Mais le cœur n'y est pas. Où est l'or qui dissiperait les hésitations ? Où sont les millions de colons qui permettraient une véritable prise de possession ? Pourquoi étendre encore un si vaste empire ? Les Espagnols concluent que l'Amérique du Nord n'est pas un autre Eldorado. Passe encore de construire un fort à Saint Augustine en 1565 sur la côte Est de la Floride qui sert de glacis défensif au Mexique. Passe encore de dépêcher des missions catholiques pour évangéliser les indigènes en Caroline du Sud et autour de la baie de Chesapeake. Que les autres tentent leur chance dans ce qui semble être une vaste région inhospitalière et sans importance économique !

Les autres, ce sont d'abord les Français. Le roi de France n'accorde aucune valeur à la bulle *Inter Cœtera* (1493) d'Alexandre VI ni au traité de Tordesillas (1494). Il ne reconnaît pas le partage du monde nouvellement exploré que viennent de décider Espagnols et Portugais. François Ier n'hésite pas à envoyer un navigateur florentin, Giovanni da Verrazano, vers le Nouveau Monde, qui a été baptisé Amérique en souvenir d'Amerigo Vespucci (géographe et explorateur). Sa mission ? Découvrir un accès par l'ouest jusqu'à Cathay. Verrazano embarque en janvier 1524 sur la *Dauphine*, une caraque de trois mâts qui jauge cent tonneaux. À son bord, cinquante hommes d'équipage et huit mois de provisions. Le 7 mars, l'expédition aperçoit la terre, à la latitude du 34e parallèle. Transports d'enthousiasme et d'optimisme. Verrazano honore son maître et sa patrie d'adoption en donnant au continent le nom de Francesca. Puis, il longe la côte en se dirigeant vers le nord. Le 17 avril, le voici dans la baie de New York dont il imagine qu'elle le conduira vers la Chine. Il constate très vite son erreur et se contente de baptiser Nouvelle-Angoulême un emplacement à l'entrée de la baie, où s'élèvera New York. Déçu malgré tout, il prend le chemin du retour et accoste à Dieppe le 8 juillet. Dix ans plus tard, en 1534, les Français tentent leur chance une nouvelle fois. Le chef de l'expédition s'appelle Jacques Cartier. Il part à la recherche de l'or et des diamants. Il atteint Terre-Neuve et l'embouchure du Saint-Laurent. En 1535, deuxième voyage. Cartier s'enhardit, remonte le Saint-Laurent et fonde Québec. Il pousse jusqu'au point où se construira Montréal. Les diamants du Canada qu'il rapporte ne sont que des cailloux de pyrite, mais Cartier a posé les fondements d'une présence française qui prendra de l'ampleur au XVIIe siècle. Quant à l'expédition française en Floride, dans les années 1562-1565, la proximité des Espagnols la vouait à l'échec.

Pour le moment, point d'Anglais. Tout au plus faut-il signaler qu'un Génois de Bristol, John Cabot, a fait une reconnaissance en 1497 dans le golfe du Saint-Laurent et donné son nom, le cabotage, à la pratique de la navigation côtière. Son fils, Sébastien, est allé jusqu'en Floride et au Brésil. Puis, pendant trois quarts de siècle, plus rien. L'exemple des Vikings qui, aux environs de l'an mil sous la conduite de Leif Ericson, avaient traversé l'Atlantique et abordé sans doute aux côtes de Terre-Neuve, n'inspire pas l'Angleterre. Elle est trop faible, trop occupée par ses conflits internes, par sa rupture avec le pape ou trop intéressée par les affaires du continent européen. Au milieu du règne d'Elizabeth Ire, qui est montée sur le trône en 1558, l'Angleterre change. La querelle religieuse s'apaise. L'économie du pays prospère. Des aventuriers de talent, des « loups de mer », sont prêts à se lancer dans des expéditions lointaines. Il y a des signes qui ne trompent pas. En 1576, une compagnie du Cathay se fonde et envoie Martin Frobisher à la recherche du passage du nord-ouest. Frobisher tente de contourner le Canada par le nord, découvre la terre de Baffin et la baie de Frobisher, ramasse des pierres qui ressemblent à des pépites, fait monter à son bord quelques Indiens et retourne à Londres. Déception des capitalistes qui ont financé son voyage. Sir Humphrey Gilbert met alors au point un plan plus sérieux et complexe. En 1576, il publie un *Discours pour démontrer l'existence d'un passage par le nord-ouest jusqu'à Cathay*. Gilbert s'intéresse maintenant à l'Amérique. Pourquoi ne pas y implanter une colonie, suggère-t-il ? Elle constituerait une base maritime contre l'Espagne, l'ennemi principal de l'Angleterre. Elle prospérerait grâce à l'exploitation des richesses locales. Une fois découvert le passage du nord-ouest, elle procurerait aux navigateurs les approvisionnements indispensables.

L'idée d'une grande expédition anglaise est dans l'air. De 1577 à 1580, sir Francis Drake a entrepris de franchir le détroit de Magellan et de longer la côte pacifique du continent américain. En 1578, Gilbert convainc la reine Elizabeth. La souveraine accorde une charte, aux termes de laquelle Gilbert reçoit la permission de fonder dans les six ans une colonie en Amérique, d'y exercer l'autorité absolue et d'en tirer les bénéfices, exception faite de l'or et de l'argent dont un cinquième ira dans les coffres royaux. Gilbert s'embarque peu après. On ne sait pas s'il a touché les côtes du Nouveau Monde ou s'il s'est contenté de piller les convois espagnols. En 1583, deuxième départ. Cette fois-ci, Gilbert a pris ses précautions. Il a réuni les capitaux nécessaires à Bristol et à Southampton. Il est parvenu à constituer un équipage de deux cent soixante hommes qu'il embarque à bord de cinq navires. En juin, la flottille lève l'ancre en direction de Terre-Neuve. Au nom de la reine d'Angleterre, l'île fait l'objet d'une prise de possession solennelle. Puis, Gilbert met le cap sur le sud. Trois des cinq navires ont abandonné l'expédition. Gilbert renonce à poursuivre et, au cours du voyage de retour, une violente tempête envoie les bâtiments au fond de l'océan.

Finie, l'aventure anglaise en Amérique ? Au contraire. Sir Walter Raleigh, le demi-frère de Gilbert, obtient une nouvelle charte en 1584. Il dépêche immédiatement une expédition de reconnaissance qui longe la côte au sud de la baie de Chesapeake. Les explorateurs sont éblouis. Raleigh décide alors de donner le surnom de la reine, Elizabeth la Vierge, à la région, qui devient la Virginie. En 1585, une autre expédition jette l'ancre devant l'île de Roanoke, à la limite actuelle de la Virginie et de la Caroline du Nord. Dès l'année suivante, les colons préfèrent rentrer en Angleterre. Raleigh persiste. Le 8 mai 1587, cent vingt colons partent pour Roanoke. La fille de John White, le chef de l'expédition, donne naissance à Virginia Dare, le premier sujet de Sa Majesté qui soit né en Amérique. White repart alors pour aller chercher des provisions. Les événements d'Europe, en particulier l'invasion manquée de l'Angleterre par l'Invincible Armada, retardent le retour. En 1590, lorsque White aborde à Roanoke, il n'y a plus aucune trace de la colonie, sauf un mot, gravé sur un arbre, « Crotoan », le nom d'une île voisine.

Ce qui est plus important que ces échecs, c'est que les Anglais ressentent les effets du virus de la colonisation. Ils se mettent à rêver l'Amérique. Inspirés par l'ouvrage de Thomas More, ils y voient une sorte d'Utopie, un refuge idéal pour les pauvres et les persécutés, une source d'enrichissement pour les plus fortunés. Richard Hakluyt a bien exprimé cette philosophie colonialiste dans son *Discourse Concerning Western Planting*, paru en 1584, et dans *The Principall Navigations, Voiages, and Discoveries of the English Nation*, publié en 1589. Les colons, écrit-il, amélioreront le niveau de vie de l'Angleterre, en atténuant par leur départ le surpeuplement des îles Britanniques, en fournissant par leur travail les produits indispensables à la métropole, en achetant les marchandises anglaises. Bien entendu, ils participeront à la guerre, directe et indirecte, que continuent à se livrer l'Angleterre et l'Espagne. Ils empêcheront les missionnaires catholiques de convertir les Indiens. Et ils feront des profits. L'initiative privée ne saurait disparaître dans le gouffre des ambitions nationales. L'imagination, non plus. Les Espagnols cherchent la fontaine de Jouvence. Les Anglais font de l'Amérique un paradis terrestre, débordant d'or et de pierreries, une terre d'abondance où le gibier nourrira aisément les habitants, où les poissons sont aussi variés que nombreux, où les forêts, les richesses agricoles enrichiront les pauvres et procureront de gros bénéfices aux investisseurs.

Il n'empêche qu'il faut attendre le successeur d'Elizabeth, Jacques Ier, pour que la colonisation commence vraiment. En 1606, trois ans après son avènement, il accorde une charte à deux sociétés commerciales. L'une et l'autre se dénomment

Compagnie de Virginie, mais la première fixe son siège à Plymouth, la seconde à Londres. Leurs buts sont identiques. Des marchands aventuriers se sont associés pour répartir les investissements, les dangers et les profits. Ils s'engagent à armer des bateaux qui transporteront des colons. Si les colons paient leur voyage, ils pourront dès leur débarquement travailler à leur compte. Si la société a avancé l'argent du voyage, elle bénéficiera pendant sept ans des fruits du travail des colons. La compagnie de Londres dispose du droit de fonder des colonies entre le 34ᵉ et le 41ᵉ parallèle, celle de Plymouth entre le 38ᵉ et le 45ᵉ parallèle, étant entendu que la concession vaut, à l'intérieur des terres, jusqu'à 100 miles des côtes et que les colonies de chaque compagnie devront être séparées d'au moins 100 miles.

Il n'y a pas de temps à perdre. La compagnie de Plymouth lance une expédition qui débarque à l'embouchure de la Sagadahoc, au cœur du Maine. Les conditions de vie y sont très rudes. La colonie ne survit pas. Le groupe de Plymouth ne tarde pas alors à renoncer à ses projets américains et cède ses droits à une nouvelle compagnie qui s'intitule le Conseil de Nouvelle-Angleterre. Le groupe de Londres réussit mieux. Il réunit une flotte de trois bâtiments, le *Susan Constant*, le *Godspeed* et le *Discovery*. Le commandant Newport est placé à la tête de l'expédition, avec pour consignes de choisir un site qui soit sur un cours d'eau, dans l'espoir d'atteindre un jour les Indes orientales, de diviser les colons en trois équipes pour bâtir et fortifier le village, de faire pousser des légumes, d'explorer les environs et d'évaluer les possibilités de procéder à des échanges. Le 20 décembre 1606, les trois navires quittent Londres, emportant cent quarante-quatre colons – des hommes, aucune femme. Le voyage est interminable. D'Angleterre en Amérique, *via* les Canaries et les Antilles, il faut près de quatre mois. Le 26 avril 1607, voici enfin la Virginie. La flottille remonte la James River, un cours d'eau auquel on a donné le nom du roi. Un mouillage satisfaisant devient Jamestown. De fait, le lieu est très insalubre et les marécages voisins sont propices à la malaria. Mais les forêts fournissent le bois nécessaire à la construction des maisons et des fortifications. Quoi qu'il en soit, la vie est si difficile, la nourriture si peu saine que la mort décime la colonie. Après un an de séjour, cinquante-trois hommes ont survécu. Deux navires arrivent alors avec des renforts et des provisions. Ce qui n'empêche pas le gouverneur de la colonie d'écrire en 1611 : « Chacun ou presque se plaint d'être ici. » Et il conclut en demandant que le roi envoie en Virginie tous les condamnés à mort des prisons anglaises, car eux, au moins, seront contents « de construire ici leur nouveau pays ».

Les colons de Jamestown doivent faire face à trois problèmes. À commencer par celui de la direction de la colonie. Le plus célèbre et le plus efficace des « conseillers », c'est le capitaine John Smith. L'homme incarne, à vingt-sept ans, le milieu des marchands aventuriers. Il connaît l'Europe où il a combattu. Il sait se servir de son expérience militaire. Alors que ses compagnons d'infortune sombrent dans le désespoir, il maintient la discipline, s'enfonce hardiment à l'intérieur du pays et procède à des relevés topographiques. Les Indiens s'emparent de lui et, d'après la légende, ne lui accordent la vie sauve que sur l'insistance de la jeune Pocahontas, fille du roi Powhatan. Grâce à ses relations avec les Indiens, Smith comprend que la colonie ne survivra que si elle a recours au « blé indien », entendons : le maïs. Les Indiens lui donnent des graines, et les colons, sur l'ordre de Smith, se mettent à la culture du maïs. L'anecdote prend valeur de symbole. Elle démontre le rôle du chef. Smith a joué un rôle capital à un moment capital. L'anecdote souligne aussi l'importance du maïs dans l'histoire de la civilisation américaine et la suite le confirmera amplement. Elle annonce, enfin, un changement profond dans les mentalités collectives. Jusqu'alors, les colons cherchaient à amasser de l'or, sauf à vivre d'échanges avec les indigènes, à cueillir des fruits sauvages et à chasser le gibier. Smith découvre que pour survivre il faut travailler et que les colons ne peuvent pas se contenter d'être des prédateurs. La Virginie sera à la fois une colonie d'exploitation et de peuplement.

C'est que, deuxième problème, l'état d'esprit des Anglais qui s'établissent à Jamestown n'est pas du tout celui d'agriculteurs, heureux de se livrer aux travaux des champs. Ils entendent travailler le moins possible. Smith élabore un emploi du temps et recommande, en 1608, « quatre heures de travail par jour, [...] le reste en distractions ». Plus tard, de retour à Londres, il réfléchit à la question et suggère six heures. La compagnie elle-même et les gouverneurs qui se succèdent ne pensent pas autrement. Il est vrai que l'inactivité, voire la paresse s'expliquent. Les maladies, comme le scorbut, la malaria, la typhoïde, la diphtérie, font des ravages. Les règles de la colonie ne prévoient pas pour le moment la propriété privée : chacun travaille pour la compagnie et non pour lui-même. Et puis, les Anglais s'inspirent du modèle espagnol de colonisation : les indigènes travaillent, les Européens surveillent, organisent et empochent les profits. Or, la Virginie n'est pas le Pérou et les Indiens résistent aux intrus. En conséquence, la colonisation ne peut y être conçue comme une expédition militaire. Il faut cultiver la terre et non se contenter d'exercer l'artisanat traditionnel. Le maïs fait vivre et ne rapporte pas. En revanche, la culture qui stimule l'essor de la colonie, c'est le tabac. Là encore, les Indiens ont aidé les Européens. La première cargaison de tabac qui atteint l'Angleterre en 1617 se vend cher. Le tabac est désormais pour la Virginie ce que le sucre est pour les Antilles. Les actionnaires retrouvent le sourire. La colonie est sur le point de devenir rentable. La compagnie se donne alors en 1618 un nouveau programme. Tout candidat au départ recevra 50 acres[1] s'il paie son voyage ou s'il paie le voyage d'un autre. Un bon moyen pour stimuler l'immigration et favoriser la création de vastes plantations.

1. Une acre équivaut à 2/5 d'hectare, soit 40 ares.

La discipline de la colonie cessera d'être militaire et les colons seront gouvernés à la manière des Anglais de la métropole. Les planteurs pourront élire des représentants qui s'associeront au gouverneur pour faire des lois. En quelques années, la propriété privée et des institutions représentatives sont transplantées en Virginie.

Le troisième problème concerne le peuplement de la colonie. La compagnie souhaite maintenant que des femmes s'installent en Virginie. C'est indispensable pour que les colons puissent fonder des familles, donc assurer le développement harmonieux de la colonie. Tous les moyens sont bons pour persuader des filles, honnêtes et saines, qu'elles ont intérêt à partir pour l'Amérique. Elles y trouveront, à coup sûr, des maris, une nourriture abondante et n'auront même pas à payer le voyage. Désormais, les navires se succèdent à Jamestown. D'avril à décembre 1618, la population passe de 400 à 1 000 habitants. Dans les six années qui suivent, on compte 4 000 arrivées. Mais, en raison d'un taux de mortalité très élevé, la population ne dépasse pas 1 210 individus en 1625. Beaucoup d'Anglais d'East Anglia, des Midlands et de la région londonienne ont de bonnes raisons d'émigrer. Depuis des années, les campagnes subissent de profondes transformations. Les champs sont maintenant clôturés pour permettre une exploitation plus rentable et ouvrir la voie à la céréaliculture et à l'élevage. La propriété communale disparaît. Les pauvres qui se contentaient d'utiliser les prés communaux sont chassés des campagnes. Ils partent pour les villes, sont réduits à devenir des vagabonds que les colonies ne tardent pas à attirer à moins que les autorités politiques ne les y expédient. De 1620 à 1640, l'Angleterre se métamorphose. Dans le même temps, l'essor commercial continue. À preuve, l'activité des compagnies privées par actions. Les conditions sont favorables à la colonisation de l'Amérique du Nord : du tabac en Virginie, des capitaux et des hommes en Angleterre. En 1624, prenant prétexte des mauvais traitements que les colons ont subis, le roi dissout la compagnie de Londres. La Virginie est désormais colonie royale.

La Nouvelle-Angleterre

En 1620, une autre colonie anglaise est fondée sur le continent américain. Les motivations ne sont pas économiques mais religieuses. Là encore, il faut chercher l'explication en Angleterre. Depuis 1534, l'Église d'Angleterre ne reconnaît plus la suprématie de Rome. Elle a pour chef le roi. Sous les successeurs de Henry VIII, l'influence des idées calvinistes s'accentue et les anglicans évoluent de plus en plus vers le protestantisme. Seulement, en ces temps de bouleversements religieux, il est difficile, sinon impossible, d'arrêter l'évolution des idées. En Écosse, par exemple, qui est alors un royaume souverain, John Knox fait adopter, dès 1560, une réforme radicalement calviniste : plus d'évêques, des pasteurs élus par les fidèles, une Église bâtie sur une pyramide de conseils. C'est le presbytérianisme. En Angleterre même, Robert Browne rompt en 1580 avec l'anglicanisme et fonde à Norwich la première Église congrégationaliste. Les pasteurs sont élus, mais toute hiérarchie disparaît. Chaque congrégation s'unit à Dieu par une alliance, un *covenant*. Henry Barrow pousse plus loin le congrégationalisme : l'Église et l'État doivent être séparés, les Églises locales sont toutes sur un pied d'égalité, les pasteurs sont des laïcs. Les congrégationalistes savent aussi s'arrêter. Contrairement aux anabaptistes d'Europe continentale, ils ne refusent pas de prêter serment ni de porter les armes. Contrairement aux presbytériens, ils demeurent à l'intérieur de l'Église anglicane, comme des dissidents, des non-conformistes qui ne renoncent pas à faire triompher leurs points de vue. À l'image de la plupart des sectes protestantes, ils ont tendance à se diviser. C'est ainsi qu'en 1612 le baptisme fait son apparition en Angleterre, sans oublier peu après d'autres tendances comme les levellers, les diggers, les hommes de la Cinquième Monarchie, les quakers, etc.

Malgré des divergences qui se transforment souvent en farouches oppositions, les dissidents ont des points communs. L'Église anglicane n'éprouve aucune bienveillance à leur égard. Ni Elizabeth ni ses successeurs ne comprennent le sens du mot tolérance. Les dissidents ne se contentent pas d'avoir des convictions religieuses, ils s'efforcent de les exprimer dans la vie sociale. Pour eux, le royaume de Dieu se construit d'abord sur la terre. Tout gouvernement doit obéir aux règles que Dieu a fixées. Toute société doit se plier à la morale qui découle des commandements de Dieu. Ils sont hostiles aux séquelles du papisme que l'Église anglicane charrie dans son organisation et dans ses rites, au relâchement des mœurs, qui ouvre la voie à l'ivresse, au vol, à l'adultère et à la violation du repos sabbatique. Ils aspirent à un christianisme plus pur. De là leur surnom de puritains.

Les Pèlerins (*Pilgrims*) sont des puritains. Ils appartiennent à la branche congrégationaliste. À une différence près : ils sont séparatistes, c'est-à-dire qu'ils ont rompu la communion avec les anglicans. En 1608-1609, la congrégation de Scrooby dans le Nottinghamshire, formée d'humbles sujets du royaume, se réfugie en Hollande, parce que ses membres redoutent l'hostilité de l'Église officielle. Les Provinces-Unies sont alors une exception en Europe : la tolérance y règne. Un peu trop, estiment les Pèlerins qui s'inquiètent de l'assimilation excessive de leurs enfants au milieu hollandais. La menace d'une invasion des Provinces-Unies par les troupes espagnoles leur donne un sujet de préoccupation autrement plus grave. Comme ils ont entendu parler de la Virginie, ils prennent langue avec la compagnie de Londres et parviennent à un accord. Ils vendent leurs biens, font étape en Angleterre, et à Southampton montent à bord du *Mayflower*. Avec eux d'autres séparatistes qui viennent de Londres et quatre-vingts artisans et ouvriers environ que la compagnie envoie en Virginie. Au total, cent trente et un passagers, dont trente et un enfants, quittent Plymouth le 16 septembre 1620. La traversée dure soixante-cinq jours. La terre qui se découpe alors à l'horizon n'est pas la Virginie, mais la Nouvelle-Angleterre que John Smith a longée quelques années auparavant et qui relève du Conseil de Nouvelle-Angleterre. Erreur de navigation ? Menace d'une tempête si le *Mayflower* poursuit vers le sud ? Arrière-pensées des Pèlerins et du commandant, soucieux d'échapper à la lourde tutelle de la compagnie de Londres ? On ne sait pas. Toujours est-il que les Pèlerins décident de débarquer au cap Cod (cap de la morue). Avant cela, comme ils n'ont aucun titre pour s'établir en ces lieux, ils rédigent et adoptent un accord politique, le *Mayflower* Compact, qui servira de base au système de gouvernement. Cela se passe le 21 novembre. Un mois plus tard, ils s'établissent à Plymouth, un site qui leur a paru commode.

La colonie grossit lentement : 24 habitants en 1624, 390 en 1630, 579 en 1637, 2 000 en 1660. En 1691, elle est absorbée par la colonie du Massachusetts. Pourtant, le symbole vaut plus que la réalité. Rien n'a préparé les Pèlerins à l'aventure américaine. Ils souhaitent vivre de la pêche, mais ils ne sont pas pêcheurs. Ils ont emporté des fusils pour se défendre contre les Indiens, mais ils ne savent guère s'en servir. Ils ont voulu gagner la Virginie, mais ils ont débarqué en Nouvelle-Angleterre, sur une terre ingrate, sous un climat rude, dans une région éloignée de tout et de tous. La moitié des passagers sont morts pendant le premier hiver. Or, aucun survivant n'a voulu rentrer en Angleterre. C'est que, écrit William Bradford, l'un d'entre eux, « ils savaient qu'ils étaient des pèlerins et les choses d'ici-bas ne les intéressaient pas. Ils levaient les yeux vers le ciel, leur pays le plus cher ». Et il conclut : « Ainsi à partir de débuts insignifiants, de grandes choses furent accomplies par Sa main qui fit tout de rien et donne naissance à tout ce qui est. Une petite chandelle peut en allumer des milliers. Et la lumière qui s'est allumée ici s'est diffusée en quelque sorte sur toute notre nation. » On comprend, dans ces conditions, pourquoi en 1621 les Pèlerins célébrèrent une journée d'actions de grâces (Thanksgiving Day) et pourquoi le pacte du *Mayflower*, premier pas vers une démocratie égalitariste, est devenu pour les Américains le symbole des origines nationales et des libertés politiques.

Grâce à la colonie de Plymouth, la Nouvelle-Angleterre attire d'autres puritains. Ceux-là ne sont pas des séparatistes. S'ils quittent l'Angleterre, c'est qu'ils redoutent l'hostilité du nouveau roi, Charles Ier, monté sur le trône en 1625, qui manifeste des sympathies croissantes pour l'arminianisme[1] et a épousé la catholique Henriette-Marie, la sœur de Louis XIII. Les puritains imaginent le pire pour eux et pour l'Angleterre, d'autant plus qu'en 1633 William Laud, leur ennemi, a accédé à l'archevêché de Cantorbéry, la dignité la plus élevée de l'Église anglicane. Le roi subit son influence. L'Angleterre semble être sur le point de connaître une remise en ordre, politique et religieuse. Laud décide de mettre au pas les dissidents. Gare aux hérétiques ! Les sermons doivent se calquer sur les instructions officielles. En vertu de l'Acte de suprématie (1559), l'assistance à la messe dominicale est obligatoire pour les anglicans comme pour les autres. Pour les puritains, c'est le temps de l'émigration, de l'« hégire » vers l'Amérique, où ils construiront la nouvelle Sion, une Angleterre débarrassée de ses péchés et de ses anglicans arminiens.

En 1628, un groupe de puritains achète des actions du Conseil de la Nouvelle-Angleterre et obtient une charte de colonisation. Le lieu d'établissement sera la baie du Massachusetts, au nord de Plymouth. En 1629, la société par actions se réorganise et devient la Compagnie de la baie du

1. Jakob Armenzsoon (Jacobus Arminius) est un théologien hollandais, mort en 1609. Sa doctrine accorde une moindre importance à la prédestination que le calvinisme traditionnel. Elle insiste sur le rôle de chaque individu dans son propre salut et sur la nécessité des rites.

Massachusetts dont les puritains sont les actionnaires majoritaires. Quelques navires ont déjà traversé l'Atlantique et des colons se sont fixés à Salem (contraction de Jérusalem). Le 29 mars 1630, quatre bateaux quittent Southampton. À leur bord, John Winthrop, le gouverneur de la Compagnie. Un mois plus tard, sept autres bâtiments, et des navires venant de Bristol et de Plymouth, prennent la direction de la Nouvelle-Angleterre. C'est l'*Arbella* qui, le premier, entre dans le port de Salem. Les uns s'installent dans la ville elle-même, d'autres à Mishawum (bientôt rebaptisée Charlestown), Shawmut (Boston), Mystic (Medford), Watertown, Roxbury, Dorchester. Dans les années trente, la migration se poursuit, malgré l'opposition du gouvernement royal. Au point qu'en 1660 la colonie du Massachusetts compte 20 000 habitants.

Comment expliquer le succès de cette colonisation ? Les puritains quittent l'Angleterre sans idée de retour. Ils ont vendu leurs biens et partent en famille. Plus rien ne les retient dans la métropole. Bien plus, ce sont des congrégations, pasteurs en tête, qui vont s'établir en Amérique et y reconstituent le village qu'elles ont quitté. L'installation n'a rien de facile. Point de tabac. Il faut se contenter de pêcher des poissons, de faire pousser du maïs et du blé, d'élever du bétail, de couper du bois, de tirer des dindes sauvages et de construire des navires. Comme ce n'est pas suffisant, les colons de la Nouvelle-Angleterre se lancent dans le commerce maritime. En dépit des difficultés, les puritains ne doutent pas de leur succès. C'est que, pensent-ils, la Virginie repose sur une colonisation essentiellement « charnelle », c'est-à-dire sur la recherche du profit, tandis que la Nouvelle-Angleterre se construit sur des motivations « religieuses ».

Il faut ajouter que les arrivées massives infusent du sang nouveau. Pour attirer des immigrants, des lettres particulièrement encourageantes sont expédiées en Angleterre : « Une terre merveilleuse [...], mes enfants n'ont jamais été aussi bien que pendant la traversée. [...] Quels arbres ! Quel air ! Je découvre trois bénédictions, la paix, l'abondance, la santé. » Ces lettres sont lues avec avidité et crédulité. « Une lettre de Nouvelle-Angleterre, rappelle un immigrant, était vénérée comme de saintes écritures, comme les écrits d'un prophète. On la faisait circuler [...] et une foule d'âmes pieuses étaient encouragées à se joindre à l'Œuvre. »

Et puis, les congrégationalistes ont la chance d'avoir adopté une charte politique qui les met à l'abri d'une intervention royale. La colonie est pratiquement indépendante de la Couronne. « Les hommes libres », c'est-à-dire les actionnaires, élisent chaque année le gouverneur, son adjoint et ses assistants. Ils forment l'assemblée générale, la General Court. Comme il est de plus en plus difficile de réunir l'assemblée, un système représentatif est mis en place à partir de 1644. Or, ces « hommes libres » sont membres des congrégations, ce qui permet aux puritains de conserver le pouvoir. L'homogénéité culturelle est ainsi assurée, qu'il s'agisse de l'égalité spirituelle entre tous, de la morale ou des comportements. L'appropriation des terres répond aux mêmes critères. La congrégation ne se sépare pas. Elle se fixe sur un domaine que lui a assigné la General Court. Au centre du village est construite l'église, la *meeting house*, avec sur le devant un *green* ou *common*, une pelouse qui sert de lieu de réunion. Tout autour, la maison du pasteur et des principaux colons. Chaque villageois reçoit un espace pour y bâtir sa maison, un champ pour y cultiver le maïs, un pré le long du cours d'eau. Le bétail est nourri sur les pâturages communaux. Les affaires du village sont réglées par les « hommes libres » réunis en *town meetings*.

Voilà pour l'idéal. Dans la transcription de l'utopie au jour le jour, les difficultés ne manquent pas. Le synode de 1679 s'indigne du nombre croissant de bâtards, de la tentative d'ouvrir à Boston une maison de passe, des femmes qui dénudent leurs bras, leur cou « ou, ce qui est plus abominable, leurs seins ». Que dire également des fils qui veulent des terres, des pauvres qui ne se résignent pas à accepter leur condition ? De nouvelles colonies se fondent alors, par exemple New Haven dans la vallée du Connecticut (1643), dans le New Hampshire, dans le Maine, avec des liens plus ou moins étroits qui les unissent au Massachusetts. Enfin, les disputes religieuses surgissent. La plus célèbre porte au premier plan Roger Williams, un séparatiste qui arrive en Amérique en 1631. Il déteste l'Église anglicane, clame que les Anglais n'ont aucun droit sur une région ni sur des terres qui appartiennent aux Indiens, qu'aucun gouvernement, fût-il puritain, ne saurait se mêler des affaires religieuses. En 1636, les autorités de Salem l'expulsent. Williams se fixe dans le Rhode Island où il ne tarde pas à fonder la première communauté baptiste en Amérique.

Somme toute, ici comme à Plymouth, ce qui compte avant tout, c'est la foi. Pèlerins et puritains offrent au monde un modèle de société. Ils remplissent une mission, suivent scrupuleusement les instructions de Dieu et prouvent, par leurs succès matériels, qu'ils sont les « élus » du Seigneur.

Les autres colonies

Le troisième modèle de colonisation se situe à mi-chemin entre les deux premiers. De fait, la Virginie et la Nouvelle-Angleterre ont donné l'exemple. D'autres tentatives suivront, inspirées tantôt par la force des convictions religieuses, tantôt par la recherche du profit, à moins que les deux motivations ne soient présentes en même temps. Pourtant, il ne faut pas oublier que toutes les tentatives n'ont pas réussi, bien que l'historien ait tendance à ne retenir que les succès et à négliger les échecs. Dans les colonies qui correspondent au troisième modèle, le roi, de Charles Ier à George II, accorde des chartes de concession, non plus à des sociétés commerciales dont l'heure de gloire est passée, ni à des congrégations ou à des communautés religieuses dont il continue à se méfier, mais à des lords, c'est-à-dire à des seigneurs qui agissent en tant que propriétaires éminents du sol, disposent des pouvoirs que le roi leur a délégués pour mettre la région en valeur, y faire venir des immigrants, répartir la propriété foncière, tirer des profits, organiser la vie politique – le tout, bien entendu, dans les limites des coutumes anglaises. En ce sens, le pouvoir royal tient indirectement un rôle plus important et l'initiative privée recule au bénéfice de l'initiative publique. Cette évolution se marque plus nettement au lendemain de la révolution cromwellienne, au temps où le pouvoir du roi se renforce en Angleterre. Les colonies du troisième modèle sont celles de la maturité. L'Angleterre a pris conscience qu'elle est en train de créer un empire. Elle s'assure qu'elle tient les rênes fermement.

Une exception au modèle, ou plutôt un exemple précurseur : le Maryland. Sa fondation remonte au règne de Charles Ier. George Calvert, lord Baltimore, voulait fonder une seigneurie de l'autre côté de l'Atlantique. Tout comme certains de ses pairs avaient tenté leur chance en Nouvelle-Écosse, à Terre-Neuve et dans les Antilles. Signe certain de son intérêt pour l'Amérique : Calvert a participé aux affaires de la Compagnie de Virginie et du Conseil de Nouvelle-Angleterre. Mais il meurt en 1632, avant d'avoir pu réaliser son rêve. Son fils, Cecilius, reprend le flambeau et obtient une charte pour créer une colonie le long de la baie de Chesapeake. Les limites sont mal définies. Elles seront précisées plus tard. Cecilius Calvert baptise la colonie : Maryland, la terre de Marie. Une belle ambiguïté toponymique ! Marie, c'est l'un des prénoms de la reine et c'est aussi, surtout, la Vierge, la mère de Jésus. Les Calvert, en effet, sont catholiques. À une époque où le papisme est fort mal vu en Angleterre, et l'on sait que Laud veille au respect de l'orthodoxie anglicane, Calvert nourrit le projet de faire du Maryland le refuge des catholiques, un Massachusetts qui s'adresserait à une autre « clientèle ».

La colonisation anglaise

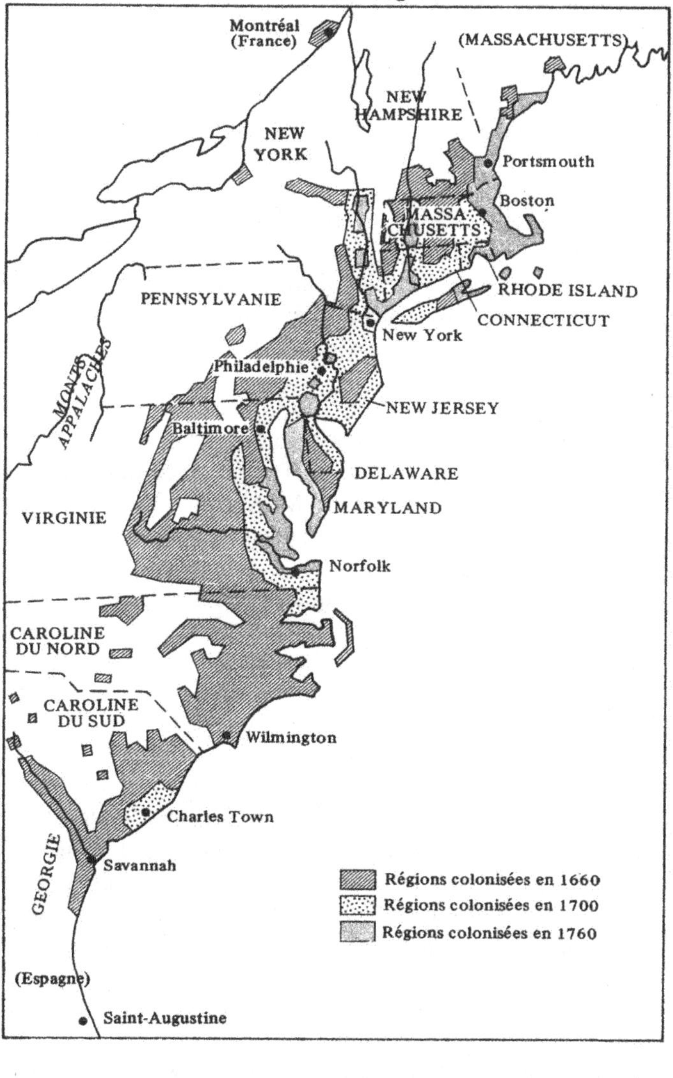

Ce fut à la fois un succès et un échec. Le Maryland bénéficie de l'aide des colonies voisines. Grâce à son climat et à son sol, il devient un remarquable producteur de tabac. Les Calvert ont donc fait une bonne affaire. Propriétaires des terres publiques, seigneurs de domaines qu'ils ont concédés à des amis et à des clients, ils recueillent les loyers que leur versent les colons. Mais, sur le plan religieux, l'entreprise échoue. Le Maryland n'a pas attiré les catholiques par milliers. Très rapidement, c'est l'inverse. Il y a plus de protestants, anglicans et surtout dissidents. Lord Baltimore doit jouer serré, d'autant que dans les années quarante les puritains détiennent le pouvoir dans la métropole. Sans doute est-ce la répartition des forces religieuses qui explique qu'en 1641 les Jésuites ne soient pas autorisés à posséder des terres dans le Maryland. En 1649, l'Acte de tolérance assure la liberté de pratiquer leur culte à tous les chrétiens, pourvu qu'ils acceptent le dogme de la Trinité. Avec des hauts et des bas, ce fut la règle d'or du Maryland.

Trois autres exemples éclairent mieux encore les caractères de ce modèle de colonisation. Le New York entre dans l'Empire à la suite d'une conquête par les armes. C'est un cas unique dans l'histoire des treize colonies britanniques d'Amérique du Nord. En effet, les Hollandais se sont intéressés au continent américain dès le début du XVIIe siècle. Comme les autres Européens, ils recherchent une route plus courte vers les Indes afin d'éviter de passer par le cap de Bonne-Espérance. Dans cette vision planétaire du commerce, ils s'opposent aux Portugais, et la Compagnie hollandaise des Indes orientales, fondée en 1602, a pour but d'accaparer le commerce avec l'Orient. Un navigateur anglais à leur service, Henry Hudson, conduit une expédition en 1609 avec pour mission de repérer le passage du nord-ouest. Il atteint Terre-Neuve, entre dans la baie de la Delaware, puis, plus au nord, dans une autre baie que Verrazano avait déjà reconnue en 1524, remonte un vaste cours d'eau auquel il donne son nom et parvient jusqu'à l'emplacement actuel de la ville d'Albany. De toute évidence, ce n'est pas la route de la Chine. En revanche, les Indiens qu'il rencontre – ils appartiennent à la confédération des Iroquois – lui laissent entrevoir les immenses richesses en fourrures de la contrée. À la suite de Hudson, des commerçants hollandais prennent l'habitude de fréquenter la région. En 1621, la Compagnie des Indes occidentales est mise sur pied. Elle poursuit un double objectif : établir des colonies dans le Nouveau Monde et en Afrique. C'est à Amsterdam que siège la « chambre » qui a reçu toute autorité sur les « Nouveaux-Pays-Bas » (New Netherland). En 1624, un comptoir commercial est établi sur l'Hudson à Fort Orange (qui deviendra Albany). À l'extrémité de l'île de Manhattan, Fort Amsterdam date de 1626 et ne tarde pas à prendre le nom de Nieuw Amsterdam. Les Hollandais sont aussi présents dans le territoire actuel du New Jersey et dans la vallée du Connecticut, près de Hartford.

C'est surtout Nieuw Amsterdam qui prospère. Il faut dire que le gouverneur Peter Minuit est habile. Pour 60 florins, rapporte la légende, il a acheté toute l'île à des Indiens qui auraient accepté de vendre avec d'autant plus d'enthousiasme qu'ils n'étaient pas les véritables propriétaires. Il protège la colonie en construisant un mur, dont il ne reste aujourd'hui qu'une trace toponymique (Wall Street, la rue du Mur). Depuis 1638, le port est ouvert à tous les nationaux hollandais, ce qui lui assure une intense activité dans les échanges commerciaux et pour la pêche. Une église réformée y a été construite. Les tavernes sont animées par les résidents, les matelots de passage et les contrebandiers. Pour approvisionner la colonie, la Compagnie des Indes occidentales encourage l'installation, dans la vallée de l'Hudson, de *patrons*, c'est-à-dire de propriétaires fonciers qui disposent de droits féodaux sur de vastes étendues. Pour devenir *patron*, il suffit de faire venir à ses frais en Amérique cinquante familles de fermiers. Du coup, le régime foncier de la vallée devait être marqué par la politique hollandaise.

Le New Netherland tend à s'agrandir vers le sud. À l'embouchure de la Delaware, une Nouvelle-Suède s'est créée avec des capitaux pour partie suédois, pour partie hollandais. Fort Christina est construit en 1638 sous la direction de Peter Minuit qui, depuis peu, s'est mis au service de la reine de Suède. Les Hollandais s'inquiètent de ce dynamisme. Le nouveau gouverneur hollandais, Peter Stuyvesant, l'homme à la jambe de bois, s'empare de Fort Christina en 1655. La Nouvelle-Suède a cessé d'exister. Mais la colonie hollandaise n'est pas dépourvue de faiblesses. Elle est aux mains d'administrateurs rapaces et tyranniques qui mènent les colons à la baguette. Faute d'institutions représentatives, les colons n'ont pas le sentiment d'être chez eux. Ils sont, en fait, exploités par la Compagnie, comme l'étaient les premiers colons de la Virginie. De plus, la Compagnie des Indes occidentales attache peu d'importance à Nieuw Amsterdam. Elle s'intéresse davantage aux îles à sucre des Antilles. Enfin, la proximité des Anglais est plus que préoccupante. Ils sont au nord et au sud, de plus en plus nombreux, de plus en plus entreprenants. Pris en tenailles, les Hollandais n'ignorent pas qu'ils se maintiendront à la seule condition que l'Angleterre se résigne à leur présence. Et elle ne s'y résigne pas. En 1664, une flottille anglaise se présente à l'embouchure de l'Hudson. Peter Stuyvesant se rend. Le frère du roi d'Angleterre, le duc d'York, futur Jacques II, a reçu la concession d'immenses territoires et en prend possession. Nieuw Amsterdam devient New York. La souveraineté de l'Angleterre succède à celle des Provinces-Unies.

La Pennsylvanie constitue un autre exemple d'une colonie implantée en Amérique du Nord par un « propriétaire ». Mais William Penn est un homme qui sort de l'ordinaire. Par ses origines familiales, d'abord. Son père a été amiral, sans appartenir à la noblesse. Il a joué un rôle de premier plan à l'époque de Cromwell, mais, faute de remporter des succès aux Antilles, il a été disgracié. Belle occasion pour bénéficier des faveurs du roi Charles II et retrouver le chemin du pouvoir ! Le jeune William a fait ses études à Oxford, étudié le droit et voyagé à l'étranger. Rien de plus normal. Toutefois, William Penn est aussi et surtout un membre de la Société des Amis. En un mot, il est quaker. Tous les hommes sont égaux, affirment les disciples de George Fox, puisqu'ils possèdent tous une parcelle de l'étincelle divine. Les visions et les transes (*to quake* signifie trembler) sont envoyées par Dieu. La lumière intérieure guide les quakers qui refusent de prêter serment et de porter les armes. Au diable les institutions et les groupes organisés ! L'homme est seul pour rechercher la vérité. Pas de pasteurs, pas de baptême, pas de Cène, l'Écriture, rien que l'Écriture et l'inspiration personnelle qui en découle. Les quakers appartiennent au puritanisme le plus radical. Inutile de préciser qu'ils sont peu appréciés par les autres dissidents et, moins encore, par les anglicans. Persécutés en Angleterre, 3 000 d'entre eux ont été emprisonnés dans les deux premières années du règne de Charles II. Ils continuent, malgré tout, à prêcher et à faire des conversions. Les voici en Amérique du Nord où, partout sauf dans le Rhode Island, ils sont mis hors la loi. Ce qui ne refroidit pas leur zèle, car les quakers du XVIIe siècle éprouvent une forte inclination pour le martyre.

Penn est l'un des leurs, tout en demeurant l'ami du duc d'York, un catholique, et en conservant d'excellentes relations avec les milieux anglicans. Ce qu'il veut de toutes ses forces, ce n'est pas seulement un refuge pour les quakers, mais un lieu dans lequel une société, inspirée par le quakerisme, puisse naître et se développer. Penn souhaite appliquer ses idées et conduire, comme il le dit, « une sainte expérience ». L'occasion lui en est donnée en 1681. Le duc d'York doit 16 000 livres sterling à l'amiral. Pour s'acquitter de sa dette, il octroie à William Penn une part de son domaine américain, *grosso modo* du 40e au 43e parallèle. À quelques réserves près, la Pennsylvanie (la forêt de Penn) appartient à Penn. Il en est le lord propriétaire. Immédiatement, il publie en anglais, en français, en allemand et en néerlandais une brochure qui s'intitule *Récits sur la province de Pennsylvanie*. Il fait appel à tous ceux qui ont un métier et ont envie de travailler, promet à tous la liberté religieuse, s'engage à donner ou à louer des terres. Il fait de la capitale, Philadelphie, la « cité de l'amour fraternel », suivant un plan en échiquier qui est le premier en Amérique. Philadelphie s'accroît : 357 maisons deux ans après sa fondation, tandis que la Pennsylvanie compte 9 000 habitants en 1685. Des quakers traversent l'Atlantique, mais aussi des piétistes de la vallée du Rhin qui apportent une coloration germanique à la colonie. Des Anglais, des Irlandais, des Gallois se joignent aux Hollandais et aux Suédois, présents avant l'arrivée de Penn.

La Pennsylvanie doit une grande partie de sa réussite à la tolérance religieuse. De ce point de vue, rien n'est semblable ici à ce qui se passe ailleurs, par exemple dans le Massachusetts ou en Virginie. Les innombrables sectes qui se fixent autour de Philadelphie en portent témoignage. Le succès économique n'est pas moins évident. Dès l'origine, la Pennsylvanie se situe à un carrefour entre l'Atlantique et l'Ouest, entre le Nord et le Sud. Il faut souligner, au risque de devancer les événements, qu'elle fut prospère par son agriculture, son artisanat et son commerce et que, jusqu'aux premières années du XIXe siècle, Philadelphie l'emporta sur toutes les autres villes des États-Unis. La vie politique, en revanche, est troublée. Au lendemain de la chute de Jacques II, l'amitié de Penn et du roi catholique devient un handicap. Les colons ne tardent pas à reprocher au lord propriétaire de tenir trop court les rênes du gouvernement. Enfin, les quakers sont bien embarrassés, lorsqu'ils doivent appliquer *stricto sensu* leurs principes. Comment exercer le pouvoir sans prêter serment ? Comment se défendre sans porter les armes ? La « sainte expérience » a nécessité des compromis et n'a pas empêché des tensions inhérentes à la vie politique.

Pour en finir avec le XVIIe siècle, il conviendrait d'évoquer le New Jersey et les Carolines qui sont fondés, suivant le schéma des concessions à des propriétaires, entre 1660 et 1680. Mais il est plus significatif d'en venir à l'exemple de la Georgie, dont la création remonte à 1732 et met fin aux entreprises de colonisation britannique en Amérique du Nord. On retrouve ici des ingrédients déjà mentionnés. L'Angleterre s'inquiétait alors des ambitions espagnoles. La Floride, toute proche, pouvait menacer les Carolines et peut-être la Virginie. Une autre motivation, plus forte encore, pousse à l'établissement d'une nouvelle colonie. Le général James Oglethorpe, après avoir combattu les Turcs sous le commandement du prince Eugène de Savoie, entre dans la carrière politique. Élu à la Chambre des communes, il siège à la commission d'enquête sur les prisons. Ce qu'il y apprend le bouleverse. Le sort des prisonniers pour dettes le touche tout particulièrement. De là son idée : faire partir pour l'Amérique les malheureux débiteurs et leur offrir l'occasion de commencer une deuxième existence. Une idée généreuse, à l'image du grand dessein des puritains et de l'expérience de William Penn.

Oglethorpe recourt à ses amis et à ses collègues du Parlement pour obtenir de l'argent, des terres et l'indispensable charte de colonisation. La charte lui est accordée en 1732 pour une région située entre la Savannah et l'Altamaha. Cette localisation n'a pas de quoi surprendre, puisque depuis une bonne vingtaine d'années les rumeurs circulaient sur la nécessité de bâtir là-bas une nouvelle colonie. La propagande des candidats promoteurs promet monts et merveilles : un climat remarquablement tempéré, une terre d'une fertilité sans égale, des forêts qui disparaîtront d'elles-mêmes pour laisser la place à des champs produisant tous les légumes et tous les fruits, du gibier, des poissons, bref le pays de cocagne ou, comme le soutient une brochure, un paradis « au moins équivalent au jardin d'Éden ». Oglethorpe n'hésite pas et, en l'honneur du roi George II, baptise Georgie cette nouvelle terre promise d'Amérique.

Oglethorpe n'est pas un lord propriétaire, car il s'agit d'une colonie administrée suivant une charte qui a une durée de vingt et un ans. Il est le gouverneur dès 1733. Il fonde Savannah et accueille 1 810 pauvres (la moitié sont des Anglais, l'autre moitié des Allemands, des Écossais, des Suisses), puis

1 021 immigrants parmi lesquels 92 Juifs. La répartition de la terre obéit aux règles habituelles. Ce qui est plus original, c'est que les autorités coloniales interdisent l'importation d'esclaves noirs et de rhum. Moralité oblige. Mais le voisinage de la Caroline du Sud change les conceptions. Voilà une colonie qui prospère grâce à des exploitations agricoles beaucoup plus étendues et à une main-d'œuvre servile. Les Georgiens se décident à imiter leurs voisins. D'ailleurs, il n'ont pas plus envie d'obéir aux instructions des membres fondateurs qui se déclarent persuadés que la Georgie sera le royaume du ver à soie ou ne sera pas. En 1752, un an avant que la charte ne vienne à expiration, la philanthropie est passée de mode. L'esclavage et le rhum sont autorisés. La Georgie est devenue une colonie royale. Elle ne se distingue plus guère des autres établissements anglais d'Amérique du Nord.

Treize colonies, disséminées le long de la côte atlantique, voilà que l'Angleterre a bâti, en moins d'un siècle et demi, un empire américain. Résultat du hasard, désir de s'enrichir, volonté de glorifier Dieu et de tenter des expériences sociales et religieuses, affirmation croissante d'une présence politique… les explications sont diverses et ne s'excluent pas. À la réflexion, il y a là de quoi étonner. L'Angleterre ne compte en 1700 qu'une population d'environ 6 millions. Ses souverains se considèrent propriétaires d'une partie du continent qu'ils ne connaissent pas, dont personne jusqu'alors n'a découvert l'extension. Des milliers de colons prennent la mer, affrontent les rigueurs d'une traversée de plusieurs mois, les souffrances d'une brutale transplantation, les incertitudes d'un climat pénible pour construire une vie nouvelle. Le rôle des hommes est ici fondamental. Vue du XVIIe siècle, l'Amérique, c'est d'abord un fantasme que rien ne peut faire disparaître ; c'est aussi l'expression d'un volontarisme à toute épreuve.

TABLEAU 1

Population totale des colonies américaines, de 1610 à 1700

	1610	1620	1630	1640	1650	1660	1670	1680	1690	1700
Maine[1]			400	900	1 000					
New Hampshire			500	1 055	1 305	1 555	1 805	2 047	4 164	4 958
Plymouth		102	390	1 020	1 566	1 980	5 333	6 400	7 424	
Massachusetts[1]			506	8 932	14 037	20 082	30 000	39 752	49 504	55 941
Rhode Island				300	785	1 539	2 155	3 017	4 224	5 894
Connecticut				1 472	4 139	7 980	12 603	17 246	21 645	25 970
New York			350	1 930	4 116	4 936	5 754	9 830	13 909	19 107
New Jersey							1 000	3 400	8 000	14 010
Pennsylvanie								680	11 450	17 950
Delaware					185	540	700	1 005	1 482	2 470
Maryland				583	4 504	8 426	13 226	17 904	24 024	29 604
Virginie	350	2 200	2 500	10 442	18 731	27 020	35 309	43 596	53 046	58 560
Caroline du Nord						1 000	3 850	5 430	7 600	10 720
Caroline du Sud							200	1 200	3 900	5 704
Total	350	2 302	4 646	26 634	50 368	75 058	111 935	151 507	210 372	250 888

1. De 1660 à 1750, la population des comtés du Maine est incluse dans la population du Massachusetts. C'est en 1820 que le Maine se détache de Massachusetts pour devenir un État de l'Union.

SOURCE : *Historical Statistics of the United States, Colonial Times to 1970* Washington, DC, US Department of Commerce, Bureau of the Census, 1975, vol. 2, p. 1168.

2

Indiens et colons, deux mondes antagonistes et complémentaires

Lorsque les Anglais y établissent leurs premières colonies, l'Amérique du Nord n'est pas un réservoir de « terres vierges ». Depuis des millénaires, les Indiens vivent sur ce continent. Sans doute n'ont-ils pas érigé, au nord du rio Grande, ces empires que les Espagnols ont découverts et abattus au Mexique et en Amérique du Sud. Mais du golfe du Mexique à la baie d'Hudson, de la Floride à l'Alaska, ils chassent, pêchent, cueillent et parfois cultivent. Rien n'est plus difficile, pourtant, que de raconter leur histoire ou, plus simplement, l'histoire de leurs relations avec les colons anglais. C'est que l'historien doit naviguer entre les écueils. Il ne suffit pas, par exemple, d'évoquer les Indiens comme l'on évoque la forêt, la faune et le climat. L'indifférence déforme une réalité complexe et mouvante. Or, pendant trop longtemps, les historiens américains ont tracé des Indiens un portrait terrifiant et méprisant. David Muzzey, qui rédigea l'un des manuels d'histoire les plus utilisés aux États-Unis, écrit : « Les Indiens n'avaient nulle part franchi l'étape de la barbarie. [...] Ils avaient quelques qualités nobles comme la dignité, le courage, l'endurance. Mais, dans le fond, ils étaient fourbes, cruels et infligeaient de terribles tortures à leurs ennemis prisonniers. »

Toutefois, il faut éviter de tomber dans l'excès inverse et d'attribuer aux Visages-Pâles tous les défauts et tous les crimes, comme si les Peaux-Rouges avaient été des victimes perpétuellement innocentes. Faute de sources indiennes, l'historien risque de céder à son imagination. Par réaction contre « un siècle de déshonneur », il pourrait se laisser tenter par le mélodrame. Du « sauvage » au « bon sauvage », c'est toujours le mythe qui l'emporte, alors qu'il s'agit de comprendre comment deux mondes sont entrés en contact et pourquoi les Européens sont parvenus à dominer, sinon à exterminer les sociétés indiennes.

Le monde indien

Pour les Blancs, l'Indien, c'est d'abord une curiosité qui conforte les élucubrations du XVIe siècle et la géofantaisie des terres lointaines. Les navires anglais qui ont abordé les côtes américaines n'ont pas manqué d'embarquer à leur bord et de ramener en Angleterre des « sauvages » qui étonnent par la couleur de leur peau et par leur langage incompréhensible. Les marins ont échangé des cadeaux à Terre-Neuve, parfois plus au sud. Rencontres épisodiques qui n'ont guère de conséquences, sinon qu'elles contribuent à fixer les stéréotypes.

Les bâtisseurs de Jamestown, de Plymouth, de Salem et de Boston rencontrent à tout moment des Indiens. Le nom, on le sait, est trompeur, puisqu'il a été donné par erreur à des populations très diverses que les Espagnols ont confondues avec les habitants des Indes. Face à ce monde éclaté et insaisissable, les Anglais ont immédiatement une attitude différente de celle des autres colonisateurs. Contrairement aux Espagnols, ils ne débarquent pas avec les intentions et le matériel d'une puissance militaire et s'ils souhaitent, eux aussi, convertir au christianisme, il s'agit des diverses formes du protestantisme, certainement pas du catholicisme. Contrairement aux Français, ils répugnent à des contacts étroits et préfèrent prendre leurs distances, bien qu'ils soient, eux aussi, fort intéressés par les richesses naturelles du continent, notamment les fourrures. À la différence des uns et des autres, les Anglais sont des colons que pousse la faim de terres et qui sont animés par la volonté mystique de construire une société nouvelle. Ce qu'ils découvrent ne les surprend pas moins.

Autour de Plymouth, les Pèlerins côtoient de nombreuses tribus, comme les Abnakis, les Massachusetts, les Narragansetts, les Wampanoags. Autour de Jamestown, c'est une confédération sur laquelle règne Powhatan (en fait, ce sont des tribus powhatans et le nom véritable de leur roi est Wahunsonacock). Un peu plus à l'intérieur du continent, le long du lac Érié et des Appalaches, se trouvent les Iroquois qui réunissent en une ligue cinq, puis six nations (les Mohawks, les Onondagas, les Oneidas, les Cayugas, les Senecas et, à partir de 1722, les Tuscaroras). Partout, les tribus conservent jalousement leur autonomie, quand elles ne sont pas hostiles les unes aux autres. Nulle part n'existe un pouvoir centralisateur. Chaque groupement rassemble des centaines d'individus. En Nouvelle-Angleterre, les Narragansetts sont les plus puissants ; ils sont 4 000. Les Powhatans de Virginie sont environ deux fois plus nombreux.

Toutes ces tribus sont sédentaires, encore que, à l'intérieur d'un même territoire, elles se déplacent d'un point à l'autre, suivant les saisons et les nécessités du ravitaillement. Pendant l'hiver, elles se nourrissent de gibier, de poisson, de maïs et de courgettes (*squash*). Sur la côte, elles chassent le daim, l'élan, le castor, l'ours, le dindon, le canard, l'oie, le pigeon. En été, elles pêchent la morue, le bar, le maquereau, le saumon. Le long du rivage, elles ramassent des homards, des crabes, des clams. Le maïs constitue l'élément de base. Cultivé par les femmes, il est, dès la récolte terminée, soigneusement engrangé.

Ce qui frappe les colons, ce sont les retards des sociétés indiennes. L'écriture leur est inconnue. Elles ne pratiquent pas la métallurgie du fer. Les Indiens ignorent la roue. Ils n'ont jamais vu de chevaux et ne commenceront à s'en servir qu'à l'extrême fin du XVIIe siècle. Le seul animal domestique aux abords de l'Atlantique, c'est le chien, d'une espèce intermédiaire entre le loup et le coyote. Les colons, qui ne savent rien de l'histoire, de la diversité, de la richesse des civilisations indiennes, ne cherchent nullement à s'informer. Ils sont persuadés de leur supériorité technologique et spirituelle. Les Indiens ne sont que des païens dont les mœurs paraissent étranges et primitives. Ils vivent dans des villages fortifiés comme en Virginie ou dans des huttes rudimentaires qu'ils appellent des *wigwams* comme en Nouvelle-Angleterre. Ces « sauvages », concluent les Anglais, doivent être les descendants des tribus perdues d'Israël.

Faut-il s'étonner, peut-être s'indigner que les colons commettent tant d'erreurs sur les Indiens ? À vrai dire, notre ignorance est aujourd'hui moins profonde, mais reste impressionnante. En revanche, notre curiosité est beaucoup plus aiguisée que celle du XVIIe siècle. Il est maintenant établi que les Indiens sont eux aussi des immigrants. Ils sont venus d'Asie. Ils ont franchi le détroit de Béring par bandes, sans doute à partir de 50 000 av. J.-C. et jusqu'au XIe ou X^e millénaire. L'océan Arctique était alors gelé. Puis, profitant d'un réchauffement des climats, ils ont progressé vers le sud, en direction des Rocheuses, de l'Amérique centrale et méridionale. Les traces de ces déplacements ont été conservées. Dans l'État du Nouveau-Mexique, à Clovis, on a retrouvé les éléments d'une industrie lithique qui remonte à 12 000 avant notre ère. Près de Los Angeles et en Pennsylvanie, dans la grotte de Meadowcroft, on parvient, non sans controverses, à des datations antérieures. Dans l'Illinois, une civilisation de constructeurs de tumulus a pu être reconstituée ; ses débuts remonteraient à 8 000 av. J.-C. Partout, la chasse au gibier fournissait l'essentiel de l'alimentation. Mammouths, éléphants, chameaux, paresseux géants, bisons plus gros que ceux qui ont survécu jusqu'à nous, étaient poursuivis et poussés dans des précipices. Il suffisait alors de les dépecer avec des outils en pierre et en os. Cette ethnologie archéologique s'appuie sur l'utilisation du carbone 14, sur la dendrochronologie et sur l'étude des objets de ces époques lointaines.

Répartition des tribus indiennes aux États-Unis avant la colonisation

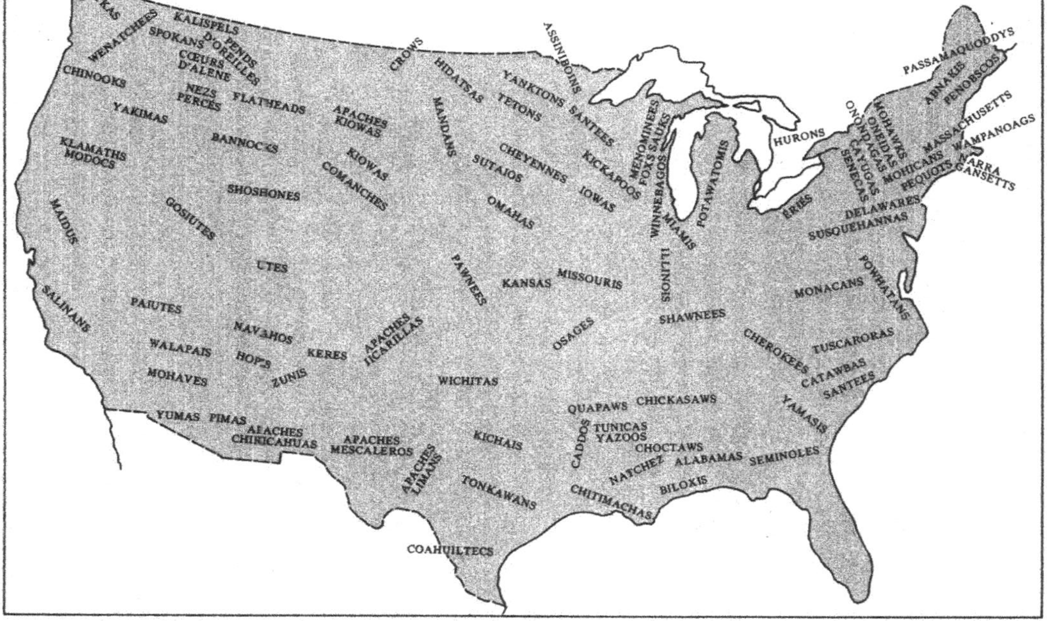

Il est vraisemblable que c'est dans le sud-ouest des États-Unis actuels que des progrès ont été accomplis. Vers 3 000 av. J.-C., le maïs est cultivé en Amérique centrale et au Nouveau-Mexique. Ce début d'agriculture s'accompagne de la domestication du chien, de l'abeille et du dindon. Un nouveau type de civilisation naît alors, dont les traces s'observent encore de nos jours sur le plateau de Mesa Verde, dans le Colorado. Les Indiens pueblos (ainsi baptisés par les Espagnols parce qu'ils vivaient en villages) regroupent les tribus hohokam, mogollon et anasazi. Ce sont des agriculteurs qui pratiquent également un artisanat, en l'occurrence la fabrication des paniers, d'où leur surnom de *basketmakers*. Ils ont, au début de notre ère, bâti dans les falaises des maisons troglodytes, dans lesquelles on accède par des échelles. Tout en cultivant le maïs et la courgette, ils n'en continuent pas moins de chasser et fabriquent avec les peaux de bêtes des sacs, des sandales, des couvertures en fourrure. Vers 500 ap. J.-C., ils abandonnent leurs grottes pour élever des villages au sommet des falaises, diversifient leur agriculture avec la production de haricots et l'élevage des dindons, utilisent l'arc et la flèche, se mettent à la poterie et continuent de tisser le lin, le coton et le yucca. Cette civilisation atteint son apogée entre 1100 et 1300. Elle décline ensuite, bien avant l'arrivée des Européens, sans que l'on sache expliquer cette évolution.

Mais que l'on ne croie pas que l'histoire des Indiens se limite à celle des Pueblos, même si celle-ci est la plus fascinante. La diversité des sociétés indiennes laisse rêveur. Si l'on tente de proposer un classement, on peut retenir le critère de la langue, associé à celui de la culture. Et encore ! N'y a-t-il pas de 1 000 à 2 000 langues, ce qui fait que les tribus indiennes se comprennent mal ou ne se comprennent pas du tout ? Neuf aires culturelles correspondraient à l'Amérique du Nord : l'aire esquimaude, l'aire Mackenzie avec notamment les Hurons, l'aire forestière de l'Est qui touche directement les colonies anglaises, l'aire du Sud-Est, l'aire du Sud-Ouest, l'aire des plaines, l'aire des plateaux, l'aire californienne, l'aire du littoral du Pacifique Nord. En insistant sur le critère de la langue, on mettrait en relief un groupe algonquin-wakashan auquel appartiennent les Mohicans, les Massachusetts, les Delawares, les Illinois, les Blackfoot, les Arapahos, les Cheyennes ; un groupe hokam-sioux avec les Iroquois, les Cherokees, les Hurons, les Creeks, les Séminoles et les Sioux ; un groupe penutia-na-dené comprenant les Nez Percés, les Chinooks, les Apaches, les Navahos ; un groupe aztèque-towan qui réunit les Comanches, les Hopis, les Utes, les Pueblos, les Kiowas et les Mayas ; enfin un groupe esquimau-aleoute. Mais ces classements, s'ils paraissent satisfaisants à des esprits cartésiens, sont contestés par les spécialistes, d'autant plus que les populations indiennes ont été, pour leur malheur, très mobiles depuis le XVIIe siècle. L'enchevêtrement est de règle. Quant à la recherche historique, elle progresse, sans doute, tout en laissant des zones d'ombre. Un exemple de ces incertitudes : combien y avait-il d'Indiens en Amérique du Nord (Mexique exclu) à l'arrivée des Européens ? Jusqu'à une date récente, l'estimation se situait aux environs de 1 million, dont la moitié pour la partie orientale et septentrionale (les Grandes Plaines, le bouclier canadien, la côte atlantique). Erreur, répondent de nos jours les ethnologues. Sur le territoire actuel des États-Unis, les Indiens formaient une population de 10 à 12 millions[1]. À supposer que les colons anglais du XVIIe siècle n'aient côtoyé qu'une infime partie du monde indien, ils ont dû, sur une bande de 200 kilomètres de large le long de l'Atlantique, nouer des contacts, pacifiques ou non, avec un demi-million de « sauvages ». Et ignorer la multitude des tribus de l'intérieur.

En un mot, les Indiens de la côte Est ont à peine dépassé le stade du néolithique. Entre eux et les colons qui arrivent d'Europe, ce ne sont pas seulement les différences culturelles

1. Cf. Élise Marienstras, *La Résistance indienne aux États-Unis du XVIe au XXe siècle*, Paris, Gallimard-Julliard, coll. « Archives », 1980, p. 25.

qu'il convient de relever, mais il faut parler d'un gouffre. De là, une incompréhension profonde, d'autant plus profonde que les Anglais estiment qu'ils n'ont aucun devoir à l'égard des indigènes.

Les premiers contacts

Dans les premières années de la colonisation, les Anglais sont démunis de tout. Ils manquent de nourriture, ignorent les techniques qu'il convient d'appliquer ici pour mettre le sol en valeur et meurent en grand nombre. Si les Wampanoags avaient voulu massacrer les séparatistes de Plymouth, si les Powhatans avaient cherché à rejeter à la mer les compagnons de John Smith, ils n'auraient eu aucun mal. C'est l'inverse qui se produit. Non sans méfiance, non sans incidents, dont l'origine se trouve dans les différences et les ignorances, les Indiens ont commencé par sauver de la mort les nouveaux venus. Là-dessus, les témoignages concordent.

Voici celui de William Bradford, le gouverneur de la colonie de Plymouth. Il s'attendait au pire de la part des « sauvages » qui sont « cruels, barbares et perfides ». Quelle surprise ! En 1621, « vers le 21 mars, un certain Indien vint sans crainte parmi eux [les colons] et leur parla en mauvais anglais [...] Il leur devint utile en les mettant au courant de beaucoup de choses concernant l'état de la contrée où il vivait [...] et en leur décrivant les populations, leur nombre et leur force et qui était leur chef. Son nom était Samaset ; il leur parla d'un autre Indien dont le nom était Squanto, qui était natif de cet endroit, était allé en Angleterre et savait l'anglais mieux que lui-même. [...] Il négocia la visite de leur grand sachem, nommé Massassoyt, qui vint quatre ou cinq jours plus tard avec un chef de ses amis et Squanto. Après l'avoir diverti et lui avoir fait quelques présents, ils conclurent une paix avec lui (qui dure maintenant depuis vingt-quatre ans). Ces choses faites, [le grand sachem] retourna chez lui [...] ; mais

Squanto resta avec eux et fut leur interprète et l'instrument envoyé par Dieu pour leur bien, au-delà de toute attente. Il leur apprit comment semer le grain, où prendre le poisson et se procurer d'autres commodités et fut leur guide dans de nombreux lieux d'où ils tirèrent profit. Il ne les abandonna jamais jusqu'à sa mort[1] ». Dans cet épisode bien réel et transformé en légende, le « bon sauvage » sert d'intermédiaire avec un monde inconnu et hostile, assure par ses informations la survie de la colonie et incarne la volonté divine. En 1607, John Smith a fait en Virginie une expérience comparable, au moment le plus critique de la toute jeune colonie : « Il plut à Dieu dans notre malheur, écrit-il dans ses souvenirs, d'inciter les Indiens à nous apporter du grain, qui était alors à moitié mûr, et de nous restaurer alors que nous nous attendions à ce qu'ils nous détruisent. […] Nos provisions s'étant épuisées en vingt jours, les Indiens nous apportèrent une grande quantité de grain et de pain tout préparé, ainsi qu'une grande abondance de gibier des rivières qui restaurèrent nos constitutions affaiblies. Plus tard, ils commercèrent amicalement avec moi et mes hommes, nous fournissant du poisson, des huîtres, du pain et du daim, tout en n'ayant aucun doute sur mes pensées, non plus que moi sur les leurs[2]. »

En Virginie, le héros indien est une héroïne. La princesse Pocahontas, la fille du roi Powhatan, aida les colons à plusieurs reprises. En 1607, John Smith, on s'en souvient, est fait prisonnier par les Indiens. On le traîne devant le roi qui a pris place, revêtu de sa robe en peau de racoon, devant un feu. Les guerriers et leur chef décident de mettre à mort l'Anglais. Alors, Pocahontas intercède en sa faveur. Powhatan se laisse convaincre et gracie John Smith. Pocahontas devient l'héroïne de Jamestown. Intelligente, généreuse, décidée, noble et symbole humain de la nature américaine, elle épouse un colon, John Rolfe, à qui elle a fait connaître la culture du

1. Cité par Élise Marienstras, *op. cit.*, p. 61.
2. *Ibid.*, p. 53.

tabac. Rolfe a, ensuite, l'idée de croiser les plants virginiens avec des plants importés des Indes occidentales. Une belle histoire d'amour qui provoque la prospérité de la colonie ! Et ce n'est pas fini. Pocahontas se convertit au christianisme et se rend en Angleterre. On l'admire, on la fête. Elle devient lady Rebecca. Hélas ! elle ne tarde pas à mourir.

Les Indiens ont également aidé les colons à tirer profit des forêts américaines. Extraordinaire couverture forestière, du Saint-Laurent à la Floride, des Carolines à l'Oklahoma. Des conifères, comme le pin blanc, le sapin et le mélèze ; des arbres à feuilles caduques, comme le bouleau, le chêne, l'érable. Plus au sud, le cyprès, le noyer, le peuplier, le frêne. Une brochure, destinée à convaincre des candidats à l'émigration, exalte les beautés de la forêt virginienne : « C'est un bouquet de chênes, de pins, de cèdres, de cyprès, de mûriers, de châtaigniers, de lauriers, de sassafras, de cerisiers, de pommiers et de vignes, d'un aspect si délectable que l'œil le plus mélancolique du monde ne peut les regarder sans plaisir[1]. » De quoi ravir les Anglais qui manquent de bois dans leurs îles. D'ailleurs, pour les Narragansetts, il est évident que les Anglais ont traversé l'océan parce qu'ils n'avaient pas assez de bois chez eux. À vrai dire, cette forêt a déjà été mise à mal par les tribus indiennes. Elles ont l'habitude de pratiquer l'écobuage pour se procurer du bois de chauffage et stimuler les rendements du sol. Ce défrichement favorise la pénétration des Européens. C'est que pour accéder à l'intérieur du pays, ils remontaient les cours d'eau et découvraient ainsi de leurs canots des paysages et des implantations possibles. En ouvrant des clairières, les Indiens leur donnent accès à des territoires qui, par ailleurs, auraient paru inaccessibles.

Le feu est aussi pour les Indiens une arme précieuse pour pratiquer la chasse. Les torches font peur aux daims ; les abeilles sont enfumées. Bref, il faut savoir se servir

1. Désiré Pasquet, *Histoire politique et sociale du peuple américain*, Paris, Auguste Picard, 1924-1931, vol. 1, p. 5.

des ressources de la forêt pour mieux s'en approprier les richesses. Les Indiens sont des experts ; les colons s'efforcent de les imiter, tout comme ils copient la technique indienne pour défricher : à la base du tronc, les haches font sauter l'écorce ; privés de leurs branches et de leurs feuilles, les arbres sèchent et périssent. « À la longue, écrit Désiré Pasquet, les arbres finissent par pourrir ; un bon coup de vent les jetait par terre. On en utilisait une partie comme bois de chauffage ; quant aux autres, comme il fallait faire place nette pour les cultures, on les brûlait sur les lieux mêmes en les couvrant de brindilles. »

Les Indiens sont encore d'excellents connaisseurs des cours d'eau et de la circulation hivernale. Ils enseignent aux colons comment construire des canots en écorce de bouleau, comment marcher sur la neige grâce à des raquettes, comment atteler des chiens à des traîneaux. Ils font mieux, car ils se chargent d'approvisionner l'Europe occidentale en fourrures. Le castor est, en effet, l'une des grandes richesses de la forêt américaine et le Vieux Monde offre un marché presque illimité aux fourrures du Nouveau Monde. Les Anglais de la Nouvelle-Angleterre l'ont compris aussi vite que les Français du Canada et les Hollandais de la vallée de l'Hudson. Sur ce point, une anecdote mérite d'être rapportée. Les Pèlerins de Plymouth se libèrent en 1633 de leur dette à l'égard des marchands aventuriers de la métropole. Comment ? Grâce aux bénéfices qu'ils ont tirés du commerce des fourrures. C'est encore la fourrure qui attire dans la colonie du Massachusetts un grand nombre de nouveaux venus. Dans cette activité, les Indiens règnent en maîtres. Ils connaissent les cours d'eau et la forêt sur le bout des doigts. Ils apportent la précieuse marchandise dans des comptoirs d'échange, comme Springfield dans la vallée du Connecticut, ou Deerfield. Ce qui stimule les Indiens, ce sont les produits européens qu'ils peuvent acquérir contre des peaux : des couteaux, des peignes, des ciseaux, des haches, des aiguilles, des alènes, des miroirs, des houes, c'est-à-dire des produits de cette métallurgie du fer qu'ils ignorent et de la quincaillerie qui les éblouit. Ils recherchent aussi avec avidité des couvertures, des tissus, ou bien reçoivent du *wam-pum*, une monnaie indienne faite de colliers que les colons utilisent également. Du coup, leurs besoins s'accroissent. Il faut tuer un nombre grandissant de castors. Cet animal n'est pas prolifique. La chasse intense tend à raréfier les prises et, à plus longue échéance, à provoquer la disparition de l'espèce. Qu'à cela ne tienne ! Les Indiens s'enfoncent plus loin encore dans les forêts, sauf à négliger d'autres activités et à se heurter à d'autres tribus. Pour que la chasse soit rentable, il vaut mieux recourir à la technologie européenne. Les pièges en métal, par exemple, font mieux l'affaire. Mais surtout les armes à feu, qui ont tant effrayé les Indiens la première fois qu'ils ont entendu une décharge, deviennent un des éléments capitaux du commerce. Pour acquérir un peu plus de fusils et de poudre, il faut livrer un peu plus de peaux. Et pour livrer plus de peaux, plus de fusils sont nécessaires. Les tribus se laissent enfermer dans un cercle vicieux.

L'arme à feu sert aussi à écarter ou à éliminer le concurrent, c'est-à-dire une autre tribu qui pourrait, à son tour, jouer le rôle d'intermédiaire avec les colons et les marchands. C'est de cette manière que les Iroquois imposent leur suprématie sur une vaste région. Plus tard et plus loin, dans les Grandes Plaines du XIXe siècle, l'adoption du fusil ajoutée à l'utilisation du cheval transforme complètement les genres de vie, les rapports de force et les stéréotypes.

On a souvent affirmé que l'Indien entre dans une dépendance totale à l'égard des artisans européens qui fabriquent et réparent les armes à feu et à l'égard des commerçants qui vendent les fusils et les munitions. La réalité est plus complexe. Très tôt, le gouverneur de la colonie de Plymouth a interdit la vente des armes aux Indiens. Une colonie voisine, Merry Mount, sans liens avec les séparatistes, se livrait sans vergogne à un trafic lucratif. Les Pèlerins ont dépêché contre elle une expédition militaire pour arrêter ce commerce diabolique. Des règlements sont adoptés et publiés pour renforcer l'interdiction de la vente des armes. En 1622, le Conseil de la Nouvelle-Angleterre a cédé aux instances des colons et lancé une « Proclamation interdisant le commerce illégal et frauduleux en Amérique ». En vain. Ce n'est pas que les colons de Plymouth et du Massachusetts violent les règlements. Leur intérêt est de les respecter. Mais des contrebandiers en tout genre, des marins, des marchands sans attaches précises s'enrichissent aisément en vendant des fusils, et presque toujours les fusils les plus perfectionnés. Les amendes pleuvent sur les contrevenants qui se font prendre. Rien n'y fait. Les commerçants anglais ne manquent d'ailleurs pas d'observer que s'ils respectent la prohibition, leurs concurrents français et hollandais s'empressent d'occuper la place. Et puis, lorsqu'une colonie se sent menacée par des adversaires européens ou par des Indiens ennemis, elle n'hésite pas à armer ses alliés. Enfin, contrairement à une idée souvent répandue, les Indiens n'ont pas tardé à apprendre les techniques de réparation des armes et de fabrication des munitions. Comment feraient-ils autrement, quand la colonie du Massachusetts interdit à ses forgerons en 1640 de réparer les armes que possèdent les Indiens ? Les Narragansetts possèdent alors leur forge et leur forgeron. Et ils ne sont pas les seuls.

On voit ainsi se créer peu à peu une situation nouvelle. Les contacts sociaux et commerciaux entre les deux mondes dégénèrent. Il est vrai que les Anglais ont su tirer parti de l'accueil plutôt amical qui leur a été réservé et qu'ils se sont adaptés aux comportements et aux habitudes des « sauvages » : ils fument aussi le calumet de la paix, échangent aussi des cadeaux avant d'entamer la moindre négociation commerciale. D'un autre côté, les Indiens acquièrent une notion dont ils n'avaient pas l'idée auparavant : la valeur d'une marchandise, calculée en fonction de l'offre et de la demande. Le commerce des fourrures plus que toute autre transaction les plonge dans un autre monde qui possède des siècles d'avance sur le leur. Ils se laissent attirer et tombent, les uns après les autres, dans la dépendance.

L'incompréhension entre les deux mondes est encore plus frappante, lorsqu'il s'agit du problème de la terre. Les Anglais s'enferment dans la contradiction. D'une part, ils prétendent que la terre est vacante, qu'ils l'occupent au nom du roi et qu'ils en ont pris légitimement possession. D'autre part, ils acceptent de négocier avec les Indiens et admettent, en conséquence, que ceux-ci détiennent des droits sur le sol. La position des Indiens n'est pas plus simple. On a souvent affirmé qu'ils n'avaient aucun sens de la propriété individuelle, que la terre était pour eux la Mère nourricière, qu'ils s'en partageaient les fruits sans que personne puisse s'en approprier la moindre parcelle. Vision réductrice qui ne tient pas compte de la diversité du monde indien ! De fait, toutes les formes de propriété foncière existent dans les tribus indiennes, même si l'utilisateur du sol bénéficie toujours d'une sorte de priorité. Ainsi, chez les Hurons, un homme peut défricher et posséder autant qu'il veut. La propriété du sol reste dans sa famille, à condition que celle-ci continue à en assurer l'exploitation. Si la famille cesse de cultiver le sol, une autre famille a le droit de s'en emparer. En Nouvelle-Angleterre, il n'y a pas de cas où la terre ait été utilisée en commun par plusieurs tribus ni même considérée au sein d'une tribu comme propriété collective. D'ailleurs, les Indiens manifestent peu de réticences à vendre des parcelles, d'autant qu'ils ne manquent pas de terres et qu'ils cherchent à en tirer des avantages matériels. Mais la tradition veut que le vendeur conserve son droit de chasse, de pêche, voire de culture. Une tradition qui, au moins pour les deux premiers droits, n'est pas totalement inconnue en Europe.

En revanche, pour les colons, un achat est définitif. Il ne confère aux anciens occupants aucun privilège, surtout s'ils ne sont pas chrétiens. En outre, les colons recourent à l'argument de l'utilisation : une terre qui n'est pas mise en valeur par celui qui s'en déclare le propriétaire n'appartient en fait à personne. C'est la théorie du *vacuum domicilium* qui s'appuie sur les Écritures saintes (Genèse, 1,28 ; Sagesse, 9,2 ; Psaumes, 115,16). Comme l'écrivait John Winthrop avant de partir pour l'Amérique : « Les indigènes de la Nouvelle-Angleterre ne clôturent aucune terre. Ils n'y construisent aucune habitation. Ils n'y élèvent pas de bétail qui puisse améliorer le sol. En conséquence, ils n'ont aucun droit naturel sur ces contrées. Si nous leur laissons ce qui est suffisant pour leur usage, nous pouvons légalement prendre le reste. Il y en a assez pour eux et pour nous. »

Au fond, la théorie du *vacuum domicilium* est appliquée par toutes les puissances coloniales de l'époque et même par les tribus indiennes. Là où l'incompréhension se manifeste, c'est lorsqu'il faut définir la vacance des terres. Pour les colons, elle se définit par l'absence de cultures, de maisons, bref d'installations visibles. Pour les Indiens, la terre est aussi un terrain de chasse. D'après un calcul que rapporte Philippe Jacquin, « seize kilomètres carrés dans l'Illinois pouvaient fournir en un an des centaines de kilos de glands et de noix, cent daims, dix mille écureuils, deux cents dindons et même cinq ours[1] ». On comprend, dans ces conditions, que la notion de propriété du sol n'ait pas revêtu la même signification chez les Indiens et chez les colons.

Il faut aller plus loin dans l'explication. Si les colons ne comprennent pas les Indiens, c'est aussi qu'ils les méprisent, qu'ils ne respectent ni leurs comportements ni leurs croyances, qu'ils jugent inexistantes leurs structures politiques et sociales. Les Indiens n'ont ni foi ni loi. Ils vivent dans une société anarchique, tandis que les Anglais ont mis sur pied la société ordonnée qui s'offre en modèle. Il va de soi que les Indiens ne partagent pas ce point de vue et le font savoir. Encore au XIXe siècle, un chef indien s'adresse à un interlocuteur blanc en ces termes : « Nous étions un peuple sans loi,

1. Philippe Jacquin, *Histoire des Indiens d'Amérique du Nord*, Paris, Payot, 1976, p. 38.

mais nous étions en très bons termes avec le Grand Esprit, Créateur et Maître de toutes choses. Vous présumiez que nous étions des sauvages. Vous ne compreniez pas nos prières. Vous n'essayiez pas de les comprendre. Lorsque nous chantions nos louanges au soleil, à la lune ou au vent, vous nous traitiez d'idolâtres. Sans comprendre, vous nous avez condamnés comme des âmes perdues, simplement parce que notre religion était différente de la vôtre. »

Toutefois, le mépris que témoignent les Anglais ne sous-tend pas une politique systématique vis-à-vis des Indiens. Pour la bonne raison que dans les colonies naissantes le pouvoir de décision est disséminé, qu'il n'y a pas de règle universelle et que tout dépend du rapport des forces. Or, jusqu'à la fin du XVIIIe siècle, Anglais et Indiens sont placés sur un pied d'égalité. Ce n'est qu'au lendemain de la guerre d'Indépendance que le plateau de la balance penche en faveur des Blancs. Pendant cent cinquante ans, la pénétration des idées et des technologies européennes est irrésistible. C'est le bouleversement des sociétés indiennes qui s'annonce, et sa conséquence : la prise de possession du continent américain par les colons. Que devaient faire les Anglais ? Que pouvaient faire les Indiens ? Autant de questions que ne se posaient pas les hommes du XVIIe siècle. Trois siècles plus tard, avons-nous seulement une réponse à proposer ?

L'affaiblissement des sociétés indiennes

Les sociétés indiennes sont très rapidement affaiblies par les maladies qui les assaillent, le déclin de leurs valeurs spirituelles et les effets des guerres que les tribus se livrent entre elles ou qu'elles livrent aux colons blancs.

La maladie est un fléau sur lequel il convient d'insister. Elle a beaucoup réduit la résistance des Indiens. C'est que, dès qu'ils entrent en contact avec les Européens, ils sont atteints par la variole, la rougeole, la varicelle, le choléra ou la fièvre écarlate. Toutes affections qui ont, dans leurs formes les plus graves, disparu de nos sociétés industrielles, mais qui, il y a trois cents ans, étaient mortelles. Les Indiens furent, plus encore que les Européens, les victimes désignées des épidémies. Toujours dans les mêmes conditions : plus ils vivent à proximité des colons, plus ils sont frappés. Le recul démographique, pour autant qu'on puisse en juger, prend des proportions dramatiques. Les Hurons étaient près de 30 000 au début du siècle. Les épidémies de rougeole réduisent leur population au quart. Les Iroquois sont touchés à leur tour. La fragilité des tribus indiennes ne s'atténue pas au XVIIIe siècle. Bien au contraire. Elle s'accentue à mesure que les Européens poussent vers l'ouest. Encore en 1850, le choléra tue beaucoup plus chez les Blackfoot des Grandes Plaines que parmi les Blancs.

Si l'on s'en tient aux premières années du XVIIe siècle, il faut rappeler que déjà en 1616-1617, avant l'arrivée du *Mayflower*, les Indiens de la Nouvelle-Angleterre sont décimés par la peste – un fléau sans doute introduit par des marins anglais. Cinq ans plus tard, un voyageur décrit l'horrible spectacle « des os et des crânes ». Le tiers de la population indigène autour de la baie de Narragansett et le long de la Penobscot a disparu. En 1633-1634, la variole tue environ 700 Indiens de la tribu des Narragansetts et des milliers d'autres appartenant à des tribus voisines. Au grand soulagement des puritains qui sont alors en pleine dispute avec les indigènes. Un chroniqueur exprime le sentiment qui prévaut chez les Blancs : « Dieu mit fin à la controverse en envoyant la variole parmi les Indiens. » Ce qui ne signifie pas que les puritains n'ont pas aidé les malades, assisté les moribonds et enterré les cadavres. Ils ont même, dans certains cas, adopté les orphelins. Mais si les Indiens succombent, c'est que Dieu protège les puritains et leur a réservé le droit de s'installer en Amérique. « Si Dieu n'était pas satisfait de nous voir occuper ces contrées, écrit John Winthrop, pourquoi chasserait-il les indigènes ? Et pourquoi fait-il de la place pour nous, en réduisant leur nombre au moment où le nôtre croît ? » Le greffier de Charlestown se contente d'observer : « Sans ce coup, terrible et extraordinaire, que Dieu vient de porter aux indigènes, nous aurions eu beaucoup plus de difficultés à trouver de la place et nous aurions dû acheter la terre beaucoup plus cher. »

Quoi qu'il en soit, il reste à comprendre pourquoi les Indiens sont plus atteints que les Blancs. Tous les explorateurs s'accordent pour donner la même description des populations locales : des corps solides, une taille élancée qui fait des Européens des hommes petits, des muscles saillants, une résistance inébranlable au froid, à la course, aux efforts physiques. Mais deux faiblesses apparaissent vite. Les Indiens ne résistent pas aux travaux des champs, en particulier dans les plantations de tabac et de sucre. Au grand désespoir des colons de la Virginie et des Carolines qui auraient bien aimé les réduire en esclavage. Sans doute ne sont-ils pas protégés contre les rayons ultraviolets, encore que l'explication ne convainque qu'à moitié (les Indiens ne sont-ils pas présents sur le continent américain sous toutes les latitudes ?). Autre faiblesse : l'impossibilité de résister aux maladies venues d'Europe, car l'Amérique est restée jusqu'alors isolée. Les Indiens se sont dotés d'un système d'immunisation qui convient à leur environnement. Ils ont même su combattre, par le recours aux plantes, le terrible scorbut, ce qui fait l'émerveillement des marins européens. Ils n'étaient nullement préparés à un choc biologique.

L'alcoolisme est encore plus destructeur. Les marchands européens ont tendance à encourager le vice, non seulement parce que l'alcool est un produit qui rapporte, mais aussi parce qu'un interlocuteur ivre accepte n'importe quoi. Mais il faut ajouter que les Indiens sont responsables de leur propre alcoolisme. Les témoins sont parfois éberlués par le comportement des indigènes : le rhum coule à flots dans les campements et dans les comptoirs commerciaux ; des hommes s'écroulent, ivres morts ; d'autres réclament à cor et à cri les « eaux fortes » dont on peut imaginer la médiocre qualité. Pour des raisons morales, qui laissent les Virginiens indifférents, les puritains sont outrés. Ils s'empressent, une fois de plus, d'adopter des règlements qui interdisent la vente d'alcool aux Indiens. Avec la même efficacité que la prohibition de la vente des armes. Beaucoup de tribus apprennent en peu de temps à distiller et fabriquent, par exemple, du brandy.

Pourquoi cette ruée sur l'alcool ? Les Indiens utilisaient des drogues, mais ne connaissaient pas l'alcool avant l'arrivée des Européens. Ils n'ont donc aucune résistance acquise. Peut-être boivent-ils par désespoir, pour retrouver les fantasmes et les rêves qui traversent la conscience indienne, pour atteindre une nouvelle forme de convivialité. Des explications qui, semble-t-il, n'expliquent rien. En revanche, les observateurs rapportent que les Indiens s'enivrent très rapidement. On a dit que cela résulte de leur alimentation. Le maïs et les haricots apportent au sang des quantités considérables de glucose et suscitent l'endurance légendaire des Indiens, en même temps qu'un rythme cardiaque plutôt lent. Le sucre raffiné, l'alcool distillé sont des sources d'énergie à forte concentration. Le métabolisme des Indiens ne parvient pas à les assimiler. De là, l'ivresse soudaine et de très graves séquelles. Il n'est pas douteux que l'alcoolisme a fait plus de victimes indiennes que la variole et les armes à feu. Il a contribué à l'augmentation sensible du taux de mortalité.

Le déclin des valeurs spirituelles suit tout naturellement l'affaiblissement du corps. La dégénérescence, la maladie et la mort conduisent les tribus à s'interroger sur les fondements spirituels de la civilisation indienne. Tous ces maux proviennent-ils de l'abandon des valeurs traditionnelles ? Faut-il fuir sans compromission les « cadeaux » de l'Europe ? Pourquoi les sorciers, les *medicine men*, ne réussissent-ils plus à guérir ? Comment expliquer que les Européens soignent avec plus d'efficacité ? Est-ce à dire que leur dieu est plus puissant que le Grand Esprit, que leurs prières sont mieux entendues ? Difficile de répondre à ces questions, surtout lorsque des missionnaires chrétiens parcourent le pays indien à la recherche de nouveaux catéchumènes, ridiculisent grâce à leurs connaissances des convictions et des pratiques héritées des ancêtres. Le prosélytisme surprend les Indiens, car il est contraire à leurs mentalités. Les subtilités dogmatiques, ce qui distingue les catholiques des protestants et les diverses sectes protestantes entre elles, sont incompréhensibles. Beaucoup d'Indiens se convertissent pour faire plaisir à un missionnaire, pour acquérir les pouvoirs dont il paraît investi, parfois pour jouir d'avantages matériels. À vrai dire, tous les colons cherchent à convertir. Peut-être un Espagnol ou un Français aurait-il réagi comme ce chef spirituel des Pèlerins apprenant que des Indiens ont été tués : « Comme il aurait été heureux, écrit-il avec sincérité, si vous en aviez converti quelques-uns avant de les tuer. »

Des efforts ont été accomplis en Nouvelle-Angleterre. La Société pour la diffusion de l'Évangile en Nouvelle-Angleterre est créée en 1649 par le parlement de Londres et reçoit une charte royale en 1662. Un collège indien est ouvert à Harvard au même moment pour initier les indigènes au christianisme. Des missionnaires, dévoués et actifs, s'adonnent à la conversion des âmes, comme John Eliot et Daniel Gookin. En Virginie, les résultats sont encore plus limités. Le plus important fut la conversion de Pocahontas. Rien qui ressemblât aux villages d'Indiens convertis, les *praying Indians*, qui se construisent autour des cités puritaines. Ce qui rend les résultats précaires et décevants, c'est d'abord la résistance des Indiens à la pénétration du christianisme. Comme s'il s'agissait d'un corps étranger qu'ils rejetteraient de toutes leurs forces. Et surtout, ce sont les guerres avec les colons qui réduisent à néant les efforts des missionnaires. En période d'hostilité, les *praying Indians* sont suspects dans les deux camps et les colons éprouvent alors plus d'enthousiasme à massacrer les « sauvages » qu'à les convertir.

Pour bien comprendre les guerres indiennes d'avant la Révolution, il faut les replacer dans le cadre des relations politiques entre colons et indigènes. L'idée fondamentale des Anglais, c'est que la souveraineté politique appartient au roi d'Angleterre. Un incident, qui se produit dans la Virginie de 1608, est de ce point de vue très révélateur. Le roi Powhatan refuse de se rendre jusqu'à Jamestown pour y recevoir les cadeaux que lui a envoyés le roi d'Angleterre. Tout comme il refuse de se laisser couronner en signe de soumission et préfère se couronner lui-même. Quant aux puritains du Massachusetts, ils combattent énergiquement ceux d'entre eux qui doutent du pouvoir éminent de l'Angleterre. Là encore, pourtant, tout dépend du rapport des forces. Les Iroquois disposent d'une force suffisante pour faire respecter leur indépendance. Et ils le proclament : « Nous sommes nés libres. Nous ne dépendons ni de Yonnondio [la Nouvelle-France] ni de Corlaer [New York]. Nous pouvons aller où nous voulons et emmener avec nous qui nous plaît. » Toutefois, il n'est pas rare que surgissent des querelles, voire des hostilités entre des tribus. Certaines ont l'imprudence de demander l'aide des colons et même de les supplier de construire sur leur territoire des forts militaires. Ces postes servent à la protection des indigènes. Mais la protection devient vite un protectorat.

Dans la vie quotidienne, les relations sont illustrées par des échanges de cadeaux, des discours amicaux et des services mutuels. Rien ne va plus lorsque les colons manifestent leur avidité pour des terres indiennes, s'en emparent par la violence ou par des accords malhonnêtes. Si l'on se réfère au vocabulaire des Blancs, les Indiens se livrent alors à des « massacres » et les colons sont contraints de faire la guerre aux « sauvages qui vivent dans leur voisinage ». Nous avons de nombreux exemples de ce scénario. La tension entre les Virginiens et les Powhatans ne cesse de monter. En 1622, le frère de Powhatan, Opechankanough, se révolte et tue 347 Anglais. Il recommence en 1647 et fait cette fois-ci 500 victimes, mais il meurt au combat. Inutile d'ajouter que pour les Virginiens, les Indiens sont des hommes à abattre sans autre forme de procès. Tous les moyens sont bons, y compris « nos molosses qui confondent ces sauvages, nus, tannés et difformes, avec les bêtes sauvages et qui sont si féroces lorsqu'ils s'attaquent à eux qu'ils les craignent plus que leur vieux diable ».

En Nouvelle-Angleterre, schéma identique. La guerre contre les Péquots en 1637, dans la vallée du Connecticut, est menée sans pitié par les puritains qui se font aider par les Narragansetts. Elle se termine par l'extermination des Péquots. Les chroniqueurs puritains ne nous font grâce d'aucun détail, comme s'il s'agissait pour eux d'un autre combat entre les Hébreux et les Amalécites. Au terme du carnage, les vainqueurs « offrirent leurs prières à Dieu qui avait œuvré si merveilleusement pour eux ». En 1675, la guerre éclate entre la colonie de Plymouth et les Wampanoags dont le chef, le roi Philippe, sème la terreur de Providence à Deerfield. La répression est impitoyable. Le roi Philippe finit par être tué et sa tête, exposée sur la place de Plymouth.

Circonstance aggravante : les guerres entre la France et l'Angleterre. Bien des tribus indiennes choisissent leur camp, en fonction de leurs intérêts politiques et commerciaux. Elles deviennent, en conséquence, des mercenaires qu'on paie suivant le nombre de scalps rapportés de la bataille. En fin de compte, elles font la guerre pour les grandes puissances, quand ce n'est pas à leur place. Elles s'autodétruisent, à moins que l'une des grandes puissances vaincue, les Indiens qui ont choisi le mauvais côté ne soient abandonnés au bon plaisir des vainqueurs. L'histoire se répète fréquemment, jusqu'à la disparition de l'Empire français d'Amérique du Nord en 1763. Après, les Indiens seront impliqués, avec les mêmes effets désastreux, dans les conflits qui opposent les Américains et l'ancienne métropole.

La cruauté de ces guerres nous choque. Faut-il rappeler que la guerre de Trente Ans qui ravage l'Europe au XVIIe siècle est, elle aussi, une tragédie ? D'ailleurs, gardons-nous d'imaginer que les colons sont tout-puissants et assassinent des ennemis sans défense. Les Indiens sont souvent bien équipés. Les colons, en revanche, se battent le dos à la mer et cherchent à assurer définitivement leur sécurité.

Mais ils ont la certitude d'avoir « Dieu à leurs côtés ». Le sentiment de l'élection divine les rend peu sympathiques. Ils donnent l'impression de monopoliser les bonnes raisons et de combattre, à tous coups, les « vilains » de l'histoire. À leur décharge, on retiendra que ce sont leurs écrits, et leurs écrits seuls, qui constituent nos sources. Nous ne savons pas comment les Indiens voyaient leurs ennemis.

Ce qui s'est produit en Nouvelle-Angleterre et en Virginie, les autres colonies le répètent, qu'il s'agisse des Carolines, du Maryland ou du New York. À deux exceptions près. Dans la colonie du Rhode Island, la forte personnalité de Roger Williams change la nature des relations entre Indiens et colons. S'il a rompu avec les puritains du Massachusetts, c'est qu'il croyait et déclarait que l'Amérique appartient aux tribus indiennes. En 1643, il écrit *A Key into the language [...] of the Nations in that Part of America, called New England* (la Clef des langues des nations dans cette partie de l'Amérique qu'on appelle la Nouvelle-Angleterre). Son but, c'est convertir les païens. Mais Williams a d'autres soucis, notamment le souci de préserver l'existence du Rhode Island. Il se désintéresse très vite des Indiens.

Les quakers de Pennsylvanie forment la deuxième exception. Leur localisation est essentielle. Impossible d'imaginer la croissance de la colonie sans faire référence à la présence indienne qui s'incarne, en l'occurrence, dans la puissante confédération des Iroquois et dans la tribu algonquine des Delawares. Dès 1682, William Penn adresse une lettre à l'« Empereur du Canada », entendons : le chef des Iroquois. Il lui annonce la fondation de la Pennsylvanie. De fait, Penn s'efforce d'acheter des terres indiennes en respectant les règles et de se conformer aux traités. Rien ne devrait donc menacer le pacifisme des quakers. Hélas ! Malgré des débuts prometteurs, la suite des événements ne manque pas de susciter des déceptions. La pression des colons s'accentue et aboutit à l'expulsion des Delawares. Comment faire avec les Iroquois ? Entre le gouverneur de la colonie, qui n'est pas un quaker, et l'assemblée législative qui, elle, se compose de quakers, les divergences de vues s'approfondissent. En 1748, l'assemblée refuse de voter des crédits pour la défense de Philadelphie, mais elle alloue 500 livres pour aider les Indiens à survivre et pour conserver d'amicales relations avec eux. Peu après 1756, des incidents ensanglantent l'ouest de la colonie. Bien que des colons aient été massacrés, l'assemblée décide de réglementer un peu plus justement les relations commerciales avec les Indiens. Les massacres continuent. Les colons de l'Ouest, excédés, viennent protester à Philadelphie. Le gouverneur finit par déclarer la guerre aux Shawnees et aux Delawares. Les quakers se retirent de l'assemblée. Quant aux Iroquois, leur sort dépendra de l'issue de la guerre franco-anglaise, dite guerre de Sept Ans, et finalement de la guerre d'Indépendance. Ajoutons, pour donner de la Pennsylvanie une image plus complète, qu'elle s'est transformée au XVIIIe siècle en champ privilégié d'expérimentations religieuses et que l'une des communautés utopiques qui s'y fixent, les Frères moraves, a beaucoup fait pour christianiser les Indiens et améliorer leur sort.

À la fin du XVIIIe siècle, le danger indien s'est éloigné. Les tribus de la côte atlantique ont été soumises, rejetées plus à l'ouest ou massacrées. La menace se localise maintenant sur les franges les plus occidentales des colonies. Elle concerne les plus aventureux des colons, et non les plus anciens ou les plus riches. Désormais, c'en est fini des relations égalitaires entre Blancs et Peaux-Rouges. Signe des temps, en Europe comme en Amérique, les savants et les philosophes s'interrogent gravement sur les caractéristiques de l'Indien. Buffon souligne ses faiblesses et ses infirmités. Jefferson soutient l'opinion contraire. Le temps des guerres indiennes s'est achevé, à l'est des Appalaches. Le combat a cessé faute de combattants.

3
La société coloniale

Étonnante réussite ! L'Angleterre du XVIIe siècle a fondé des colonies en Amérique du Nord sans leur accorder une importance capitale, en donnant la part belle à l'initiative privée. Ces « plantations[1] » ont survécu, se sont développées et voici qu'au siècle suivant, elles forment le joyau de l'Empire. À la veille de la Révolution, leur population équivaut au tiers de la population métropolitaine. Elles fournissent à la mère patrie des produits de première valeur, comme le tabac, le riz, le bois et l'indigo. Leur sol porte des récoltes de blé et de maïs qui non seulement suffisent aux besoins des colons, mais donnent des surplus exportables qui nourrissent les îles à sucre des Antilles. Au début du XVIIIe siècle, l'économie coloniale produit aux environs de 4 % de l'économie britannique ; soixante-quinze ans plus tard, le tiers. Rien ne paraît pouvoir arrêter ce magnifique essor. John Smith et John Winthrop, rêveurs impénitents, auraient-ils pu imaginer un plus bel avenir pour la Virginie et le Massachusetts ? Mais tout au long du chemin, se profilent les origines lointaines de l'indépendance.

1. Une « plantation », c'est d'abord une colonie. Le mot désigne par la suite et exclusivement un vaste domaine agricole, qui caractérise le Sud des colonies (et des États-Unis).

La population des colonies

L'explication de l'enrichissement tient d'abord à la démographie. D'après des estimations qui n'ont rien à voir avec un recensement, la Virginie comptait 2 500 habitants en 1630, le Massachusetts 506 et l'ensemble des établissements coloniaux, du Maine à la baie de New York, moins de 5 000. Il faut multiplier ce chiffre par dix pour évaluer la population coloniale en 1720. Au moment où les Américains proclament leur indépendance, ils sont 2,5 millions, dont 1 950 000 Blancs, 520 000 Noirs et, dans les limites politiques des États, 100 000 Indiens au plus. Benjamin Franklin observe, non sans raison, que la population double tous les vingt ans. Le premier recensement officiel date de 1790 et ne lui donne pas tort, puisque les 4 millions sont alors atteints.

Ces chiffres appellent des commentaires. On a tendance à penser que l'augmentation résulte pour l'essentiel de l'immigration. Et, pour conforter cette impression, on ne manque pas de citer les célèbres *Lettres d'un cultivateur américain* de Michel-Guillaume Jean de Crèvecœur, un pionnier d'origine française, qui en 1782 s'est fait le chantre du *melting pot*. L'Américain, écrit-il, « c'est un mélange d'Anglais, d'Écossais, d'Irlandais, de Français, de Hollandais, d'Allemands et de Suédois ». Mélange sans doute, mais pas dans des proportions égales. On connaît les origines nationales des Américains de 1790 : 60,9 % sont d'origine anglaise, 8,3 % d'origine écossaise, 9,7 % d'origine irlandaise, 8,7 % d'origine allemande. La très grande majorité vient des îles Britanniques.

De plus, il convient de souligner que l'essor démographique résulte, au XVIIIe siècle, de l'accroissement naturel, et non de l'immigration. Première observation : le taux élevé de natalité. Il varie de 40 à 50 ‰, en s'approchant parfois du maximum biologique (55 ‰). Dans l'Europe de la même époque, le taux se situait plus bas, entre 30 et 40 ‰. Dans son étude sur Plymouth au temps des Pèlerins, John Demos souligne que l'âge des hommes au mariage ne cesse pas de s'abaisser : 27 ans lors de la fondation de la colonie, puis 26,1 ans, 25,4 ans et 24,6 ans à la fin du XVIIe siècle. Pour les femmes, il se situe, pour le dernier sondage, à 22,3 ans, car la puberté survenait plus tard qu'aujourd'hui. L'interprétation est relativement simple. L'âge au mariage varie suivant les ressources disponibles. Or, la terre ne manque pas dans les colonies. Il n'est pas nécessaire d'attendre avant de se marier. Du coup, le nombre des enfants est plus élevé, d'autant que pour des raisons économiques et secondairement religieuses, les colons ne recourent pas aux pratiques anticonceptionnelles. Dans un ménage, les naissances ont lieu tous les deux ans. Le bébé est nourri au sein pendant une douzaine de mois, ce qui réduit la fécondité de la mère. Puis, intervient la conception du deuxième enfant, et ainsi de suite. Les familles nombreuses ne sont pas exceptionnelles. Dix ou quinze enfants, cela semble normal. Mais si un homme est, en moyenne, le père de sept enfants, beaucoup de femmes meurent en couches, une sur six ou sept. De là, des remariages, à la suite d'un veuvage, qui parsèment l'histoire sociale du XVIIIe siècle. Les couples sans enfants sont rares et, dans la quasi-totalité des cas, n'ont pas souhaité la stérilité de l'union. Enfin, on a constaté que 15 % seulement des familles de la Nouvelle-Angleterre ont moins de trois enfants.

Deuxième observation : l'Amérique du Nord a un taux de mortalité plus bas que l'Europe. En Europe, il monte jusqu'à 35 ou 40 ‰, ce qui contribue à la stagnation démographique ou, mieux, à une très faible augmentation. Dans les colonies américaines, il a glissé en dessous de la barre des 25 ‰, la Nouvelle-Angleterre faisant mieux que la Virginie. Les historiens, cette fois-ci, éprouvent des difficultés à expliquer cette différence entre les deux rives de l'Atlantique. Une meilleure alimentation en Amérique ? Un chauffage plus régulier, grâce à l'abondance du bois ? L'absence ou la relative innocuité des épidémies, à cause de la dissémination géographique des établissements ? Autant de bonnes raisons

TABLEAU 2

Population totale des colonies américaines, de 1700 à 1780

	1700	1710	1720	1730	1740	1750	1760	1770	1780
Maine							20 000	31 257	49 133
New Hampshire	4 958	5 681	9 375	10 755	23 256	27 505	39 093	62 396	87 802
Vermont								10 000	47 620
Massachusetts	55 941	62 390	91 008	114 116	151 613	188 000	202 600	235 308	268 627
Rhode Island	5 894	7 573	11 680	16 950	25 255	33 326	45 471	58 196	52 946
Connecticut	25 970	39 450	58 830	75 530	89 580	111 280	142 470	183 881	206 701
New York	19 107	21 625	36 919	48 594	63 665	76 696	117 138	162 920	210 541
New Jersey	14 010	19 872	29 818	37 510	51 373	71 393	93 813	117 431	139 627
Pennsylvanie	17 950	24 450	30 962	51 707	85 637	119 666	183 703	240 057	327 305
Delaware	2 470	3 645	5 385	9 170	19 870	28 704	33 250	35 496	45 385
Maryland	29 604	42 741	66 133	91 113	116 093	141 073	162 267	202 599	245 474
Virginie	58 560	78 281	87 757	114 000	180 440	231 033	339 726	447 016	538 004
Caroline du Nord	10 720	15 120	21 270	30 000	51 760	72 984	110 442	197 200	270 133
Caroline du Sud	5 704	10 883	17 048	30 000	45 000	64 000	94 074	124 244	180 000
Georgie					2 021	5 200	9 578	23 375	56 071
Kentucky								15 700	45 000
Tennessee								1 000	10 000
Total	250 888	331 711	466 185	629 445	905 563	1 170 760	1 593 625	2 148 076	2 780 369

SOURCE : *Historical Statistics of the United States, op. cit.*, vol. 2, p. 1168.

qui ne s'excluent pas l'une l'autre et qui aboutissent, dans un premier temps, à abaisser très sensiblement la mortalité infantile : 10 à 15 % en Nouvelle-Angleterre, contre 20 % en Angleterre. En conséquence, la population coloniale a un taux d'accroissement qui s'établit aux environs de 1,5 %, quel que soit le groupe ethnique ou racial. En outre l'espérance de vie, une fois que le cap de la petite enfance a été franchi, se compare tout à fait à celle de l'époque contemporaine. Pour le Plymouth du XVIIe siècle, un homme de 21 ans peut espérer vivre jusqu'à 69 ans, une femme jusqu'à 62,4 ans (la différence provient des risques inhérents à la maternité). Un homme et une femme de 50 ans ont en moyenne devant eux 23 à 24 ans de survie. Un autre historien démographe, Philip Greven, qui a étudié l'exemple d'Andover (Massachusetts), aboutit à des conclusions semblables. Les Américains, sur ce point, sont en avance sur les Européens. Et l'on peut estimer qu'après 1750 l'accroissement naturel correspond à 95 % de l'essor démographique des colonies.

Une fois qu'a été souligné le phénomène déterminant de la croissance naturelle, il faut en revenir à l'immigration. À condition de ne pas céder au lyrisme de Crèvecœur : « De ce fonds bigarré, poursuivait le fermier poète, cette race qu'on appelle les Américains est née. [...] Dans ce grand asile américain, les pauvres de l'Europe, par quelque moyen que ce soit, se sont rencontrés. [...] Hélas ! les deux tiers d'entre eux n'avaient pas de pays. Un misérable qui erre sans but, qui travaille et meurt de faim, dont la vie est une scène continuelle d'afflictions et de pénuries, un tel homme peut-il dire que l'Angleterre ou tout autre royaume est son pays ? » Ce qui est contestable dans cette description, ce n'est pas l'analyse des motivations. Car les immigrants, tout en ayant des motivations fort diverses, sont surtout attirés par les ressources et l'abondance de la Terre promise. Mais les seuls pauvres ne constituent pas les bataillons de l'immigration. Bien au contraire. Il faut payer pour traverser l'océan. Aussi pourrait-on diviser les immigrants en trois groupes :

les immigrants volontaires, les immigrants recrutés de bon ou de mauvais gré, les immigrants malgré eux. Pour les uns comme pour les autres, les conditions de la traversée sont extrêmement pénibles. Cinq à huit semaines de navigation, dans la promiscuité, sur un frêle navire qui fait courir autant de dangers que les maladies épidémiques, une alimentation cruellement insuffisante… bref, la première victoire d'un immigrant, c'est d'arriver en Amérique. Il n'est pas rare que 10 % des passagers meurent au cours de la traversée. Et ceux qui ont survécu conservent d'inoubliables impressions, comme cet immigrant allemand : « Le navire est rempli de signes pitoyables de détresse : des odeurs, des relents, des horreurs, des vomissures, toutes les sortes de mal de mer, la fièvre, la dysenterie, les maux de tête, la chaleur, la constipation, les infections, le scorbut, les tumeurs, les affections buccales et d'autres maladies semblables qui résultent de l'état avarié et de la forte teneur en sel de la nourriture, particulièrement de la viande, ainsi que l'eau très mauvaise et sale, ce qui provoque la destruction et la mort misérable de beaucoup. Ajoutez à cela le manque de nourriture, la faim, la soif, le froid, la chaleur, l'humidité, la peur, les vexations, les lamentations et d'autres ennuis. »

Passe encore de supporter tant d'épreuves, si l'on a décidé librement de vendre ses biens, d'emmener femme et enfants ou de les faire venir plus tard, et de partir pour l'Amérique. Jusqu'à la dernière décennie du XVIIe siècle, neuf immigrants sur dix sont des Anglais. Puis, une nouvelle période s'ouvre et l'immigration diversifie ses origines. Voici qu'arrivent les huguenots français, avant et surtout après la révocation de l'édit de Nantes. Bon nombre d'entre eux ont d'abord fait un séjour en Angleterre, en Hollande, dans les cantons suisses, dans les États allemands. Ils sont artisans ou bien pratiquent la viticulture et la sériciculture – deux spécialités que les colonies américaines recherchent avec ardeur. Ils s'installent dans les treize colonies, tout en préférant la Caroline du Sud, la Virginie, la Pennsylvanie, le New York.

La Nouvelle-Angleterre ne les accueille pas volontiers, sans doute parce qu'ils ne sont pas congrégationalistes et qu'en temps de guerre avec la Nouvelle-France, on les prend pour des Français (ce qu'ils ne sont plus) et qu'on oublie leurs convictions calvinistes. Quoi qu'il en soit, ils forment en 1699 à Charleston une communauté de 483 personnes. En 1764, toujours en Caroline du Sud, ils créent la ville de New Bordeaux. D'autres huguenots ont fondé, en 1695, au nord de New York, la ville de New Rochelle. Et pourtant, la communauté huguenote ne tarde pas à se fondre dans la société américaine, au point d'y disparaître. Ce n'est pas qu'elle n'ait pas réussi sur le plan matériel. Elle prospère. Le plus riche des planteurs de Caroline du Sud se nomme Manigault. Les de Lancey, de Forest, Vassar et de La Noye (anglicisé en Delano, des ancêtres de Franklin Roosevelt) sont de grands propriétaires de la vallée de l'Hudson. Même à Boston, des marchands comme les Faneuil, les Bowdoin, un artisan comme Paul Revere témoignent de la vitalité et du dynamisme des huguenots. Toutefois, si l'on compte 55 000 Américains qui ont des origines françaises en 1790, ils sont trop disséminés pour former une communauté soudée et influente. Il n'est pas question qu'ils joignent leurs forces à celles des catholiques français et acadiens qui se fixent dans le Sud. La deuxième génération perd l'usage du français. Puis, par opportunisme ou par inclination, les huguenots s'intègrent à l'Église anglicane et abandonnent leur originalité religieuse.

Ce n'est pas le cas des Écossais. Presbytériens, ils sont ; presbytériens, ils restent. Dans le même temps, ils se font agriculteurs, parfois commerçants, la Bible dans une main, le fusil dans l'autre, individualistes, querelleurs, toujours remuants, un peu à l'écart des autres colons qui se méfient d'eux. À vrai dire, la plupart d'entre eux ont émigré d'Irlande. Ce sont des Scotch-Irish qui sont passés d'Écosse en Ulster au XVIIe siècle. Dans les années 1715-1740, des communautés entières, avec leurs pasteurs, traversent l'Atlantique. C'est que le régime de la propriété foncière les défavorise : les propriétaires anglais n'habitent pas l'Ulster, mais exigent des loyers élevés et, comme si cela ne suffisait pas, accordent des baux relativement courts. Les premiers départs en 1717-1718 ouvrent la voie. Les armateurs découvrent là une source de profits et se mettent à faire de la publicité pour l'Amérique. Les propriétaires fonciers s'inquiètent. Rien n'y fait. Les Scotch-Irish continuent de partir, au point qu'au lendemain de l'indépendance, ils sont 250 000 aux États-Unis. Ils commencent par s'installer en Nouvelle-Angleterre. Une fois de plus, l'accueil des puritains n'est pas chaleureux. Comme les relations maritimes entre Belfast ou Londonderry et Philadelphie abaissent le prix du voyage, ils débarquent en masse en Pennsylvanie. Et les Scotch-Irish s'enfoncent à l'intérieur du continent. Pas de terres disponibles ou pas de terres à un prix accessible ? Ils ne s'embarrassent pas de scrupules inutiles. Ils font du *squatting* et s'établissent sans titre de propriété au pied des Appalaches, puis de l'autre côté de la chaîne. Dans l'arrière-pays, de la Pennsylvanie à la Georgie en passant par la Virginie et les Carolines, la Frontière est le domaine des Écossais d'Irlande, bientôt rejoints par des Écossais des Lowlands et des Highlanders qui émigrent, eux aussi, par clans entiers dans la vallée de l'Hudson et dans celle de la Mohawk.

Reste l'immigration allemande. Sa diversité est extraordinaire : des piétistes de tout poil, des luthériens, des réformés – originaires de tous les États allemands, surtout de ceux de la vallée du Rhin, et des cantons suisses. Tantôt ils ont payé leurs frais de voyage, tantôt ils n'ont versé qu'une partie du prix et, une fois parvenus en Amérique, s'engagent à rembourser sous forme de travail (ce sont des *redemptioners*). Le havre pour les Allemands, c'est d'abord et avant tout la Pennsylvanie. C'est ce qu'a voulu William Penn pour assurer la réussite de l'« expérience sacrée ». Une fois créé, le courant s'est maintenu. Germantown, à deux pas de Philadelphie, le comté de Lancaster, plus à l'ouest, sont les lieux privilégiés du rassemblement allemand, au point qu'en 1766 Franklin fait remarquer qu'avec 110 000 à

150 000 Allemands, la Pennsylvanie est pour un tiers germanique. De plus, les Allemands sont aussi installés dans la vallée de la Shenandoah en Virginie, dans les Carolines et en Georgie, dans le comté Frederick en Maryland, sans oublier la vallée de l'Hudson.

Des huguenots, des Écossais, des Allemands, mais aussi des Irlandais du Sud, des Hollandais de l'ancienne Nouvelle-Hollande, des Suédois de l'ex-Nouvelle-Suède, des Juifs sépharades dont le premier groupe se fixe en 1654 à La Nouvelle-Amsterdam, dont un autre groupe préfère un peu plus tard Newport (Rhode Island), etc., bref, une Amérique diverse, pluri-ethnique, une mosaïque de peuples. En apparence seulement, car un immigrant blanc sur deux, peut-être même deux sur trois, est un serviteur sous contrat, un *indentured servant*, qui vient d'Angleterre.

Malgré son rôle prépondérant dans le peuplement des colonies, cette catégorie sociale a longtemps été méconnue. Les serviteurs sous contrat ne sont pas des esclaves. Ils conservent leurs droits de sujets britanniques et peuvent, par exemple, assigner leur maître devant un tribunal ou déposer à la barre. Pourtant, ils ne sont pas libres. Pendant un nombre d'années variable, en général de quatre à sept ans, ils donnent leur force de travail à un maître. Le contrat rempli, ils s'installent où ils veulent, bénéficient d'une indemnité sous forme d'argent ou de terre et vivent comme n'importe quel autre colon. On ne saurait les ranger dans la catégorie des immigrants volontaires, car leur transport en Amérique a fait l'objet d'une négociation commerciale et suscite un commerce rentable. Ils sont recrutés, de bon gré, rarement par la force, pour aller travailler dans les colonies. Ne disposant pas de l'argent nécessaire au paiement des frais de voyage, ils se sont vendus à un capitaine de navire. Celui-ci, dès son arrivée en Amérique, les revend avec bénéfice à un propriétaire foncier qui a besoin de main-d'œuvre. Contre son travail, le serviteur reçoit la nourriture, le logement, les vêtements, une généreuse ration d'alcool. Il va de soi que le maître est tenu de ne pas mal-

TABLEAU 3 **Population noire**

	1630	**1640**	**1650**	**1660**	**1670**	**1680**	**1690**
Maine							
New Hampshire		30	40	50	65	75	100
Massachusetts		150	295	422	160	170	400
Rhode Island			25	75	115	175	250
Connecticut		15	20	25	35	50	200
New York	10	232	500	600	690	1 200	1 670
New Jersey					60	200	450
Pennsylvanie						25	270
Delaware			15	30	40	55	82
Maryland		20	300	758	1 190	1 611	2 162
Virginie	50	150	405	950	2 000	3 000	9 345
Caroline du Nord				20	150	210	300
Caroline du Sud					30	200	1 500
Georgie							
Kentucky et Tennessee[1]							
Total	60	597	1 600	2 920	4 535	6 971	16 729

1. À partir de 1770, les territoires du Kentucky et du Tennessee comptent également une population noire.

traiter son serviteur et que le serviteur doit respecter les termes et la durée du contrat. La plupart des serviteurs sont des hommes âgés de quinze à vingt-cinq ans, paysans ou artisans, quelquefois ouvriers sans qualifications, exceptionnellement des hors-la-loi, des criminels. Il semble que 70 % d'entre eux sachent lire et écrire. Le système atteint son apogée dans les deux dernières décennies du XVIIe siècle. Il s'est toutefois maintenu au XVIIIe siècle, bien qu'il ait perdu de son importance économique et démographique. On le retrouve même, bien après l'indépendance, à titre de survivance.

Son succès est inversement proportionnel au succès d'une autre forme d'immigration, celle-là contrainte : l'immigration

des colonies américaines de 1630 à 1780

1700	1710	1720	1730	1740	1750	1760	1770	1780
					300	475	458	
130	150	170	200	500	550	600	654	541
800	1 310	2 150	2 780	3 035	4 075	4 566	4 754	4 822
300	375	543	1 648	2 408	3 347	3 468	3 761	2 671
450	750	1 093	1 490	2 598	3 010	3 783	5 698	5 885
2 256	2 811	5 740	6 956	8 996	11 014	16 340	19 112	21 054
840	1 332	2 385	3 008	4 366	5 354	6 567	8 220	10 460
430	1 575	2 000	1 241	2 055	2 872	4 409	5 761	7 855
135	500	700	478	1 035	1 496	1 733	1 836	2 996
3 227	7 945	12 499	17 220	24 031	43 450	49 004	63 818	80 515
16 390	23 118	26 559	30 000	60 000	101 452	140 570	187 605	220 582
415	900	3 000	6 000	11 000	19 800	33 554	69 600	91 000
2 444	4 100	12 000	20 000	30 000	39 000	57 334	75 178	97 000
					1 000	3 578	10 625	20 831
							2 725	8 750
27 817	44 866	68 839	91 021	150 024	236 420	325 806	459 822	575 420

SOURCE : *Historical Statistics of the United States, op. cit.*, vol. 2, p. 1168.

des esclaves africains. Là encore, méfions-nous des mythes et des idées toutes faites. La première cargaison d'esclaves noirs (ils étaient 20) fut débarquée à Jamestown en 1619 d'un navire hollandais. La population noire des colonies se limite à 60 personnes en 1630, à moins de 7 000 en 1680. Dans les trois premières décennies du XVIIIe siècle, l'importation annuelle s'élève à 1 000. Puis, une accélération se produit : 40 500 de 1731 à 1740, 58 500 de 1741 à 1750, 41 900 de 1751 à 1760, 85 800 de 1761 à 1780, 91 600 de 1781 à 1810. En 1780, les États-Unis comptent 575 420 Noirs, soit un cinquième de leur population totale, et sur ce total 90 % vivent au sud de la Pennsylvanie. La plupart d'entre eux viennent des rivages du golfe de Guinée, notamment le Biafra, le Ghana, le Sénégal et la Gambie. D'autres sont originaires des bouches du Congo, de l'Angola et du Mozambique. Très peu ont été importés des Antilles, car les colons américains considèrent ces esclaves, déjà anglophones, comme de mauvais travailleurs et de fortes têtes. De toute évidence, dans ce cas comme dans celui de la population blanche, c'est l'accroissement naturel plus que l'immigration qui explique l'augmentation considérable de la population noire.

Enfin, il convient de placer dans une juste perspective l'importation d'esclaves africains en Amérique du Nord. Du début du XVIIe au début du XIXe siècle, on estime à 523 000 le nombre des esclaves qui sont arrivés dans les colonies nord-américaines, puis aux États-Unis. C'est deux fois moins pour la même période qu'en Jamaïque, à peu près autant que dans les Barbades. Si l'on évalue à 11 345 000 les Africains qui ont été expédiés en Amérique et en Europe, cela fait 4,61 % pour l'Amérique du Nord, 14,87 % pour l'Amérique espagnole, 21,53 % pour les Antilles anglaises, 14,59 % pour les Antilles françaises, 36,93 % pour le Brésil (tableau 4).

TABLEAU 4

Importation d'esclaves africains en Amérique et dans l'Ancien Monde de 1451 à 1870

Amérique du Nord britannique	523 000
Amérique espagnole	1 687 000
Antilles anglaises	2 443 000
Antilles françaises	1 655 000
Antilles hollandaises	500 000
Antilles danoises	50 000
Brésil	4 190 000
Europe	297 000
Total	11 345 000

SOURCE : James A. Rawley, *The Transatlantic Slave Trade. A History*, New York, W.W. Norton & Co., 1981, p. 428.

Quant aux décès survenus sur les bateaux négriers, il est vraisemblable qu'ils ont été du même ordre que les décès sur les bateaux transportant des passagers blancs. Ces précisions n'ont pas, bien évidemment, pour but de justifier la traite et l'esclavage, mais visent à apporter les résultats des recherches les plus récentes et à dissiper des ambiguïtés.

D'ailleurs, pour être complet, il existe une dernière catégorie d'immigrants contraints. Ce sont les condamnés de droit commun, les *convicts*, dont l'Angleterre se débarrasse. Au grand scandale des colons, comme Benjamin Franklin, qui s'indignent de cette pratique. Pour la période coloniale, ils ont été aux environs de 50 000 et ont contribué, à leur manière, à la mise en valeur de l'Amérique du Nord.

Ce peuplement, rapide et considérable, entraîne deux conséquences. En premier lieu, la formation d'une société diversifiée et complexe, avec des affinités culturelles et ethniques, l'habitude de se regrouper pour survivre. Encore qu'il ne faille pas sous-estimer les tensions sociales. Les puritains ne sont pas les seuls à détester les nouveaux venus, surtout s'ils ne sont pas des puritains de stricte observance. Presque partout, les catholiques sont mal vus et les capitaines des navires qui transportent ces indésirables sont frappés d'une taxe spéciale, qui s'apparente à une taxe punitive. Les Juifs n'ont pas reçu en tous lieux un accueil enthousiaste : la Georgie, si soucieuse de soulager les misères des faillis, si ouverte à la philanthropie, manifeste des réticences à leur égard. Quant aux pauvres, ils sont ici et là rejetés, à moins que les capitaines des navires s'engagent à subvenir à leurs besoins, donc à les caser auprès des propriétaires fonciers. En un mot, une société plus ouverte que n'importe laquelle des sociétés européennes de l'époque, mais une société qui définit avec précision les limites de son ouverture.

Le deuxième conséquence concerne la géographie du peuplement. Tout au long de la période coloniale, la Virginie conserve le premier rang pour le nombre des habitants. Au moment de l'indépendance, elle réunit 21 % des Américains ; le Massachusetts 11 %, tout comme la Pennsylvanie. Au même moment, neuf Américains sur dix vivent à la campagne. C'est dire que les villes sont de taille réduite. Philadelphie groupe 35 000 habitants ; New York, 25 000 ; Boston, 16 000 ; Charleston, 12 000. *Grosso modo*, les colons ont atteint les Appalaches. Ils dépassent cette ligne au-delà de la vallée de la Shenandoah et dans l'arrière-pays du Maryland ou de la Pennsylvanie. Mais à l'est, sur la côte comme à l'intérieur, bien des régions sont encore recouvertes de forêts épaisses. C'est le cas du Maine, de la plus grande partie du New Hampshire et du New York, de l'arrière-pays de la Georgie, du rivage atlantique de Wilmington au cap Hatteras. La pénétration vers l'intérieur se poursuit, irrésistiblement. Les colons continuent à remonter les cours d'eau, construisent des forts, puis ces *log cabins*, des cabanes en rondins qu'ils ont appris à assembler grâce à des immigrants d'origine scandinave. Ils défrichent, repoussent les Indiens, s'installent. La marche vers l'Ouest a commencé. Ces observations laissent apercevoir le lien étroit et indissoluble entre l'essor démographique et l'expansion économique. Impossible d'affirmer que l'un précède l'autre. Ils progressent ensemble.

Une société à deux dimensions

De la société coloniale on pourrait dire qu'elle se caractérise par les plantations du Sud, les activités commerciales du Nord et la progression de la Frontière à l'ouest. La division géographique est commode. Elle n'en dissimule pas moins une grande variété dans l'économie de chaque région. Elle simplifie beaucoup trop pour ne pas déformer. Il vaut mieux analyser les deux dimensions essentielles de la société : le monde de la terre et le monde du commerce.

La terre est abondante. Rien de comparable, notent les voyageurs, avec ce que l'on observe en Europe. Toutefois, l'accession à la propriété varie suivant les époques et les colonies. En Virginie, par exemple, le roi accorde des concessions à ses favoris et à de grands seigneurs. Ceux-ci divisent une partie de leur propriété en lots et y établissent des fermiers qui paient un loyer, de plus en plus symbolique à mesure que les prix fonciers augmentent. De fermiers, ils deviennent insensiblement propriétaires. Ou bien, pour avoir fait venir à leurs frais des immigrants, ils reçoivent gratuitement des *headrights*, soit 50 acres (20 hectares) par immigrant. S'agrandir n'est pas compliqué. Il suffit d'acheter et pour réaliser de bonnes affaires d'acheter avant que la terre ne soit mise en valeur. Suivant les circonstances, on s'approprie le plus possible. On attend alors que les prix montent, puis on revend ou on fait exploiter. Du coup, la superficie moyenne d'une ferme correspond à 40 hectares, mais cette moyenne cache les énormes possessions des grands propriétaires de Virginie. Et pourtant, le taux de faire-valoir indirect est relativement bas. De ce point de vue, le New York constitue une exception qui s'explique par le système des *patrons*, hérité des Hollandais. Ici, les Anglais n'ont pas changé les structures économiques et sociales, mais les fermiers bénéficient de baux satisfaisants, souvent établis à perpétuité et comportant un loyer fixé à 10 % de la production. Il est également vraisemblable que le taux d'occupation des sols par des locataires s'est accru au XVIIIe siècle dans le Maryland et en Pennsylvanie. Ailleurs, la condition des locataires est transitoire. On passe par cette étape pour atteindre un certain niveau économique et se rendre propriétaire d'une exploitation.

Dans le Nord, notamment dans le Massachusetts, les pratiques sont différentes. Point de *headrights* et peu de concessions individuelles. Lorsqu'un groupe d'hommes et de femmes formant une congrégation désire se fixer, il s'adresse à l'assemblée de la colonie. Celle-ci examine les qualifications religieuses des postulants et leurs aptitudes au travail de la terre. Puis, elle leur attribue, en contiguïté avec une ville ou un village, un lot de 6 miles carrés[1]. Aux nouveaux propriétaires de répartir les terres entre eux, de choisir l'emplacement de l'église, de l'école, de la place centrale (le *common* ou le *green*), d'offrir un lopin au forgeron, au meunier, à la sage-femme. Les parcelles sont réparties de manière que chacun ait un peu de tout. Le système fonctionne bien, tant que la population ne s'accroît pas trop vite. Au XVIIIe siècle, les disputes sont nombreuses entre les nouveaux venus, qui souhaiteraient une nouvelle répartition, et les anciens qui s'accrochent à leurs privilèges. Et puis, du Massachusetts à la Georgie, l'Ouest ne cesse pas d'attirer. Sans doute faut-il là-bas défricher, ce qui est long et pénible, affronter le péril indien, ne pas redouter la solitude. Mais quelles récompenses ! Les plus hardis, comme Daniel Boone, explorateur et agent foncier, qui ouvre la route de la colonisation du Kentucky peu avant la Révolution, découvrent des terres fertiles, des herbes grasses, d'immenses étendues qui procureront de gros profits. Les plus calculateurs mettent sur pied des sociétés qui obtiennent des assemblées coloniales d'énormes concessions. Il suffit alors d'arpenter, d'attirer des pionniers, de vendre ou de louer à bas prix. Un exemple parmi d'autres, celui de George Washington. À quinze ans, il a acquis les compétences nécessaires à un arpenteur. En 1748, un grand seigneur de Virginie, Thomas Fairfax, l'envoie en expédition dans l'Ouest pour procéder à des relevés topographiques et préparer l'exploitation des terres vierges. À cheval, il parcourt la vallée de la Shenandoah, trace des plans, reporte des mesures. En 1749, le voici arpenteur du comté de Culpeper. Le jeune Washington apprend à se conduire en propriétaire foncier : arpenter, acheter, exploiter, tirer profit, faire monter les prix, revendre, arrondir son bien. Une dizaine d'années plus tard,

1. Un mile carré correspond à un carré de 1 609 m de côté. Il se divise en demi-sections (de 320 acres chacune), elles-mêmes divisées en quarts de section (160 acres). Le mile carré ou 640 acres équivaut à 2,59 km^2. Donc, 6 miles carrés équivalent à 15,5 km^2.

marié, maître de la plantation de Mount Vernon, il n'a pas oublié les vastes horizons de l'autre côté des Appalaches. Il gère sa propriété et l'accroît. C'est ainsi qu'en 1773 il met la main sur 4 000 hectares dans la vallée de l'Ohio et les fait cultiver par des esclaves. Pour ceux qui ne se soucient pas trop de la légalité, reste le *squatting*, une solution transitoire à moins que le *squatter* ne parvienne à faire reconnaître ses droits sur la terre qu'il occupe.

Dans ce monde de la terre, les planteurs occupent une place à part. Autour de la baie de Chesapeake, dans le Maryland et en Virginie, ils produisent du tabac. Plus au sud, en Caroline du Sud et en Georgie, ils consacrent leurs efforts au riz et à l'indigo. Ce sont les trois cultures commerciales du XVIIIe siècle, bien que d'autres cultures, on le verra, fassent elles aussi l'objet d'un commerce. Le coton est absent. Ce n'est qu'après 1815 qu'il prend la place du tabac et que se construit autour de lui un véritable royaume économique. D'après une formule humoristique, le Maryland et la Virginie doivent leur richesse « à la fumée ». Grâce à John Rolfe et à la princesse Pocahontas. La production de tabac s'est accrue régulièrement et les importations de l'Angleterre s'en ressentent comme le démontre le tableau 5.

TABLEAU 5

Importations anglaises de tabac américain, de 1616 à 1770 (poids en milliers de livres)

1616	2,5	1710	25 000
1620	119	1720	35 000
1630	458	1730	41 000
1640	1 257 *	1740	41 000
1669	15 039	1750	51 000
1680	11 943 *	1760	85 000
1690	12 638 *	1770	78 000
1700	38 000 *	Londres seulement : *	

SOURCE : *Historical Statistics of the United States, op. cit.*, vol. 2, p. 1190-1191.

Les avantages de cette culture sont évidents, puisque l'Angleterre absorbe tout et revend à l'Europe occidentale la plus grande part. Il ne faut pourtant pas sous-estimer les inconvénients : les sols s'épuisent vite, donc le producteur doit chercher de nouvelles terres et cultiver un peu plus à l'ouest, ce qui entraîne d'incessants investissements. Sans oublier le problème de la main-d'œuvre.

Il faut essayer d'imaginer la vie sur une plantation. Toute plantation ressemble à un village. Elle est fixée presque toujours le long d'un cours d'eau pour faciliter les transports. La maison du maître est le bâtiment principal, parfois luxueux si le planteur est très riche. Autour, les dépendances : les cuisines, le fumoir, le lavoir, les ateliers des artisans, les étables et les écuries, non loin les cases des esclaves. La plantation est une exploitation agricole qui produit pour le commerce et comprend plusieurs fermes. Le planteur, lui, est un homme d'affaires, un commerçant et, dans le même temps, par son genre de vie un aristocrate, un *gentleman farmer*. Il parcourt son domaine aussi souvent que possible, tient soigneusement ses comptes et note les achats d'outils, de peintures, de fils, d'aiguilles, d'animaux, de semences. Rien ne lui échappe, s'il veut que son entreprise rapporte. George Washington, comme d'autres planteurs, se passionne également pour les expériences agronomiques. Il regrette que le monde des plantations dépende exagérément de l'Angleterre. Aussi décide-t-il d'élever des moutons pour ne point acheter de laine à Londres. Les vêtements seront moins chers et il suffira d'apprendre aux esclaves le tissage. Washington tire parti de la proximité du Potomac, le long duquel se trouve Mount Vernon, pour se livrer à la pisciculture. Élever et pêcher des poissons, encore une solution pour limiter les dépenses. Il se met à cultiver le blé qu'il transforme en farine. Il améliore aussi les méthodes de culture, pratique l'assolement qui repose la terre, utilise de nouveaux instruments agricoles, emploie des engrais. Bref, Washington cherche à pratiquer une agriculture moderne et acclimate, dans le potager de Mount Vernon, des plantes qu'il fera pousser plus tard dans ses champs. Il a même essayé de domestiquer des bisons. Mais il faut reconnaître qu'en Virginie, seul le tabac compte. Et dans ce cadre économique, le rôle du planteur et de ses délégués, les « surveillants », c'est d'organiser les activités, d'empêcher le gaspillage des énergies, de pousser au travail les esclaves. Sans les Noirs qui cultivent les champs ou, en petit nombre, servent le maître et sa famille, rien ne marche. Au sein de cette société qui se fonde sur la séparation des races, sur l'exploitation des Noirs par les Blancs, en un mot sur le racisme, les Blancs sont les patrons. Certes, Washington, comme beaucoup d'autres, n'aime pas le système esclavagiste. Mais à ses yeux, c'est un mal nécessaire dans une colonie qui manque de main-d'œuvre, où le climat subit des influences tropicales et dont les traditions sont celles d'un monde colonial.

Pourquoi les esclaves noirs ont-ils remplacé les serviteurs blancs sous contrat ? Les Noirs représentent 38 % de la population de la Virginie, du Maryland et de la Caroline du Nord en 1770 ; en Caroline du Sud, ils sont nettement plus nombreux que les Blancs. En fait, la main-d'œuvre servile l'emporte sur la main-d'œuvre sous contrat dès la fin du XVIIe siècle. Un esclave coûte plus cher qu'un serviteur, mais il n'est pas libérable et ses enfants appartiennent au maître. Si l'investissement est au départ plus important, la rentabilité est supérieure. Il faut ajouter à ce calcul le fait que les serviteurs, devenus libres, cherchent à leur tour à s'établir sur des terres qu'ils mettront en valeur. Ils sont, en conséquence, susceptibles de déstabiliser une société fragile et inégalitaire, tandis que les esclaves, que la couleur de leur peau fait considérer comme des inférieurs, ne sont nullement soumis à la *common law*.

En fin de compte, si le tabac est d'un bon rapport, si l'espérance de vie s'allonge pour les Blancs comme pour les Noirs, si les esclaves ont des familles nombreuses (et les planteurs n'oublient pas de les aider, le nombre des mulâtres en témoigne), il vaut mieux renoncer aux serviteurs pour investir dans les esclaves. De plus, à partir de 1740, le marché transatlantique de l'esclavage dispose d'une offre croissante qui tient à la diversité des compétiteurs, au moment où l'extension de la culture du tabac tend à accroître la demande. La substitution de la main-d'œuvre a commencé dans les plantations de sucre des Indes occidentales au milieu du XVIIe siècle. Elle se fait, cinquante ans plus tard, en Amérique du Nord. Reste une question : pourquoi les colonies du Nord n'imitent-elles pas, sur ce point, les colonies du Sud ? Le climat joue un rôle dans la dichotomie. Ne dit-on pas que les Africains sont mieux armés contre la malaria qui rend insalubres les plantations de riz de la Caroline du Sud ? En outre, les cultures du Nord réclament moins de travaux, sont plus diversifiées et produites dans des exploitations plus petites, donc moins profitables.

Voilà pourquoi le planteur domine la société du Sud. Gestionnaire, il donne le ton à la vie sociale. Son genre de vie est celui de l'aristocrate. À lui, les beaux mariages, les fêtes et les bals, les réceptions mondaines, les visites aux voisins et l'accueil des personnalités de passage. Il se distrait à la manière d'un *gentleman* des Midlands ou du Sussex. Il adore la chasse au renard, été comme hiver. Les longues courses à cheval, à la poursuite de l'animal, sont particulièrement agréables dans les premiers froids. Elles se terminent autour d'une table. On y boit du cidre, de la bière, du punch et du vin. Il éprouve une passion pour les chiens et les chevaux. La vie au grand air offre des plaisirs incomparables. Il aime le théâtre et les spectacles inhabituels, comme la présentation de fauves, la prestidigitation. Il joue aux cartes, au billard, fume la pipe et prise. Londres et l'Angleterre, c'est toujours le phare de la civilisation. Il y achète ses meubles et ses livres. Et à défaut de s'y rendre aussi souvent qu'il le souhaiterait, il se contente d'aller à Williamsburg, la capitale de la Virginie, ou à Charleston. Il fréquente le palais du gouverneur, les tavernes, les boutiques achalandées. Un lieu de promenade pour rompre la monotonie des longues journées sur la plantation, retrouver des amis, parler des cours du tabac ou de la situation politique. Ce genre de vie, c'est celui de William Byrd, de George Washington, de George Mason, des Carter, des Fitzhugh, des Dulanys, des Manigault.

Le planteur est plus qu'un *gentleman farmer* et un gestionnaire. Il fait aussi du commerce et sert d'intermédiaire entre les petits fermiers et le monde extérieur. Il réunit les cargaisons de tabac, achemine vers l'intérieur les produits européens, prête de l'argent, participe activement aux négociations foncières. Rien de ce qui rapporte ne le laisse indifférent. Toutefois, il convient de se garder des généralisations hâtives qui déforment le tableau. Le planteur ne cultive pas seulement le tabac ou le riz. Il fait aussi du maïs et ne néglige pas l'élevage. À ses côtés, beaucoup de cultivateurs, la très grande majorité des Blancs du Sud, ne possèdent pas d'esclaves ou n'en ont qu'un ou deux. Autour de la baie de Chesapeake, les « petits » consacrent en moyenne 3 acres au tabac, 15 ou 10 au maïs et à des cultures secondaires. Dans le Maryland, ils font pousser du blé et élèvent du bétail. En Caroline du Nord, ils recueillent dans les forêts les produits qui servent au calfatage des bateaux, comme le goudron et la potasse. En Georgie, ils s'efforcent de faire pousser la vigne et d'élever le ver à soie.

Au Nord, changement de décor. De l'Hudson au Potomac, on découvre le « grenier de l'Amérique », avec des céréales, des fruits et des légumes. Les bœufs et les vaches, les moutons, les cochons constituent l'essentiel de l'élevage. À l'intérieur, la chasse aux fourrures reste une activité hautement rentable, tandis que, sur la côte, il suffit de se baisser pour faire provision d'huîtres, de clams et de homards. En Nouvelle-Angleterre, les conditions climatiques et pédologiques sont plus difficiles. L'agriculture rapporte peu, juste de quoi subvenir aux besoins des familles et du bétail : du maïs, de l'orge, de l'avoine, des légumes. Il faut dire que la taille réduite des exploitations gêne l'essor de la production agricole. Il n'empêche que dans les colonies du Centre et du Nord, trois plantes dominent les activités agricoles : le maïs, le blé et le seigle. Auxquelles on peut ajouter le sarrasin pour les besoins familiaux, l'orge pour fabriquer la bière, l'avoine et le foin pour l'alimentation du bétail. Les légumes de saison agrémentent et complètent les régimes alimentaires, au même titre que les pommes de terre dans le Nord et les patates dans le Sud.

Somme toute, l'Américain de l'époque coloniale mange plus que son contemporain d'Europe. Il consomme de grandes quantités de lait, de fromage et sans doute 70 à 90 kilogrammes de viande par an. Le porc et, dans une moindre mesure, le bœuf fournissent l'essentiel de la nourriture carnée. Le mouton sert à la fabrication artisanale de couvertures et de vêtements. Et c'est là qu'on relève un aspect souvent méconnu de l'agriculture coloniale au XVIIIe siècle. Dans le sud-ouest de la Pennsylvanie, par exemple, des fermiers donnent 60 % de leur production en grains aux animaux, preuve de l'abondance de la production et de l'importance de l'élevage. Presque tout le maïs que produit la vallée de la Shenandoah est destiné aux animaux. Une ferme moyenne de la Pennsylvanie ou du New York entretient de 6 à 10 cochons, de 5 à 8 bovins, sans oublier des moutons, des chevaux et de la volaille. Ce qui démontre amplement qu'il existe alors une agriculture, prospère et commerciale, qui ne se limite nullement au tabac au riz et à l'indigo. Les colonies sont maintenant capables de vendre à l'étranger leurs surplus agricoles. Dans une large mesure, la réputation d'abondance qui embellit l'image de l'Amérique s'appuie sur des réalités concrètes.

C'est là-dessus et sur les besoins des colonies que repose le monde du commerce. En ce domaine, la règle s'appelle le mercantilisme. Un principe qu'on définirait en quelques mots : la métropole se réserve les avantages de son empire. En conséquence, les produits coloniaux doivent être expédiés dans les ports de la métropole, à condition, bien sûr, qu'ils ne soient pas consommés sur place. Et ce que les colonies ne produisent pas doit être acheté à la métropole. Ainsi la métropole accumulera des richesses qui se transformeront en un stock d'or croissant. Le mercantilisme n'est pas spécifiquement anglais. Les Espagnols et les Français n'agissent pas autrement. Ce qui est plus curieux, c'est que l'Angleterre a compris tardivement le parti qu'elle pourrait tirer de ses colonies américaines : la distance, une indifférence lente à disparaître, les luttes politiques dans le royaume expliquent cette attitude. Les premières mesures mercantilistes remontent au protectorat de Cromwell. Elles sont complétées par Charles II en 1660 et 1663, puis par ses successeurs. Elles constituent les Actes de navigation. Somme toute, le commerce entre l'Angleterre et ses colonies sera assuré par des navires anglais et des équipages composés pour les trois quarts au moins de matelots anglais. Un certain nombre de produits coloniaux ne peuvent être expédiés que vers les ports de la métropole. Ils figurent sur la liste énumérative qui comprend d'abord le tabac, le coton, l'indigo, le gingembre, les bois tinctoriaux, puis le riz, les mélasses, le chanvre, les produits de calfatage, les fourrures, le cuivre. Les colonies ne peuvent pas acheter directement à l'étranger ; les produits qu'elles se procurent doivent transiter par un port métropolitain et y acquitter des droits. Des exceptions, pourtant : les vins de Madère et des Açores, le sel européen, le sucre des Antilles non britanniques qui, depuis 1733, est frappé d'un droit d'importation dans les colonies américaines de six pence par gallon. D'autres interdictions resserrent le filet. Elles visent à limiter, sinon à empêcher les activités industrielles des colons et ont été décidées sous la pression des manufacturiers anglais. La loi de 1699 interdit la vente des lainages d'une colonie à l'autre et leur exportation à destination des marchés européens. Les chapeliers anglais ont obtenu, par la loi de 1732, que leurs concurrents des colonies ne puissent pas embaucher un nombre illimité d'apprentis, que les peaux de castor soient envoyées et travaillées en métropole, et que les chapeaux ainsi fabriqués soient vendus, avec de substantiels profits, aux colonies. S'agissant de l'industrie métallurgique, le règlement de 1750 est plus compliqué. La fonte et le fer des colonies peuvent être vendus, sans être frappés de droits, en Angleterre, mais ils ne sauraient être transformés en Amérique. En l'occurrence, la métropole profite des richesses en bois de ses colonies américaines (le charbon de bois est à l'époque indispensable à la fabrication de la fonte et du fer), tout en évitant l'essor d'un concurrent dangereux.

Est-ce là un carcan insupportable pour les colonies ? Il ne manque pas de voix pour protester contre ces mesures discriminatoires. Franklin lui-même a démontré, dans un texte écrit en 1760, que l'Angleterre se trompait d'adversaire, que les principaux concurrents se trouvaient en Europe continentale et que, tout compte fait, il valait mieux pour l'Angleterre commercer avec des colonies économiquement développées qu'avec des établissements qui ne pourraient pas acheter les produits d'une industrie métropolitaine. Peine perdue ! Mais n'exagérons pas le poids des Actes de navigation. Les Anglais d'Amérique font partie d'un empire puissant, tout comme les Anglais d'Angleterre ; ce qui leur confère des droits, leur donne des habitudes, leur procure des bénéfices auxquels, pour le moment, ils n'ont aucune envie de renoncer. Les producteurs d'indigo, par exemple, perçoivent une prime qui a pour but de les encourager. Les producteurs de tabac sont certains de vendre. Les conditions de ce commerce se sont même améliorées au XVIIIe. Au lieu d'expédier leur récolte en Angleterre en en confiant la vente à des consignataires, ce qui laisse planer l'incertitude sur le niveau des prix et provoque de longs délais de paiement, les planteurs vendent leur tabac à des marchands écossais, dont les agents sont établis dans le Maryland et en Virginie. D'ailleurs, s'ils désirent acheter des meubles de qualité, des vêtements de luxe, des livres et surtout les produits finis indispensables à l'agriculture, où trouveraient-ils de meilleures conditions de paiement qu'en Angleterre ? On insiste volontiers sur l'endettement des planteurs. Ce n'est pas le résultat de la pauvreté ou d'un appauvrissement. Leur genre de vie et la lenteur des relations commerciales sont responsables de l'accroissement des dettes. Un contemporain en témoigne : « Les planteurs de tabac, écrit-il, vivent plus que les autres colons d'Amérique comme des gentilshommes fortunés. [...] Les maîtres vivent les uns par rapport aux autres dans un état d'émulation quant à leurs habitations, leur ameublement, les vins, la vestimentation, les divertissements, etc., à tel point qu'il est surprenant, non pas qu'ils n'étendent pas leurs exploitations, mais qu'ils soient capables de les conserver. [...] On parle beaucoup ici de la pauvreté des planteurs et l'on en déduit que leur agriculture n'est pas profitable : cette idée fausse [tient au] luxe général, à leur extravagante manière de vivre, [...] car des hommes qui ne produiraient pas des marchandises chères ne sauraient même à crédit vivre ainsi [...] avec un tel luxe et des dettes à 8 % d'intérêt. » Non, décidément, les planteurs du Sud ne souffrent pas du mercantilisme.

Quant aux marchands, ils sont peu nombreux dans les colonies. La plupart d'entre eux se livrent à des activités qui ne concernent que le commerce intérieur. Ceux qui commercent avec l'étranger, il n'est pas du tout certain, au moins jusqu'en 1763, que les règlements mercantilistes les brident. Ils ont de quoi vendre : les grands produits agricoles, mais aussi le rhum que la Nouvelle-Angleterre fabrique à partir des mélasses qu'elle achète dans les Antilles, les céréales sous la forme de farine que le New York, la Pennsylvanie et la Virginie produisent en quantités excédentaires, la viande, les fourrures et les peaux, les bois des immenses forêts américaines dont les meilleurs troncs sont réservés à la marine royale et qui fournissent les chantiers navals particulièrement prospères. De 1750 à 1770, la pêche à la baleine connaît une extension considérable. Chaque année, plus de 250 baleiniers partent des ports nord-américains et ramènent la précieuse huile de baleine qui sert à l'éclairage, à la lubrification, à la confection du savon, au peaufinage du cuir et à la fabrication des meilleures chandelles de l'époque.

De fait, les marchands du Massachusetts ont pris l'habitude, dès le XVIIe siècle, de vendre du ravitaillement aux îles à sucre des Antilles et aux établissements européens qui bordent les côtes africaines. Puis, les New-Yorkais et les Pennsylvaniens se sont joints à eux. Dès lors, Boston, Salem, Nantucket, Providence, New York, Philadelphie sont des ports actifs, qui commercent avec l'Europe, les Antilles et l'Afrique occidentale. Les itinéraires ne sont pas aussi réguliers qu'on fait semblant de le croire. Vers les Antilles, le New York et la Pennsylvanie expédient du blé, de la farine, de la viande salée ; vers l'Europe méridionale, du blé et de la farine ; vers la Grande-Bretagne, du fer et de la potasse. En retour, les deux colonies importent du rhum, du sucre et des mélasses des Antilles, du vin et du sel d'Europe méridionale, des articles manufacturés d'Angleterre. La Nouvelle-Angleterre vend aux Antilles du poisson séché, des chevaux, du bois, du bétail, de la viande salée, des chandelles et leur achète des mélasses, du rhum et du sucre. Avec l'Europe du Sud, elle échange du poisson contre du sel et des vins. À l'Angleterre elle vend de l'huile de baleine et de la potasse et lui achète des produits manufacturés. Quant aux colonies du Sud, elles échangent avec les Antilles du riz, du maïs, du blé, du bois contre du rhum, des mélasses et du sucre ; avec l'Angleterre, du tabac, du riz, de l'indigo contre des produits manufacturés.

Cela infirme l'idée d'un commerce actif entre l'Afrique noire et les colonies : l'une vendant des esclaves, les autres du rhum et de la bimbeloterie. Sans doute des commerçants américains se lancent-ils, épisodiquement ou régulièrement, dans l'aventure négrière. Mais elle rapporte peu. Ils y sont entrés trop tard pour lutter avec efficacité contre leurs concurrents hollandais, français et anglais. Et dans le cas où ils réussissent, ils vendent leur cargaison d'esclaves surtout dans les Antilles.

Quant à l'itinéraire qui relierait la Nouvelle-Angleterre, les Antilles et l'Angleterre, ce serait un commerce triangulaire. Beaucoup de bateaux américains font escale quelque part dans leur liaison entre les colonies et la métropole, mais la plupart font l'aller-retour entre la Nouvelle-Angleterre et les Antilles ou bien entre la Nouvelle-Angleterre et l'Angleterre.

À côté des avantages certains qu'il procure, l'Empire, tel qu'il est conçu par la Grande-Bretagne, crée des difficultés aux commerçants américains. Première difficulté, mineure malgré tout : l'application des règlements suppose des contrôles et le paiement des droits. Encore faudrait-il que l'Angleterre disposât d'une solide administration. Ce n'est pas le cas. Les douaniers sont peu efficaces. Pour surveiller les côtes américaines, de la Nouvelle-Écosse à la Jamaïque, ils sont vers 1770 moins de deux cents, avec mission de relever les infractions et de faire juger les contrevenants devant les tribunaux spéciaux. En outre, ils ont la réputation justifiée de fermer les yeux quand on leur emplit les poches. La contrebande, accompagnée par la corruption, annule les principaux effets du mercantilisme. Deuxième difficulté, plus sérieuse : les marchands ne peuvent pas investir leurs bénéfices dans des entreprises industrielles, puisque la métropole veille à ne pas se créer de concurrents de l'autre côté de l'Atlantique. Il n'empêche qu'à l'époque de l'indépendance, un tiers de la flotte marchande anglaise sort des chantiers américains. Troisième difficulté, à l'origine d'un malaise profond : les colonies américaines achètent à l'Angleterre plus qu'elles ne lui vendent. Leur balance commerciale est déficitaire avec la métropole ; elle ne l'est pas avec les Antilles. En conséquence, les espèces métalliques se font rares. Les colons sont contraints de recourir, non seulement à la monnaie anglaise, mais aussi aux pièces françaises, espagnoles et hollandaises dont le cours varie suivant la loi de l'offre et de la demande. Reste le troc pour les opérations de faible envergure. La famine monétaire gêne le développement de l'économie coloniale. Mais si les colonies tentent de mettre sur pied une banque dont les billets seraient gagés sur les hypothèques foncières ou d'émettre des billets, le gouvernement de Londres fait immédiatement sentir son autorité et interdit de telles pratiques.

Le grand commerce maritime, pourtant, stimule les villes, notamment les ports. Jusqu'au milieu du XVIIIe siècle, Boston joue le rôle de capitale économique. Puis, sa primauté est attaquée de deux côtés. La pêche et les constructions navales suscitent des rivaux qui sont aussi des voisins, comme Salem, Marblehead ou Gloucester. Le commerce du blé favorise Philadelphie et New York. D'autant que ces deux cités importent des marchandises anglaises en grosses quantités et sont promues au rang d'entrepôts pour les colonies du Centre, sinon pour une bonne partie du Sud et du Nord. Deux autres ports, au fond de la baie de Chesapeake, occupent une place importante. Norfolk en Virginie ne compte que 6 500 habitants en 1774 et précède de peu Baltimore dans le Maryland. L'un et l'autre ont fondé leurs activités, non pas sur l'exportation du tabac, mais sur celle du blé, un produit encombrant, mais fort recherché, en particulier dans les Antilles. Dans tous ces centres commerciaux, les marchands donnent le ton, car c'est entre leurs mains que se concentrent les affaires maritimes : les Brown de Providence, les Hancock de Boston, les Livingston de New York, les Morris et les Dickinson de Philadelphie témoignent, par leur réussite matérielle, de l'essor d'une Amérique nouvelle. Ils dominent aisément la société urbaine, dans laquelle les artisans, les ouvriers peu qualifiés, les matelots constituent le petit peuple. Les artisans sont des cordonniers, des tisserands, des tailleurs, des argentiers comme le Bostonien Paul Revere. Ils travaillent surtout le bois et le cuir. Leur principal marché est à l'exportation, sauf les chapeliers et les cordonniers. À la liste, il faut ajouter les métiers de l'alimentation et les horlogers, les relieurs, les imprimeurs, les cochers, les charrons, les tonneliers. Ils sont indépendants : pas de guildes, encore qu'ils s'efforcent de maintenir à un niveau assez bas le nombre de leurs concurrents. Quant aux activités maritimes, elles expliquent la présence à Philadelphie en 1774 de 83 capitaines, 22 pilotes et 199 matelots. On estime que 5 % de la population active travaillent, directement ou non, dans la construction navale. Tout indique, enfin, que ce monde du travail manuel, vivant, parfois remuant et coloré, a gardé d'étroits contacts avec la terre et le travail des champs et vit dans une aisance relative.

La société coloniale est à l'évidence moins diversifiée dans ses intérêts économiques que la société européenne. Mais elle présente une plus grande fluidité. Elle est plus ouverte, plus accueillante aux nouveaux venus. Les exemples d'une réussite spectaculaire viennent à l'esprit, même s'ils sont quelque peu trompeurs. Daniel Dulany fut d'abord un serviteur sous contrat avant de se métamorphoser en planteur de tabac et en commerçant de tout premier plan. Franklin fit son apprentissage d'imprimeur chez son frère à Boston, puis s'installa à Philadelphie, y acquit un journal et une position dominante. Bon nombre de petits fermiers ont su gagner assez pour acheter des terres, faire des profits substantiels et grimper les échelons de la société. L'Amérique coloniale est dominée par quelques grands seigneurs, qui forment un monde à part, à peine entrouvert aux autres catégories sociales. En fait, loin d'être bloquée, cette société suscite l'espoir. À une exception près, qu'il convient de ne pas perdre de vue : l'esclave noir ; lui n'a aucun droit ni aucune possibilité de changer sa condition. Rien, sauf peut-être un affranchissement qu'il obtient rarement, ne lui permettra d'échapper à son sort. La barrière de la race est infranchissable.

L'unité dans la diversité

L'impression qui se dégage est celle d'une société fragmentée, dans laquelle chaque ville s'apparente à un monde particulier, le Nord s'oppose au Sud, le Centre se distingue de la Frontière, les colonies forment des entités distinctes qui cultivent soigneusement leur particularisme. Impression trompeuse. La société coloniale est à la fois diverse et unie dans ses comportements et ses modes de pensée. La culture, prise dans son sens large, regroupe les colons autour de l'Angleterre, ou plutôt d'une certaine Angleterre.

TABLEAU 6

Balance commerciale des colonies au XVIIIe siècle, en livres

	Valeur des exportations annuelles	Valeur des importations annuelles	Déficit annuel moyen
1721-1730	442 000	509 000	67 000
1731-1740	559 000	698 000	139 000
1741-1750	599 000	923 000	324 000
1751-1760	808 000	1 704 000	896 000
1761-1770	1 203 000	1 942 000	739 000

SOURCE : Barry W. Poulson, *Economic History of the United States*, New York, Macmillan, 1981, p. 73.

TABLEAU 7

Destination des exportations des colonies américaines entre 1768 et 1772, en pourcentages

	Grande-Bretagne et Irlande	Europe du Sud	Antilles	Afrique
Nouvelle-Angleterre	18	14	64	4
Colonies du Centre	23	33	44	0
Upper South[1]	83	9	8	0
Lower South[2]	72	9	19	0

SOURCE : *ibid.*, p. 75.

1. Virginie, Maryland.
2. Carolines, Georgie.

TABLEAU 8

Origines des importations des colonies américaines entre 1768 et 1772, en pourcentages

	Grande-Bretagne et Irlande	Europe du Sud	Antilles	Afrique
Nouvelle-Angleterre	66	2	32	0
Colonies du Centre	76	3	21	0
Upper South	89	1	10	0
Lower South	86	1	13	0

SOURCE : *ibid.*, p. 76.

La vie religieuse conforte l'observation. Quelle diversité au milieu du XVIIIe siècle ! Sans doute pourrait-on dire que 99 Américains sur 100 sont protestants. Les 2 000 Juifs et les 25 000 catholiques confirment par leur petit nombre que les colonies sont un domaine privilégié du protestantisme. Pourtant, le mot protestant reste vague. Les confessions, les Églises, les sectes s'opposent les unes aux autres. Les schismes et les dissidences se multiplient. Une jalouse indépendance, la volonté de garder une originalité imprègnent les esprits. Les congrégationalistes ou puritains groupent 600 000 fidèles. Leur fief, c'est le Massachusetts, secondairement le Connecticut. Les anglicans, qui, au lendemain de l'indépendance, rejettent leur allégeance au roi d'Angleterre et choisissent alors de s'appeler épiscopaliens, sont un demi-million. On les trouve surtout dans les colonies du Sud et du Centre, bien que, depuis peu, ils s'efforcent de pénétrer parmi les dissidents, c'est-à-dire en Nouvelle-Angleterre. Du Massachusetts à la Georgie, la Frontière est presbytérienne, à la suite de l'immigration massive des Écossais. Les méthodistes viennent de faire leur apparition. Les quakers continuent à dominer la vie religieuse en Pennsylvanie. Les baptistes ont pris racine dans le Rhode Island et se sont disséminés dans les autres colonies, y compris celles du Sud. Les luthériens, les réformés hollandais et allemands, les innombrables sectes piétistes complètent le panorama des convictions religieuses. La Pennsylvanie illustre à merveille la mosaïque. C'est que les quakers ont l'esprit large. Ils accueillent à bras ouverts tous les sectateurs. Et, conséquence inévitable, la colonie se transforme en une sorte de conservatoire des innombrables dissidences de l'Europe protestante. Les piétistes y affluent. Ils ont quitté la vallée du Rhin, les cantons suisses et les États allemands à la recherche d'un refuge. Les premiers mennonites viennent de Crefeld et s'installent à Germantown en 1683. Ce sont des anabaptistes, farouches adeptes du pacifisme, excellents agriculteurs. D'autres se joignent à eux et s'établissent plus à l'ouest dans le comté de Lancaster. Parmi les nouveaux venus, des amish, mennonites rigoristes, fidèles à un prédicateur bernois, Jacob Amman, qui conservent l'habillement, les mœurs, le goût du XVIIe siècle, se mettent au travail avec ardeur, s'enrichissent dans l'agriculture et continuent, en plein XXe siècle, à vivre comme au temps d'Amman. Puis, on découvre les dunkers qui se rassemblent en une Église des Frères. Ils ont fait sécession de l'Église réformée du Palatinat, se sont réfugiés en Westphalie avant d'émigrer, à partir de 1719, vers l'Amérique. Les Frères moraves, eux, sont issus de l'Église renouvelée des Frères unis, les descendants des hussites qui ont suivi le comte Zinzendorf. Ils prennent pied en Georgie en 1735 et préfèrent la Pennsylvanie où ils fondent Nazareth en 1738 et Bethlehem en 1741. Les Frères moraves ne sont que 3 000 en 1775. Les schwenckfelders sont des mystiques, amis de Zinzendorf, qui ne croient pas, à la différence des anabaptistes, qu'on puisse reconstituer ici-bas l'Église primitive. Cette énumération épuise-t-elle la richesse religieuse de la Pennsylvanie ? Pas du tout. Il faudrait encore citer les luthériens suédois, allemands ou hollandais, les calvinistes de stricte observance, des anglicans qui se croient en pays de mission, etc.

TABLEAU 9

Recensement religieux. Estimation de 1775

Congrégationalistes	575 000	Quakers	40 000
Anglicans	500 000	Baptistes	25 000
Presbytériens	410 000	Catholiques	25 000
Réformés hollandais	75 000	Méthodistes	5 000
Églises allemandes	200 000[1]	Juifs	2 000

1. Y compris les 50 000 réformés et 75 000 luthériens de Pennsylvanie.

En tout, 3 105 organisations et congrégations religieuses.

SOURCE : Richard B. Morris (éd.), *Encyclopedia of American History*, New York, Harper & Row, édition de 1965, p. 582.

On aimerait en conclure que la tolérance la plus parfaite règne dans les colonies. En apparence, elle est indispensable au développement de l'Amérique. Si l'on veut des bras pour travailler la terre et faire monter les prix, si l'on a besoin d'hommes pour repousser les Indiens, si l'on souhaite la présence d'artisans et de commerçants, peu importe les convictions religieuses. Tant pis si le voisin est catholique, quaker ou juif. L'essentiel est d'avoir un voisin. D'ailleurs, la plupart des colons ne sont-ils pas des persécutés ou des descendants de persécutés qui ont choisi de traverser l'Atlantique pour vivre en liberté ? Victimes eux-mêmes de l'intolérance, ils ne devraient pas la pratiquer. Erreur. En premier lieu, les anglicans n'ont pas connu la persécution en Angleterre. Ils appartiennent à l'Église régnante et se sentent très proches de la mère patrie. S'ils s'opposent à la présence d'un évêque américain, c'est pour ne pas devoir l'entretenir. Comme dans la métropole, les anglicans tâchent d'obtenir que leur Église soit « établie », reçoive des subventions des pouvoirs publics et soit l'Église officielle. Ils ne veulent pas de séparation de l'Église et de l'État. Et les anglicans d'Amérique obtiennent « l'établissement » dans toutes les colonies du Sud et du Centre (sauf en Pennsylvanie et dans le Delaware).

En Nouvelle-Angleterre, les congrégationalistes n'aiment que les congrégationalistes. Au XVIIe siècle, les quakers et les baptistes y ont été pourchassés, parfois condamnés à mort. Un peu plus tard, les presbytériens sont tolérés, sans plus[1]. Les Églises congrégationalistes sont subventionnées dans le Massachusetts et dans le Connecticut. Et dans le Massachusetts, jusqu'en 1684, ne peuvent participer aux affaires politiques que les membres de l'Église congrégationaliste. Dans cet ensemble où la liberté de pratiquer des uns n'est pas forcément reconnue par les autres, la Pennsylvanie et le Rhode Island donnent le bon exemple. Reconnaissons, toutefois, que l'intolérance des colonies américaines est moins absolue que celle de la France de Louis XIV ou de l'Angleterre de Cromwell et de Charles II.

Les tensions religieuses s'apaisent au XVIIIe siècle. Tout simplement parce que la foi décline. Le sentiment religieux s'affadit au profit de la raison. Fini le temps où les quakers ne pensaient qu'à construire la cité de l'amour fraternel. Ils se passionnent maintenant pour leurs affaires. Les puritains ne montrent plus cette intransigeance qui caractérisait les fondateurs de la colonie. En 1692, à Salem, la chasse aux sorcières s'est terminée par l'exécution de vingt personnes. Un symbole, non pas de l'esprit américain car dans l'Europe des XVIe et XVIIe siècles les sorcières ont été pourchassées beaucoup plus souvent qu'en Amérique, mais de l'esprit puritain. Ce temps est si éloigné qu'en 1734, Jonathan Edwards, pasteur à Northampton (Massachusetts), prononce des sermons qui sont publiés à Boston, à Londres, en Écosse, dans les États allemands, aux Provinces-Unies. Il demande à ses coreligionnaires de fuir le péché, de revenir à la vraie foi, de confesser Dieu. Le mouvement est né, une quinzaine d'années auparavant, dans l'Église réformée hollandaise. Il s'étend aux presbytériens avec William Tennent. Mais c'est avec George Whitefield qu'il prend de l'ampleur. Whitefield

1. En 1802, presbytériens et congrégationalistes fusionnent.

est un pasteur anglican d'Angleterre qui franchit plusieurs fois l'Atlantique. En 1739-1740, il entreprend une « tournée » américaine. En soixante-treize jours, il parcourt 1 200 kilomètres, prêche 1 300 sermons. Il a une voix si forte qu'il se fait entendre de 20 000 personnes en même temps. Et quel talent ! Il fait peur à son auditoire, tient le rôle des pécheurs et de Dieu, dépeint l'enfer, prononce des paroles qui glacent, provoque les larmes et exhorte ses auditeurs à se repentir. Il est difficile de lui résister. Un rationaliste comme Franklin ne reste pas insensible. Bien des Américains qui n'éprouvaient guère d'inquiétudes religieuses sont bouleversés.

La tornade passée, qu'en reste-t-il ? Des idées d'abord, comme la supériorité de la loi divine sur les lois humaines, la conviction que les droits naturels ont été donnés par Dieu et qu'ils sont par conséquent inaliénables et fondamentaux. Des sentiments, ensuite, car le Grand Réveil, le premier des réveils qui aient secoué l'Amérique du Nord, sape l'autorité du clergé, de tous les clergés. Ou bien les pasteurs acceptent les nouvelles lumières et perdent une grande partie de leur influence, au profit de l'émotion, de l'irrationalité et de la recherche individuelle du salut. Ou bien ils s'en tiennent aux anciennes lumières, accentuent le dessèchement de la foi, ce qui aboutit à la naissance d'un vague déisme, qu'on nommera plus tard l'unitarisme. Une certitude, enfin : Whitefield a influencé toutes les communautés. Lui, l'Anglais, il a prêché comme un Américain, sans se soucier des frontières entre les colonies ou des conflits entre les doctrines religieuses. Après son passage, la foi renaît dans une homogénéité qui touche l'ensemble des colonies. À travers le Grand Réveil, c'est la marche vers l'unité qui commence.

Les colons américains ne manquent pas de liberté politique. Ils ne subissent pas une oppression telle, un contrôle de la métropole si rigoureux, qu'ils ne songent qu'à s'en débarrasser en proclamant leur indépendance. En un mot, si l'on se place dans le long terme, les causes politiques de la Révolution n'apparaissent pas. Qu'on en juge ! Le roi d'Angleterre, George III, est monté sur le trône en 1760. Comme ses prédécesseurs, il exerce son autorité sur les colonies d'Amérique par l'intermédiaire du Board of Trade, du secrétaire d'État pour le Département du Sud de l'Europe et du Parlement – une autorité imprécise, distraite et, par nécessité, distante. Certes, huit colonies sont dites royales ; seuls, le Rhode Island et le Connecticut se gouvernent d'après leur charte de fondation, tandis que le Maryland, la Pennsylvanie et le Delaware ont conservé leur statut de colonies relevant de lords propriétaires. Mais à vrai dire les Américains ont appris à se gouverner tout seuls ; ils appliquent le principe du *self government.*

Chaque gouverneur est nommé par le roi (dans les colonies royales), par les assemblées législatives (Rhode Island et Connecticut) ou par les lords propriétaires. Il représente la Couronne ou le pouvoir suprême, convoque les assemblées, contrôle les dépenses, nomme les fonctionnaires, commande à la milice et à la flotte, est le chef de l'Église « établie ». Incarnation de l'exécutif, il se heurte souvent à la méfiance des colons qui croient volontiers que les détenteurs d'un pouvoir s'empressent d'en abuser et, dans la mesure où le gouverneur est rémunéré par des crédits que votent les assemblées, aiment à lui faire sentir sa dépendance.

À l'exception de la Pennsylvanie, les colonies ont deux assemblées législatives. La haute assemblée, le Conseil, est nommée par le roi ou le propriétaire ; elle se compose de 12 à 18 membres, qui appartiennent à l'aristocratie, conseillent le gouverneur et jugent en appel dans certaines affaires. La chambre basse, elle, est élue. La Chambre des bourgeois de Virginie réunit 75 membres ; la Chambre des délégués du Maryland, 50 ; la General Court du Massachusetts, 100 ; etc. Le suffrage est censitaire. C'est alors la tradition britannique. Les femmes, les mineurs, les étrangers, les catholiques, les Juifs, les hommes non blancs n'ont pas vocation à voter. Les esclaves, quelle que soit la couleur de leur peau, les serviteurs sous contrat, les locataires, les pauvres, les fils de plus de

21 ans qui vivent avec leurs parents ne sont pas davantage admis à exprimer une opinion politique. Pourquoi ? Parce que, par principe, ceux qui votent sont ceux qui ont une propriété, c'est-à-dire ceux qui ont quelque chose à défendre et sont directement concernés par la gestion des affaires publiques. Dans la pratique, le cens varie d'une colonie à l'autre ; dans certains cas, il suffit même de louer à bail, pour une longue période, une exploitation agricole. Il est vraisemblable que le droit de vote est plus libéralement accordé en Nouvelle-Angleterre qu'en Virginie, simplement parce que le cens est fixé plus bas. La chambre basse adopte les lois qui s'appliquent à la colonie, gère le budget et les dépenses, sert de parlement local, bien que le Board of Trade exerce son contrôle sur la législation coloniale. Bref, rien de très astreignant pour les Américains qui considèrent leurs assemblées comme des répliques de la Chambre des communes, alors qu'à Londres le Parlement continue de croire qu'il a conservé son pouvoir législatif dans les colonies. Un débat théorique qui, jusqu'à 1763, ne passionne pas. L'ambiguïté n'a pourtant pas totalement disparu, puisque chaque colonie envoie un agent à Westminster pour la représenter et parler en son nom, preuve que les Américains admettent sans difficulté que leur sort dépend aussi des décisions de la métropole.

L'Amérique coloniale ne souffre pas plus d'on ne sait quelle domination culturelle que lui imposerait l'Angleterre. Bien au contraire. Elle aspire à imiter la mère patrie. Des esprits perfides diront plutôt qu'elle forme un désert culturel. Point de littérature, d'art, d'enseignement, de recherches scientifiques qui soient propres aux Américains. Crèvecœur imagine un brillant avenir : « Les Américains, écrit-il, sont les pèlerins de l'Ouest, qui emportent avec eux la masse imposante des arts, des sciences, la vigueur et l'industrie qui, il y a longtemps, sont nées à l'Est ; ils boucleront le grand cercle. » C'est l'idée, fort répandue au XVIIIe siècle, d'un déplacement continu vers l'ouest des activités intellectuelles et artistiques. À la veille de la Révolution, le déplacement reste à faire.

Parler le bon anglais, lire les auteurs britanniques, acheter des marchandises, ordinaires et de luxe, à Londres, poursuivre ses études en Grande-Bretagne, voilà l'idéal du colon. Lorsqu'il évoque l'Angleterre, il dit tout simplement *at home*, « chez nous ». S'intégrer à la société coloniale, c'est accepter ce modèle culturel et oublier la langue de ses parents, si elle n'est pas l'anglais. Ainsi l'Américain ne deviendra pas un « sauvage » et repoussera l'influence de l'Espagne ou de la France. Il conservera son identité, qui ne saurait être qu'une identité anglaise. S'il fait entrer dans son vocabulaire des mots indiens (*toboggan*, *mocassin*, *squaw*), français (*prairie*, *bureau*), hollandais (*boss*, *yankee*), s'il se vante d'avoir modernisé l'anglais, il déclare néanmoins qu'un *américanisme* (le mot n'apparaît qu'en 1781) est une expression qu'il vaudrait mieux ne pas employer.

Rien d'étonnant si la littérature britannique reste la principale des nourritures spirituelles. Les auteurs étrangers jouissent de peu d'influence, à moins qu'ils n'appartiennent à l'antiquité gréco-latine. Toutefois, le livre est cher. Il faut le faire venir d'Angleterre. Seul, un colon riche peut s'offrir le luxe de commander à Londres les derniers ouvrages à succès ou des œuvres latines et grecques. William Byrd, un planteur de Virginie, possède une bibliothèque de 4 000 volumes. Thomas Hutchinson, qui exerce les fonctions de gouverneur du Massachusetts, a réuni un fonds plus considérable encore. L'un et l'autre sont des exceptions. Exceptionnelles aussi, les bibliothèques publiques de Philadelphie, de Newport, de Charleston et de New York. La plupart des colons se contentent de lire et de relire la Bible, de parcourir des almanachs, comme l'*Almanach du bonhomme Richard* que publie Benjamin Franklin, des périodiques et des journaux auxquels une décision de justice (qui fait suite au procès Zenger de 1735[1]) accorde une relative indépendance à l'endroit

1. John Peter Zenger était le directeur du *New York Weekly Journal*. Il publia une série d'articles hostiles au gouverneur de la colonie.

du pouvoir politique. La littérature est réservée aux *happy few*. Cette minorité privilégiée s'intéresse tout particulièrement aux livres utiles. La médecine, la physique, le droit, l'art militaire, les méthodes agricoles, voilà des sujets qu'il est bon de connaître. Le récit de voyage satisfait aussi les besoins immédiats. William Byrd, par exemple, a rapporté ses aventures et ses observations lors de son expédition sur la frontière qui sépare la Virginie et la Caroline du Nord. Le salut de l'âme préoccupe beaucoup : les sermons de Cotton Mather, un pasteur bostonien, ou de Jonathan Edwards, les récits hagiographiques, les poèmes eschatologiques attirent les lecteurs. Dans les années qui précèdent la Révolution, les réflexions philosophiques, les écrits politiques et les histoires des colonies se multiplient. Les colonies acquièrent lentement une personnalité intellectuelle à l'ombre de l'Angleterre.

Une conclusion identique s'impose pour l'enseignement. « Après que Dieu nous eut transportés sains et saufs jusqu'en Nouvelle-Angleterre, raconte l'un des historiens de la migration puritaine, et que nous eûmes construit nos maisons, trouvé le nécessaire pour vivre, élevé des bâtiments convenables pour le culte divin, établi le gouvernement civil, ce que nous voulions ensuite et recherchions était de faire progresser la connaissance et de la préserver pour la postérité, par crainte de laisser un ministère illettré quand nos ministres actuels seraient étendus sous la poussière. [...] Il plut à Dieu de remuer le cœur d'un M. Harvard [...] pour qu'il donnât la moitié de sa fortune (dont le total s'élevait à 1 700 livres) afin d'ériger un collège et toute sa bibliothèque. » C'est ainsi que le collège (puis université) Harvard est créé en 1636. Des puritains plus rigoristes fondent Yale à New Haven (Connecticut) en 1701. Juste avant, en 1693, des anglicans avaient ouvert une université à Williamsburg, dénommée

Celui-ci lui fit un procès. Le tribunal refusa de juger l'affaire sur le fond. Mais il acquitta Zenger. Le verdict fut considéré comme une étape décisive dans l'histoire de la liberté de la presse.

William and Mary. Au XVIIIe siècle les créations se succèdent : l'académie de Philadelphie (par la suite l'université de Pennsylvanie) date de 1740 ; Princeton la presbytérienne, de 1746 ; King's College (qui deviendra Columbia), de 1754 ; Brown, l'université baptiste, de 1764 ; Queen's (la future Rutgers, dans le New Jersey), de 1766 ; Dartmouth, que des disciples d'Edwards et de Whitefield ont ouverte pour l'instruction des Indiens, de 1769. Cet enseignement supérieur se donne pour mission de faire connaître les Écritures saintes, donc de former des ministres du culte, mais aussi d'enseigner la gestion des affaires.

La recherche fondamentale n'existe pas : les philosophes, les grammairiens, les historiens, les critiques littéraires, les savants ne sont pas américains. L'Amérique d'alors se soucie plus de diffuser que d'approfondir les connaissances humaines. Et de construire, notamment en Nouvelle-Angleterre, un réseau d'écoles primaires et secondaires. Le plus célèbre de ses savants s'appelle Benjamin Franklin. Il n'est pas universitaire et n'a reçu aucune formation théorique. Ce qui le passionne et passionne ses compatriotes, c'est, d'après l'historien Daniel Boorstin, la « science populaire ». Franklin est l'homme des expériences personnelles et des gadgets. En 1774, l'abbé Raynal faisait observer, non sans raisons, que l'Amérique n'avait encore produit « aucun bon poète, aucun mathématicien de valeur, aucun homme de génie dans un seul des arts ou une seule des sciences ». Les explications ? Un pays neuf, encore peu peuplé, des hommes et des femmes soucieux de mettre en valeur un vaste territoire et de le protéger contre les Indiens et les Français. Dans ces conditions, l'enseignement est indispensable, s'il est utile à la vie, matérielle et spirituelle, de tous les jours. Pour le reste, on peut pour le moment s'accrocher encore à l'Ancien Monde, surtout à l'Angleterre.

C'est la même attitude qui prévaut dans le domaine des arts plastiques. Des peintres européens visitent les colonies, s'y installent parfois. Ce sont des artistes mineurs, comme le

Suédois Hesselius ou l'Écossais Smibert. Ils font du portrait comme d'autres font du blé. C'est ce que leur demandent les marchands et les planteurs, d'autant plus que l'évangile du travail assimile le temps de l'homme à celui de Dieu et qu'il convient de ne pas se laisser aller à des activités futiles comme les arts, le théâtre ou la musique. La peinture américaine naît avec John Singleton Copley qui ne s'épanouit qu'en s'installant en Angleterre. C'est là également qu'ont étudié Charles Willson Peale, Benjamin West, John Trumbull et Gilbert Stuart. Cette dépendance à l'égard de la métropole, on la retrouve en architecture. Christopher Wren règne en maître des deux côtés de l'Atlantique au début du XVIIIe siècle. Certes, les matériaux sont différents et les besoins, également. Mais les grandes plantations du Sud, elles-mêmes, s'inspirent du style palladien et leurs architectes sont tantôt de nouveaux venus en Amérique qui ont quitté l'Angleterre pour faire fortune, tantôt des Américains qui ont été initiés dans les écoles de la métropole.

L'Amérique du Nord, une autre Angleterre ? Oui, d'autant plus que les Américains se considèrent comme des Anglais. Mais il ne faut pas oublier que ces Anglais d'outre-mer sont séparés de leur métropole par cinq mille kilomètres d'océan, qu'ils ont pris l'habitude de se gouverner seuls, de cultiver d'immenses étendues, de parcourir une partie d'un vaste continent, de naviguer sur les mers, de prier Dieu comme ils l'entendent. Bref, insensiblement, la société coloniale ressemble de moins en moins à la société anglaise.

4

Le temps de l'indépendance

Des colonies prospères qui ont pris l'habitude de se gouverner elles-mêmes et se croient plus anglaises que l'Angleterre, une métropole à la fois lointaine et peu soucieuse d'affirmer son autorité… Tout irait pour le mieux dans le meilleur des mondes, si la guerre ne venait brouiller les cartes.

La révolte des colonies (1763-1775)

En Amérique du Nord, le conflit entre la France et l'Angleterre a éclaté trois ans plus tôt qu'en Europe. La guerre de Sept Ans s'appelle ici la guerre contre les Français et les Indiens. Pour un colon américain, rien de plus ordinaire, en effet, que de se battre contre les Français du Canada et leurs alliés indiens. Le Français, c'est l'ennemi héréditaire. Au moins depuis qu'à la fin du XVIIe siècle le projet d'un Empire français d'Amérique a pris forme : des bouches du Saint-Laurent avec les avant-postes de Cap-Breton et de Terre-Neuve jusqu'au fin fond de la Louisiane, en passant par les Grands Lacs, l'Ohio et le Mississippi. Le commerce des fourrures, la christianisation des indigènes sont les motivations déterminantes des Français qui, malgré tout, ne parviennent pas à surmonter une faiblesse rédhibitoire : leur petit nombre dans une si vaste zone d'influence. Les Anglais établissent peu à peu des colonies de peuplement, mais les Français doivent se contenter de fonder des colonies

La pénétration française en Amérique du Nord

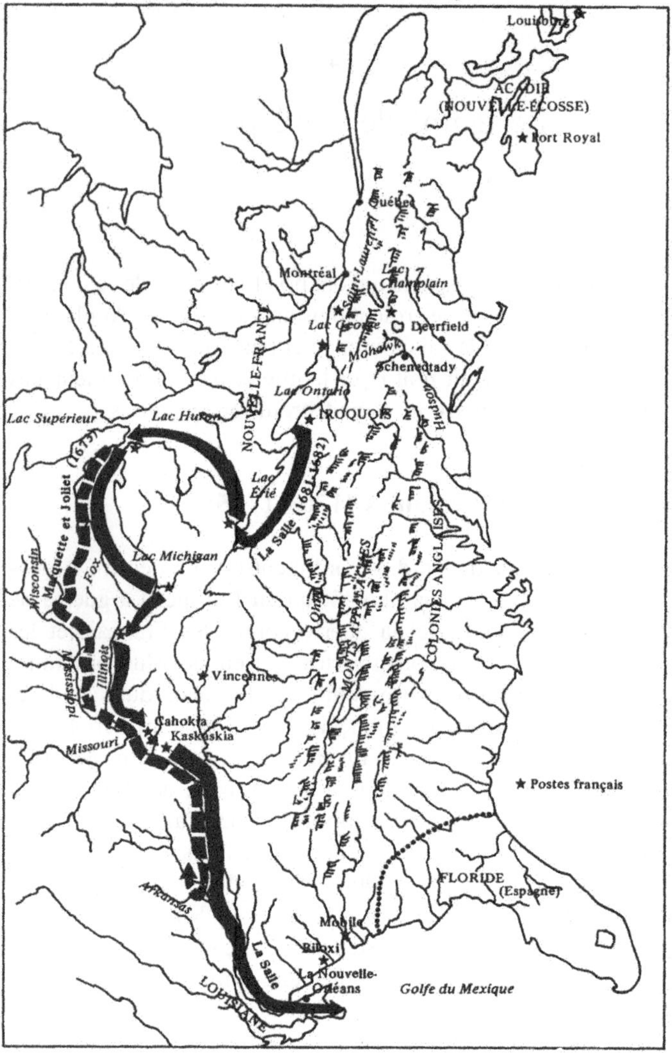

d'exploitation qu'ils parcourent plus qu'ils n'administrent, qu'ils conquièrent plus qu'ils ne s'y installent, qu'ils perdent au gré des hostilités. Bien entendu, toute guerre en Europe entre la France et l'Angleterre s'exporte de l'autre côté de l'Atlantique. En fait, du Canada à la Virginie, des escarmouches, terrestres et maritimes, résument la bataille. Parfois, un événement laisse des souvenirs ineffaçables, comme le « grand chambardement » qui, dans la première moitié du XVIIIe siècle, aboutit à la déportation par les Anglais des Français d'Acadie.

Vers 1750, la situation se tend de nouveau. Cette fois-ci, les Français tentent de s'emparer de la vallée de l'Ohio et de consolider l'encerclement des colonies anglaises. En 1753, ils ont établi sur les bords du lac Érié le fort Presqu'île et menacent Fort Trent que des marchands virginiens ont bâti aux fourches de l'Ohio. La colonie de Virginie s'inquiète. Elle dépêche sur place un jeune major de la milice, George Washington. L'année suivante, les Français bâtissent le fort Duquesne là où, plus tard, s'élèvera Pittsburgh. Des incidents éclatent avec les Virginiens. La Virginie, se sentant trop faible, appelle la métropole au secours. L'Angleterre envoie en 1755 le général Braddock avec 1 500 hommes. Nouvelle défaite anglo-virginienne. D'escarmouches en batailles rangées, la guerre de l'Ouest se poursuit. L'Angleterre reprend son souffle grâce à Pitt qui accède au pouvoir en 1757. Elle prend Louisbourg sur l'île du Cap-Breton en 1758, Québec en 1759, Montréal en 1760, six semaines avant que George III ne succède à son grand-père George II. La paix est rétablie en 1763. Un nouveau partage de l'Amérique du Nord se dessine. La France perd le Canada, conserve la Louisiane qu'elle cède à l'Espagne, son alliée, et se contente désormais de la Martinique, de la Guadeloupe et de Saint-Pierre-et-Miquelon. L'Angleterre triomphe. Elle vient de réduire à néant les ambitions de l'ennemi ; leurs voisins espagnols ne sont pas assez puissants pour mettre en danger les colonies des bords de l'Atlantique. Plus personne ne menace l'Empire britannique. De quoi réjouir les colons, libérés de la peur, prêts à mettre en valeur les terres nouvelles que l'Angleterre vient d'acquérir.

Est-ce ce sentiment de toute-puissance qui explique la politique coloniale de Londres de 1763 à 1765 ? Le 7 octobre 1763, le roi signe une proclamation qui crée, à l'ouest des Appalaches, le Territoire indien. Puisque « des fraudes et des abus graves ont été commis dans l'achat des terres aux Indiens aux dépens de nos intérêts et au grand mécontentement desdits Indiens, [il faut] éviter de telles irrégularités [et] convaincre les Indiens de notre justice et de notre détermination à supprimer les motifs de leur mécontentement ». En conséquence, les achats de terres aux Indiens dans ce Territoire sont interdits ; le commerce sera très sévèrement contrôlé par les gouverneurs et les chefs militaires. Enfin, les Blancs qui, en dépit des interdictions, se sont installés à l'ouest de la ligne de démarcation devront détruire leurs maisons et revenir à l'est. Déception et protestations des colonies. La métropole, dit-on en Amérique, a tiré prétexte de la révolte de Pontiac, un chef ottawa, pour empêcher l'expansion vers l'ouest. C'est une mesure de sécurité, répond-on à Londres, que le seul intérêt général inspire. Toujours est-il que l'ambiguïté demeure : les marchands de fourrures anglais n'ont-ils pas cherché et obtenu la mise à l'écart des agriculteurs coloniaux ?

L'année suivante, une nouvelle mesure douanière est adoptée. À l'entrée des ports américains, les mélasses étrangères acquitteront désormais un droit de trois pence par gallon, au lieu des six pence fixés en 1733. Mais le contrôle sera plus rigoureux ; la répression, plus dure. Sans doute les colons ont-ils tourné, avec une belle constance et une incontestable réussite, la précédente réglementation, en pratiquant la contrebande, y compris en temps de guerre. Le Sugar Act néanmoins les inquiète. Il y a pire encore. En mars 1765, le Parlement de Londres étend aux colonies la loi sur le timbre, le Stamp Act. Tout acte officiel et tout écrit public (requête, donation, diplôme universitaire, facture, contrat, jeu de cartes, almanach, livre, etc.) sont frappés d'un droit qui varie de deux pence à dix shillings. Les motivations du législateur sont simples en apparence. La guerre a vidé les coffres royaux. La victoire assure pour longtemps la sécurité des colonies. Donc, les colons ne peuvent pas refuser de verser leur contribution, d'autant qu'ils n'ont pas toujours témoigné du loyalisme le plus intransigeant à l'égard de la métropole. Les droits provenant des Actes de navigation rapportent entre 2 000 et 3 000 livres par an. Le Sugar Act procurera un revenu de 50 000 à 80 000 livres ; le Stamp Act, un revenu de 60 000 livres. Appréciable, et pourtant insuffisant si l'on garde en mémoire que l'entretien des troupes dans les colonies américaines coûte aux environs de 300 000 livres. De plus, le Parlement continue de penser qu'il dispose du droit de réglementer le commerce impérial, que la métropole acquitte un droit de timbre depuis 1670, qu'il est de la plus élémentaire justice de le faire payer aussi aux colonies qui ont tiré profit de la victoire sur les Français.

Pas du tout, répondent les Américains. Entre la prospérité des colonies et celle de la métropole, il existe des liens indéniables. Les mesures que vient d'adopter la Chambre des communes ruineront l'une et l'autre. Même la contrebande, assurent-ils, sert les intérêts de l'Angleterre, car pour acheter des produits de la métropole, les colons ont besoin d'or et d'argent. Peu importe que ce soit par des moyens légaux ou frauduleux qu'ils se procurent l'indispensable. Le Stamp Act, concluent-ils, pèsera lourd. Il drainera les faibles ressources monétaires des colonies dans les coffres royaux, au lieu d'alimenter le commerce. En outre, le Currency Act de 1764 renforce encore l'interdiction faite aux colonies d'émettre du papier-monnaie. Bref, les colons sont atteints dans leurs possessions matérielles. À leurs yeux, la propriété est menacée et son corollaire, la liberté. Le Parlement ne respecte pas la « Constitution ». Il peut prendre à l'égard de l'Empire des mesures législatives, voire réglementer le commerce impérial en adoptant des droits de douane (*duties*) ; il ne saurait voter l'imposition (*taxes*) des colonies sans leur consentement. Les colons possèdent les mêmes droits que les Anglais d'Angleterre.

Reste un dernier argument. Tant de mesures en si peu de temps viennent de frapper les colonies. C'est bien la preuve que la liberté est en péril, que les colonies subissent l'arbitraire de la métropole, que le pouvoir corrompt, que l'homme est doté d'une nature mauvaise dont il convient de se méfier. Des esprits maléfiques ont, à Londres, ourdi un complot contre l'Amérique. Il faut agir.

Écrire, diffuser des arguments, c'est l'une des modalités d'action. Les considérations succèdent aux réflexions ; les réponses, aux lettres. Les assemblées coloniales adoptent des motions, par lesquelles elles expriment de vigoureuses protestations. À l'exception de la Virginie, de la Caroline du Nord, de la Georgie et du New Hampshire, elles envoient des délégués à un congrès qui se tient à New York du 7 au 25 octobre 1765. Une adresse est rédigée et expédiée au roi ; une pétition, au Parlement. Aux discours enflammés, comme celui de Patrick Henry le 29 mai devant la Chambre des bourgeois de Virginie, certains préfèrent le recours à la violence. Les Fils de la Liberté, par exemple, sont des associations de défense, qui s'en prennent aux distributeurs de papier timbré et aux contrôleurs royaux. La plus efficace des armes, c'est le boycottage. Les marchands de New York, de Boston et de Philadelphie s'engagent à ne rien acheter en Angleterre jusqu'au moment où le Stamp Act sera abrogé. Leurs correspondants londoniens ne tardent pas à en sentir les effets ; les exportations vers l'Amérique baissent sensiblement. Ils rédigent alors une pétition qu'ils déposent, en janvier 1766, sur le bureau du *speaker* de la Chambre des communes. Ils réclament l'abrogation du Stamp Act « pour préserver la force de notre nation tout entière, son commerce florissant, ses revenus en accroissement, notre flotte – le rempart du royaume – en expansion et nos colonies ». Les députés sont sensibles au malaise de leurs électeurs, mais souhaitent rabattre le caquet de « cette racaille d'Écossais, d'Irlandais, de vagabonds étrangers, de descendants de forçats et de rebelles ». Benjamin Franklin est à Londres pour faire comprendre l'attitude des colons ; sa modération impressionne. En fin de compte, le Parlement abroge la loi sur le timbre et adopte immédiatement un acte déclaratoire qui lui reconnaît solennellement « toute autorité et tout pouvoir » de légiférer pour les colonies d'Amérique. Deux décisions contradictoires. Mais pour le moment la crise se termine.

De cette crise il ne faut pas sous-estimer la gravité. Elle oppose deux conceptions de l'Empire. L'Angleterre ne s'emploie pas à tyranniser ses colonies. Elle souhaite les faire participer aux dépenses de l'Empire et se réserver les avantages de leur prospérité. Pour elle, les colons sont des sujets britanniques qui ont pour devoir de se plier aux décisions de Londres. Ajoutons que les hommes politiques qui se succèdent au pouvoir accordent à l'Amérique une attention intermittente. Ils sont surtout préoccupés par leurs intrigues et profondément ignorants des réalités américaines. Ils ne poursuivent pas un grand dessein qui aboutirait à serrer la vis aux colons. Ils suivent une politique à la petite semaine, faite d'expédients, d'avancées et de reculs. Quant aux colonies, elles ne commencent à s'unir que dans la résistance à des mesures qu'elles estiment injustes. Au-delà des arguties et des interminables péroraisons, les colons aspirent à s'enrichir derrière les remparts de l'Empire, sans payer le prix de la sécurité. Ils se sentent anglais surtout quand l'Angleterre les laisse tranquilles.

Toutefois, les dirigeants anglais n'ont pas saisi la signification de la crise de 1765. La preuve, c'est qu'ils récidivent. En 1767, le chancelier de l'Échiquier, Charles Townshend, fixe de nouveaux droits d'importation qui frappent, dans les ports américains, le verre, le plomb, les peintures, le thé, le papier. Cette fois-ci, des *duties* et non des *taxes*. Les colons n'en reprennent pas moins leurs protestations, se remettent à boycotter les marchandises anglaises et se livrent à de nouvelles violences. Un incident entre les troupes anglaises et des manifestants fait cinq morts à Boston le 5 mars 1770 : le « massacre », comme on dit alors, enflamme les esprits. Et pourtant, la Chambre des communes avait déjà décidé d'abroger les droits Townshend, en se contentant de maintenir un droit sur le thé. Le 10 mai 1773, le Parlement cède à une autre pression, celle de la Compagnie des Indes orientales qui a épuisé ses ressources aux Indes. Pour lui permettre de refaire surface, le Parlement l'autorise à ne pas acquitter de droits sur le thé qu'elle importe en Angleterre. Elle pourra écouler une partie de ses stocks de thé sur le marché américain en négociant elle-même, par l'intermédiaire des consignataires, ses ventes en Amérique. Le thé qu'elle vendra atteindra un prix plus bas que le thé hollandais introduit en fraude. Les importateurs américains protestent. Lorsque trois bateaux, chargés de thé appartenant à la compagnie, pénètrent dans le port de Boston, une étrange manifestation se déroule. Le 16 décembre, des manifestants déguisés en Indiens montent à bord et vident dans les eaux du port le contenu des caisses. C'est la *Boston tea party*. Au-delà de la péripétie, l'événement mérite réflexion.

Passons sur l'ineptie du gouvernement britannique. Ce qu'il faut souligner, c'est que les colonies sont de plus en plus conscientes de la solidarité qui les unit. En 1765, il s'agissait d'une union très imparfaite et temporaire. La crise de 1767-1770 a resserré les liens. Boston a tenu un rôle primordial, sans doute parce que la tradition des *town meetings* favorise l'agitation politique. Sans doute aussi parce que Samuel Adams, l'un des plus illustres agitateurs bostoniens, a pris l'initiative en 1768 de rédiger une lettre-circulaire qu'il a adressée aux autres colonies. Ainsi naissent des comités de correspondance qui s'ajoutent aux

Fils de la Liberté pour entretenir la contestation et mobiliser sur-le-champ les esprits échauffés. Chaque nouvelle crise suscite une nouvelle éclosion de comités. L'assemblée du Massachusetts décide même, le 28 mars 1773, de mettre sur pied un comité permanent de quinze membres, « attendu que l'assemblée est pleinement consciente de la nécessité et de l'importance de l'union des diverses colonies d'Amérique, au moment où il apparaît clairement que les droits et les libertés de tous sont systématiquement menacés ». La Virginie vient d'adopter la même décision.

Gardons-nous néanmoins d'imaginer que les colons ont une seule et même conception de la lutte contre les abus de la métropole. Les uns se contentent de recourir au boycottage, d'envoyer des pétitions, de publier de savantes considérations et s'empressent de calmer les esprits pour en revenir, le plus vite possible, au train-train de l'Empire. Leur souci essentiel, c'est la prospérité des colonies. Les autres sont des « radicaux », des « patriotes », des « violents ». Activistes, ils poursuivent des objectifs qui évoluent avec les circonstances. En 1765, ils étaient loyalistes. En 1770, ils repoussent l'autorité du Parlement et se déclarent fidèles au roi. Dès 1775-1776, ils cessent de faire confiance à George III. Ils poussent les colonies à s'unir et à marcher résolument vers l'indépendance. George Washington, Thomas Jefferson, John Adams (cousin de Samuel et futur président des États-Unis), Benjamin Franklin sont des modérés. Les « radicaux » se nomment Patrick Henry, George Mason, John Dickinson qui vient de publier les *Letters from a Farmer in Pennsylvania* (1768), Samuel Adams, James Otis. Tous sont issus de milieux aisés, parfois des catégories les plus riches de la population. Les petits chefs, dont l'histoire a peu retenu les noms, se recrutent parmi les marchands, les avocats, les ouvriers qualifiés, les artisans, les cabaretiers. Ils encadrent des troupes urbaines et rurales qui militent aux côtés des plus riches, soit parce que la société coloniale repose sur la notion de déférence, soit parce que leurs intérêts immédiats sont communs. Ce sont les « radicaux » qui pratiquent la violence. Une violence contrôlée et encadrée, qui provoque des émeutes dont l'Amérique du Nord et l'Angleterre sont prodigues bien avant la crise révolutionnaire, dans le respect de la vie humaine, des usages (jamais le dimanche), de la méthode (un seul objectif à la fois). Quant à la culture politique des « radicaux » et des « modérés », elle est essentiellement britannique. Leurs références vont aux penseurs dissidents du XVIIe siècle, comme Trenchard, Milton et surtout Locke. L'épisode de l'histoire anglaise qu'ils ne cessent de mythifier, c'est la glorieuse révolution de 1688 qui a chassé le roi Jacques II pour le remplacer par sa fille, Mary, et son gendre, William, et abouti à la Déclaration des droits (Bill of Rights) de 1689. Pour eux, le peuple et son gouvernement ont souscrit un contrat. Si le gouvernement ne respecte pas le contrat, le peuple a le droit de résister, de s'insurger même. Plus que le roi, c'est la loi qui règne. Somme toute, « radicaux » et « modérés » évoluent dans un cadre de pensée profondément anglais. En ce sens, ils ne sont pas des révolutionnaires qui voudraient faire triompher des principes nouveaux et bouleverser la société, mais des conservateurs qui souhaitent sauvegarder la « Constitution » britannique telle qu'ils l'imaginent.

Il n'empêche que la *Boston tea party* renforce à Londres le parti de la répression. Il faut punir Boston. Cinq lois sont adoptées au printemps de 1774. La première ferme le port, avec toutes les conséquences commerciales que la mesure peut entraîner. La deuxième renforce l'autorité du roi sur le gouvernement de la colonie du Massachusetts, réduisant d'autant le fonctionnement des institutions représentatives. La troisième bouleverse l'administration de la Justice, dans la mesure où tout procès pouvant entraîner la peine capitale sera éventuellement transféré en Angleterre. La quatrième contraint toutes les colonies à accueillir des troupes dans les bâtiments habités ou inhabités. La cinquième étend la province du Canada jusqu'à la vallée de l'Ohio et y établit un gouvernement très centralisé.

Des lois « intolérables », s'écrient les colons. La répression crée une situation révolutionnaire. Les comités de correspondance se raniment. La solidarité se manifeste une fois de plus. La cause de Boston est assimilée à celle de l'Amérique. Pour l'avoir déclaré sans ambages, la Chambre des bourgeois est dissoute par le gouverneur de Virginie. Tout n'est pourtant pas perdu pour l'Angleterre. Il est vrai que le boycottage des marchandises britanniques reprend et que douze colonies (la Georgie fait exception) délèguent des représentants à un premier Congrès continental qui se réunit à Philadelphie le 5 septembre 1774. Comme précédemment, les « modérés » s'y opposent aux « radicaux ». Patrick Henry prononce des mots programmes : « Nous sommes dans l'état de nature, dit-il. [...] Virginiens, Pennsylvaniens, New-Yorkais, habitants de la Nouvelle-Angleterre, la distinction n'existe plus. Je ne suis pas un Virginien, mais un Américain. » Un pas décisif vers l'indépendance ? Peut-être. Les « modérés » sont battus de peu. Les Américains n'inclinent plus à la conciliation. Ils s'apprêtent, au contraire, à prendre les armes. Le Congrès se disperse le 26 octobre et promet de se réunir de nouveau le 10 mai 1775. Bref, pour l'instant, point d'unanimité en faveur de l'indépendance. Il suffirait d'un incident pour que l'opposition économique, politique et idéologique à la métropole revête la forme d'une lutte armée. En 1774, Anglais et Américains sont au bord de la rupture. Toute interprétation des événements doit s'appuyer sur les motivations les plus diverses qui animent les colons. Aucune d'elles ne saurait être privilégiée. Il s'est produit, depuis 1763, un mûrissement des esprits, une exacerbation des tensions, une succession de maladresses qui expliquent, à n'en pas douter, le glissement, progressif et inéluctable, vers la séparation des colonies et de leur monopole.

Le recours aux armes date de 1775, un an avant que la rupture ne soit consommée. Le 19 avril, à Lexington d'abord, puis à Concord, à moins de trente kilomètres de Boston, des incidents entre troupes anglaises et miliciens américains font des morts des deux côtés. C'est, d'après la tradition historique, le début de la guerre d'Indépendance. Les Anglais, maintenant assiégés dans Boston, déclarent en juin la ville en état d'insurrection et tentent de prendre la redoute de Bunker Hill que les Américains ont érigée en toute hâte. Le deuxième Congrès continental, qui s'est assemblé comme prévu, décide alors de créer une armée dont il confie le commandement en chef, le 15 juin, à George Washington. Ce n'est pas que Washington soit l'Alexandre des colonies américaines, mais il remplit trois conditions décisives pour occuper ces fonctions. Il est connu des membres du Congrès, qui apprécient la solidité de son patriotisme, son honnêteté et son dévouement à la cause de l'Amérique. Riche, Washington pourra exercer son commandement avec dignité, à l'abri de la corruption. Enfin, puisque la révolte a commencé dans le Massachusetts, le Congrès veut porter secours aux Bostoniens en désignant un Virginien, qui symbolisera l'union des colonies. Mais la tâche n'est pas facile : organiser une armée, affronter les « tuniques rouges » de l'armée royale, avec des moyens tragiquement insuffisants, alors que le sentiment national reste faible. À Londres, l'état d'esprit qui prévaut ne se prête à aucun accommodement. Il convient de châtier des « sujets rebelles ». En Amérique, les partisans de l'indépendance gagnent du terrain. Leur influence s'accroît encore avec l'arrivée d'un « radical » anglais, Thomas Paine, qui publie en janvier 1776 *le Sens commun*. Paine ne mâche pas ses mots. George III, c'est la « brute royale de Grande-Bretagne ». La cause de l'Amérique, « ce n'est pas la préoccupation d'un jour, d'une année ou d'une époque ; la postérité est virtuellement en jeu dans la lutte ». La conclusion de Paine n'est pas moins nette : « C'est le moment de se séparer. » Une majorité de colons s'enthousiasment, d'autant plus qu'au printemps de 1776 les troupes anglaises renoncent à se maintenir à Boston. Au sein du deuxième Congrès, les délégués de la Caroline du Nord, de la Virginie et du Massachusetts reçoivent pour instructions de proposer l'indépendance des colonies. Le 7 juin, une motion est déposée en ce sens. La discussion commence. Une commission est formée pour rédiger une déclaration d'indépendance. Elle comprend cinq membres : John Adams, Benjamin Franklin, Thomas Jefferson, Robert Livingston, Roger Sherman. Le 2 juillet, la motion du 7 juin est adoptée par douze colonies, le New York n'ayant pas pris part au vote. Le 4 juillet 1776, la déclaration est à son tour votée et signée par le seul John Hancock qui préside le Congrès. Quelques jours plus tard, le New York donne son accord, ce qui confère à la déclaration son caractère d'unanimité. Le pas est franchi. Les colonies ont décidé de couper les ponts.

L'indépendance (1776-1789)

L'auteur de la Déclaration, c'est Jefferson, un homme de trente-trois ans, issu d'une famille fort aisée de Virginie, un avocat cultivé qui a entrepris depuis 1768 une carrière politique. Son style est réputé, car en 1774 Jefferson a rédigé une *Summary View of the Rights of British America*, dans laquelle il insiste sur les droits que les Anglais ont transportés avec eux en s'installant en Amérique. Du 11 au 28 juin, il a travaillé sans relâche, mais il n'a consulté, semble-t-il, aucun livre ni aucun de ses collègues. C'est dans le *Traité de gouvernement* de John Locke qu'il a puisé son inspiration : « Il ne m'incombait pas, déclarera-t-il plus tard, du moins je le croyais, d'inventer des idées nouvelles ni d'énoncer des sentiments qui n'eussent jamais été exprimés auparavant. » En conséquence, tout en exprimant une philosophie et une idéologie, la Déclaration d'indépendance est un document essentiellement politique qui s'efforce de répondre à une situation précise, à des problèmes concrets, même si certains des principes qu'elle contient peuvent s'appliquer à d'autres périodes et à d'autres lieux. À ce titre, elle mérite qu'on la lise attentivement.

Elle est construite sur un plan logique. Le préambule expose des principes. Les vingt-sept accusations qui le suivent démontrent que le roi George III a violé ces principes. La conclusion reprend, en les précisant, les termes de la résolution du 7 juin et annonce la formation des États-Unis d'Amérique. Le fondement de la Déclaration, c'est la philosophie des droits naturels qui explique que Dieu a créé un ordre, dit naturel. Grâce à la raison dont il est doué, l'homme peut en découvrir les lois. À l'origine, existait l'état de nature, que personne n'a bien sûr connu, que l'on imagine ou que l'on reconstitue. Les hommes y étaient libres et égaux. Le grand architecte de l'univers, le juge suprême, le créateur en avait ainsi décidé. Puis, pour vivre ensemble sans rien perdre de leurs droits fondamentaux et inaliénables, ils ont mis sur pied l'état de société ; des contraintes ont été établies, des gouvernements inventés. Comme l'écrit Paine, « le gouvernement est la marque de l'innocence perdue ». Pourtant, les gouvernants s'engagent à défendre la vie, la liberté, la propriété des gouvernés. Les uns sont liés aux autres par un contrat. Dans cette construction, la monarchie de droit divin n'existe pas. Le roi rend des comptes, non pas à Dieu, mais au peuple qui, éclairé par Dieu et la raison, le juge. Voilà comment s'exprime le consentement des gouvernés. Si le gouvernement cesse d'être juste, s'il ne respecte plus les termes du contrat et vient à menacer les droits naturels, les citoyens (le mot pris en ce sens est d'ailleurs une invention américaine) sont fondés à prononcer la fin du contrat.

« Les lois de la nature », « le Dieu de la nature », « tous les hommes sont créés égaux » dans l'état de nature, « certains droits inaliénables », « le juste pouvoir émane du consentement des gouvernés », « le peuple a le droit [...] d'instituer un nouveau gouvernement », autant d'expressions qui viennent sous la plume de Jefferson et reflètent la pensée de Locke. Elles ne sont pas nouvelles. Mais pour la première fois, des hommes politiques les utilisent pour justifier la naissance d'une entité politique. Enfin, si Jefferson a remplacé la référence à la propriété par la « poursuite du bonheur », c'est que la formulation lui a paru meilleure et qu'elle donne au texte une résonance morale, une qualité spirituelle que la notion de propriété ne comporte pas. Étant entendu que la « poursuite du bonheur » n'exclut nullement, bien au contraire, le droit à la propriété.

Si le lecteur s'en tient à cette interprétation de la Déclaration, il ne sera pas déçu mais trompé. Il ne saisira pas la valeur historique du document. Une autre lecture est, en fait, possible. La Déclaration d'indépendance, c'est un instrument de combat, dans lequel il faut tenir compte de chaque mot, de chaque phrase, de chaque idée. Elle exprime les intentions des « représentants des États-Unis d'Amérique », des colonies unies qui « sont et doivent être de droit des États libres et indépendants ». La nation américaine n'existe pas encore. Mais, dès la deuxième ligne du préambule, Jefferson parle d'un « peuple » qui est contraint par les événements de rompre ses liens avec la Grande-Bretagne. Tout au long du texte, les « nous » sont nombreux et témoignent de la formation d'une conscience nationale. De plus, la Déclaration ne s'adresse pas uniquement à l'Angleterre. Elle manifeste un « juste respect de l'opinion des hommes ». Elle en appelle aux « puissances de la terre », au « jugement d'un monde impartial », au « juge suprême du monde ». Cela signifie que les Américains renoncent à convaincre les Anglais, amis ou adversaires. Il ne sert plus à rien, estiment-ils, d'entreprendre à Londres des démarches, de poursuivre des tractations ou d'exercer des pressions. Il n'est pas nécessaire non plus de tenter de persuader en Amérique les hésitants et les timorés, car les signataires de la Déclaration tiennent leur mandat « par délégation du bon peuple ». Ils ont décidé de mettre en accusation le roi d'Angleterre devant le tribunal des nations. Leur auditoire, c'est la communauté internationale. Les États-Unis en font désormais partie. Ils y entrent avec tous les droits, tous les attributs d'une puissance. Ils ont donc définitivement rompu avec la métropole et renoncé à tout espoir de réconciliation. Ils attendent l'aide matérielle et le soutien moral de l'étranger.

D'ailleurs, Jefferson reste prudent. Le droit à l'insurrection ne saurait être utilisé à tort et à travers. Les colonies ont subi, avant de prendre les armes, « une longue suite d'abus et d'usurpations ». Elles ont été patientes. C'est la nécessité qui les contraint à proclamer leur indépendance. Et si George III est coupable d'avoir opprimé ses colons, s'il est le principal responsable de la situation politique et militaire, la Déclaration ne condamne pas le régime monarchique et ne chante pas les bienfaits de la république. Elle ne reprend pas les arguments de Paine.

Pour justifier leur décision, les colonies énumèrent vingt-sept griefs contre le roi. Le Parlement, lui, n'est jamais nommément désigné. Tout au plus deux allusions rappellent-elles son existence (« Il [le roi] s'est associé à d'autres » ; « leur législature tentait d'étendre illégalement… »). C'est une conception nouvelle des rapports entre l'Amérique et l'Angleterre qui s'exprime ainsi. L'Empire serait composé d'États distincts qui n'auraient en commun que leur loyauté à l'égard du roi, une sorte de *commonwealth*. En ce sens, la Déclaration renie le passé le plus récent, puisque les Américains reconnaissaient, il y a peu, le droit du Parlement à voter une législation commerciale pour l'ensemble de l'Empire.

L'équivoque surgit dans la partie consacrée aux accusations. Aucun lecteur ne niera l'effet rhétorique de ces paragraphes courts, percutants, chargés d'une intensité croissante. Le texte n'en est pas moins vague. Sans doute la plupart des contemporains et les historiens découvrent-ils sans peine les événements auxquels il est fait allusion. Un exemple suffira. « Il [le roi] a provoqué des révoltes intestines et tâché de soulever contre les habitants de nos frontières les sauvages et impitoyables Indiens. » On reconnaît à travers cette phrase la politique de lord Dunmore, gouverneur de la Virginie, qui avait promis de libérer les esclaves noirs s'ils acceptaient de combattre contre leurs maîtres et s'était livré au recrutement, traditionnel dans les guerres américaines, de troupes indiennes. Les Américains eux-mêmes ne tarderont pas à suivre l'exemple. Rien n'est faux dans cette série d'accusations. Tout vise à susciter l'indignation et à témoigner des souffrances des colons. La nature polémique du texte de Jefferson explique son efficacité politique. Il faut simplifier pour agir. La vérité, avec ses nuances et ses demi-teintes, n'engendre pas l'enthousiasme.

La Déclaration comporte des lacunes évidentes. « Tous les hommes sont créés égaux », mais cela n'inclut pas les femmes ni les esclaves ni les Indiens. Si les hommes sont « créés » égaux, ils ne le restent pas après leur entrée dans l'état de société. Et l'égalité dont il s'agit est politique, point du tout économique ou sociale. Enfin, Jefferson n'est pas parvenu à faire adopter un paragraphe sur la traite des esclaves. Il en proposait la condamnation, sauf à faire porter au roi la responsabilité d'un système que les colons n'avaient pas hésité à pratiquer. Le Congrès a supprimé le passage. Plusieurs colonies du Sud ont rappelé avec force qu'elles dépendaient du travail servile et de l'importation des esclaves.

En dépit de ses silences et de ses ambiguïtés, la Déclaration d'indépendance n'en est pas moins un texte capital. Dans l'histoire des États-Unis comme dans celle du monde occidental. Même si la lecture qu'on en fait a changé avec le temps et les lieux, elle demeure une référence fondamentale qui requiert une analyse minutieuse.

Il ne suffit pourtant pas de proclamer l'indépendance. Encore faut-il la défendre les armes à la main. La guerre contre l'Angleterre fait peur. C'est que l'armée royale, composée pour l'essentiel de mercenaires que Londres a recrutés dans les États allemands, notamment en Hesse, et en Russie, est disciplinée, entraînée et regroupe en 1776 près de 30 000 hommes. En face, des soldats qui ont l'habitude de faire le coup de feu, de se réunir sur la place du village « à la minute » (d'où leur surnom de *minutemen*), ne connaissent rien aux lois de la guerre, détestent la discipline, manquent d'armes et de munitions et n'aspirent qu'à rentrer dans leurs foyers le plus tôt possible. Le Congrès sert de trait d'union entre les États qui viennent d'accéder à l'indépendance, mais il ne peut exiger d'eux l'argent qu'ils rechignent à verser dans la caisse commune. C'est en somme par miracle que le général Washington met sur pied une armée de 16 000 hommes au cours de l'été de 1775. Six mois plus tard, les effectifs tombent à 9 000 hommes. De 1776 à 1781, ils varieront de 4 000 à 17 000 soldats. Les services d'intendance fonctionnent très mal. Et les fermiers américains reçoivent à coups de fusil les maraudeurs qui tâchent de se procurer de la nourriture ou du fourrage. Les spectacles désolants se succèdent : au cours de l'hiver 1777-1778, les soldats de Washington campent à Valley Forge, à deux pas de Philadelphie, dans le dénuement le plus total. En janvier 1781, six régiments de Pennsylvanie se mutinent parce qu'ils ont faim et froid, qu'ils réclament en vain des vêtements et leurs soldes et qu'ils ont le sentiment justifié que le pouvoir civil se désintéresse de leur sort.

Et pourtant, face à la puissante machine de guerre des Anglais, les Américains ne s'effondrent pas. Ils finissent même par gagner la guerre. Trois explications sont ici nécessaires.

Washington a découvert une nouvelle tactique. Échapper à l'ennemi, maintenir une résistance armée, lancer des coups de main qui surprennent l'adversaire, mener, non pas la guerre classique, mais la guérilla, voilà pour l'essentiel. Si les Américains ne perdent pas la guerre, ils remportent la victoire. Les deux premières années du conflit apportent une illustration parfaite de cette tactique. Le 17 mars 1776, les Anglais ont évacué Boston. C'est l'enthousiasme parmi les Américains. Hélas ! peu après, 34 000 soldats du roi débarquent près de New York. Washington s'estime trop faible pour les affronter. Il ordonne une retraite en bon ordre. Il se trouvait à Brooklyn ; il passe dans Manhattan, puis franchit l'Hudson. Il livre des batailles de retardement, ne cherche pas une victoire qu'il sait inaccessible et s'efforce de conserver autour de lui le plus d'hommes possible. La guerre se déroule maintenant dans le New Jersey. Le Congrès, qui siégeait à Philadelphie, se sent menacé et s'établit provisoirement à Baltimore. Washington recule toujours. Il franchit la Delaware. Jusqu'où cédera-t-il du terrain ? En fait, il prépare, dans le plus grand secret, un coup d'éclat. Dans la nuit du 25 au 26 décembre 1776, la nuit de Noël, il fait croire aux Anglais que son armée s'est installée dans ses quartiers d'hiver. Il laisse brûler les feux. Tout à coup, les Anglais voient surgir sur leur rive de la Delaware des soldats américains. Les mercenaires hessois se laissent cerner dans Trenton. Les Américains font 1 000 prisonniers. Les Anglais se retirent dans New York. En 1777, Washington continue à harceler l'ennemi, bien qu'il subisse défaite après défaite, à Brandywine Creek, dans les environs de Philadelphie, le 11 septembre, à Germantown le 4 octobre. Mais il y a des défaites qui valent des victoires. Washington a su fixer une partie des effectifs anglais. Autant d'hommes qui n'ont pas pu venir au secours du général Burgoyne. Parti du Canada pour prendre à revers les rebelles des colonies, Burgoyne se fait battre par les miliciens de Nouvelle-Angleterre. Le 17 octobre 1777, il capitule à Saratoga.

Principaux champs de bataille de la guerre d'Indépendance

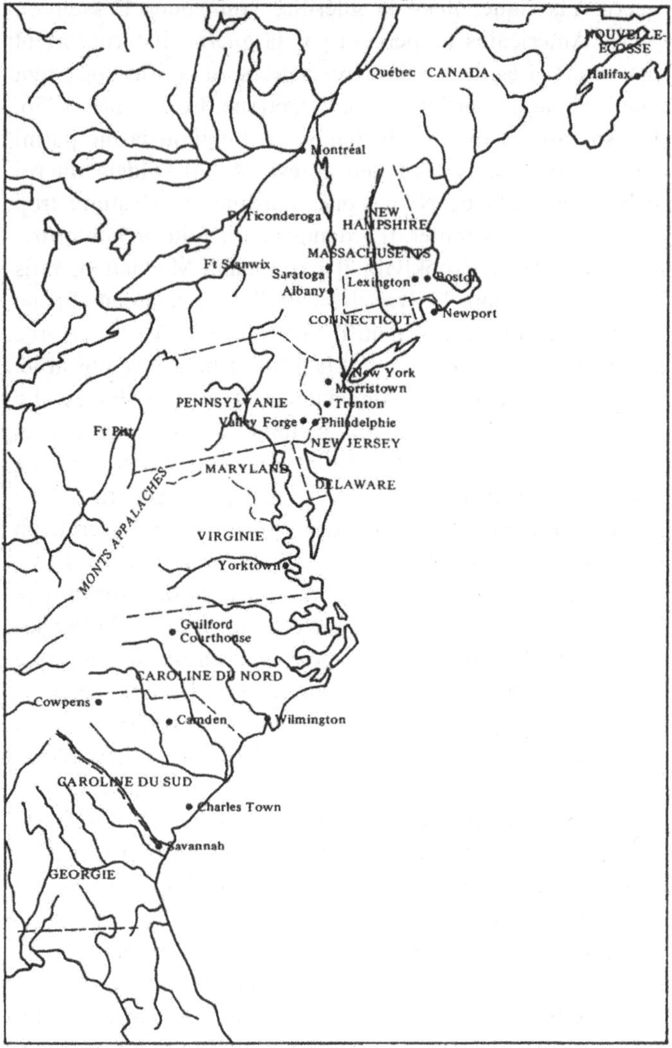

L'aide de la France aux Américains, qu'on appelle les Insurgents, a été décisive. C'est que depuis 1763 la France attend patiemment de prendre sa revanche sur l'Angleterre en Amérique du Nord. Elle s'est mise à l'écoute des événements qui se déroulent dans les colonies, tout en conservant la plus grande prudence. Dès la fin de 1775, le Congrès a noué des contacts avec des représentants du roi Louis XVI. Beaucoup se demandent à Versailles si l'agitation dans les colonies, puis la Déclaration d'indépendance, enfin la guerre contre l'Angleterre méritent d'être prises au sérieux. La France donne un peu d'argent, laisse Beaumarchais, que nous connaissons mieux comme l'auteur du *Barbier de Séville* et du *Mariage de Figaro*, vendre des armes aux Insurgents. Et si les salons, les libéraux de tous horizons font un accueil triomphal à Franklin qui vient en décembre 1776 défendre la cause des États-Unis à Paris, le roi se garde bien de le recevoir. Des volontaires, comme le jeune marquis de La Fayette, les Allemands de Kalb et von Steuben, les Polonais Kosciusko et Pulaski, se précipitent au secours de Washington. Mais Louis XVI et son ministre des Affaires étrangères, Vergennes, maintiennent une position attentiste.

La victoire de Saratoga brise les dernières hésitations de la France. C'est là la preuve que la cause américaine est solide. Après quatre semaines de conversations, le 6 février 1778, deux traités sont signés entre la France et les États-Unis. L'un est un traité d'amitié et de commerce ; l'autre prévoit une alliance entre les deux pays si l'Angleterre fait la guerre à la France. Pour la première fois, la liberté, la souveraineté et l'indépendance des États-Unis sont reconnues par une puissance étrangère. En contrepartie, la France obtient le droit de reconquérir les Antilles britanniques. Le 20 mars, enfin, Franklin est reçu à la cour de Versailles. Peu après, le premier « ambassadeur » français part pour l'Amérique. En juin, la guerre éclate entre la France et l'Angleterre. Les Américains sont maintenant sauvés des dangers de la solitude. Mais quelle étrange alliance ! Une république s'allie à une monarchie de droit divin ; des protestants deviennent les amis d'un roi catholique ; d'anciens colons anglais tendent la main aux Français qu'ils ont si longtemps combattus. Qu'importe ! Washington n'a plus qu'à attendre les Français.

Ils ne se pressent pas de débarquer en Amérique. Au cours de l'été 1778, le comte d'Estaing à la tête d'une flotte de 17 vaisseaux tente d'attaquer New York. Échec. L'année suivante, avec 35 navires et 4 000 hommes, il s'efforce de prendre Savannah. Nouvel échec. La flotte française se retire et les Anglais étendent leur domination sur le Sud. Mais l'année 1779 est déterminante. La France se décide à envoyer outre-Atlantique un corps expéditionnaire. Une petite armée de 6 000 hommes, sous le commandement du comte de Rochambeau. La guerre d'Amérique revêt maintenant un nouveau caractère, d'autant que l'Espagne déclare elle aussi la guerre à l'Angleterre, tout comme les Provinces-Unies, tandis que la Russie et les autres puissances d'Europe continentale forment une ligue des neutres.

De fait, les hommes de Rochambeau, parvenus à Newport (Rhode Island) en juillet 1780, restent inactifs durant un an. Pendant ce temps, l'aide financière de la France s'accroît. Le 10 mai 1781, enfin, apprenant que le comte de Grasse fait voile avec une puissante escadre en direction des côtes américaines, Washington et Rochambeau décident de se porter à sa rencontre et de tenter de déloger de Yorktown (Virginie) les troupes anglaises du général Cornwallis. Une marche forcée, une manœuvre réussie, un siège de trois semaines et Yorktown tombe aux mains des Franco-Américains le 19 octobre. Une bataille qui a décidé de l'issue de la guerre.

C'est que l'Angleterre a commis des fautes graves. Ses généraux et ses amiraux manquent d'imagination et d'énergie. Ils sont tenus de transporter hommes et matériels à plus de cinq mille kilomètres et d'occuper en Amérique du Nord un vaste territoire. À mesure que la guerre se prolonge, la lassitude l'emporte, au Parlement comme dans l'entourage du roi, sur la volonté de combattre. Le 5 mars 1782, la

Chambre des communes autorise la Couronne à entamer des pourparlers avec les « colonies ». La négociation qui commence à Paris bute sur l'inévitable question : s'agit-il pour l'Angleterre de reconnaître immédiatement l'indépendance des « colonies » ou celle-ci fera-t-elle l'objet de négociations ? Une solution diplomatique finit par être élaborée et des préliminaires de paix sont signés, à l'insu des Français, entre Anglais et Américains le 30 novembre 1782. L'armistice général est proclamé le 4 février 1783. Le traité de paix anglo-américain, signé à Paris, date du 3 septembre, tandis que Français, Espagnols et Anglais mettent un terme à la guerre par le traité de Versailles.

« Sa Majesté britannique reconnaît que lesdits États-Unis [...] sont des États libres, souverains et indépendants. » Quant aux frontières des États-Unis, qui ont provoqué des tensions entre les diplomates français et leurs collègues américains, elles sont fixées de la manière suivante : la rivière Sainte-Croix, la ligne de partage des eaux entre le Saint-Laurent et l'océan Atlantique, le 45ᵉ parallèle, le milieu des Grands Lacs, le Mississippi et le 31ᵉ parallèle. Le Canada reste entre les mains des Anglais ; la Floride passe aux Espagnols. C'est la première fois que dans l'histoire du monde moderne des colonies révoltées accèdent à l'indépendance et entrent dans le concert des nations. C'est pourquoi la guerre d'Indépendance annonce les guerres de libération nationale qui illustreront le XIXᵉ et le XXᵉ siècle.

Au fait, cette indépendance, à quoi sert-elle ? Est-elle le but ultime des Américains de 1776 ou bien tâchent-ils de déclencher une révolution qui bouleverserait les cadres de la société ? Vaste problème, sur lequel se sont penchés d'innombrables historiens américains. Au-delà d'un débat historiographique dont on n'estimera jamais assez l'importance, il convient de souligner que la Révolution a changé le régime politique des États, provoqué une évolution de la société et conduit à l'élaboration d'une constitution fédérale qui, depuis deux cents ans, règle la vie politique aux États-Unis.

À peine la guerre d'Indépendance a-t-elle commencé, les gouverneurs royaux quittent les colonies. Seules assument la responsabilité du pouvoir les assemblées législatives que viennent épauler des conventions et des comités révolutionnaires. Le 10 mai 1776, le Congrès recommande aux colonies de mettre sur pied leurs propres institutions pour assurer « le bonheur et la sécurité de leurs mandants ». Le New Hampshire et la Caroline du Sud n'ont pas attendu les recommandations du Congrès, tandis que le Connecticut et le Rhode Island se contentent de conserver la charte royale qu'ils appliquent depuis leur fondation, quitte à en modifier le titre. Les autres États se mettent au travail. Les documents élaborés sont d'une infinie variété, qu'il s'agisse du code électoral, du mode de désignation et des pouvoirs du gouverneur ou des représentants du peuple. Des conflits surgissent à l'intérieur des États entre libéraux et conservateurs. La victoire des uns peut être dès demain remise en cause par les autres. Il n'empêche que l'on peut dégager des caractères généraux.

Les constitutions des États sont écrites. C'est un garde-fou contre la tyrannie, la première ligne de défense contre les abus de pouvoir. Elles sont presque toujours précédées par une déclaration des droits, la plus célèbre étant celle que la Virginie adopte le 12 juin 1776 et qui a sans doute inspiré la Déclaration d'indépendance. Constitutions et déclarations des droits insistent avec force sur l'égalité entre les hommes. Cela signifie, en premier lieu, que le peuple est la source de tout pouvoir. La souveraineté populaire réside dans les États et chaque constitution est proclamée au nom du peuple. Et parce que le peuple prend le pouvoir, c'est le régime républicain qui l'emporte. Comme l'écrira James Madison : « Nous pouvons définir une république [...] comme un gouvernement qui dérive tous ses pouvoirs, directement ou indirectement, du peuple. » L'égalité politique implique, en deuxième lieu, que tout responsable soit soumis à l'élection, étant entendu qu'un citoyen doit, pour disposer du droit de vote, détenir une propriété. Chaque État a donc défini un cens électoral et souvent plusieurs cens électoraux qui correspondent aux diverses fonctions électives. Mais des interdictions d'ordre religieux sont levées : dans l'État de New York, par exemple, les Juifs peuvent maintenant participer à la vie politique.

Les pouvoirs sont nettement séparés. C'est au législatif qu'est attribuée la primauté, parce que les constituants le jugent plus proche de la volonté populaire. Si la Pennsylvanie prend parti pour le monocamérisme (qu'elle abandonnera en 1790), les autres États préfèrent désigner deux assemblées qui se complètent et se surveillent, et qui sont élues à intervalles fréquents et réguliers pour éviter que le pouvoir soit confisqué par quelques-uns. L'exécutif, dont les Américains se méfient, est confié à un gouverneur que désignent, en général, les assemblées. Ses fonctions, il les remplit pour un temps très bref. Il ne peut pas dissoudre ou proroger les assemblées.

Cette « nouvelle donne » politique correspond à un changement dans la continuité. Bien des dispositions étaient appliquées avant l'indépendance et s'inspirent des exemples britanniques. Toutefois, le principe de la souveraineté populaire, la séparation des pouvoirs, la défense des libertés publiques et individuelles annoncent des bouleversements qui se produiront, dans toute leur ampleur, au cours du XIXe siècle.

La société elle-même change moins. Certes, les grands seigneurs sont dépouillés de leurs biens ; tout signe de noblesse est supprimé. Les adversaires de l'indépendance partent pour le Canada, les Antilles, et l'Angleterre. Ce sont des loyalistes ou tories. Leur nombre a été et continue d'être l'objet de controverses. Sans doute équivaut-il à un septième de la population blanche, mais tout calcul exact est impossible, d'autant que les succès de l'armée royale gonflent leurs effectifs et que la défaite les fait fondre. Les loyalistes appartiennent souvent à l'aristocratie, encore que des aristocrates se soient ralliés au nouveau régime. Bon nombre de tories sont issus de milieux peu aisés et peu influents, par exemple des minorités ethniques et religieuses ou des régions périphériques qui ont un caractère commun : leur faiblesse à l'égard d'une majorité oppressive et détentrice de l'autorité. Le loyalisme, en ce cas, prouve que l'on a besoin de l'appui britannique. C'est aussi une tendance, et non un parti. Aucune organisation n'a jamais rassemblé les loyalistes ; tout au plus certains d'entre eux se sont-ils battus, au sein de l'armée royale, contre les Insurgents. Les loyalistes ont été victimes de mesures répressives : l'intimidation, la punition par les plumes et le goudron[1], une législation qui définit la déloyauté et précise les peines qu'elle entraîne, la confiscation des terres, des esclaves, des maisons, des meubles, des boutiques et des marchandises, quelquefois l'expulsion et le bannissement, très rarement la condamnation à mort. Leur sort est évoqué dans l'article 5 du traité de paix anglo-américain de 1783, mais la quasi-totalité des loyalistes ne sont pas rentrés aux États-Unis.

Les confiscations, quelles qu'en soient les origines, ne visent pas à réaliser la démocratie sociale. Les terres ont été vendues aux enchères ; ce sont les spéculateurs qui ont fait de gros bénéfices. En revanche, des pratiques féodales qui avaient survécu en Amérique comme le droit d'aînesse, des obligations en matière de droit de vente, sont supprimées. La place des Églises est remise en question, puisque la notion d'« établissement » disparaît progressivement. L'esclavage survit et, pire encore, progresse considérablement. Pourtant, un mouvement abolitionniste est né et a connu un

1. C'est une punition qu'on retrouve souvent dans les colonies, puis dans les États du XVIIIe siècle. Des patriotes se présentent chez un loyaliste et exigent de lui qu'il se déclare pour l'indépendance. Si le loyaliste refuse, les patriotes ouvrent un matelas et répandent les plumes sur le sol. Ils trempent alors le tory dans un tonneau de goudron et le précipitent sur le lit de plumes. « Goudronné et emplumé » (*tarred and feathered*), l'ami des Anglais a reçu une bonne leçon et devrait désormais se tenir tranquille.

timide succès dans la période révolutionnaire. La traite a été sévèrement condamnée, on s'en souvient, par Jefferson. Elle a été interdite par le Delaware en 1776, par la Virginie en 1778, par la Pennsylvanie en 1780, par le Maryland en 1783. La Caroline du Sud a imposé une interdiction temporaire ; la Caroline du Nord a augmenté les droits d'entrée sur les esclaves. Toutes ces décisions n'empêchent pas les négriers de mener leur commerce avec patience et profit. Quant à l'esclavage, les États du Nord le condamnent et le suppriment les uns après les autres entre 1780 et 1804. Le Sud ne suit pas. Tout en reconnaissant le caractère détestable de la servitude, il a besoin d'une main-d'œuvre abondante et à bon marché et craint une émancipation qui ne serait pas accompagnée d'un retour en Afrique des Noirs émancipés ; les bonnes intentions ne résistent pas aux nécessités économiques et aux mentalités collectives.

Tout compte fait, le conflit a libéré les forces du changement. La Révolution a tout rendu possible. C'est ce que l'un des signataires de la Déclaration d'indépendance exprime en termes simples : « La guerre américaine est terminée, mais ce n'est pas le cas de la Révolution américaine. Au contraire, le premier acte seulement de ce grand drame a été joué. »

L'acquis principal de l'indépendance, c'est vraisemblablement l'élaboration d'une Constitution fédérale. Non sans mal. Jusqu'en 1781, les États ne sont pas parvenus à s'entendre sur un texte commun. La guerre est conduite par le Congrès, une assemblée provisoire, dont rien de précis ne fixe l'autorité. La même année que la victoire de Yorktown, les Articles de confédération sont adoptés et disposent que « chaque État garde sa souveraineté, sa liberté, son indépendance ». Dans le Congrès qui se préoccupera des affaires communes, chaque État n'aura qu'une seule voix : les décisions importantes seront prises à la majorité des deux tiers et toute modification des Articles devra être votée à l'unanimité. Somme toute, un exécutif inexistant, un législatif qui ne dispose d'aucun moyen de coercition, point d'autorité pour réglementer le commerce entre les États, une « ligue d'amitié » plus qu'une véritable union. Cette Constitution, les États-Unis l'ont appliquée pendant huit ans. Tant bien que mal. Elle leur a permis d'organiser la colonisation des territoires de l'Ouest (ordonnance de 1787) et de remettre sur pied, partiellement du moins, l'économie américaine. Mais les relations avec l'étranger placent les États-Unis dans une position de faiblesse. Les conflits entre les États eux-mêmes ne trouvent pas de solution. Les caisses confédérales sont désespérément vides. En un mot, il manque un minimum d'ordre. Tous ceux qui ont besoin d'un gouvernement respecté s'inquiètent, qu'il s'agisse des marchands, des planteurs, des spéculateurs fonciers, d'un grand nombre de citadins liés au commerce, de fermiers intégrés à l'économie de marché, de pionniers de la Frontière qui redoutent l'anarchie. Aussi dès 1785 un mouvement se dessine, qui s'amplifie l'année suivante et débouche en 1787 sur la convention de Philadelphie que George Washington préside de mai à septembre et qui aboutit à la rédaction d'une nouvelle constitution, plus centralisatrice.

Tous les États, à l'exception du Rhode Island, sont représentés. En tout, cinquante-cinq délégués, dont une trentaine participent aux débats, les « pères fondateurs », des « demi-dieux », l'élite du pays[1] ou presque car des héros de l'indépendance, comme Patrick Henry et Samuel Adams, restent farouchement attachés aux Articles de confédération. La séparation des pouvoirs fonde la nouvelle organisation des pouvoirs. Le législatif est divisé en deux assemblées : le Sénat incarne le fédéralisme, c'est-à-dire les États, qui y envoient deux délégués (élus par les assemblées législatives des États jusqu'à 1914, puis, après l'adoption du 17e amendement, par le suffrage populaire) ; la Chambre des représentants parle au nom du peuple et reflète pour chaque

1. Thomas Jefferson et John Adams, en mission à l'étranger, ne participent pas aux débats.

État son importance démographique. Le compromis rassure les petits États, tout en laissant aux grands États un poids plus lourd au Congrès. Il inclut un autre compromis dont l'importance n'est pas négligeable : pour le calcul qui sert de base à la répartition des représentants entre les États, un Noir vaut les trois cinquièmes d'un Blanc, ce qui entraîne que l'esclavage est reconnu par la Constitution, et que les États esclavagistes verseront une contribution qui tiendra compte de leur population servile. Enfin, le Congrès dispose du droit de réglementer le commerce entre les États, à condition qu'il n'interdise pas la traite des esclaves avant 1808.

L'exécutif suscite moins de controverses. L'élection présidentielle se fera à deux degrés. Dans un premier temps, chaque État désignera à sa convenance autant de grands électeurs (*electors*) qu'il enverra de représentants et de sénateurs au Congrès fédéral. Les grands électeurs formeront le collège électoral. Dans un deuxième temps, le collège électoral choisira, à la majorité absolue, le président et le vice-président des États-Unis. Si la majorité absolue n'est pas atteinte, c'est à la Chambre des représentants, s'exprimant par État, de se prononcer. Le scrutin à deux degrés permettra aux États de conserver un rôle important dans la désignation du président, tout en accordant au peuple un minimum de responsabilités.

Le président ne dépend pas du Congrès. Il peut apposer son veto sur les lois votées par les législateurs, mais ces derniers disposent de la possibilité de passer outre, s'ils votent une deuxième fois la proposition de loi à la majorité des deux tiers. Le président ne dissout ni ne proroge les assemblées. Au nom de la séparation des pouvoirs. Élu pour quatre ans et rééligible, il court le risque d'être démis de ses fonctions par la procédure d'*impeachment*. En ce cas, la Chambre vote, à la majorité simple, sa mise en accusation, et le Sénat, à la majorité des deux tiers, sa révocation, non point sa condamnation pénale. La même procédure s'applique aux juges fédéraux et à certains hauts fonctionnaires. L'*impeachment* sanctionne, en principe, la trahison, la corruption et les « crimes majeurs ».

Quant au pouvoir judiciaire, il est institué, ce qui est une nouveauté, mais ses caractères sont encore mal définis. Il a pour mission d'assurer un fonctionnement plus harmonieux de la fédération.

La convention de Philadelphie a prévu que la Constitution entrera en vigueur lorsque neuf États sur treize auront donné leur approbation. Aussi le débat de ratification est-il animé. D'un côté, les fédéralistes soutiennent la réforme constitutionnelle et s'expriment, par exemple, dans la presse de New York[1]. De l'autre, les antifédéralistes redoutent l'extension d'un gouvernement central qui pourrait étouffer les gouvernements des États, plus proches, disent-ils, des préoccupations et du contrôle du peuple. Le 21 juin 1788, la majorité des neuf États est atteinte, mais la Virginie attend le 25 juin et le New York le 26 juillet pour ratifier le projet. La Caroline du Nord traînera les pieds jusqu'en 1789 et le Rhode Island jusqu'en 1790.

L'année suivante, pour satisfaire au désir de ceux qui redoutaient la tyrannie d'un gouvernement national, une Déclaration des droits – ce sont les dix premiers amendements ou Bill of Rights – vient compléter la Déclaration d'indépendance et la Constitution. Tout compte fait, le débat de ratification a moins divisé les Américains qu'on ne l'imagine. Les antifédéralistes ont livré un combat d'arrière-garde. L'opposition à la Constitution n'a pas survécu à son entrée en vigueur. Telle qu'elle a été rédigée, la Constitution a satisfait les contemporains de Washington. Elle correspond à leur conception de la vie politique, fondée sur la démocratie, l'équilibre entre les pouvoirs (par le système des poids et

1. Des articles paraissent dans l'*Independent Journal* de New York, écrits par Hamilton, Madison et Jay, pour pousser les New-Yorkais à ratifier la nouvelle constitution. Ils seront ensuite rassemblés pour former les *Federalist Papers*, un résumé des positions fédéralistes.

contrepoids, *checks and balances*), la propriété et la défense des libertés. Elle ne s'oppose nullement à l'« esprit de 76 ». Il reviendra aux Américains des siècles suivants de l'adapter à leurs besoins et à leurs idéaux.

Le 7 janvier 1789, les grands électeurs sont désignés et se prononcent le 4 février. Les membres des deux assemblées sont élus et se réunissent en congrès le 4 mars à New York, promue au rang de capitale provisoire. Le 6 avril, George Washington est proclamé élu à l'unanimité premier président des États-Unis ; il fait quelques jours plus tard une entrée triomphale dans New York et prête serment le 30 avril. La boucle est fermée. C'est bien une nouvelle nation qui maintenant accomplit ses premiers pas.

Les premiers pas de la république

La légende s'est emparée de Washington, au point d'en faire l'incarnation de l'Amérique, le symbole de l'indépendance, le lien qui unit entre eux les Américains. Depuis près de deux siècles, Washington est un mythe. Un État, 7 montagnes, 8 cours d'eau, 10 lacs, 33 comtés, 9 universités, 121 villes, y compris la capitale fédérale, portent son nom. Des billets de banque, des pièces de monnaie, des timbres-poste sont ornés de son effigie. Ses portraits, en particulier celui que Gilbert Stuart a commencé et n'a jamais achevé, son buste, sculpté par Houdon, sont reproduits à l'infini. Mais, de son vivant, Washington n'a pas manqué d'ennemis.

C'est que, sous sa présidence, les États-Unis se heurtent à deux difficultés majeures. Comment s'organisera la jeune république ? Quelle place tiendra-t-elle au milieu des autres nations dans le conflit qui déchire le monde occidental à la fin du XVIIIe siècle et au début du XIXe ? Première tâche du président Washington : former un gouvernement et nommer les cinq secrétaires qui lui servent de ministres. Les deux plus importants dirigent les affaires économiques et financières (c'est le secrétaire au Trésor) et les relations avec l'étranger (c'est le secrétaire d'État). Pour le Trésor, Washington fait appel à Alexander Hamilton, son ancien aide de camp, l'un des délégués de New York à la convention de Philadelphie, un partisan déterminé de la nouvelle constitution. Pour le département d'État, il se tourne vers Jefferson qui depuis 1785 exerce les fonctions de ministre des États-Unis en France. Ces deux esprits brillants ne s'entendent pas et leurs conceptions s'opposent. Pour assurer la grandeur de son pays, Hamilton pense à l'exemple anglais. Puisque l'ancienne métropole a commencé sa révolution industrielle, les États-Unis feraient bien de l'imiter, de renforcer le gouvernement central, quitte à faire évoluer le régime vers une sorte de monarchie parlementaire. Jefferson voit autrement la grandeur nationale. Pour lui, la seule et vraie richesse, c'est la terre. Ceux qui la cultivent forment le peuple béni de Dieu. Ils ne dépendent de personne, car ils produisent leur propre subsistance. Leur indépendance les rend vertueux, purs, libres. Au contraire, les villes surpeuplées de l'Europe, les ateliers et les manufactures qui surgissent dans l'Angleterre nouvelle sont des lieux où vivent des exploités, des esclaves de l'industrie. L'Amérique remplit une mission : montrer le chemin aux autres nations, offrir un modèle original de développement. Elle sera le « meilleur espoir du monde » ou bien ne sera pas.

Cette opposition philosophique, schématiquement résumée, prend toute sa violence lorsque les États-Unis tentent de restaurer leur crédit, terriblement affaibli par des années de guerre et les divisions entre les États. Le 14 janvier 1790, Hamilton présente au Congrès son *Rapport sur le crédit public*. Il propose que les titres de la dette publique soient remboursés à leur valeur nominale, plus les intérêts, que le gouvernement fédéral prenne en charge les dettes des États. Les amis de Jefferson, notamment Madison qui siège à la Chambre des représentants, crient au scandale et à l'iniquité. Certains États n'ont-ils pas fait des sacrifices pour rembourser leurs dettes ? D'anciens soldats de la guerre d'Indépendance n'ont-ils pas été dépouillés de leurs titres de créances ? Hamilton remporte la victoire.

Il pousse son avantage en 1791, en présentant un ambitieux programme de développement économique. Pour assurer au pays un bon départ dans le monde industriel et commercial, des investisseurs privés et l'État fédéral constitueront une banque qui servira d'institut d'émission et de régulateur de l'économie. C'est contraire à la Constitution, s'écrie Madison ; il faut respecter le texte au pied de la lettre et rejeter l'interprétation large dans laquelle Hamilton se complaît. Jefferson appuie son fidèle ami, mais le président Washington tranche en faveur de Hamilton. Le 25 février 1791, la loi établissant la Banque des États-Unis pour une durée de vingt ans est signée.

Jefferson entreprend alors de regrouper ses partisans en un parti qu'il baptise républicain et que ses adversaires qualifient de démocrate (dans le langage du temps : ami de la populace). Les partisans de Hamilton défendent le gouvernement fédéral ; ce sont les fédéralistes. Les partis, que ne prévoyait pas la Constitution et que tous les hommes politiques condamnaient comme des factions, vont désormais rythmer la vie politique et servir de base au processus électoral. Quant à Washington, il fait de son mieux pour préserver l'unité nationale. Il a accepté, par esprit de sacrifice, de remplir un deuxième mandat présidentiel, au moment où d'autres épreuves l'attendent. L'Europe s'enflamme. Jefferson et Hamilton souhaitent l'un et l'autre que les États-Unis restent neutres, bien que Jefferson éprouve des sympathies pour la France et pour la Révolution française dans sa forme modérée. Mais Hamilton voudrait profiter de l'occasion pour annuler les traités de 1778. Ses sympathies vont plutôt du côté de l'Angleterre. Le président Washington lance, le 22 avril 1793, une proclamation de neutralité. Ses relations avec Jefferson ne cessent pas de se dégrader, au point que le secrétaire d'État choisit de démissionner le 31 juillet et quitte ses fonctions à la fin de l'année.

La querelle entre les partis s'envenime. Les journaux, qui depuis l'indépendance ont connu un essor remarquable, s'en donnent à cœur joie. Washington, qui ne peut pas cacher que son comportement et sa politique sont de plus en plus fédéralistes, subit de vives attaques. En 1794, il doit faire face à une insurrection des fermiers de Pennsylvanie occidentale qui refusent de payer l'impôt sur le whisky et mobilise la milice pour reprendre la situation en main. L'unité nationale, à peine naissante, s'affaiblit à un point critique. La même année, il signe avec l'Angleterre un traité qu'a négocié, du côté américain, John Jay : l'Angleterre s'engage à quitter les postes qu'elle occupait encore dans la région des Grands Lacs, mais les planteurs protestent contre le règlement des dommages de guerre qu'ils estiment contraire à leurs intérêts, tandis que les commerçants du Nord trouvent insuffisantes les concessions anglaises sur le plan commercial. En 1795, le traité avec l'Espagne provoque moins de critiques, qui définit la frontière des États-Unis à l'ouest et au sud et leur accorde le droit de libre navigation sur le Mississippi.

Quoi qu'il en soit, vers la fin de 1796, Washington a décidé irrévocablement de ne pas solliciter un troisième mandat. Le 19 septembre, il publie son message d'adieu. Il y résume les grandes lignes de sa présidence et donne des conseils à ses successeurs : « Le maintien de l'Union, écrit-il, doit être le principal objet des vœux de tout patriote américain. » Dans le domaine des relations internationales, « l'Europe a des intérêts qui ne nous concernent aucunement ou qui ne nous touchent que de très loin. Il serait donc contraire à la sagesse de former des nœuds qui nous exposeraient aux inconvénients qu'entraînent les révolutions de sa politique ». Les États-Unis devront garder leurs distances à l'égard des affaires européennes, tâcher d'être les amis de tous et fuir comme la peste les alliances contraignantes.

Washington, un grand président ? Sans doute. Il laisse le pays plus fort, malgré tout, qu'il ne l'a trouvé. Les finances ont été renforcées. L'expansion territoriale se poursuit. Dans une large mesure, les puissances étrangères respectent les États-Unis.

Les élections présidentielles de 1796 donnent la victoire à John Adams, le vice-président de Washington, un fédéraliste convaincu. Mais son vice-président se nomme Jefferson. C'est que les constituants n'ont pas prévu la naissance et le succès des partis politiques. Aussi ont-ils disposé que les grands électeurs voteront deux fois, une première fois pour désigner le président, une deuxième fois pour désigner le vice-président, en un seul scrutin. Le candidat arrivé en tête et recueillant la majorité absolue sera président ; le second, vice-président[1]. Pendant quatre ans Adams et Jefferson se déchirent à belles dents. Leurs partisans se livrent à une véritable guerre politique. De plus, les événements de l'étranger continuent à influer sur la vie politique des États-Unis. Les relations avec la France, par exemple, ne s'améliorent pas. Lorsque John Adams dépêche à Paris une délégation chargée de négocier un nouveau traité d'amitié et de commerce, le ministre français des Relations extérieures, Talleyrand, commence par réclamer un bakchich. Protestations américaines. En 1798-1799, une « quasi-guerre » éclate, sur les mers, entre la France et les États-Unis. Du coup, le Congrès, en majorité fédéraliste, vote contre les étrangers et les séditieux des mesures qui ont surtout pour but de porter atteinte à l'existence du parti républicain-démocrate. Assisté par Madison, Jefferson rédige, au nom des droits des États, la protestation qu'adoptent les assemblées de la Virginie (24 décembre 1798) et du Kentucky (16 novembre 1798 et 22 novembre 1799). Il sait, pourtant, que la parade

1. L'anomalie disparaît avec le 12e amendement à la Constitution, adopté le 25 septembre 1804. Désormais, les grands électeurs désignent, en deux scrutins distincts, le président et le vice-président des États-Unis.

la plus efficace serait de remporter les élections présidentielles de 1800.

Les républicains-démocrates y travaillent avec acharnement. L'alliance entre les planteurs du Sud et les éléments populaires du Nord est renforcée. Des comités locaux se donnent pour mission d'exalter les vertus républicaines et de stigmatiser les vices fédéralistes. Chaque parti a ses journaux et lance contre l'adversaire les accusations les plus farfelues. John Adams, si l'on en croit les républicains-démocrates, est un aristocrate qui aspire à la monarchie ; il accable ses concitoyens de lourds impôts pour entretenir des forces militaires aussi imposantes qu'inutiles ; il préside une administration corrompue. Jefferson, répliquent les fédéralistes, est vendu à ces horribles Français qui ont décapité leur roi et assassiné la religion ; il vit en concubinage avec une esclave noire dont il a eu plusieurs enfants ; lui et ses amis violent la loi sur les étrangers et la sédition. Seulement, les fédéralistes sont moins bien organisés que leurs adversaires et plus divisés par des querelles de personnes. Tout compte fait, le résultat de la consultation électorale dépend de New York et de la Pennsylvanie, étant entendu que le Sud votera pour Jefferson et la Nouvelle-Angleterre pour Adams. À New York, l'allié de Jefferson, Aaron Burr, fait merveille. Mais les républicains-démocrates du collège des grands électeurs sont si unis qu'ils donnent le même nombre de voix à Jefferson et à Burr. Il faut donc que, conformément à la Constitution, la Chambre des représentants, dominée par les fédéralistes, choisisse entre les deux candidats républicains-démocrates, c'est-à-dire entre la peste et le choléra. Sur le conseil de Hamilton, elle désigne au trente-sixième tour du scrutin Jefferson qui semble être le moindre mal.

La « révolution de 1800 », comme on dit pompeusement, aboutit-elle à un bouleversement politique et social ? Certainement non. Un républicain-démocrate accède au pouvoir, il est vrai, mais le président Jefferson ne tarde pas à illustrer l'adage suivant lequel un jacobin ministre n'est pas nécessairement un ministre jacobin. Jefferson donne, en effet, un nouveau style à la présidence. L'heure du gouvernement sage et frugal a sonné. Les dépenses militaires sont réduites. La liberté de parole et la liberté de la presse subissent des entorses, mais dans l'ensemble sont respectées. Jefferson s'efforce avant tout d'être un président national, le président de tous les Américains. Dans son discours d'entrée en fonctions, il prononce une phrase qui résume sa pensée : « Nous sommes tous des républicains, nous sommes tous des fédéralistes. » Au fond, il reconnaît que la majorité ne saurait se composer des seuls membres du parti républicain, qu'il convient de rassembler le plus grand nombre sur un programme qui n'ait pas de coloration politique trop marquée. Il découvre, bien avant d'autres, qu'une démocratie se gouverne au centre.

Il y a mieux encore. Jefferson se met à appliquer une partie du programme fédéraliste. La Banque n'est pas supprimée par respect pour la loi, mais sa charte n'est pas renouvelée en 1811 par le président Madison qui, en 1816, change d'avis et accepte la création pour vingt ans de la deuxième Banque des États-Unis. En 1803, Napoléon Bonaparte, préférant se consacrer aux affaires européennes et s'estimant incapable de défendre un empire américain, décide de vendre la Louisiane. C'est alors un immense territoire qui s'étend du Mississippi aux Rocheuses, des Grands Lacs au golfe du Mexique, d'une superficie quatre fois grande comme la France. Jefferson n'hésite pas : le Mississippi est pour les États-Unis une artère vitale et le laisser entre les mains d'une puissance étrangère serait une folie. Pour 15 millions de dollars (soit 60 millions de francs-or), l'affaire est conclue. Un achat anticonstitutionnel, s'écrient les adversaires de Jefferson, car l'Union résulte d'un contrat ; l'entrée dans l'Union de nouveaux territoires bouleverse les données de l'association et contrevient à la lettre de la Constitution. Jefferson rétorque qu'il faut se référer à l'esprit du texte et suivre une interprétation large. C'est le contraire de ce qu'il disait dix ans auparavant. D'ailleurs, dans la démarche du parti républicain-démocrate, il y a une contradiction mortelle. Le parti soutient les droits des États et refuse l'extension du pouvoir fédéral. Mais, en luttant pour faire accéder l'un des siens à la magistrature suprême, il contribue à renforcer l'institution présidentielle et, conséquence inéluctable, l'Union aux dépens des États. Le président Jefferson pousse l'évolution plus loin encore. Il contrôle depuis la Maison-Blanche le fonctionnement du parti et par son influence sur le Congrès finit par transformer le parti républicain-démocrate en un parti présidentiel. Il donne mission à deux explorateurs, Lewis et Clark, de parcourir l'Ouest, depuis la vallée de l'Ohio jusqu'aux rivages du Pacifique, entre 1803 et 1806, et prépare ainsi l'expansion territoriale des États-Unis au XIXe siècle. Et c'est sous sa présidence qu'en dépit de son opposition la Cour suprême s'attribue un nouveau rôle, celui d'interprète de la Constitution[1]. Somme toute, Jefferson a fait ce qu'on n'attendait guère de lui. Hamilton fut abattu en 1804 au cours d'un duel contre Burr. Mais s'il avait survécu, aurait-il regretté son choix de 1800 ? Les républicains-démocrates se rapprochent des fédéralistes, bien que de profondes divergences subsistent.

Pour les États-Unis, il s'agit maintenant de survivre, tandis que les deux Supergrands de l'époque se livrent une lutte sans merci. L'Amérique aimerait bien tourner le dos à l'Europe. Les complexités de la situation internationale l'en empêchent. Pas d'alliances contraignantes ? Oui, bien sûr. Les jeffersoniens n'admirent pas l'empereur Napoléon et voudraient maintenir une stricte neutralité entre la France et l'Angleterre. Or, les deux belligérants se mettent à pratiquer le blocus économique. De plus, la marine britannique, maî-

1. L'arrêt *Marbury contre Madison*, en 1803, est important. Sous la conduite du *Chief Justice*, John Marshall, la Cour suprême invalide une loi qui a été adoptée en 1789. C'est la première fois dans l'histoire des États-Unis.

tresse des océans et des mers, fouille les navires neutres à la recherche de la contrebande de guerre et n'hésite pas, au mépris du droit international, à recruter de force des marins américains qui pour l'Angleterre demeurent des sujets de Sa Majesté. Que faire ? Jefferson fait adopter, en décembre 1807, un embargo qui s'applique à toutes les nations : les bateaux américains ne feront plus voile vers les ports étrangers ; les bateaux étrangers ne transporteront plus de marchandises jusqu'aux ports américains. Vive opposition dans les milieux commerciaux et maritimes de la Nouvelle-Angleterre, encore que l'embargo ait permis la naissance et le développement d'activités industrielles. C'est, dit-on à Boston, servir les intérêts de Napoléon, alors qu'en fait l'Angleterre combat la tyrannie ; c'est en revenir aux sympathies des républicains-démocrates pour une France qui ne mérite aucune admiration.

Peu avant de terminer son second mandat, Jefferson fait machine arrière. À l'embargo contre tous succède le refus de commercer avec les seuls Supergrands (Non-Intercourse). Les États-Unis n'obtiennent aucune satisfaction. Il leur est toujours difficile, sinon impossible de rester neutres et de faire respecter leurs droits sur les mers. Depuis mars 1809, le nouveau président des États-Unis est un autre Virginien, le fidèle lieutenant de Jefferson et son ancien secrétaire d'État, James Madison. Il cherche lui aussi la bonne solution. À partir de mai 1810 (Macon's Bill No. 2), les États-Unis reprennent leur commerce avec la France et l'Angleterre, tout en déclarant que si la France abroge ses décrets qui instituent le blocus, les États-Unis boycotteront les importations britanniques. Napoléon fait un geste à l'endroit des Américains et en mars 1811 l'Angleterre ne peut plus exporter vers les États-Unis. L'année suivante, le président Madison entraîne son pays dans un conflit armé avec l'ancienne métropole. Sans doute est-ce pour en finir avec cette guéguerre économique, pour protester contre le recrutement forcé des Américains dans la marine britannique. Sans doute aussi parce qu'aux États-Unis ils sont nombreux ceux qui pensent que le Canada et la Floride devraient être annexés à l'Union et qu'il est temps de profiter des difficultés de l'Angleterre en Europe continentale. Sans doute enfin l'arrogance de la Grande-Bretagne est-elle devenue insupportable. Les Américains ont le sentiment que leur indépendance n'a toujours pas été acceptée par l'ancienne métropole. Il n'est pas étonnant que cette guerre anglo-américaine ait été baptisée la « deuxième guerre d'Indépendance ».

À vrai dire, le conflit est fort impopulaire en Nouvelle-Angleterre, dans le New York et le New Jersey qui protestent avec vigueur contre la « guerre de M. Madison » et n'hésitent pas à parler de sécession. Il met en relief les faiblesses militaires des États-Unis qui remportent, certes, des succès maritimes et des batailles contre les alliés indiens de l'Angleterre. Mais point de conquête du Canada ni même de la Floride. Les Anglais parviennent, en septembre 1814, à incendier Washington, la toute nouvelle capitale fédérale. La Nouvelle-Orléans est menacée et il faut le courage et la chance du général Andrew Jackson pour la sauver des Anglais. Bref, il n'est pas surprenant que le traité de Gand (24 décembre 1814) qui met un terme à la guerre n'accorde rien aux États-Unis ni à l'Angleterre. Et d'ailleurs, avec la fin des guerres napoléoniennes, est-il encore nécessaire de se battre pour la liberté des mers et le droit des neutres à commercer ?

À la réflexion, les États-Unis ont obtenu mieux. L'Angleterre a compris que ces « damnés Yankees » méritent le respect, qu'il faut compter avec eux sur le continent américain et qu'au fond pourrait s'instaurer avec les Américains une entente cordiale qui, en dépit d'un vieux fond de méfiance, voire d'hostilité, inaugurerait entre les deux nations un « grand rapprochement ». Quant aux Américains, ils ont appris, depuis une trentaine d'années, à ne plus se sentir anglais. Au sein de leur immense pays dont la superficie a doublé par l'acquisition de la Louisiane, ils prennent conscience maintenant de leur force, démographique, économique, commerciale. En ce sens, l'année 1815 est peut-être plus importante que l'année 1783. Elle symbolise la fin du commencement et inaugure une autre période de l'histoire des États-Unis.

2

L'accession à la puissance (1815-1945)

5
L'unité chancelante

Les États-Unis de la première moitié du XIXe siècle traversent une crise de croissance. La fragile nation, dont les destinées avaient été confiées à George Washington, se transforme peu à peu en un géant de l'économie. Son agriculture, son industrie, son commerce la portent aux premiers rangs. De la côte atlantique à la côte pacifique, de la frontière du Canada à celle du Mexique, les États-Unis démontrent leur étonnante vitalité. En moins de trois quarts de siècle, ils ont atteint une dimension continentale. Et pourtant, tout au long de cette période de leur histoire, l'unité chancelle, la guerre de Sécession se profile à l'horizon. S'agissant de l'évolution économique, des changements sociaux et du fonctionnement du système politique, la bipolarisation saute aux yeux. Deux modes de vie s'opposent et menacent de créer deux nations.

Le décollage économique

L'économie du pays change en profondeur. C'est que le marché américain, vaste marché commun, offre des possibilités extraordinaires. Bien avant que n'éclate la guerre de Sécession, le décollage économique s'est produit. De ce bouleversement, l'un des signes se découvre dans l'évolution démographique.

La population n'est pas loin de doubler tous les vingt ans. Mais au-delà de la fascination pour des statistiques impressionnantes, trois observations sont nécessaires. On

TABLEAU **10**

Évolution de la population des États-Unis de 1790 à 1860

	Population	Accroissement décennal (%)		Population	Accroissement décennal (%)
1790	3 929 214		1830	12 866 020	33,5
1795	4 607 000		1835	15 003 000	
1800	5 308 483	35,1	1840	17 069 453	32,7
1805	6 258 000		1845	20 182 000	
1810	7 239 881	36,4	1850	23 191 876	35,9
1815	8 419 000		1855	27 386 000	
1820	9 638 453	33,1	1860	31 443 321	35,6
1825	11 252 000				

Pour les années se terminant par 0, il s'agit du recensement décennal que réclame la répartition des sièges au sein de la Chambre des représentants. Pour les années se terminant par 5, ce sont des estimations.

SOURCE : *Historical Statistics of the United States, op. cit.*, vol. 1, p. 8.

constate que l'accroissement naturel se ralentit. Le taux de natalité décline plus vite que le taux de mortalité. Du coup, la pyramide des âges témoigne d'un vieillissement relatif de la population. L'âge médian, toutes races confondues, était de 16,7 en 1820 ; il passe à 19,4 en 1860. Faute d'études suffisamment précises, il n'est pas facile d'expliquer ces tendances. Sans doute les Américains se marient-ils plus tard et le taux de fécondité décroît-il. Non pas que les techniques anticonceptionnelles se soient améliorées, mais parce que les Américains ont décidé d'avoir moins d'enfants, ce qui les oblige à des précautions naturelles et d'une relative efficacité. S'ils veulent moins d'enfants, c'est que la mortalité infantile a reculé – un recul, d'ailleurs, qui sera encore plus sensible à la fin du XIXe siècle. En revanche, on sait avec certitude que le taux de fécondité s'est beaucoup plus abaissé dans les campagnes que dans les villes. Contrairement à l'Europe occidentale. Pour expliquer ce phénomène, il faut tenir compte de la situation des campagnes américaines. Le prix des terres s'élève et rend plus difficile l'installation des enfants à leur propre compte. L'aspiration à l'instruction est largement partagée. Enfin, les milieux protestants ont tendance à limiter le nombre des enfants et influent, par leur comportement, sur les milieux catholiques. Somme toute, le fermier américain de l'époque vit dans l'aisance ; il raisonne comme un entrepreneur et comme n'importe quel autre détenteur de richesses. Lorsqu'il fixe la taille de sa famille, il songe à la transmission de sa fortune et aux dépenses qu'entraîneront les enfants pour lesquels il imagine une progression sociale.

TABLEAU **11**

Indicateurs démographiques

	Taux de natalité (‰)	**Taux de mortalité (‰)**	**Taux de croissance naturelle (‰)**
1790-1800	55,0	27,8	27,2
1820	55,2		
1840	51,8		
1860	44,3	21,4	22,9

SOURCE : Barry W. Poulson, *Economic History of the United States*, *op. cit.*, p. 160-161.

En un mot, il ne s'agit pas de dénatalité, mais d'un ralentissement dans l'accroissement démographique, dont les origines restent malgré tout hypothétiques. Cette tendance ne se retrouve pas au sein de la population noire. La traite des esclaves est interdite depuis 1808, bien qu'elle subsiste dans la clandestinité et constitue un très faible apport. Or, les États-Unis comptaient en 1790 une population noire de 750 000 individus ; en 1860, elle atteint 4 441 830. Là encore, le taux de natalité s'est abaissé, moins vite et moins nettement que pour les Blancs.

L'évolution du peuplement (1790-1840)

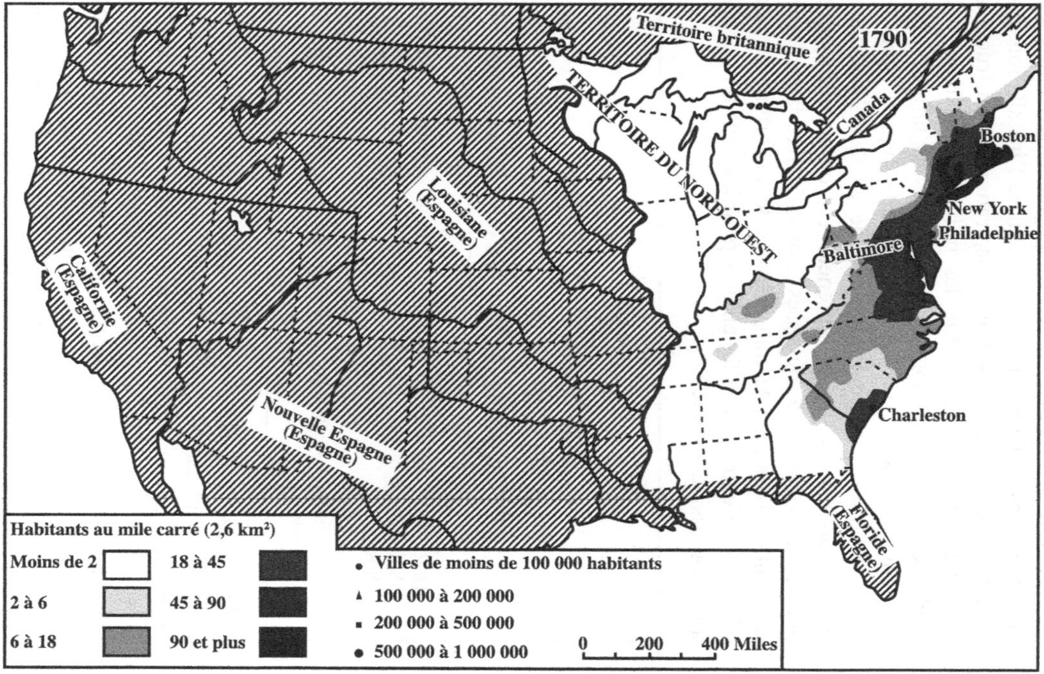

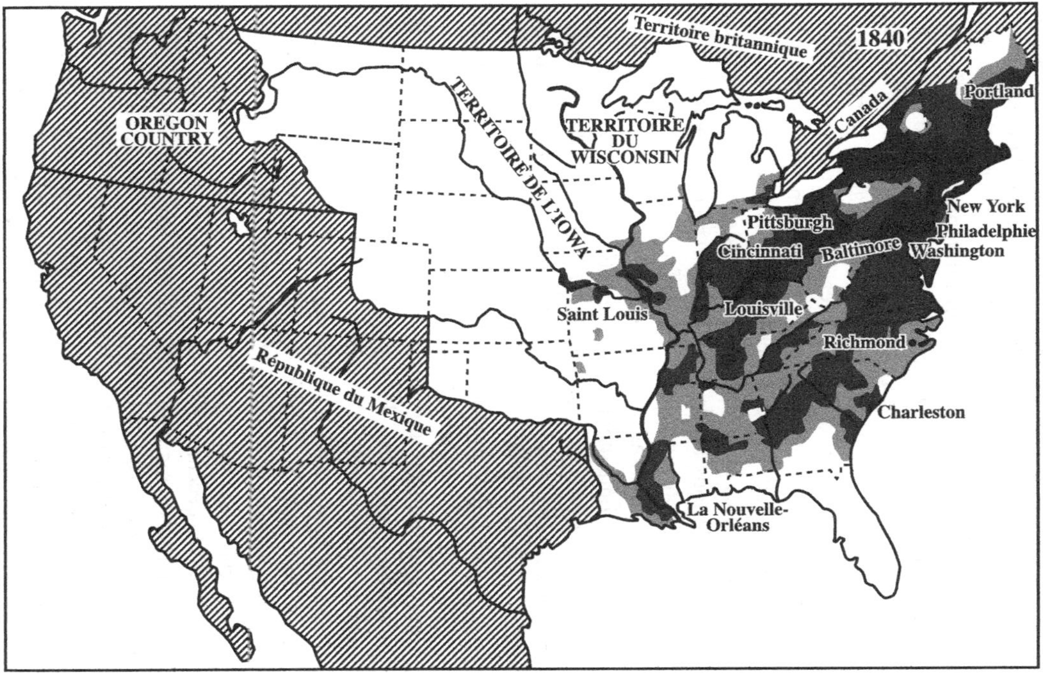
1840
Territoire britannique
Canada
OREGON COUNTRY
TERRITOIRE DE L'IOWA
TERRITOIRE DU WISCONSIN
République du Mexique
Portland
New York
Philadelphie
Washington
Baltimore
Pittsburgh
Cincinnati
Louisville
Saint Louis
Richmond
Charleston
La Nouvelle-Orléans

L'immigration reste un facteur important. Les motivations des immigrants sont de trois ordres. Les révolutionnaires, chassés d'Europe après le printemps de 1848, traversent l'Atlantique pour s'établir, définitivement ou non, aux États-Unis. C'est le cas de Garibaldi ou de Kossuth. Au total, un très petit nombre. Les motivations religieuses ou idéologiques sont plus fréquentes. Les quakers norvégiens, les vieux-luthériens de Prusse, les Européens convertis au mormonisme éprouvent le sentiment qu'en partant pour le Nouveau Monde, ils échapperont à la discrimination et à la persécution. Les owénistes, les fouriéristes, les cabétistes, les libertaires de tous bords viennent en Amérique pour fonder des communautés utopiques et y refaire le monde. Reste les motivations économiques qui sont, comme dans les périodes précédentes, fondamentales et n'excluent pas nécessairement les autres. Le cas des Irlandais illustre cette complexité. Dans les années 1845-1854, ils affluent aux États-Unis. Sur un total d'environ 3 millions d'immigrants, ils correspondent à 25 %. Famine engendrée par la maladie de la pomme de terre et d'accablantes lois sur la terre ? Oui, bien sûr. Mais les Irlandais sont aussi des catholiques qui fuient la persécution religieuse. Ils aspirent, enfin, à s'établir dans un pays où ils pourront s'exprimer, jouir des droits civiques, participer pleinement à la vie politique. En conséquence, il serait plus juste d'admettre que dans leur cas comme dans celui de beaucoup d'autres, les motivations s'additionnent.

Une certitude, toutefois : le nombre des immigrants s'accroît. Dans la décennie 1790-1800, 50 000 Européens émigrent vers les États-Unis ; de 1800 à 1810, environ 70 000 ; de 1810 à 1820, 114 000. Puis, à partir de 1832, le rythme annuel est de l'ordre de 60 000. Il dépasse 100 000 après 1842 pour atteindre près de 400 000 au début des années cinquante et redescendre ensuite entre 150 000 et 200 000. Au total, 5 millions d'entrées de 1815 à 1860, dont 2 750 000 viennent des îles Britanniques et 1 500 000 d'Allemagne, de Scandinavie, des Pays-Bas. Point de doute, c'est déjà un mouvement de masse, qui annonce les déferlements de la fin du XIXe siècle et du début du XXe. Une partie de la population américaine ne s'y trompe pas et se laisse gagner par la xénophobie qu'incarne, à la veille de la guerre civile, le mouvement nativiste, anti-irlandais, anticatholique, partisan d'une sévère restriction de l'immigration. Néanmoins, aucune législation n'est adoptée qui limiterait les entrées, au moins jusqu'à 1882 (loi sur l'immigration chinoise). Vient qui veut, vient qui peut.

Or, les conditions de voyage se sont nettement améliorées. Du Havre à La Nouvelle-Orléans, le passage valait de 350 à 400 francs en 1818 ; il ne coûte plus que 120 à 150 francs en 1830. Des ports irlandais à Québec, la baisse des tarifs transatlantiques atteint 90 %. Plus question de servitude volontaire pour aller en Amérique. On vend ses biens pour acheter le billet de bateau ou bien on emprunte la somme nécessaire à des parents déjà installés de l'autre côté de l'océan. Mieux encore, les candidats à l'émigration sont sollicités par des brochures de propagande que publient et diffusent les compagnies maritimes, les sociétés ferroviaires, les spéculateurs fonciers, les chefs d'entreprise à la recherche d'une main-d'œuvre qualifiée. Les terres vacantes et les besoins de l'industrie stimulent les imaginations. À cela s'ajoute la situation en Europe, notamment dans les pays de départ. On constate que l'émigration est importante tant que la révolution industrielle n'a pas donné tous ses effets. L'émigration allemande décline après 1880 ; l'émigration italienne, après 1900 ; l'émigration russe, après 1914. L'Angleterre qui a précédé les États-Unis sur la voie de l'industrialisation n'a pas envoyé au XIXe siècle des masses d'immigrants dans ses anciennes colonies.

Enfin, la mobilité de la population provoque un déplacement du centre de gravité. Les immigrants préfèrent les villes aux campagnes et contribuent à accentuer l'urbanisation. Des villes, comme New York, Chicago, Cincinnati, Milwaukee, Detroit, San Francisco sont habitées pour 50 % par des

Américains de vieille souche, pour 50 % par des Américains nés à l'étranger. Ces derniers ont tendance à vivre entre eux, dans leurs quartiers, avec leurs écoles, leurs journaux, leurs églises. C'est à l'intérieur de leur communauté ethnique, nationale et religieuse qu'ils tâchent de réaliser leur ascension sociale. Le nombre des villes augmente. Cinq d'entre elles seulement rassemblaient au moins 8 000 habitants en 1780 ; elles sont onze en 1810, quarante-quatre en 1840. Deux seulement en 1810 approchaient les 100 000 habitants (New York et Philadelphie) ; deux autres se situaient aux environs de 40 000 (Baltimore et Boston). Puis venaient Charleston (25 000), La Nouvelle-Orléans (17 000), Washington (8 200). En 1860, New York dépasse le million et Philadelphie le demi-million. Baltimore a atteint les 200 000 ; Boston, 177 000 ; La Nouvelle-Orléans, 168 000. Elles sont suivies par une meute de cités en pleine expansion, comme Cincinnati, Chicago, qui n'était qu'un minuscule village en 1830, Buffalo, Newark, Louis-ville, Albany, Washington, San Francisco qui prend son essor après la découverte de l'or en Californie, Providence, Saint Louis.

Croissance démographique et révolution industrielle marchent de concert. Les États-Unis disposent d'atouts qui laissent présager une formidable réussite : un énorme domaine foncier qui portera de gigantesques récoltes et recèle, dans son sous-sol, des richesses minières de tout premier ordre, une population croissante qui fournit à la fois la main-d'œuvre nécessaire et les consommateurs, des capitaux qui proviennent des activités commerciales et dont l'insuffisance sera comblée par des investissements étrangers. En revanche, le retard technologique constitue une faiblesse jusque dans la seconde moitié du XIXe siècle. Les grandes inventions, qu'il s'agisse des chemins de fer, de la mécanisation des textiles, du travail du fer, sont anglaises, allemandes ou françaises, pas américaines. Les Américains sont à la traîne. Ils se contentent de copier, soit en achetant des machines lorsque le pays inventeur accepte d'en vendre, soit en faisant venir chez eux à prix d'or des experts et des techniciens. Ils adaptent, transforment, améliorent un peu comme les Japonais d'après 1945 ; ils ne créent pas. Mais ils ne se résignent pas. Robert Fulton révolutionne la navigation fluviale avec son *Clermont* qui remonte à la vapeur l'Hudson de New York à Albany, en trente-deux heures, le 17 août 1807. Les presses à imprimer, les charrues, la machine à vapeur subissent en Amérique des transformations décisives. Au début des années trente, Cyrus McCormick met au point la moissonneuse qui bouleversera la culture du blé. Elias Howe fait marcher une machine à coudre, qu'Isaac Singer perfectionnera. Sans parler de la machine à couper la fourrure, de la machine à écrire dont le premier modèle remonte à 1843, du télégraphe de Samuel Morse, etc. Il faut attendre 1851 et l'exposition au Crystal Palace de Londres pour que les Anglais prennent conscience des progrès américains. Voilà qu'ils sont parvenus à faire fonctionner le système des pièces interchangeables, ce qu'on appelle désormais le « système américain de manufacture ». La standardisation s'est d'abord appliquée à la fabrication des armes et Samuel Colt en a été le prophète. Puis, elle s'étend à la production mécanique, grâce à la mise au point de machines-outils qui permettront bientôt de fabriquer massivement des montres et des horloges, des écrous et des boulons, des serrures, des charrues, des bottes et des chaussures, des machines à vapeur et des locomotives. Les Anglais sont si admiratifs qu'ils s'empressent de dépêcher en Amérique des commissions d'enquête avant de faire venir chez eux des experts américains qui mettent sur pied une industrie d'armement moderne. Invité par le Parlement britannique, Colt s'est contenté d'une déclaration laconique et prophétique : « Il n'y a rien qui ne puisse être produit par des machines. » C'est une preuve supplémentaire que les Américains sont sur le point de rattraper leur retard.

Il y a des signes éblouissants de cette progression. Par exemple, la révolution des transports. Jusqu'au début du

XIXe siècle, rien n'est plus difficile que de circuler d'un point à l'autre des États-Unis : les routes sont des chemins que le mauvais temps rend impraticables ; les bateaux à fond plat qui descendent les cours d'eau servent, au terme du voyage, de bois de chauffage. De 1800 à 1830, des routes macadamisées sont construites dans les États du Nord ; elles sont à péage et sur des milliers de kilomètres constituent une amélioration notable. À partir de 1825 commence l'ère des canaux qu'inaugure le canal de l'Érié d'Albany à Buffalo. Vingt-cinq ans plus tard, les États-Unis comptent 6 000 kilomètres de canaux, presque tous situés, eux aussi, dans les États du Nord. Dans le même temps, ce sont les beaux jours de la navigation fluviale sur l'Ohio et le Mississippi que parcourent des bateaux à aubes. Tout naturellement, la circulation s'oriente du Nord vers le Sud et *vice versa*, entre les Grands Lacs et La Nouvelle-Orléans. En 1830, la première voie de chemin de fer est construite depuis Baltimore en direction de l'Ohio. Et si elle permet le passage des trains, c'est grâce à des locomotives anglaises. Les rails sont en bois que recouvre de la fonte pour faire des économies. En 1839, près de 5 000 kilomètres sont construits ; dix ans plus tard, 12 000 kilomètres ; en 1860, presque 50 000 kilomètres, soit autant que dans le reste du monde. Ce n'est pas vraiment un réseau, bien que la plupart des voies soient concentrées dans le Nord-Est, entre la côte et les Grands Lacs, et pour le Sud le long de l'Atlantique. Les compagnies privées font tout pour ne pas coopérer. Les écartements varient d'une ligne à l'autre, à l'intérieur d'un même État. Les lignes ne se raccordent pas les unes aux autres, tout en empruntant parfois le même parcours. New York et Boston sont des capitales ferroviaires, suivies par Philadelphie, Baltimore et Charleston. Conséquence prévisible de cette expansion du chemin de fer : les autres moyens de transport déclinent, y compris la navigation fluviale, parce qu'ils sont plus lents, plus dépendants des conditions climatiques. Le prix du fret et les temps de transport se réduisent de manière spectaculaire. De Cincinnati à New York, il fallait en 1817 plus de cinquante jours pour acheminer des marchandises, trois semaines pour acheminer des passagers. En 1852, il faut dans un cas six jours, dans l'autre deux jours. Pour transporter une tonne de fret en 1820, il en coûtait de 1 à 2 cents par mile sur un cours d'eau, 5,5 cents sur un canal ; en 1860, 1,5 cent sur un canal, 3 cents par chemin de fer. Les prix des marchandises ne se caractérisent plus par des écarts considérables suivant la localisation des points de vente. Le transport par eau résiste encore à la concurrence de la voie ferrée pour les marchandises pondéreuses.

Deuxième exemple : l'industrie textile. Les diverses formes d'embargo qui ont précédé la deuxième guerre anglo-américaine et accompagné le conflit lui-même ont certainement stimulé le démarrage. De 1815 à 1833, le taux de croissance annuel des cotonnades s'élève à 29 % ; puis, il se maintient à 5 %. En 1860, ce secteur industriel occupe une place primordiale dans l'économie américaine. Plusieurs facteurs sont déterminants. La matière première est de moins en moins chère. La livre de coton vaut 25 cents avant 1820, 15 cents vers 1820-1825, 10 cents une décennie plus tard. Les consommateurs sont de plus en plus nombreux. On a calculé qu'avant 1833 la demande s'accroissait de 8 à 9 % par an, et l'offre de 6 à 7 %. Après 1833, l'offre rattrape la demande et l'industrie du coton ralentit son essor. L'établissement et le renforcement d'un régime douanier protectionniste créent un autre facteur favorable. De 1816 à 1828, les barrières s'élèvent. Pour les cotonnades, elles passent de 25 à 33,5 %. Pour les lainages, elles grimpent jusqu'à 45 %, avant d'être abaissées de 1842 à 1857. À l'abri de ces barrières, l'industrie américaine prend son envol. Entre 1820 et 1830, les cotonniers américains fournissent au marché national une part croissante : 30 % d'abord, 80 % ensuite.

À cette liste de conditions favorables, il convient d'ajouter le facteur socioculturel. C'est en Nouvelle-Angleterre que l'industrie du coton s'implante et accomplit de remarquables progrès. Elle passe du stade artisanal au stade industriel, en utilisant la main-d'œuvre locale et en s'appuyant sur l'éthique du travail, si influente dans la culture puritaine. Voici par exemple Pawtucket sur la Blackstone, à la limite du Rhode Island et du Massachusetts. Samuel Slater, un artisan anglais qu'Alexander Hamilton a su attirer aux États-Unis, y a installé, à la fin du XVIIIe siècle, des métiers Arkwright pour carder et filer. Vers 1820, le village compte 3 000 habitants et huit entreprises textiles. Une décennie après, c'est une agglomération de 14 000 broches et 350 métiers qu'animent 500 ouvriers. Le village avait une tradition manufacturière et s'est transformé en un centre industriel. Avant le coton, c'était le fer. Les capitaux viennent du monde artisanal. La main-d'œuvre en 1820 est formée pour les deux tiers d'enfants dont certains sont employés à domicile. Tout comme les tisserands dont l'activité est loin d'être mécanisée et qui n'ont pas encore abandonné le travail des champs. Ils reçoivent la matière première d'un fabricant pour lequel ils façonnent la marchandise. Tout ce petit monde partage les mêmes valeurs morales : le sens de la décence, la foi religieuse, le désir de bien faire.

Un peu plus au nord, dans l'État du Massachusetts, c'est une autre voie qui a été suivie. Un marchand de Boston, Francis Cabot Lowell, a formé une société, la Boston Manufacturing Company (1813). Il installe une usine à Waltham, puis le long du Merrimack à Lowell (1822), à Chicopee (1823), enfin dans le Maine et le New Hampshire. Les usines sont toujours situées près des chutes d'eau qui fournissent la force motrice. Le plan de Waltham est partout appliqué : production concentrée, mécanisation poussée, fabrication de tissus ordinaires et solides. Les jeunes filles de la région forment le gros de la main-d'œuvre. Elles sont logées dans des dortoirs que gèrent des veuves. Elles travaillent de l'aube au crépuscule, et même au-delà en hiver. À 22 heures, extinction des feux. Le dimanche, elles sont conduites en rang jusqu'au temple. Des rudiments d'instruction morale leur sont enseignés. La morale est sauve ; le profit, assuré. Après avoir amassé un petit pécule, les ouvrières se marient et quittent l'usine. Vers 1840-1850, le système s'affaiblit. La main-d'œuvre féminine est remplacée par des immigrants irlandais et franco-canadiens. L'esprit puritain disparaît. Trop tard pour empêcher le triomphe du textile américain.

Sans verser dans le déterminisme religieux, on ne peut manquer de relever le lien entre l'esprit d'entreprise et la morale puritaine. De là un taux de réussite élevé parmi les entrepreneurs de la Nouvelle-Angleterre. Alors qu'en 1825, 16 % des Américains habitent les États de la Nouvelle-Angleterre, 42 % des inventeurs, 51 % des hommes d'affaires en sont originaires. Alors que vers 1840, 17 % des Américains sont congrégationalistes, presbytériens, unitariens et quakers, 54 % des hommes d'affaires appartiennent à l'un de ces quatre groupes religieux. Un observateur argentin qui visite les États-Unis en 1847 note qu'ils apportent « au reste de l'Union les qualités morales et intellectuelles, les aptitudes manuelles qui font de tout Américain un atelier ambulant. Les grandes entreprises coloniales, ferroviaires, bancaires et les grosses sociétés ont été fondées et développées par eux ».

Rien de surprenant, dans ces conditions, si la moitié des établissements industriels se concentrent dans le Nord-Est, si 70 % du capital investi en proviennent, si les autres activités industrielles y trouvent une situation privilégiée. Il est vrai qu'en 1859, le premier rang des industries américaines est occupé par l'industrie de transformation des produits agricoles, le deuxième par le textile, le troisième par la métallurgie, le quatrième par le bâtiment. Il n'en reste pas moins qu'une société industrialiste a pris naissance, que son lieu d'implantation, c'est la Nouvelle-Angleterre avec le New York, le New Jersey et la Pennsylvanie. L'Amérique de demain, elle est déjà là.

TABLEAU 12

Comparaison entre les économies des États libres et des États esclavagistes

	États libres		États esclavagistes	
1. Taux d'urbanisation[1] *(%)*				
1820	10		5	
1840	14		6	
1860	26		10	
2. Population active employée dans l'agriculture (%)				
1800	68		82	
1860	40		84	
3. Valeur de la terre et des instruments agricoles en 1860 ($)				
Prix d'une acre cultivée	25,67		10,40	
Valeur des machines et des outils				
– par acre	0,89		0,42	
– par employé	52,00		30,00	
4. Capital investi dans l'industrie				
	1840	*1860*	*1840*	*1860*
Par rapport aux États-Unis (%)	80	84	20	16
Par tête ($)	21,92	43,73	7,25	13,25
5. Niveau culturel et instruction				
Population sachant lire (%)				
– population totale	94		58	
– population libre	94		83	
– esclaves			10	
Population libre, âgée de 5 à 19 ans, fréquentant l'école (%)	72		35	
Nombre moyen de jours d'écoles par an	135		80	

1. Une ville est une agglomération de plus de 2 500 habitants.

SOURCE : James McPherson, *Ordeal by Fire. The Civil War and Reconstruction*, New York, Alfred A. Knopf, 1982, p. 24.

Cela ne veut pas dire que le Sud soit l'Amérique d'hier. Tout au contraire. Si son économie est essentiellement agricole, cette agriculture est moderne, orientée vers l'exportation. D'ailleurs, de 1820 à 1860, de 81 à 84 % des exportations américaines sont constitués par des productions du secteur primaire. Le coton domine les ventes à l'étranger : la moitié des exportations. À la veille de la guerre de Sécession, 81 % de la production du coton sont vendus en dehors des États-Unis. Encore une fois, il faut se garder des apparences. L'élevage du porc et du bœuf, la céréaliculture, la production de lait sont, elles aussi, des activités de tout premier plan. En valeur, l'élevage du porc occupe le premier rang des productions agricoles, avant le coton. Et l'élevage, c'est le Middle West ; le blé et le maïs, ce sont le New York, la Pennsylvanie et le Middle West. Bref, on commet une erreur en réduisant l'agriculture de l'époque à la production du coton.

N'empêche qu'au sud de la ligne Mason-Dixon, qui sépare la Pennsylvanie du Maryland, s'étend le royaume du coton. Il s'est créé en même temps que se produisait la révolution industrielle en Angleterre. Le Lancashire ne cesse pas de réclamer de grosses quantités. C'est à Liverpool que se fixent les cours mondiaux. Les Américains ont profité de l'aubaine, d'autant plus qu'Eli Whitney a mis au point en 1793 (encore un inventeur de la Nouvelle-Angleterre !) une machine à égrener le coton qui sépare la fibre et la tige, et que les États du Sud peuvent maintenant tirer parti de leur climat subtropical qui convient parfaitement au coton. Bien que la Caroline du Sud fasse pousser du riz, la Louisiane de la canne à sucre, la Virginie du tabac tout comme le Kentucky et la Caroline du Nord, que partout dans le Sud le maïs soit indispensable aux hommes et aux animaux, c'est le coton qui a créé un genre de vie et c'est du coton que naissent les problèmes du Sud.

Le genre de vie repose sur un système qui s'inspire de la plantation du XVIIIe siècle et suppose l'emploi d'une main-d'œuvre servile. Ici, les esclaves noirs sont un capital précieux et rentable. Le recensement de 1860 en dénombre 3 953 760 qui vivent dans les quinze États esclavagistes aux côtés de 8 millions de Blancs. La proportion des esclaves par rapport à la population blanche varie d'un État à l'autre : en Caroline du Sud et au Mississippi, elle correspond à la moitié ; en Louisiane, en Alabama, en Floride et en Georgie, elle dépasse les deux cinquièmes ; ailleurs, elle est inférieure au tiers. Dans le Maryland, elle atteint 13 % ; dans le Missouri, 10 % ; dans le Delaware, 1,5 %. D'après le recensement de 1850, 2 500 000 esclaves étaient employés dans l'agriculture. Parmi eux, 1 815 000 cultivaient le coton ; 350 000, le tabac ; 150 000, la canne à sucre ; 125 000, le riz ; 60 000, le chanvre. Mais cela ne signifie pas qu'ils travaillaient dans les champs. Dans une plantation, on estime que la moitié des esclaves servaient, à plein temps ou à temps partiel, de domestiques, d'artisans, de mécaniciens, de jardiniers, de forgerons, de couturières et d'hommes à tout faire. Une petite partie était même placée à la ville pour y tenir des échoppes d'artisans dont le travail rapportait, bien évidemment, au maître. Reste 260 000 Noirs, soit 6 % de la population noire, qui bénéficient de la liberté. Ils sont les descendants des esclaves émancipés au temps de la Révolution. Ils vivent dans des conditions difficiles, disposant de droits limités, parfois enlevés par des marchands d'esclaves, une sorte d'aberration bien que certains d'entre eux possèdent aussi des esclaves. Ces Noirs libres du Sud sont concentrés dans les États les plus anciens (le Maryland en compte 84 000).

Le sort des esclaves et du même coup la rentabilité du système de la plantation ont donné lieu à un débat entre les historiens. La querelle a rebondi récemment avec la publication d'un ouvrage de Robert W. Fogel et Stanley L. Engerman, *Time on the Cross*, paru en 1974. En effet, les nordistes et les sudistes ont défendu, pour des raisons opposées, la même idée. L'esclavage, ont-ils soutenu, n'était pas rentable. Les nordistes justifiaient ainsi leur désir de le remplacer par la main-d'œuvre libre ; les sudistes, l'humanité des relations interraciales dans le Sud. S'il y avait encore des esclaves, disaient les premiers, c'est que les planteurs n'avaient pas conscience de leurs propres intérêts. C'est qu'ils se préoccupaient, d'après les seconds, du sort de leurs « protégés » et considéraient que sans l'esclavage, les Noirs mourraient de faim et de maladie. En tenant compte de cette querelle, il faut avancer prudemment. Les États-Unis, on le sait bien, n'ont pas inventé l'esclavage des Noirs. Il était pratiqué ailleurs et survécut au Brésil jusqu'à la fin du XIXe siècle. Il est vraisemblable que l'esclavage s'est maintenu dans le Sud tout simplement parce qu'il était rentable. Là-dessus, la controverse a cessé, encore que le taux de profit fasse l'objet d'estimations diverses. On en trouve la preuve dans le prix des esclaves, qui a augmenté. En 1795, un homme dans la force de l'âge se vendait 300 dollars en Virginie ou en Caroline du Sud. Avec la même capacité de travail, un esclave coûte 1 250 dollars en 1860 et, en Louisiane, 1 800 dollars. Le calcul du revenu par tête n'est pas moins révélateur. La moyenne nationale en 1860, y compris les esclaves, est de 128 dollars. Dans le Nord, elle atteint 141 dollars ; dans le Nord-Est, 181 dollars ; dans le Sud, 103 dollars. Si l'on ne tient pas compte de la population servile, le Sud parvient à 150 dollars, le Nord à 141, le Nord-Est à 183 et la moyenne nationale s'établit à 144. Ce que dissimulent ces statistiques, c'est que le Sud n'est pas homogène. Le Vieux Sud, qui fit fortune avec le tabac, est en perte de vitesse. Il se contente souvent de vendre des esclaves aux régions en plein développement. Le Nouveau Sud, à l'ouest du Mississippi, forme au contraire une zone de prospérité. Le véritable royaume du coton, c'est la Louisiane, l'Arkansas, le Texas. De plus, si l'achat d'un esclave revient cher, son entretien coûte peu grâce au maïs, au porc et aux cultures vivrières dont l'esclave lui-même prend soin. Un ménage d'esclaves met au monde des esclaves qui, à leur tour, seront vendus ou serviront le maître.

Si l'esclavage est rentable, à quoi est-ce dû ? Fogel et Engerman soutiennent que les esclaves n'étaient pas paresseux, qu'ils travaillaient aussi efficacement que la main-d'œuvre libre et blanche, que leurs maîtres les avaient imprégnés de l'éthique protestante, ne les maltraitaient pas, ne leur imposaient pas d'interminables heures, savaient les récompenser et qu'il y avait, au sein du monde servile, des possibilités de promotion qui contribuaient à « socialiser » les esclaves. Somme toute, une société ni plus horrible ni moins rentable que la société industrielle du Nord ; des Noirs pas plus exploités que les ouvriers blancs ; des familles d'esclaves tout aussi peu éclatées que celles des immigrants européens. Fogel et Engerman ont calculé que la productivité dans une plantation était supérieure de 35 % à celle des fermes du Nord, qu'un esclave travaillant dans une plantation de taille moyenne ou dans une grande plantation produisait en trente-cinq minutes ce que le fermier libre produisait en une heure. Herbert Gutman et Richard Sutch ont brillamment combattu les thèses de Fogel et d'Engerman[1]. Seule, la coercition, affirment-ils, permettait d'obtenir une certaine productivité. Les esclaves étaient assimilés au cheptel. Leur travail profitait au maître dans une large proportion ; le système de la plantation reposait sur une exploitation intensive du travail servile. Les calculs auxquels se sont livrés Fogel et Engerman seraient entachés d'erreurs et, en conséquence, perdraient l'essentiel de leur signification.

En outre, le coton suscite de graves problèmes. L'usure des sols oblige à un déplacement ininterrompu vers l'ouest. Le coton, en effet, épuise la terre et les planteurs ne prennent pas toutes les précautions nécessaires. De la zone côtière, les plantations s'établissent au pied des Appalaches, passent à l'ouest des montagnes, franchissent le Mississippi. Le déplace-

1. *Reckoning with Slavery : a Critical Study in the Quantitative History of American Negro Slavery*, New York, Oxford University Press, 1976.

ment coûte cher. Par nécessité, le planteur est un spéculateur aux aguets, toujours prêt à acheter de nouvelles terres et de nouveaux esclaves. Aussi l'absentéisme des propriétaires devient-il inévitable. Voici l'exemple de Wade Hampton. Il possède dans le Mississippi une plantation qui produit en 1850 aux environs de 110 tonnes de coton et 125 tonnes de maïs. Il a également 5 plantations, soit une superficie de 4 000 hectares et une main-d'œuvre de 900 esclaves. Autre exemple, celui de Stephen Duncan, un banquier qui est aussi le plus grand planteur de coton. Il habite dans une superbe demeure de style néo-classique près de Natchez (Mississippi). Il possède 8 plantations, 1 018 esclaves qui travaillent aux champs et 23 domestiques. Il produit 1 000 tonnes de coton.

Mais qu'on ne s'y trompe pas ! Sur les 8 millions de Blancs que comptent les États esclavagistes, à peine 385 000 possèdent des esclaves – une proportion d'un sur vingt. En Caroline du Nord 72 %, dans le Kentucky et le Tennessee 66 %, en Virginie 59 %, dans le Mississippi 51 % des Blancs n'ont aucun esclave. Et parmi ceux qui détiennent du cheptel humain, la moitié ont moins de 5 esclaves, tandis qu'au sommet de l'échelle sociale 10 000 planteurs ont plus de 50 esclaves et 3 000 d'entre eux, plus de 100. C'est dire que, sur le plan numérique, les planteurs forment une petite minorité, mais ils dominent la société. Leur genre de vie est un modèle. Leur influence politique est souvent décisive. Pourtant, l'économie à laquelle ils se consacrent empêche la naissance d'une classe moyenne, limite l'utilisation des machines et les livre, pieds et poings liés, à la finance du Nord. La vente d'un produit brut à l'Angleterre comme à la Nouvelle-Angleterre, l'achat inévitable de produits manufacturés font du Sud une sorte de monde colonisé, dépendant, méfiant, replié sur lui-même.

Aux côtés du Nord et du Sud, l'Ouest ne cesse de s'étendre et attire les convoitises. L'avenir des États-Unis sera différent, suivant que l'Ouest se rapprochera du Sud esclavagiste ou du Nord partisan des libertés. De fait, la Frontière se déplace constamment. Vers 1860, elle a atteint les Grandes Plaines, tandis que sur la côte pacifique le peuplement de la Californie, accéléré depuis 1848 par la ruée vers l'or, forme une deuxième frontière. De 1810 à 1830, 2 millions d'Américains vont d'est en ouest. De 1830 à 1840, la population de l'Indiana double ; celle de l'Illinois triple. En 1840, 6,5 millions d'Américains habitent à l'ouest des Appalaches. Le centre de gravité se situe dans la partie orientale de l'Ohio, alors qu'en 1790, il était à une quarantaine de kilomètres de Baltimore.

L'Ouest est devenu une réalité économique, sociale et politique. Après avoir acheté la Louisiane à la France en 1803, les États-Unis ont acquis la Floride en 1819. Le Texas entre dans l'Union en 1845, au terme d'une décennie d'indépendance. L'année suivante, les Anglais cèdent l'Oregon Country au sud du 49e parallèle, à l'exception de l'île de Vancouver, ce qui correspond aujourd'hui aux États du Washington et de l'Oregon, plus une partie des Rocheuses. Le Mexique, battu en 1848 après une guerre de deux ans, abandonne à son vainqueur tous les territoires qu'il possédait au nord du rio Grande, y compris la Californie. Les États-Unis couvraient 2 300 000 kilomètres carrés au moment de l'indépendance ; ils s'étendent à présent sur 7 700 000 kilomètres carrés. Ils ne vont pas tarder à acheter l'Alaska aux Russes (en 1867) et à annexer Hawaii (1898). À la veille de la guerre de Sécession, vingt États se sont joints aux treize États fondateurs, auxquels s'ajoutent des territoires en cours de peuplement. Le processus de formation d'un nouvel État a été fixé par l'ordonnance du Nord-Ouest de 1787. Après qu'un territoire a été arpenté, délimité, il est administré par le Congrès qui nomme un gouverneur, un secrétaire et trois juges. Lorsque 5 000 adultes, mâles et libres, y sont installés, une assemblée législative est élue, tandis que le Congrès continue à nommer le gouverneur. Enfin, quand la population atteint 60 000 habitants, le territoire peut demander son admission dans l'Union avec les mêmes prérogatives et les mêmes devoirs que les autres États ; c'est le Congrès fédéral qui en décide. Le Vermont (1791), le Kentucky (1792) et le Tennessee (1796) sont les premiers à suivre cette voie. Puis, viennent l'Ohio (1803), la Louisiane (1812), l'Indiana (1816), le Mississippi (1817), l'Illinois (1818), l'Alabama (1819), le Maine (1820), le Missouri (1821), l'Arkansas (1836), le Michigan (1837), la Floride (1845), le Texas (1845), l'Iowa (1846), le Wisconsin (1848), la Californie (1850), le Minnesota (1858), l'Oregon (1859).

Contrairement à ce que l'on a souvent écrit, les immigrants ne sont pas directement responsables du peuplement de l'Ouest. Il faut de l'argent pour s'y installer. Les terres publiques, celles qui appartiennent au domaine fédéral, sont pour la plupart mises en vente. L'ordonnance de 1785 fixait le prix de 1 dollar par acre, mais l'achat minimal devait porter sur 640 acres et se régler au comptant. En 1796, le prix monte à 2 dollars, avec la possibilité de payer la moitié à crédit. Des aménagements sont apportés peu à peu. Les prix baissent ; la taille du lot minimal, également. La loi de 1854 dispose qu'une terre qui n'a pas trouvé acquéreur depuis dix ans sera vendue à 1 dollar l'acre ; si elle n'a pas trouvé preneur depuis trente ans, elle vaudra 12,5 cents l'acre ; le minimum à acheter sera de 40 acres. Les *squatters* obtiennent en 1841 le droit de préemption au prix minimal pour 160 acres. Quoi qu'il en soit, tout pionnier doit débourser une somme qui n'est pas négligeable pour obtenir la propriété du sol. Il faut aussi des connaissances agronomiques pour mettre en valeur ces terres vierges. Ce sont donc les pionniers eux-mêmes qui se déplacent plus à l'ouest, sur des distances relativement courtes. Ils suivent les isothermes. Les New-Yorkais s'établissent dans l'Ohio, puis en Indiana ; les Caroliniens, en Alabama, dans le Mississippi avant d'atteindre la Louisiane, puis le Texas. Dans un premier temps, le peuplement résulte de la migration ; dans un deuxième temps, de l'accroissement naturel. La vie du pionnier, en dépit des images que transmet parfois le cinéma, n'a rien d'exaltant. Les maladies guettent adultes et enfants, de la malaria à la pneumonie en passant par la dysenterie, le choléra ou la variole. Avant de bâtir l'école, l'église, les bâtiments officiels, il faut défricher, couper le bois pour dégager des clairières et disposer des planches et des rondins qui feront la cabane. La nourriture n'est pas variée : du maïs et du porc salé, jusqu'à ce que des récoltes introduisent d'autres aliments. L'habillement est réduit à des habits grossiers, en peaux de bêtes ou filés le soir à la veillée. La récompense de ces efforts, c'est qu'un jour la terre prendra de la valeur, qu'une petite ville s'élèvera non loin, qu'on pourra vendre, gagner de l'argent et s'installer ailleurs. Ce qui réconforte également les pionniers, c'est la certitude que ces immenses étendues, dont ils connaissent encore mal les limites, leur appartiennent, que les Européens n'ont plus rien à y faire, que les Mexicains et les Indiens sont trop faibles pour les menacer, qu'ils ont la « destinée manifeste » d'être les propriétaires du nord du continent entre le rio Grande et le 49e parallèle, du Pacifique à l'Atlantique, peut-être du Canada et de Cuba.

La campagne pour l'abolition de l'esclavage

Le 1er janvier 1831, paraît à Boston un nouvel hebdomadaire qui s'intitule *The Liberator*. Son directeur, William Lloyd Garrison, ne dissimule pas ses intentions. L'esclavage, voilà l'ennemi. Ce n'est pas un combat qu'il promet d'engager contre l'« institution particulière », mais une croisade. Avec éclat, sans compromission, comme on repousse le démon : « Je serai aussi tranchant que la vérité, écrit-il, aussi intransigeant que la justice. Sur ce sujet, je ne souhaite ni penser ni parler ni écrire avec modération. […] Je suis déterminé. Je ne louvoierai pas. Je ne chercherai pas des excuses. Je ne reculerai pas d'un seul pouce. Et JE SERAI ENTENDU. » Cette déclaration de guerre suscite peu d'échos. Trente années plus tard, elle finit par engendrer la guerre civile. Qu'elle ait été publiée à Boston retient l'attention de l'historien.

De 1820 à 1860, Boston est la capitale intellectuelle et spirituelle du pays. New York et Philadelphie se disputent la prééminence économique. Washington tient, tant bien que mal, son rôle de centre politique. La Nouvelle-Orléans décline, à mesure que la navigation fluviale cède la première place aux chemins de fer. Charleston conserve le charme discret du Vieux Sud. Boston, elle, reste active dans le domaine de la pensée. Certes, le calvinisme des puritains, austères et intolérants, du XVIIe siècle a reculé. Ils sont de moins en moins nombreux ceux qui croient en un Dieu de colère, souverain inaccessible, dispensateur d'un salut pour lequel les œuvres des hommes ne peuvent rien. William Ellery Channing exerce sur la ville une forte influence. Né en 1780 dans le Rhode Island, il a fait ses études à Harvard et, depuis 1803, assume les fonctions de ministre du culte dans la congrégation de Federal Street. Channing croit que l'homme est une créature raisonnable, qu'il dialogue avec Dieu par l'intermédiaire de la Bible, que Dieu est à la fois parfait sur le plan moral et compréhensif dans ses relations avec ses créatures, en un mot que la prédestination ne saurait être le fondement d'une doctrine religieuse. Tout comme il estime que la pensée trinitaire ne concorde pas avec les enseignements de la raison ni avec le contenu de la Bible. L'unitarisme s'enracine. L'Amérique ne s'y convertit pas, mais il a l'avantage de justifier un optimisme que ne cessent de renforcer la révolution industrielle et l'extension du royaume du coton. Autour de l'unitarisme naît un mouvement de pensée, rehaussé de tonalités religieuses : le transcendantalisme, qui a pour chantres Ralph Waldo Emerson et Henry David Thoreau. L'unitarisme leur semble un peu sec. Ils ont besoin d'émotions, de sentiments, comme les romantiques d'Europe. Ils communient dans l'amour de la nature. Ils se proclament idéalistes et se réfèrent à la conscience. Pour eux, l'homme est perfectible, surtout s'il n'écoute que la voix de sa conscience. Thoreau, retiré à Walden Pond, tout près de Concord, repousse avec horreur le matérialisme de ses concitoyens. Son but serait le retour à une véritable simplicité du cœur. Il condamne l'esclavage et la guerre contre le Mexique. Ce qui le conduit à écrire un essai sur la désobéissance, dans lequel il lance cette proclamation : « La seule obligation que j'ai le droit d'assumer, c'est de faire toujours ce que j'estime juste. » Et pour préciser sa pensée, Thoreau pose la question à ses yeux fondamentale : « Le seul gouvernement que je reconnaisse est celui qui établit la justice dans ce pays. Que devons-nous penser d'un gouvernement dont tous les hommes vraiment braves et honnêtes de la nation sont les ennemis et s'interposent entre lui et ceux qu'il opprime ? D'un gouvernement qui prétend être chrétien et chaque jour crucifie un million de Christs ? »

Dans le Nord-Est tout entier, un mouvement encore plus large transforme les mentalités. C'est le Second Réveil qui atteint aussi l'Ouest et le Sud. Comme au début du XVIIIe siècle, les États-Unis traversent une crise religieuse, une renaissance impressionnante de la foi. C'est le temps des *camp meetings*, ces vastes réunions d'hommes et de femmes en pleine campagne, à l'écoute d'un prédicateur, savant ou ignare, qui leur enjoint de se repentir, de prier et de se convertir à la vraie foi. Le Réveil touche toutes les confessions, les congrégationalistes autant que les baptistes, les méthodistes autant que les presbytériens. Il s'agit de hâter le règne de Dieu. Ce millénarisme marque profondément son empreinte. Tocqueville observait à juste titre : « L'Amérique est […] le lieu du monde où la religion chrétienne a conservé le plus de véritables pouvoirs sur les âmes. » Le nord de l'État de New York, aux confins du Massachusetts et du Vermont (le *burnt-over district*), est une source d'inspirations religieuses.

C'est là que se fonde la secte des millérites. William Miller avait calculé que la seconde venue du Christ aurait lieu le 22 octobre 1843. Ses adeptes vendent leurs biens, revêtent des robes blanches et, juchés sur des bottes de paille, sur les toits et les sommets des collines, attendent l'événement. L'année suivante, ils recommencent, puis s'organisent en une secte, celle des adventistes. L'épopée des shakers est comparable. Quant aux mormons, ce n'est pas seulement une secte, mais une religion qu'ils ont créée. Dans les années 1820, Joseph Smith affirme avoir découvert des tablettes qui racontent l'arrivée en Amérique d'une des dix tribus d'Israël. Ces Néphites, peuple craignant Jésus-Christ, sont tués par les Lamanites, une race vicieuse et dégénérée qui a donné naissance aux Peaux-Rouges. Le dernier roi des Néphites, Mormon, a écrit l'histoire de son peuple que, grâce à l'ange Moroni, Smith a pu transcrire. Le *Livre de Mormon* paraît en 1830. Une Église se fonde autour de Joseph Smith, et une communauté théocratique qui s'installe dans l'Ohio, puis dans le Missouri, enfin à Nauvoo dans l'Illinois. Là, en 1844, une foule en délire lynche Smith, dont le comportement et les convictions inquiètent. Le nouveau chef des mormons, Brigham Young, décide de conduire la communauté sur le territoire mexicain, en Utah. Le hasard veut que l'exode se termine au moment où le Mexique cède ce territoire aux États-Unis.

Ces manifestations religieuses ont un point en commun. Elles visent, pour la plupart d'entre elles, à préparer la venue du Christ. Il faut se réformer et réformer la société de toute urgence, combattre le péché partout où il se niche. Dans cette grande purification, l'Amérique tient un rôle particulier. Elle montre le chemin du repentir, de la vertu, du respect des règles morales, du refus de l'égoïsme. Elle contribuera à fonder une société plus juste, dans laquelle les hommes consacreront leurs efforts à améliorer le sort de leur prochain. De la réforme religieuse découle la réforme sociale. Garrison s'exprime dans une atmosphère qui lui est favorable.

Les causes à défendre sont nombreuses, comme si rien ne pouvait arrêter l'optimisme triomphant. Malgré tout, les réformistes sont des minoritaires. Ils font du bruit, parce qu'ils savent recourir aux techniques de relations publiques de leur temps et que les historiens qui connaissent la suite des événements ont tendance à insister sur leur rôle. Mais la majorité de leurs compatriotes préfère s'exalter en admirant le progrès technique. Dans les salons, les gravures représentent des hommes de progrès, comme William Morton le chimiste, Samuel Colt, Cyrus McCormick, Charles Goodyear qui sait travailler le caoutchouc, Samuel Morse, Elias Howe. Un autre signe révélateur : en 1843, une comète traverse le ciel. C'est l'annonce de la venue du Christ, hurlent les millénaristes. Bon nombre de Bostoniens réagissent autrement. Ils recueillent 25 000 dollars pour acheter un télescope et faire de l'observatoire de Cambridge un rival des observatoires européens.

Les réformistes font de leur mieux pour agir. Horace Mann, qui fut professeur de latin et de grec, puis avocat et secrétaire du Bureau de l'éducation du Massachusetts, fait campagne pour améliorer la qualité de l'enseignement. Thomas H. Gallaudet s'inspire des méthodes françaises pour fonder une école destinée aux sourds-muets. Dorothea Lynde Dix lutte contre les mauvais traitements que subissent les malades mentaux. D'autres manifestent une énergie farouche pour obtenir la reconnaissance des associations de travailleurs. Ils ont un début de satisfaction, lorsqu'en 1842 la Cour suprême du Massachusetts admet qu'une union professionnelle n'est pas une « conspiration ». Certains ont défini des objectifs planétaires : établir la paix dans le monde, grâce à un tribunal des nations qui appliquerait un nouveau droit international ; réaliser tout de suite la société idéale à la manière de Robert Owen qui fonde une colonie à New Harmony (Indiana), des fouriéristes de Brook Farm (Massachusetts) et de Ripon (Wisconsin), des cabétistes du Texas et des libertaires de Spring Hill (Ohio).

Trois mouvements de réforme sont promis à un avenir plus brillant encore. Le mouvement en faveur de la tempérance part d'une observation simple. L'alcoolisme est un mal qui ronge la société américaine. La consommation annuelle par habitant a varié, de 1710 à 1840, entre 8 et 16 litres d'alcool pur. La boisson dominante a changé. Avant l'indépendance, le rhum l'emportait. C'est que les colonies entretenaient des relations étroites avec les Antilles qui fournissaient les mélasses. Puis vint le règne du bourbon (*whiskey*). Dans certains cas, il servit de monnaie. Des Pennsylvaniens se révoltèrent, en 1794, pour ne pas payer la taxe fédérale sur le bourbon. L'affaire réglée, les Américains continuèrent de boire de plus belle, surtout du *whiskey*, du cidre et du rhum. Sans doute parce que l'eau n'était pas toujours potable, que le lait supportait mal le voyage, que le thé restait trop cher et faisait *British*, que la vigne ne s'était pas acclimatée et que les procédés de fabrication de la bière étaient encore rudimentaires. Sans doute, aussi, parce que les producteurs de maïs trouvaient plus commode de fabriquer sur place du bourbon que d'expédier, au loin et à grands frais, une marchandise aussi pondéreuse que le maïs. Sans doute, enfin, parce que les régimes alimentaires manquaient de variété et de légèreté, qu'on buvait bien quand on mangeait mal. Mais les principales victimes de l'alcoolisme, ce sont les pauvres, les ouvriers et leur famille. Boire, c'est un péché, une source de maladies, la rupture du tissu familial. C'est pourquoi se crée à Boston en 1826 la Société pour la promotion de la tempérance. Le Connecticut suit l'exemple. D'autres États se joignent au mouvement. Une vingtaine d'années plus tard, les premiers résultats sont atteints. Le Maine, le Vermont, le Rhode Island, le Michigan, le Connecticut et huit autres États se proclament « secs ». Pour quelques années seulement, mais pour la première fois l'esprit prohibitionniste a triomphé.

Le mouvement féministe naît à la même époque. Il faut dire que les Américaines n'hésitent pas à participer au combat réformiste et c'est là que beaucoup d'entre elles prennent conscience de la nécessité d'une autre réforme, celle du statut de la femme. Dans le Sud, la femme du planteur est une *lady*. Elle surveille les travaux domestiques sans y participer. Les hommes lui rendent hommage, mais n'en sont pas moins les défenseurs des valeurs viriles et n'hésitent pas à entretenir des relations sexuelles avec leurs esclaves noires. Dans l'Ouest, les femmes sont rares. Ce sont ou des prostituées ou des épouses qui participent très activement aux durs travaux de la mise en valeur des terres. Dans le Nord, enfin, entre les ouvrières qui tissent et les dames de la bonne société, quel fossé ! Seules, les femmes aisées ont la possibilité de jouer aux *ladies* ou de participer au mouvement féministe. Partout, la plupart des professions leur sont fermées. Le mariage entraîne pour elles la « mort civile ». Le divorce est rarement admis. Le droit de vote ne leur est pas reconnu. Bref, la femme américaine reste une citoyenne de seconde zone, une esclave blanche. En un temps où le débat sur l'esclavage prend de l'ampleur, la comparaison s'impose à l'esprit des réformistes, d'autant que les féministes sont tous des abolitionnistes si tous les abolitionnistes ne sont pas des féministes. Trois dates marquent des étapes décisives. Créé en 1837, Mount Holyoke est le premier collège universitaire pour femmes, la même année où Oberlin dans l'Ohio devient le premier établissement d'enseignement supérieur qui pratique la mixité. En 1845, Sarah Margaret Fuller publie un ouvrage qui fait du bruit : *Woman in the Nineteenth Century* (la Femme au XIXe siècle). Elle s'y insurge contre le sort de la femme et contre l'idée de son infériorité. En 1848, enfin, Elizabeth Cady Stanton, Lucretia Mott et quelques autres se réunissent à Seneca Falls et tiennent une convention. La présidence est confiée à James Mott, lui-même féministe convaincu ; une résolution finale, adoptée. Bâtie sur le modèle de la Déclaration d'indépendance, elle ajoute un élément capital : « Tous les hommes *et les femmes* sont créés égaux. » Elle énumère les discriminations dont les femmes sont victimes et réclame le droit de vote « et tous les droits qui leur appartiennent en tant que citoyennes des États-Unis ». Ce n'est qu'un début.

Dans les rangs du mouvement féministe, on retrouve Garrison, Angelina Grimké qui vient d'épouser le pasteur Theodore Weld, les frères Tappan, tous abolitionnistes, par ailleurs. Ce sont, d'une certaine manière, des marginaux qui se dévouent, corps et âme, à leur croisade. Or, l'abolitionnisme touche au fond les institutions sociales des États-Unis, beaucoup plus que la tempérance et le féminisme. Il ne faut pas oublier que la Constitution reconnaît l'existence de l'esclavage. Qu'importe ! répond Garrison. L'esclavage est fondamentalement mauvais. Il s'oppose aux enseignements du christianisme et ridiculise les principes de la Déclaration d'indépendance. La régénération des États-Unis passe par la suppression de la servitude. Tant pis si la Constitution offre un bouclier à l'« institution particulière ». C'est que le texte de 1787 est mauvais, qu'il est un pacte avec le diable. Garrison, qui n'aime pas les demi-mesures, brûle en public un exemplaire de la Constitution et ajoute : « Si la République doit être effacée sur la liste des nations parce qu'elle proclame l'émancipation des captifs, eh bien ! que la République disparaisse sous les vagues de l'oubli. » Peu lui importe que les États du Nord aient déjà supprimé les uns après les autres l'esclavage et que les nouvelles industries n'aient pas besoin de main-d'œuvre servile. Un tel argument sent l'opportunisme, dont Garrison a une sainte horreur. D'ailleurs, les industriels du Nord se gardent de condamner l'esclavage, grâce auquel les plantations du Sud fournissent le coton indispensable aux fabriques de la Nouvelle-Angleterre. Comme le précisent les statuts de la Société américaine contre l'esclavage (1833) : « Il est du devoir des maîtres d'émanciper immédiatement leurs esclaves. » Une émancipation immédiate et sans compensation. La Grande-Bretagne a pris cette décision pour ses colonies en 1833. Raison de plus pour que les États-Unis se lancent dans cette croisade.

Tous les abolitionnistes ne partagent pas le rigorisme de Garrison. Theodore Weld, par exemple, est un *revivalist*, un de ces prédicateurs qui suscitent le Réveil. Il enseignait au séminaire Lane de Cincinnati quand il eut l'idée, en 1844, de provoquer par des descriptions apocalyptiques des conversions à l'abolitionnisme. Il dut quitter son poste et s'établit à Oberlin. En fait, Weld est relativement modéré. Il a voyagé dans le Sud pour s'informer sur la condition des Noirs. Il penche pour une émancipation graduelle qui tienne compte de la Constitution. Enfin, on pourrait discerner une aile droite du mouvement. Elle se compose d'Américains qui estiment que l'esclavage est une honte, mais que le Sud fait ce qu'il veut, que c'est son « institution particulière », protégée par la Constitution. L'essentiel serait donc que l'esclavage ne se propage pas dans les nouveaux territoires de l'Ouest. Qu'il meure de sa belle mort ! Un jeune homme résume cette tendance en 1837 : « L'institution de l'esclavage, dit-il, se fonde et sur l'injustice et sur une mauvaise politique. [...] Mais promouvoir des doctrines abolitionnistes, c'est plutôt accroître que diminuer le mal. » Ce jeune homme se nomme Abraham Lincoln.

Compte tenu de la diversité des tendances, le mouvement abolitionniste n'est pas uni. La Société américaine contre l'esclavage éclate en 1840 entre partisans et adversaires de Garrison. Il y a beaucoup d'associations locales qui ne ressentent pas le besoin de se fédérer. En tout, 150 000 membres peut-être en 1850, et parmi eux de 200 à 400 activistes. Encore est-ce un progrès ! En 1835, des Bostoniens ont failli lyncher Garrison, auquel ils reprochaient de vouloir détruire l'Union et de ne pas tenir compte des intérêts économiques de la Nouvelle-Angleterre. Un journaliste abolitionniste d'Illinois est massacré en 1837 par la foule qui a commencé par détruire ses presses à imprimer. La plupart des Églises ont d'abord condamné l'abolitionnisme, puis ont éclaté entre partisans et adversaires du mouvement. Au Congrès fédéral, la « règle de la muselière » interdit aux législateurs de débattre du problème de 1836 à 1844. Dans ces conditions, comment agir ?

Livres et brochures jouent un rôle essentiel. En 1839, Weld publie *Slavery As It Is* (L'esclavage tel qu'il est). Il a compilé les histoires les plus cruelles qu'il a lues dans les journaux du Sud : les châtiments auxquels les esclaves sont soumis, les familles brisées par la vente d'un des parents ou d'un enfant, les méthodes des négriers, etc. Frederick Douglass, qui a fui son maître, fait paraître en 1845 *Narrative of the Life of...* (Récit de la vie de...). Et surtout Harriet Beecher-Stowe remporte un considérable succès avec *la Case de l'oncle Tom*. C'est d'abord un roman-feuilleton que les lecteurs du *Washington Intelligencer* attendent avec impatience, puis en 1852 le livre est publié. Fille d'un célèbre prédicateur de Nouvelle-Angleterre, elle a vécu à Oberlin et ne connaît pas le Sud. Elle décrit ce qu'on en sait dans le Nord et le Middle West. Avec cet esprit missionnaire qui lui fait dire : « Dieu avait dicté le roman. » Ce n'est certainement pas un chef-d'œuvre de la littérature. Les bons sentiments, les à-peu-près, les inexactitudes, les effets de plume remplacent les qualités proprement littéraires. Le succès n'en est pas moins étonnant : 300 000 exemplaires sont vendus en un an et la célébrité de Harriet Beecher-Stowe a résisté aux années.

La presse est également une arme de combat. Dans ce domaine aussi, le Nord a pris une avance sérieuse sur le Sud. Ce n'est pas qu'il n'y ait pas de journaux du Maryland à la Louisiane. Charleston a son *News and Courier*, Richmond son *Enquirer* et son *Whig*, Houston son *Telegraph*, La Nouvelle-Orléans son *Times-Picayune*. Mais la presse est l'expression d'une civilisation urbaine. Les villes dynamiques se trouvent dans le Nord et l'Ouest, pas dans le Sud. Dans l'Ouest, le journaliste annonce *urbi et orbi* la création d'une ville, son enrichissement et tâche d'attirer de nouveaux pionniers. Dans le Nord, c'est le goût de la nouvelle que satisfait partiellement, à partir de 1848, une agence de presse, l'Associated Press. Des machines perfectionnées augmentent les tirages et abaissent les prix. Benjamin Day fonde le *New York Sun* en 1831 et vend chaque numéro à 1 cent. Quatre ans plus tard, naît un concurrent, le *New York Herald* de James G. Bennett. En 1841, Horace Greeley lance la *New York Tribune*, suivi, dix ans près, par le *New York Times*. Le *Herald* a le plus gros tirage à la veille de la guerre de Sécession ; il vend du sensationnel. Le *Times* préfère l'information instructive et publie les reportages de Frederick L. Olmsted sur le Sud. La *Tribune* défend les bonnes causes : le féminisme, le fouriérisme, l'abolitionnisme, le protectionnisme, la tempérance. Boston a moins d'organes de presse, mais le *Daily Times*, le *Herald* parmi les quotidiens, la *North American Review* et l'*Atlantic Monthly* parmi les périodiques ne manquent pas d'influence. Sans être abolitionnistes, ils font écho aux débats d'idées et l'abolitionnisme en tire profit.

Reste le « chemin de fer souterrain ». C'est l'évasion clandestine d'esclaves qui, de refuge en refuge (baptisés : gares), gagnent les États libres du Nord ou, mieux encore, le Canada, où l'esclavage est interdit depuis 1833. Entreprise audacieuse, souvent impossible pour des Noirs que la population blanche du Sud surveille attentivement. La réussite est possible dans les États esclavagistes qui touchent à des États libres, les *Border States*[1]. Encore faut-il disposer d'une aide. La loi de 1793 autorise les propriétaires d'esclaves à poursuivre les fuyards partout dans l'Union et recommande aux États refuges d'aider les poursuivants. Mais les responsables du « chemin de fer souterrain » s'organisent. Harriet Tubman, ancienne esclave elle-même, fait de nombreux voyages dans le Sud et réussit à faire évader plusieurs centaines d'esclaves. Weld, les Tappan, le mari de Harriet Beecher-Stowe, Thoreau, les quakers ont participé au « chemin de fer souterrain ». La plupart des nordistes n'éprouvent aucune sympathie pour

1. On désigne par ce terme des États qui ont un genre de vie sudiste tout en subissant l'influence des États du Nord qu'ils touchent par leurs frontières. Par exemple, le Kentucky, le Missouri, le Maryland, le Delaware et, dans une moindre mesure, la Virginie. Le Tennessee est classé dans la catégorie des *Border States*, bien qu'il ne touche aucun État libre.

les Noirs. Le racisme fait alors recette. Mais les chasseurs d'esclaves, auxquels les propriétaires font appel et versent des primes, les annonces des journaux, les chiens spécialisés, tout concourt à renforcer l'image de victimes des fuyards. Une réaction d'indignation s'ensuit. La Cour suprême admet en 1842 qu'un État n'est pas obligé d'aider à rattraper un esclave fugitif. Une victoire pour les abolitionnistes. Toutefois, si l'on devait proposer un nombre, il faudrait estimer à 50 000 les fuyards qui tentent leur chance de 1830 à 1860. C'est bien peu compte tenu de la population noire dans le Sud. C'est beaucoup trop, répondent les sudistes.

L'opinion du Sud change vers 1830-1835. Non point par la faute de Garrison, dont on ne devine pas encore l'influence. Mais en août 1831, une révolte servile a éclaté en Virginie, dans le comté de Southampton. Le leader, Nat Turner, ne s'en prend pas à son maître, qui passe pour être un bon maître, mais à tous les maîtres. Cinquante-sept Blancs sont tués, avant qu'une centaine de Noirs ne soient exécutés sommairement et une vingtaine d'autres, pendus après jugement. Les Virginiens s'interrogeaient à ce moment-là sur une émancipation possible, qui aurait poussé à son terme le mouvement abolitionniste de la fin du XVIIIe siècle. Le traumatisme fait pencher la balance de l'autre côté. Puis, la diffusion de la propagande abolitionniste et les besoins du royaume du coton accentuent encore la tendance, au point que le Sud s'enferme dans une idéologie et une pratique profondément esclavagistes. Dans tous les États, des codes noirs instituent une surveillance de tous les instants sur les esclaves : des patrouilles empêchent les déplacements suspects, les manumissions sont très rares ; il est interdit d'enseigner aux Noirs les rudiments de la lecture et de l'écriture, de faire circuler parmi les Blancs les publications abolitionnistes. Le roman de Harriet Beecher-Stowe est banni des librairies et des bibliothèques. Une sorte de terreur s'abat sur le Sud. Les mal-pensants sont chassés. Un bon sudiste, c'est désormais celui qui soutient l'« institution particulière » sans états d'âme. Et le Sud glisse dans le pessimisme. Il ne croit plus dans la perfectibilité des hommes et des institutions. Il ne parvient plus à imaginer qu'à tout mal correspond un remède, qu'il n'est pas condamné à défendre l'esclavage contre vents et marées. Dès lors, le voici parti à la recherche d'arguments irréfutables.

Les sudistes commencent par les trouver dans la Bible. Elle mentionne l'esclavage et fait de la lignée de Cham, dont descendraient les Noirs, une famille d'hommes inférieurs. Dans une civilisation qui fait de la Bible une lecture quotidienne, l'argument impressionne, bien qu'il puisse être annihilé par l'argument inverse puisé aux mêmes sources. La réflexion raciste et historique n'est pas absente du débat. Le Noir, dit-on dans le Sud, est un sous-homme, incapable de survivre par ses propres moyens. Il cultive la terre là où la chaleur subtropicale empêche l'homme blanc de travailler. Rien de plus normal. Le Noir ne saurait s'adapter à la civilisation blanche. Comme l'écrit Thomas Dew : « L'esclave en Italie et en France peut être émancipé ou s'enfuir vers la ville. Bien vite, toutes traces de son état passé s'effaceront. Il se fondra graduellement dans la masse des hommes libres qui l'entourent. Mais malheureusement, le Noir émancipé porte une marque que rien ne peut effacer. Il porte toujours la marque indélébile de sa condition inférieure. L'Éthiopien ne peut quitter sa peau ni le léopard ses taches. » Dans ces conditions, les sudistes forment la « race des seigneurs » ; les Blancs sont égaux entre eux et communient dans le sentiment de supériorité à l'égard des Noirs. Rien à voir avec les Yankees du Nord. Les sudistes sont les descendants des « cavaliers », les partisans de Charles Ier, et des conquérants de l'Angleterre, tandis que les Yankees descendent des « têtes rondes », les cromwelliens qui ont pour ancêtres les populations conquises de l'Angleterre. Mythologie délirante, fantasmes permanents qui s'appuient sur la lecture des romans de Walter Scott, volonté de défendre des valeurs aristocratiques (esprit chevaleresque, goût pour le duel et la guerre)... Les sudistes, propriétaires d'esclaves ou non, sont prisonniers de leurs rêves.

Les arguments philosophiques et économiques sont sans doute plus originaux encore. On peut les lire chez John Calhoun[1] et chez George Fitzhugh qui publia en 1857 un ouvrage remarqué : *Cannibals All ! or Slaves Without Masters* (Tous des cannibales ! ou les esclaves sans maîtres). L'un et l'autre démontrent que le système industriel du Nord repose sur l'exploitation de l'homme par l'homme, qu'au fond les ouvriers libres de la Nouvelle-Angleterre produisent tout et ne reçoivent pas grand-chose, que le recours aux femmes et aux enfants dans les manufactures ne témoigne certainement pas d'inclinations humanitaires, qu'en fin de compte le Nord se conduit encore plus mal que le Sud et qu'il a le défaut supplémentaire de se complaire dans l'hypocrisie. La critique du capitalisme chez Fitzhugh va loin et ne détonnerait pas sous la plume d'un auteur socialiste. Ses conclusions sont tout autres. L'esclavage, soutient-il, est un système humanitaire, puisque femmes, enfants et vieillards sont protégés contre les effets de la maladie et de l'âge. Le sort de l'esclave est enviable. L'esclavage n'est pas un mal provisoire, mais un bien positif. Ce qui est détestable, c'est la civilisation industrielle. Dans une phrase que Jefferson n'aurait pas désavouée, un politicien de l'Alabama exalte la civilisation des campagnes : « Nous n'avons pas de villes

1. John Calhoun est né en 1782. Il a fait ses études à Yale, puis est revenu dans sa Caroline du Sud natale où il a exercé le métier d'avocat. Sa carrière politique commence en 1808 ; il siège au Congrès fédéral de 1811 à 1817, remplit les fonctions de secrétaire à la Guerre de 1817 à 1825. Vice-président de 1825 à 1829 (sous la présidence de John Quincy Adams), il est réélu à cette fonction (sous la présidence d'Andrew Jackson) et démissionne en 1832 à la suite de la crise de la « nullification » (cf. p. 168). Il devient alors sénateur de la Caroline du Sud de 1832 à 1844, secrétaire d'État en 1844-1845, de nouveau sénateur de 1845 à sa mort en 1850. C'est dans son *Discourse on the Constitution*, publié après sa mort, qu'il recommande la mise sur pied d'un double exécutif, l'un pour le Sud, l'autre pour le Nord.

et nous n'en voulons pas. [...] Nous n'avons pas d'usines. Nous ne souhaitons pas avoir des commerçants, des artisans ou des manufacturiers. Tant que nous aurons notre riz, notre sucre, notre tabac et notre coton, nous serons assez riches pour acheter tout ce dont nous avons besoin. » Somme toute, il est impossible de renvoyer les Noirs en Afrique et l'échec de la Société de colonisation africaine, créée en 1816, l'a bien montré[1]. Il ne reste plus qu'à espérer qu'un jour le Nord comprendra que pour améliorer la condition des ouvriers il suffit de les réduire en esclavage. « Pour l'Union tout entière, conclut Calhoun, le Sud représente le régime d'équilibre, la grande force conservatrice qui empêche d'autres parties de la nation, moins favorisées, de se ruer dans la lutte. Dans le conflit naissant au Nord entre le travail et le capital, le Sud a toujours été et se trouvera toujours du côté conservateur. Et il condamnera toujours, quelle que soit son origine, toute oppression tendant à rompre l'équilibre de notre régime politique. »

Ce débat sur l'esclavage, né dans les milieux marginaux de Boston au milieu de bien d'autres causes réformistes, a pris de l'ampleur dans les années 1840-1850. Calhoun l'a bien compris. C'est maintenant un débat national, qui menace l'existence de l'Union. Un problème culturel, spirituel, intellectuel, oui, mais aussi un problème politique.

Les incertitudes du système politique

Dans ces États-Unis de la première industrialisation et du roi coton, au milieu d'un débat sur l'esclavage, comment la

1. L'American Colonization Society, la Société américaine de colonisation, est fondée en 1816. Son but est d'aider les Noirs libres à s'établir en Afrique. Elle a, en conséquence, acheté des terres en Afrique occidentale et permis la création du Liberia en 1847. Mais très peu de Noirs acceptèrent d'aller en Afrique, à peine 10 000 avant 1860.

vie politique s'organise-t-elle ? Un contraste retient l'attention. En 1820, le président James Monroe est réélu. Il appartient à la dynastie virginienne qu'ont illustrée Washington, Jefferson et Madison. Il a fait ses classes politiques au temps de ses prédécesseurs et exercé les fonctions de secrétaire d'État de 1809 à 1817 – à l'époque, un marchepied pour accéder à la présidence. Républicain-démocrate, il bénéficie de la disparition du parti fédéraliste. Plus de factions, voici l'ère des bons sentiments. Le collège électoral s'aprête à élire Monroe pour la deuxième fois à l'unanimité. Stupéfaction ! À l'unanimité, comme pour Washington, le père fondateur ? Un grand électeur se dévoue et ne vote pas pour Monroe. Quarante ans plus tard, rien ne va plus. Lincoln a remporté les élections présidentielles. Les options politiques qu'il défend et celles qu'on l'accuse de défendre paraissent insupportables à onze États du Sud. La sécession est déclarée ; l'Union, rompue. De la quasi-unanimité, les États-Unis sont passés à la guerre civile. Pourquoi ?

Principale explication ; l'échec des partis politiques. Depuis que Jefferson et Hamilton les ont inventés aux États-Unis, ils remplissent deux fonctions. D'une part, ils rassemblent des Américains dont les intérêts sont contradictoires et, en conséquence, fondent l'unité nationale. D'autre part, ils intègrent dans le processus politique des citoyens, pauvres et riches, instruits et illettrés, immigrants récents et Américains de vieille souche, qui auraient tendance à s'écarter du système de gouvernement, un peu trop aristocratique. Ces deux fonctions se précisent dans le courant du XIXe siècle. C'est que les politiciens professionnels disposent désormais de nouvelles possibilités de manœuvre. Les uns après les autres, les États ont abandonné le principe du cens électoral. Les États fondateurs, comme le New York, le New Jersey ou le Massachusetts, y renoncent entre 1807 et 1821. Les nouveaux États suivent l'exemple, quand ils ne l'ont pas donné. Sans doute n'est-ce pas encore le suffrage universel : les femmes ne votent pas ; les Noirs qui ont le statut d'hommes libres accèdent rarement et toujours difficilement aux urnes. En revanche, les adultes blancs, y compris parfois les immigrants non encore naturalisés, peuvent participer aux élections. La démocratisation touche à un autre aspect de la vie politique. La Constitution confiait aux États le soin d'organiser les élections et de désigner les grands électeurs du collège électoral. En 1860, il n'y a plus que la Caroline du Sud pour laisser aux assemblées législatives la charge de choisir les grands électeurs de l'État. Partout ailleurs, ils sont élus directement par les électeurs. En revanche, pas de scrutin secret. De fait, si les Américains continuent à exprimer une certaine méfiance à l'endroit des hommes politiques, ils n'ont plus peur des partis et ont oublié la mise en garde de George Washington.

L'heure est, en conséquence, propice aux initiatives. Surtout en 1820-1825, alors que la vie politique paraît terriblement morne, enlisée dans la routine, dominée par le parti républicain-démocrate. C'est Martin Van Buren qui secoue la torpeur de ses concitoyens. Le « vieux renard », comme on l'appelle familièremet pour rendre hommage à ses talents de négociateur, ou le « petit magicien », quand on veut rappeler qu'il ne dépasse pas 1,60 mètre, dispose à la fois d'une base politique de premier ordre, d'excellents amis et d'idées géniales. La base politique, c'est New York avec son arrière-pays en plein développement, ses activités bancaires et financières, ses liens avec l'Europe. New York prend la place qu'a tenue la Virginie dans la vie politique d'hier. Les amis de Van Buren constituent l'Albany Regency, un club politique qui siège dans la capitale politique de l'État et entretient des rapports cordiaux avec Tammany Hall, le quartier général du parti pour la ville de New York, et la *junte* de Richmond (Virginie). La troupe se compose d'Irlandais qui assurent la vie quotidienne du parti, accueillent les immigrants à leur descente du bateau et les initient aux mécanismes de la vie politique américaine. Enfin, l'une des idées géniales qu'applique Van Buren se résume en deux mots : *spoils system*, le système des dépouilles. C'est qu'en effet l'administration aux États-Unis ne repose encore sur aucune tradition. Mais il est admis, voire convenable, que des gentilshommes du Sud et des bourgeois riches du Nord remplissent des tâches administratives par dévouement. La fonction publique est réservée à une élite sociale. Pourquoi ne pas l'ouvrir à tous, aux hommes ordinaires dont le bon sens, les qualités humaines, le patriotisme valent bien le dévouement des riches et des puissants ? Et puis, si la victoire aux élections permet de distribuer des places, les permanents du parti seront récompensés, donc stimulés. Somme toute, l'administration appartiendra au parti vainqueur. La démocratisation passera par le système des dépouilles.

Van Buren incarne une nouvelle génération de politiciens, comme Calhoun, Clay (du Kentucky), Webster (du Massachusetts), Benton (du Missouri) et beaucoup d'autres. Ils ont en commun d'être les héritiers des héros révolutionnaires et de n'avoir pas vécu eux-mêmes la guerre d'Indépendance. Ce sont les épigones d'une épopée nationale. Toutefois, ils apportent une contribution déterminante à l'histoire des États-Unis : la mise au point de méthodes nouvelles pour gagner les élections, la transformation des clubs aristocratiques de Hamilton et de Jefferson en partis populaires. À leur manière, ils assurent le triomphe du *common man*. Il est vrai que l'homme ordinaire a pour symbole et porte-drapeau le général Andrew Jackson qui, lui, n'a rien d'ordinaire. Vainqueur des Anglais à La Nouvelle-Orléans en 1815, conquérant de la Floride trois ans plus tard, planteur dans le Tennessee, infatigable duelliste et fort bel homme, Jackson a des idées politiques imprécises. Mais il est populaire. Héros d'un parti rénové, homme de la nature sauvage et à la volonté de fer, nouvel instrument de la Providence divine et de la mission des États-Unis, Jackson a de quoi séduire un large électorat. Battu aux élections présidentielles de 1824, il l'emporte en 1828 et se fait réélire en 1832, grâce aux efforts de Van Buren. Les républicains-démocrates du Sud s'allient une fois de plus aux républicains-démocrates du Nord et de l'Ouest. Coalition ancienne et nouveau programme. Tous se réfèrent à la philosophie politique de Jefferson, le grand homme qui est mort en 1826 : le pouvoir au peuple, un gouvernement fédéral qui prend garde à ne pas empiéter sur les droits des États, la priorité au libéralisme économique. N'empêche que l'Amérique de Jackson n'est plus celle de Jefferson. Il faut prendre position sur les problèmes du temps. Le gouvernement fédéral financera-t-il des travaux publics ? Non, car la libre entreprise doit être le modèle du développement économique. Faut-il augmenter les droits de douane ? Non plus, car les planteurs du Sud sont favorables au libre-échange qui leur permet de vendre et d'acheter à l'étranger. L'esclavage ? oui, car il serait impensable de sacrifier l'Union à l'abolitionnisme. Les Indiens ? Il convient de les repousser à l'ouest du Mississippi pour offrir des terres aux pionniers de l'Ouest, tandis qu'un gouvernement fédéral, solide et activiste, empêchera les incursions indiennes et s'emploiera à faire baisser le prix de vente des terres de l'Ouest. Quant à la Banque, celle qui avait provoqué le conflit entre Jefferson et Hamilton et qu'une deuxième charte a prolongée jusqu'à 1836, Jackson et ses partisans n'en veulent plus. C'est un « monstre », disent-ils, qui enferme dans un carcan les « entrepreneurs », petits ou grands, c'est-à-dire tous ceux qui brûlent d'envie de se lancer dans les affaires. La Banque corrompt la vie politique en soutenant de ses pots-de-vin les adversaires de Jackson ; elle symbolise l'intervention des pouvoirs publics dans la vie économique et, plus encore, le lien qui unit les affaires et le gouvernement. La démocratie politique s'appuie sur la démocratie et la libre entreprise.

Le parti républicain-démocrate, qui à partir de 1840 se dénomme tout simplement le parti démocrate, ne manque pas d'ennemis. Les antimaçonniques naissent en 1830 à la suite d'une affaire passablement embrouillée[1] et disparaissent

1. En 1826, un certain William Morgan, qui préparait une enquête sur la franc-maçonnerie, disparut mystérieusement dans le New York

peu après. Le parti des travailleurs, mis sur pied en 1828, réclame l'enseignement gratuit pour tous, la suppression de la prison pour dettes et une monnaie solide. Ce parti a tenu la première convention nationale dans l'histoire des États-Unis en 1831. Les principaux adversaires de Jackson s'appellent eux aussi républicains, en précisant qu'ils sont républicains-nationaux. L'adjectif *national* signifie qu'ils accordent une place prépondérante au gouvernement fédéral et rénovent, à leur manière, le programme hamiltonien. L'un de leurs chefs, Henry Clay, définit le « système américain » : financement fédéral des travaux publics, des routes, des ponts, des canaux dont le pays a le plus grand besoin ; avec l'amélioration des communications, le fermier de l'Ouest vendra plus aisément à l'Est et lui achètera davantage ; il faudra aussi élever les barrières douanières pour protéger contre la concurrence britannique les industries naissantes ; un système bancaire centralisé assurera la stabilité de la monnaie et fournira le crédit indispensable aux hommes d'affaires. Cela ne suffit pas pour assurer aux républicains-nationaux, qui se font passer pour des whigs dans l'espoir que leurs adversaires seront assimilés aux tories, la victoire sur Jackson ni sur Van Buren qui est élu président des États-Unis en 1836. En revanche, leur candidat, le général William Henry Harrison, l'emporte en 1840[1].

Le deuxième système des partis offre de nouveau un choix aux Américains. Cette concurrence dégénère parfois en d'interminables joutes oratoires qui attirent les foules. À la grande satisfaction des permanents qui multiplient les

---

occidental. De là une réaction antimaçonnique qui fut principalement dirigée contre Jackson, lui-même franc-maçon, et la création d'un parti qui survécut de 1830 à 1836.

1. Le général Harrison mourut subitement, un mois après son entrée en fonctions, le 4 avril 1841. Pour la première fois dans l'histoire des États-Unis, un vice-président, John Tyler, succéda au président défunt et resta au pouvoir jusqu'à la fin du mandat de quatre ans. Tyler ne se représenta pas.

défilés, les barbecues, les banquets, les plantations d'arbres, qui distribuent des *badges*, des chapeaux fantaisistes, des vêtements au nom des candidats, qui financent des journaux et les poussent à publier des dessins, des chansons, des histoires drôles pour soutenir le parti. Un signe amusant et révélateur : les surnoms des présidents. Qui aurait songé à affubler d'un surnom George Washington ou Thomas Jefferson ? En revanche, Jackson, c'est « Vieux Noyer » ; Harrison, « Tippecanoe », du nom d'une victoire qu'il a remportée en 1811 sur les Indiens ; Polk, président de 1845 à 1849, « Jeune Noyer » ; Taylor, son successeur, le « Vieux Dur à cuire ». La démocratisation est en marche, avec les comités locaux, les comités d'État, les conventions quadriennales pour désigner le candidat du parti aux présidentielles. La nationalisation de la vie politique se renforce, car à travers les partis c'est la nation qui s'unit pour les consultations électorales en dépit des distances, des intérêts contradictoires et des modes de vie différents.

Deux forces sous-tendent la vie politique : le nationalisme et le sectionalisme. Le nationalisme, c'est d'abord une attitude vis-à-vis de l'étranger. Les États-Unis ne sont pas une nation comme les autres. Ils repoussent le machiavélisme, l'âpreté au gain, l'esprit de conquête des puissances européennes. Cette conception des relations internationales, ils l'imposent au continent américain. Lorsque les colonies espagnoles se révoltent contre leur métropole, les États-Unis se sentent directement concernés. L'Espagne songe-t-elle, au lendemain de Waterloo, à rétablir l'ordre avec l'aide de la France de Louis XVIII et la sympathie du tsar ? Le président Monroe n'hésite pas à faire savoir, dans son message du 2 décembre 1823, que ce sont d'injustes ambitions, que les États-Unis n'ont pas l'intention de se mêler des affaires de l'Europe et que l'Europe ne doit plus se mêler des affaires du continent américain, que les anciennes colonies espagnoles resteront indépendantes. De belles paroles qui font reculer la France et l'Espagne, mais c'est l'Angleterre qui profite de l'affaiblissement espagnol et sa flotte qui protège l'indépendance de l'Amérique latine. D'une pierre deux coups : la déclaration de Monroe arrête la progression des Russes sur la côte pacifique et, au lieu de repousser la frontière méridionale de l'Alaska jusqu'au 51e parallèle, ils se contentent d'une ligne qui correspond à 54°50'. Les États-Unis ne renoncent pas à s'étendre, bien au contraire. On sait que leur « destinée manifeste » les appelle à occuper la plus grande partie du nord du continent, peut-être à mettre pied à Cuba, sans aucun doute à nouer des liens commerciaux avec la Chine, à « ouvrir » le Japon à leurs navires (1853-1854).

Cette fierté nationale, on la retrouve dans l'état des mentalités. La fête de l'indépendance, célébrée le 4 juillet, revêt l'aspect d'une fête nationale. L'espace d'une journée d'été, les Américains communient dans le souvenir et l'exaltation de la Déclaration d'indépendance, de la cloche de la liberté, des grands héros, des exploits inégalés des ancêtres. L'histoire, métamorphosée en légende, constitue le ciment de l'unité nationale. La biographie de Washington, qu'a écrite le pasteur Mason Weems, donne au premier président des États-Unis un rôle tout à fait exceptionnel et un caractère hors du commun[1]. Le drapeau, avec ses treize bandes qui rappellent les treize États fondateurs et ses étoiles qui symbolisent chaque État de l'Union, conforte le sentiment d'appartenance à la communauté nationale. Un hymne, écrit en 1814 sur un air anglais par Francis Scott Key au moment où les batteries britanniques bombardaient Baltimore, chante la gloire de la bannière étoilée et deviendra l'hymne national en 1931.

1. Le jeune George n'aurait pas supporté de mentir et avoua spontanément à son père qu'il avait cassé la branche d'un cerisier. Adolescent, il était doué d'une telle force qu'il pouvait jeter une pierre d'une rive à l'autre de la Rappahannock. Au combat, il était invulnérable, au point qu'un guerrier indien tira sur lui dix-sept coups de fusil sans parvenir à le blesser. Ajoutons à ces faits et gestes une piété inébranlable, un sens remarquable du devoir envers Dieu et les hommes et une infaillible sagesse.

Quelle fierté d'être américain ! Noah Webster, le lexicographe, publie l'*American Spelling Book*, puis l'*American Dictionary of the English Language*. James Fenimore Cooper, Nathaniel Hawthorne, Edgar Allan Poe, Herman Melville, sans oublier Washington Irving et le poète Walt Whitman, donnent à la littérature américaine ses premières lettres de noblesse. Des peintres, comme Thomas Cole, F.E. Church, plus tard Albert Bierstadt, se dégagent de l'influence européenne et chantent les merveilles de la nature américaine, tandis que George Catlin peint les paysages de l'Ouest et les Indiens.

Dans le même temps, le particularisme des États n'a pas disparu. Il s'exprime dans le cadre d'une région, la *section*. Le sectionalisme a pris des allures agressives dans la Nouvelle-Angleterre de 1812-1814. L'esclavage rouvre les plaies. Cette fois-ci, le particularisme est vigoureux dans le Sud qui, en outre, se préoccupe de l'avenir de l'Ouest. Suivant que les nouveaux États seront ou non esclavagistes, le rapport des forces sera favorable ou défavorable aux États sudistes. Un compromis est adopté en 1820. Le Missouri entre dans l'Union en tant qu'État esclavagiste ; le Maine, en tant qu'État libre. Dans le territoire de l'ancienne Louisiane française, l'esclavage sera légal au sud, illégal au nord de la latitude qui correspond à 36°30'. Le compromis dit du Missouri préserve l'équilibre. En 1832, nouvelle crise. Un renforcement des barrières douanières satisfait le Nord industriel et inquiète le Sud. Sous l'autorité de Calhoun, la Caroline du Sud déclare nulle et non avenue la législation douanière et menace de quitter l'Union. Le président Jackson admoneste les récalcitrants, accepte la démission de Calhoun de la vice-présidence des États-Unis et promet un abaissement graduel des droits de douane ; de quoi faire passer la pilule. Le Sud acquiert la conviction que, s'il veut protéger ses intérêts, il doit empêcher toute modification du rapport des forces politiques, que le jour où l'Union penchera du côté du Nord et de l'Ouest, c'en sera fini du Sud. Le sectionalisme ressemble à une ligne de défense contre un nationalisme triomphant.

De 1841 à 1860, la vie politique est tout entière dominée par le problème de l'esclavage. Les positions se durcissent. Calhoun fait figure de doctrinaire de la sécession jusqu'à sa mort en 1850. Pourtant, rien de définitif ne semble arrêté. Le compromis de 1850 règle tant bien que mal le problème des territoires que les États-Unis ont acquis à la suite de leur victoire sur le Mexique. La Californie entre dans l'Union en tant qu'État libre et fait ainsi équilibre au Texas esclavagiste. Le commerce des esclaves est interdit dans la capitale fédérale. En contrepartie, une loi plus sévère permettra de mettre la main sur les esclaves fugitifs. Tous les territoires qui viennent de passer sous l'autorité des États-Unis choisiront s'ils établissent ou non l'esclavage à l'intérieur de leurs limites, étant entendu que le territoire de l'Utah et celui du Nouveau-Mexique sont ouverts à l'esclavage. L'esprit de conciliation ne survit pas à la loi de 1850. La crise s'aggrave. Le parti whig est le premier atteint. Il cesse d'exister à partir de 1852. Ses adhérents dans le Sud, les Cotton whigs, donnent la priorité à la défense de l'esclavage et à l'extension de la servitude dans les territoires de l'Ouest. Dans le Nord, les Conscience whigs pensent justement le contraire. Les premiers, déçus par les seconds, inquiets de l'évolution politique de l'Union, se mettent à voter démocrate. Conséquence prévisible : le parti démocrate est plus sensible qu'auparavant aux arguments des partisans de l'esclavage et devient insensiblement le parti de la « slavocratie ». Ce qui accentue encore les divisions entre les démocrates du Nord. Van Buren se détache peu à peu du parti pour participer à la naissance d'un mouvement, puis pour se présenter aux élections présidentielles de 1848 au nom d'une formation politique qui soutient le principe de la liberté du sol dans l'Ouest, d'un sol inaccessible aux propriétaires d'esclaves et accessible aux fermiers du Nord-Est. Un slogan résume leur programme : « Liberté du sol, liberté de parole, liberté des hommes. » Dix ans plus tard, la vie politique est sens dessus dessous. Un leader démocrate de l'Illinois, Stephen Douglas, croit avoir découvert la solution aux difficultés de l'Union. Il estime que le compromis du Missouri de 1820 est devenu trop contraignant, impossible à défendre pour un parti qui s'appuie à la fois sur le Sud, le Nord et l'Ouest, pour un éventuel candidat à la présidence qui ambitionnerait de rassembler un large électorat, pour un partisan déterminé du peuplement de l'Ouest. Pourquoi ne pas laisser à chaque territoire et aux États qui en naîtront le soin de décider s'ils accepteront ou non l'esclavage ? Ce serait la victoire de la souveraineté populaire. Douglas fait adopter par le Congrès en 1854 la loi du Kansas-Nebraska. Ce territoire, situé dans l'ancienne Louisiane française, sera divisé en deux. Ses habitants choisiront d'autoriser ou d'interdire l'esclavage, ce qui revient implicitement à annuler le compromis du Missouri. Le Sud est plutôt satisfait. Dans l'Ouest, les spéculateurs et les compagnies ferroviaires se réjouissent bruyamment, car Douglas a trouvé le moyen d'attirer des colons, avec ou sans esclaves, sur des terres à mettre en valeur, donc en hausse constante. Mais dans le Nord, de la côte atlantique aux abords des Grands Lacs, quel tollé ! Des partisans du sol libre, des démocrates indépendants, des Conscience whigs, des abolitionnistes s'unissent spontanément pour fonder un nouveau parti, le parti républicain. Leurs objectifs ? Combattre l'esclavage et défendre leurs intérêts économiques (construction d'un chemin de fer transcontinental qui désenclaverait l'Ouest ; hausse des droits de douane qui stimulerait l'essor industriel du Nord). Dans la tourmente, le parti démocrate lui-même est menacé d'éclatement. D'ailleurs, les années 1850-1860 correspondent à de nouveaux clivages politiques. On voit, par exemple, apparaître alors l'Ordre de la bannière étoilée, dont les membres refusent de parler des structures du mouvement (« Je ne sais rien », répondent-ils invariablement, d'où leur surnom de *Know Nothing*), avec pour programme l'anticatholicisme et la xénophobie. De toute évidence, les modérés n'ont plus la situation en main ; le bipartisme ne joue plus son rôle.

Tout concourt à enflammer les esprits. On se bat dans le Kansas entre partisans et adversaires de l'esclavage. Un sénateur fédéral se fait rosser à Washington par un représentant d'un État du Sud. En 1857, la Cour suprême met le feu aux poudres en rendant un arrêt au sujet d'un esclave, Dred Scott ; elle déclare qu'un Noir ne saurait être citoyen des États-Unis, que le compromis du Missouri viole le droit de propriété qu'a reconnu le cinquième amendement à la Constitution. En 1859, un esprit exalté, John Brown, pénètre en Virginie à la tête d'une bande de dix-huit hommes pour tenter de libérer les esclaves. Arrêté, condamné à mort, exécuté, il devient un martyr pour les abolitionnistes et l'incarnation des forces diaboliques pour les sudistes.

Bref, les élections présidentielles de 1860 se déroulent dans une atmosphère survoltée. Le parti démocrate présente Stephen Douglas, mais un dissident, John Breckinridge, lui dispute les voix du Sud, tandis que John Bell réunit derrière lui d'anciens whigs, partisans de l'Union constitutionnelle. Le parti républicain se rallie à la candidature de Lincoln. Abraham Lincoln est né en 1809 dans le Kentucky, puis s'est installé avec sa famille dans l'Indiana et l'Illinois. Lincoln est un homme de l'Ouest, grand et robuste, peu soucieux d'élégance, simple. Garçon de magasin, commerçant, arpenteur, étudiant en droit, avocat à Springfield (Illinois), c'est un *self-made man* comme on les aime aux États-Unis. Dès 1834, la politique l'attire. Il se fait élire à l'assemblée législative de l'Illinois où il siège jusqu'en 1842. Quatre ans plus tard, il entre à la Chambre des représentants, mais n'est pas candidat en 1848. Homme d'expérience, il admire le président Jackson et montre une sensibilité certaine aux thèmes jacksoniens, mais il adhère au parti whig. Lors de la fondation du parti républicain, il n'hésite pas. Il n'aime pas l'esclavage. « L'esclavage, déclare-t-il, se fonde sur l'égoïsme de la nature humaine. S'opposer à son existence, c'est s'appuyer sur l'amour de la justice. » Il n'hésite pas davantage à soutenir le premier candidat du parti républicain aux élections présidentielles, le général Fremont, en 1856. Puis, en 1858, il s'oppose à Douglas dans la campagne pour le siège de sénateur de l'Illinois. Ses idées, il les exprime avec la plus grande clarté et les débats entre Douglas et Lincoln éclairent les incertitudes de la vie politique américaine à la fin des années cinquante. Ce qui inquiète Lincoln dans l'esclavage, c'est que son extension fait courir un risque mortel à l'Union : « Ou bien les adversaires de l'esclavage l'empêcheront de s'étendre davantage et apaiseront l'esprit du peuple en le persuadant que cette institution est vouée à une disparition prochaine. Ou bien les défenseurs de l'esclavage l'aideront à se répandre jusqu'à ce qu'il devienne légal dans tous les États anciens et nouveaux du Nord et du Sud. » Abolitionniste ? Oui, mais avec modération. Ami des Noirs ? Non. L'Illinois est d'ailleurs un État libre qui refuse que les Noirs s'y établissent. Et Lincoln ne cache pas ses sentiments : « Je dirai donc que je ne suis pas et que je n'ai jamais été en faveur de l'égalité politique et sociale de la race noire et de la race blanche, que je ne veux pas et que je n'ai jamais voulu que les Noirs deviennent jurés ou électeurs ou qu'ils soient autorisés à détenir des charges politiques ou qu'il leur soit permis de se marier avec des Blanches. [...] Dans la mesure où les deux races ne peuvent vivre ainsi, il doit y avoir, tant qu'elles resteront ensemble, une position inférieure et une position supérieure. Je désire, tout autant qu'un autre, que la race blanche occupe la position supérieure. »

C'est dire combien la pensée et les opinions exprimées de Lincoln sont dépourvues d'ambiguïté. De plus, si le parti républicain l'a choisi comme candidat en 1860, c'est qu'une majorité ne voulait pas de William Seward, plus « radical », donc plus effrayant. Il faut le climat d'intolérance, l'exaspération du Sud pour voir dans le candidat républicain un dangereux extrémiste. Lincoln, c'est tout le contraire.

Le programme républicain n'a pas changé depuis 1856. Tout au plus les militants s'acharnent-ils à répéter que l'éventuelle élection de Lincoln ne devrait pas entraîner la sécession des États du Sud. Mais plus que tout, le principal atout des républicains est la division de leurs adversaires. Les résultats du scrutin populaire le démontrent amplement.

TABLEAU 13

Élections de 1860

	Voix	%
Lincoln	1 865 593	39,77
Douglas	1 382 713	29,48
Breckinridge	848 356	18,08
Bell	592 906	11,95

De 1856 à 1860, les républicains ont gagné 500 000 voix. Remarquable progression. Elle n'aurait pourtant pas été suffisante pour leur donner la majorité absolue. Mais, dans le système électoral qui aboutit à la désignation du président, le collège électoral tend à déformer les résultats du scrutin populaire. Dans les dix-huit États libres, Lincoln a obtenu 1 838 000 voix, soit 98,5 % des suffrages qui se sont portés sur son nom, et 53,63 % des suffrages exprimés, ce qui lui donne 180 mandats de grands électeurs (28 mandats de plus que la majorité absolue). Il est donc l'élu du Nord, du Middle West, de la Californie et de l'Oregon, mais dans les États du Sud et même dans les *Border States* il a subi un échec prévisible et grave. Breckinridge remporte 72 mandats, provenant tous des États esclavagistes ; Bell, 39 mandats, issus des *Border States*. Quant à Douglas, avec 1 217 000 voix dans les États libres, il recueille 3 mandats, auxquels s'ajoutent 9 mandats que lui ont confiés des États esclavagistes. Le scrutin est donc dramatiquement sectionnel, le seul candidat vraiment national ayant été Douglas. Ces résultats mettent en lumière la crise politique que connaissent les États-Unis, la profonde division qui les déchire. À la fin de l'année 1860, ils sont en danger de mort.

6

La guerre de Sécession

La guerre de Sécession, quatre ans d'histoire seulement, mérite un chapitre à elle seule. Comme toutes les guerres, elle a engendré de profonds changements, mobilisé les énergies de la nation, laissé une marque indélébile sur les esprits et les mentalités. C'est aussi et surtout un conflit fratricide, dans lequel des Américains ont combattu et tué d'autres Américains. Les géniales manœuvres de Lee, le triomphe stratégique de Grant, les victoires des Johnston ou de Beauregard, la tactique de la terre brûlée de Sherman, autant d'opérations menées, non pas contre les Mexicains ou les Anglais, mais contre les Yankees ou les sudistes. Les pertes humaines sont proportionnelles aux dimensions du drame. Le Nord a eu 360 000 morts, dont 30 % ont péri dans les combats et 70 % succombé aux maladies ou aux accidents. Dans le Sud, 90 000 morts sur le terrain, deux fois plus dans les hôpitaux. En tout, 630 000 morts et 400 000 blessés sur une population de 31,5 millions d'habitants. Un Américain sur trente a été victime des hostilités. Si l'on additionne les morts américains de toutes les autres guerres, on parvient au total de 680 000. Dans cette comptabilité macabre, la guerre de Sécession arrive largement en tête. Elle est la plus dure que les États-Unis aient menée, celle qui leur a coûté le plus cher en hommes et en matériel, qui fut longtemps dans les états-majors américains l'exemple, l'archétype de la guerre moderne, la première qui a été photographiée de bout en bout grâce à Mathew Brady, qui a utilisé de manière systématique les chemins de fer et le télégraphe, qui a mis aux prises des navires cuirassés, qui a recouru à l'emploi des fusils à répétition, des mitrailleuses, des sous-marins, la première dans laquelle les soldats ont creusé des tranchées et observé l'adversaire grâce à des ballons, la première enfin pour laquelle les Américains des deux camps ont fait appel à la levée en masse. Et elle a opposé les fédéraux habillés de bleu et les confédéraux habillés de gris. Bref, la guerre de Sécession n'est pas seulement l'accident le plus grave dans l'histoire du pays ; elle a été et continue d'être un traumatisme national.

Le déroulement de la guerre

Ses origines lointaines peuvent faire l'objet d'une analyse rationnelle. Ses origines immédiates relèvent de l'irrationnel. Comme si, dans le Nord et dans le Sud, plus personne ne faisait confiance à son intelligence et à celle de l'adversaire. De décembre 1860 à avril 1861, les événements se succèdent dans l'incompréhension et l'absurdité. Le détonateur, c'est l'élection de Lincoln.

Du coup, les partisans de la sécession l'emportent dans le Sud, encore qu'une minorité importante, environ 40 %, ait souhaité qu'avant la rupture on tente la conciliation. Le mouvement n'est donc pas général. La décision est prise dans chaque État esclavagiste, compte tenu de la situation locale. Entre les hommes politiques, une correspondance a été échangée avant les élections présidentielles. Dès octobre, le gouverneur de la Caroline du Sud a écrit confidentiellement aux gouverneurs d'autres États du Sud pour proposer la sécession, si par malheur le candidat républicain l'emportait. Le 5 novembre, les assemblées législatives de l'État se réunissent pour désigner, conformément à l'usage que suit encore la Caroline du Sud, les grands électeurs. Lorsqu'il est évident que Lincoln sera le prochain président des États-Unis, le gouverneur convoque une convention pour débattre d'une éventuelle sécession. Les conventionnels, élus par le peuple, s'assemblent le 17 décembre. Trois jours plus tard, la Caroline du Sud décide, par 169 voix contre 0, de faire sécession. Deux déclarations d'indépendance sont simultanément adoptées. La première énumère les « causes immédiates » de la sécession. Avant tout, la menace qu'une victoire républicaine ferait peser sur les libertés des États, en particulier sur la liberté de maintenir l'esclavage et d'en étendre la pratique dans les nouveaux territoires de l'Ouest. La deuxième lance un appel aux autres États esclavagistes, souligne le bien-fondé des positions sudistes et la traîtrise des Yankees. Peu après, la convention propose que les États sécessionnistes envoient des délégués à Montgomery (Alabama) pour une convention générale qui s'ouvrirait le 13 février 1861.

La Caroline du Sud a donné l'exemple. Tradition oblige depuis la crise de 1832. Calhoun est mort en 1850, mais ses idées lui survivent. Un scénario semblable se déroule dans le Mississippi, où la sécession est votée par une convention, 85 voix pour et 15 voix contre, le 9 janvier. Situation moins nette en Alabama. Les extrémistes disposent d'une faible majorité et parviennent à faire voter la sécession, le 11 janvier, par 61 voix contre 39. La veille, la Floride a franchi le pas (62 voix contre 7). La Georgie se décide à son tour le 19 janvier (208 voix contre 89) ; puis, la Louisiane, le 26 janvier, par 113 voix contre 17. Au Texas, rien ne se fait comme ailleurs. Sam Houston, le gouverneur, ne veut pas entendre parler de rupture avec l'Union. Une convention est élue malgré son opposition et vote le 1er février, par 166 voix contre 8, la sécession ; le peuple confirme le choix dans la proportion de 75 %. En l'espace d'un mois, sept États ont quitté l'Union. On peut soutenir, ce que n'a pas manqué de faire le gouvernement fédéral, que la sécession n'est pas un droit que reconnaisse la Constitution de 1787. Mais elle a été décidée, on l'a vu, au terme d'un processus démocratique. Dans une large mesure, les partisans de l'Union ont pu s'exprimer. Plusieurs États ont profité de l'occasion pour préciser qu'ils ne souhaitaient pas la réouverture de la traite.

Consciemment ou non, les sécessionnistes refont l'histoire. Ils se sont inspirés de la Révolution de 1776 et de ce qui l'a immédiatement précédée ou suivie. Le *Charleston Mercury* écrit : « Le thé a été jeté par-dessus bord. » Imaginant que leurs intérêts et leur mode de vie sont menacés, les sudistes se retirent de l'Union, tout comme les colons avaient quitté l'Empire britannique. La Constitution, disent-ils, reconnaît l'esclavage et elle est sur le point d'être violée par les Yankees. En conséquence, le contrat qui lie les États entre eux a été rompu. Résister à l'oppression est un droit sacré. Tantôt, pourtant, la sécession est présentée comme une réaction légale et constitutionnelle, tantôt comme une décision révolutionnaire.

La suite ressemble à un mécanisme que rien ne pourrait arrêter. Le 4 février, première réunion de la convention de Montgomery. À l'ordre du jour, l'élaboration et la rédaction d'une constitution, l'élection d'un président et d'un vice-président, la transformation de la convention en un Congrès provisoire. Les délégués travaillent d'arrache-pied. Ils élisent à la présidence Jefferson Davis, secrétaire à la Guerre de 1853 à 1857, sénateur du Mississippi ; à la vice-présidence, Alexander H. Stephens, un Georgien. Quant à la constitution, elle est rédigée en deux temps : un texte provisoire est adopté le 8 février ; un texte définitif est terminé à la fin de février et adopté le 11 mars. En moins d'un trimestre, une nation vient d'être fondée.

Pour l'instant, rien ne laisse prévoir le déclenchement des hostilités. Pourquoi les sécessionnistes souhaiteraient-ils la guerre ? C'est tout le contraire. Ils ont intérêt à obtenir la reconnaissance de leurs nouvelles institutions, mais ils ont l'espoir d'y parvenir pacifiquement. Quant au gouvernement fédéral, il survit dans la confusion. Le président Buchanan arrive en fin de mandat ; il détient le pouvoir et n'a plus d'autorité. Il ne veut surtout pas créer l'irréparable et laisse faire, de peur qu'un geste maladroit ne mette le feu aux poudres. Et que faire ? Lincoln est investi, depuis son élection, d'une autorité morale, mais il n'a aucun pouvoir politique. La tradition (du moins jusqu'à 1936), c'est que l'élu de novembre n'accède à la présidence que le 4 mars suivant. Lincoln reçoit, consulte et se fait discret pour ne point inquiéter. Certes, il condamne la sécession. Dans le même temps, il tâche de rassurer et de lancer des appels à l'union nationale. Il promet de défendre la Constitution fédérale, comme le lui prescrit le serment qu'il prêtera lors de son entrée en fonctions. Et de ne pas renoncer à ce qui appartient à l'Union. Cela pose le problème des installations fédérales, notamment des forts fédéraux qui sont situés sur le territoire des États sécessionnistes. Le Sud ne croit pas à sa modération. Les esprits sont trop excités pour que les discours de Lincoln rassurent. Un républicain, c'est un abolitionniste, un « ami des Noirs ». Lincoln, c'est l'héritier de John Brown. Ni plus ni moins. Dans cette période de transition, pleine d'hésitations, d'appréciations erronées, deux incertitudes demeurent. Que vont faire les autres États esclavagistes, les huit États qui n'ont pas encore choisi leur camp ? S'ils vont en bloc d'un côté ou de l'autre, leur décision changera le cours des événements. Que se passera-t-il là où les troupes de l'Union sont en contact avec les sécessionnistes ? Des coups de feu entraîneraient des hostilités et à partir de là tout serait possible.

Or, il y a dans le port de Charleston une île surmontée d'un fort, Fort Sumter. La construction de l'ouvrage fortifié n'est pas terminée en 1860. Soixante hommes de l'armée fédérale y stationnent. Depuis le 20 décembre, ils appartiennent, d'après les autorités de la Caroline du Sud, à une armée étrangère. En dépit des efforts des modérés des deux camps, la tension monte. Fort Sumter devient un abcès de fixation. Le problème est d'autant plus épineux que depuis l'élection de Jefferson Davis, il ne s'agit plus d'un éventuel conflit entre l'Union et la Caroline du Sud, mais entre l'Union et la Confédération. Les troupes de Fort Sumter sont, en fait, prises au piège. Les sécessionnistes refusent de laisser passer des renforts et du ravitaillement. À la mi-avril, les provisions sont épuisées. Le président Lincoln a maintenant décidé d'envoyer une flottille de secours. Pas question d'abandonner la défense de l'Union. Pas question non plus d'engager le combat. Le président Davis répond avec la même netteté : ou bien les troupes fédérales évacuent le fort ou bien le fort sera attaqué. Dans l'après-midi du 7 avril, le général Beauregard transmet l'ultimatum au major Anderson qui commande à Fort Sumter. Refus d'Anderson qui, toutefois, prépare son départ pour le 15. Dans la nuit du 11 au 12, les négociations sont rompues. Les batteries du port ouvrent le feu sur le fort et contraignent, trente-quatre heures plus tard, Anderson et ses hommes à la reddition. Lincoln déclare alors les États du Sud en insurrection. C'est la guerre contre les « rebelles ». À Washington, le gouvernement fédéral lance un appel à 75 000 volontaires qui feront appliquer la loi.

Dans les États du Sud qui n'avaient pas encore fait connaître leur décision, les hésitations se dissipent. La Virginie rejoint le 17 avril le camp de la sécession, malgré l'opposition des comtés de l'Ouest qui en 1863 s'érigeront en un État de la Virginie-Occidentale, partisan de l'Union. L'Arkansas entre dans la Confédération le 6 mai, suivi peu après par le Tennessee. La Caroline du Nord, coincée entre des États sécessionnistes, se rallie à eux le 20 mai. L'attitude du Maryland est décisive. S'il quitte l'Union, il isole la capitale fédérale et rend sa situation intenable. En fait, il hésite, puis reste loyal à Washington, tout comme le Delaware et le Kentucky, deux autres *Border States*. Le Missouri, enfin, divisé tout au long de la guerre, ne prend pas parti pour la Confédération qui désormais regroupe onze États esclavagistes sur quinze. Au contraire, les Indiens du Territoire indien, dont certains possèdent des esclaves, n'hésitent pas à manifester leurs sympathies pour la cause sudiste.

Voilà donc deux camps prêts à s'affronter. À vrai dire, les clivages passent à l'intérieur des familles et des groupes sociaux. Lee aurait très bien pu devenir le général en chef des armées du Nord, mais il préféra accepter un commandement dans son État, la Virginie, tout en exprimant ses doutes sur la nécessité de maintenir l'esclavage et son hostilité à la sécession. Le sénateur Crittenden avait deux fils, l'un général dans l'armée fédérale, l'autre général dans l'armée confédérée. L'épouse du président Lincoln perdit ses trois frères, tués au combat dans les rangs de l'armée sudiste, tandis que des parents de l'épouse du président Davis combattaient avec l'armée du Nord. Et puis, des deux côtés, on se berce d'illusions. On croit dur comme fer que la guerre ne se prolongera pas, que l'autre finira par comprendre l'absurdité de la situation, qu'il suffit d'un rien pour arrêter le carnage. Ici et là, on prend des mesures provisoires pour un conflit qui devrait se terminer dans quelques semaines, au pire dans une année. Et la guerre continue jusqu'en avril 1865.

En 1861, les chances du Sud sont, semble-t-il, beaucoup plus élevées que celles du Nord. Tout l'effort des historiens consiste à expliquer, non pas pourquoi le Nord a gagné la guerre, mais pourquoi le Sud l'a perdue. C'est qu'au départ le Sud n'a aucune raison d'envahir le Nord. Il peut voir venir. Exister, c'est pour la Confédération la première et la principale des victoires. Si le Nord se décide à attaquer, comment parviendra-t-il à conquérir un territoire deux fois plus étendu que celui des treize colonies de 1776, sur lequel les sudistes résisteront pied à pied, avec une excellente connaissance du terrain, animés par un moral d'acier ? Sans oublier que le Sud dispose d'une meilleure armée. Les États-Unis ont alors une faible tradition militaire. Et des effectifs dérisoires : 10 000 à 11 000 hommes de 1820 à 1850, à peine 15 000 en 1861. Bon nombre des officiers supérieurs sont nés dans le Sud et, comme Lee, prennent le parti de défendre leur État natal. C'est le cas des deux Johnston, de Beauregard, de Stuart, de « Stonewall » Jackson. Quelques-uns, des sudistes également, restent fidèles à l'Union comme le général Winfield Scott, sur le point de prendre sa retraite, ou l'amiral Farragut. Les hommes du Sud ont aussi une habitude des armes à feu que n'ont pas ceux du Nord. Bref, la défense de la nation, la guerre et ses combats, c'est plutôt l'affaire du Sud.

Au début de mars 1861, la Confédération lève une armée de 100 000 hommes, des volontaires qui devraient servir un an. Un mois plus tard, un tiers d'entre eux sont déjà sous les drapeaux. Au cours de l'été, nouvel appel, cette fois-ci de 400 000 volontaires qui serviraient trois ans. La conscription obligatoire est instaurée en 1862 pour les hommes de 18 à 35 ans, puis à 45 et 50 ans. Le gouvernement fédéral procède autrement. Le 15 avril 1861, Lincoln demande aux États de fournir 75 000 hommes qui resteront mobilisés pendant trois mois. En fait, 92 000 volontaires sont incorporés, souvent mal équipés, encore plus mal commandés, mais décidés à remplir leur tâche. Pendant ce temps, Lincoln s'appuie sur l'enthousiasme de ses compatriotes pour accroître les effectifs de l'armée régulière et de la marine. En juillet, le Congrès décide la levée d'une armée d'un million de volontaires. En 1863, il faut aller plus loin. Le Nord vote à son tour la conscription. Les États sont chargés de s'occuper du recrutement et doivent remplir des quotas qui tiennent compte du nombre de volontaires que chacun d'eux a déjà fournis. Les appelés sont tirés au sort et peuvent acheter un remplaçant ou verser 300 dollars pour se faire exempter. Le premier tirage au sort provoque des émeutes à New York. En fait, le Nord a surtout fait appel à des volontaires qui, bénéficiant de primes d'engagement, n'hésitaient pas à déserter pour s'engager et toucher la prime une deuxième fois.

Quoi qu'il en soit, la guerre de Sécession est bien une guerre des masses. Les effectifs engagés dans chaque bataille sont considérables pour l'époque. Les pertes, également : 7 000 morts et 45 000 blessés pour les trois jours de bataille de Gettysburg ; 30 000 morts et blessés à la bataille de la Wilderness (5 et 6 mai 1864). Le système de mobilisation n'est pas au point : des engagements trop courts, une conscription mal assurée, des responsabilités administratives que se partagent trop d'entités politiques. Aussi le camp qui parvient le plus rapidement à mettre sur pied une force militaire dispose-t-il d'un énorme avantage. C'est le cas du Sud. Si le conflit se prolonge, les contraintes démographiques se font sentir. Le niveau d'instruction des recrues tend à baisser. Le camp qui possède la population la plus nombreuse prend le dessus. Or, d'après le recensement de 1860, les onze États sécessionnistes comptent 5 449 467 Blancs ; les dix-huit États libres, 18 936 579 habitants. Auxquels il conviendrait d'ajouter les 2 589 533 Blancs qui vivent dans les quatre États esclavagistes restés fidèles à l'Union. Et bien entendu, plus la guerre se prolonge, plus la force économique tient une place prépondérante dans l'estimation des chances de chaque camp.

S'agissant de l'équipement, ni le Nord ni le Sud n'ont manqué de moyens. Le problème n'a pas été celui des insuffisances, mais celui des gaspillages, voire des détournements frauduleux. Et pourtant, que de besoins en uniformes, en baraquements, en tentes, en chevaux, en fourrage, en armes et canons de tous calibres, en munitions, en vivres ! Il faut compter un cheval ou un mulet pour deux soldats ; la ration journalière d'un soldat comprend une livre de pain, trois quarts de livre de porc salé ou une livre de viande fraîche, sans oublier le sucre, le café et le sel. Ce sont des troupeaux entiers de bovins qui suivent les armées. On a même tenté certaines expériences comme un mélange desséché de légumes et de pommes de terre. Pour transporter cette masse d'approvisionnements, le chemin de fer est indispensable. Les navires le sont également, puisque les fédéraux ont acheté ou construit 183 vapeurs, 43 voiliers, 86 péniches et loué 753 vapeurs, 1 080 voiliers, 847 péniches, 600 bateaux fluviaux. Des deux côtés, les responsables de l'intendance ont été des héros à leur manière. Le complexe militaro-industriel, pour reprendre une expression qu'inventera un siècle plus tard le président Eisenhower, prend une importance croissante.

Crise des effectifs ? Crise des approvisionnements ? L'une et l'autre affaiblissent le Sud tardivement. La plus grave des faiblesses du Sud, c'est sans doute sa stratégie. En dépit des grands généraux ou bien à cause d'eux ! À commencer par Robert E. Lee. Il est né en 1807. Son père, lui-même général, a combattu aux côtés de Washington et Robert épousa la petite-fille du « père fondateur ». En 1824, il décide de préparer West Point et y entre l'année suivante. Élève remarquable, il sort au deuxième rang de sa promotion et choisit le génie, l'arme de l'élite américaine d'alors. La carrière d'un soldat réclame aux États-Unis une longue patience. Mais de 1846 à 1848, dans la guerre contre le Mexique, Lee ne cesse pas de s'illustrer et de capitaine passe au grade de colonel. Son talent principal réside dans son sens de l'espace. Il voit le terrain, le passage qui permettra de contourner les lignes ennemies, l'emplacement idéal pour l'artillerie. Ses chefs le considèrent comme un officier exceptionnel. Winfield Scott, qui a commandé en chef l'armée américaine contre le Mexique, ne tarit pas d'éloges. Lee, dit-il, est « le meilleur officier que j'aie jamais vu sur le champ de bataille ». Ce n'est pas tout. Il est « non seulement le plus grand soldat d'Amérique, mais le plus grand soldat actuellement vivant ». Un compliment encore plus étonnant : « Si jamais l'occasion lui en est donnée, il se révélera le plus grand capitaine de l'histoire. »

La guerre de Sécession

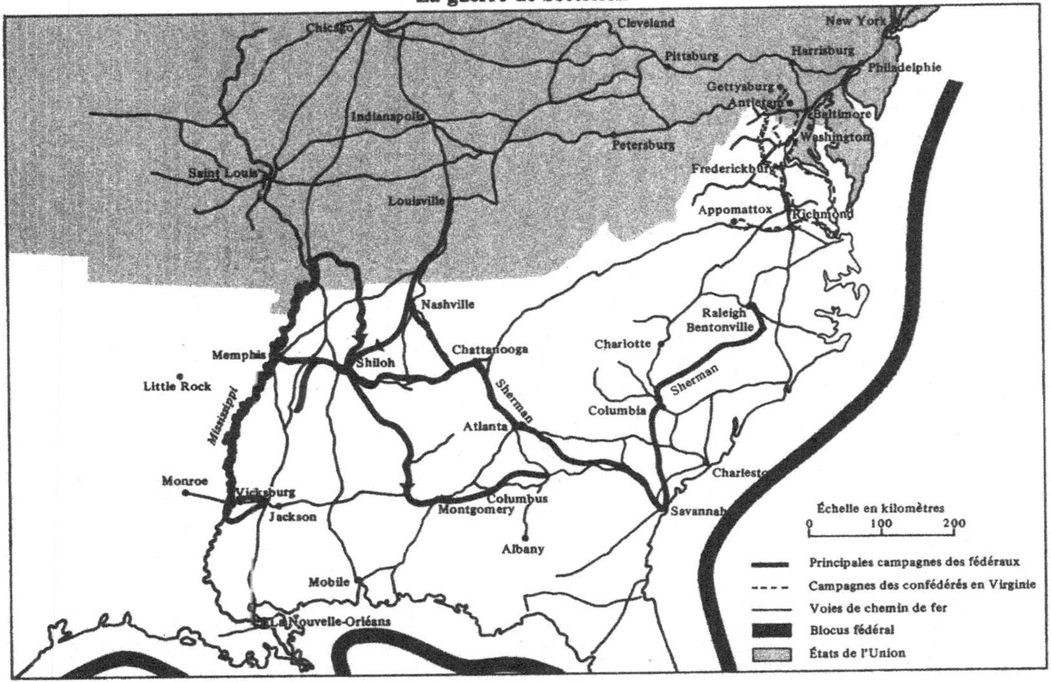

En 1862, Lee commande en chef l'armée de la Virginie du Nord, la principale force militaire de la Confédération, et ce n'est qu'en février 1865 qu'il est nommé général en chef de toutes les armées confédérées. Lee domine de sa personnalité tous les autres généraux, si brillants soient-ils. Certes, les chefs du Nord ne sont pas médiocres. McClellan, qui commande de novembre 1861 à novembre 1862, est un excellent organisateur qui défait Lee à deux reprises, mais il ne sait pas tirer parti de ses victoires et surtout hésite à engager une armée qu'il a mise sur pied avec minutie et méthode. En fait, il faut attendre que Lincoln ait confié les responsabilités suprêmes à Ulysses S. Grant, c'est-à-dire 1864, pour que Lee ait en face de lui un adversaire à sa mesure.

Il n'empêche que, malgré cet atout dans son jeu, l'armée sudiste n'a remporté aucun succès décisif. La guerre s'est déroulée sur trois fronts. À l'*est*, le front passe quelque part entre Washington et Richmond, les deux capitales, distantes l'une de l'autre d'environ cent cinquante kilomètres, séparées par des cours d'eau qui coulent d'ouest en est et constituent autant d'obstacles naturels. Pour chaque camp, l'objectif est de s'emparer de la capitale ennemie, un coup d'éclat politico-militaire qui pourrait mettre l'adversaire à genoux. Sur ce théâtre d'opérations, les champs de bataille sont situés en Virginie, avec une excroissance de la bataille dans le Maryland (Antietam en 1862) et en Pennsylvanie (Gettysburg en 1863). La stratégie de Lee repose sur une double possibilité : atteindre Washington soit par un assaut frontal, soit en contournant le gros de l'armée fédérale par la vallée de la Shenandoah ou en tentant d'encercler la capitale par une manœuvre au nord. Du côté des nordistes, le choix est à peu près le même, avec la possibilité supplémentaire qui est aussi une difficulté de recourir à la voie maritime pour faire débarquer des troupes à l'est de Richmond.

À l'*ouest*, le front est plus flou, ne fût-ce qu'en raison des vastes espaces géographiques dans lesquels il se déplace. L'Ohio aurait pu être pour le Sud une excellente ligne de défense si la Virginie-Occidentale et le Kentucky n'avaient choisi le camp de l'Union. Le Cumberland et le Tennessee, deux affluents de l'Ohio, tiennent lieu de lignes de résistance secondaires. Peu de temps, il est vrai, puisqu'au début de 1862, les fédéraux s'emparent de deux forts (Fort Henry et Fort Donelson) qui leur donnent accès aux cours d'eau et par là à la région qui sépare les Appalaches du Mississippi. La bataille se porte alors sur le Mississippi, de Cairo (au confluent avec l'Ohio) à La Nouvelle-Orléans, en passant par Memphis et Vicksburg. Les fédéraux cherchent à couper la route de l'Ouest, donc à empêcher la circulation des hommes et des marchandises avec le Sud, et préparent, en utilisant les voies ferrées et les cours d'eau, une invasion du Sud par l'Ouest. La stratégie du Sud est ici strictement défensive.

Le troisième front relève de la *marine*. Il se situe sur les océans et les cours d'eau. Dès le 19 avril 1861, Lincoln a annoncé le blocus des côtes du Sud. Le but est évident : étrangler l'ennemi en l'empêchant de s'approvisionner et de vendre ses productions. Le blocus manque au début d'efficacité : surveiller 5 000 kilomètres de côtes, c'est pour une marine, faible et mal préparée, une mission impossible. Les « forceurs de blocus » s'en donnent à cœur joie. Le gouvernement fédéral se met alors à acheter et à construire des bateaux à aubes, des vapeurs, des voiliers et des remorqueurs. En 1865, la marine du Nord compte 700 bâtiments et 50 000 matelots que commande David G. Farragut. Les ports sudistes sentent le poids du blocus. Résultats comparables sur les cours d'eau, en particulier sur le Mississippi. En 1862, la flottille confédérée qui gardait Memphis est détruite ; la même année, La Nouvelle-Orléans est prise grâce aux efforts conjoints de Farragut et du général Butler. Point de doute, le Sud a très vite perdu la bataille navale. Certes, le *Virginia*, ex-*Merrimac*, cuirassé tout exprès, a coulé deux bâtiments fédéraux au large de Hampton Roads en mars 1862 et fait match nul avec un navire cuirassé fédéral, le *Monitor*. Une péripétie, si l'on se rappelle la supériorité navale du Nord.

D'ailleurs, dès juillet 1863, Vicksburg tombe aux mains des fédéraux ; l'année suivante, Farragut s'empare de Mobile, sur le golfe du Mexique. Chattanooga sur le Tennessee passe à son tour, en novembre 1863, sous l'autorité des fédéraux. La guerre fluviale est bien perdue par le Sud.

Ce n'est pas le cas sur le front de l'est. La bataille y fait rage. En juillet 1861 une première fois, en août 1862 une deuxième fois, les adversaires s'affrontent près du Bull Run, entre les deux capitales. Sans résultats, sinon que les deux armées perdent beaucoup d'hommes. La stratégie frontale a échoué. McClellan tente d'atteindre Richmond en débarquant une armée dans la péninsule qui sépare la James River de la York. Une bataille acharnée de sept jours fait 16 000 victimes du côté des nordistes, 26 000 du côté des sudistes (26 juin-2 juillet 1862). Lee essaye alors de déborder par sa gauche. Il pénètre dans le Maryland et livre bataille à Sharpsburg, près de la rivière Antietam. Échec, l'armée du Sud se retire. L'année suivante, nouvelle tentative qui mène les sudistes jusqu'en Pennsylvanie. À Gettysburg, Lee rencontre en face de lui George C. Meade. La bataille commence le 1er juillet et s'achève le 3. Les sudistes sont battus. Meade les poursuit mollement et les laisse s'échapper. Que conclure de ces exemples ? Les stratèges américains n'ont pratiquement jamais combattu en dehors des États-Unis. Leur inspiration, ils la prennent chez les Français de la Révolution et de l'Empire qui ont pratiqué et théorisé la guerre des masses. Le modèle britannique, ils n'en veulent plus depuis longtemps. Au contraire, c'est la stratégie napoléonienne qui est devenue l'alpha et l'oméga : une guerre de mouvement avec un enveloppement par les ailes, des batailles qu'on estime décisives pour provoquer la défaite de l'adversaire, l'offensive à tout prix, l'enthousiasme patriotique qui soutient la levée en masse et repose sur l'idée de la nation en armes. Le livre de référence a été écrit par Antoine Henri Jomini, un Suisse qui a servi dans l'armée napoléonienne. Son *Précis de l'art de la guerre*, publié en 1838, est traduit en anglais en 1854. Il sert de base à l'enseignement stratégique que reçoivent les cadets de West Point. Chez les nordistes comme chez les sudistes, on poursuit les mêmes objectifs : faire porter l'effort maximal sur le théâtre principal des opérations, manœuvrer l'ennemi pour qu'il ne dispose pas là du gros de ses effectifs, conserver une foi inébranlable dans les vertus de l'offensive en dépit des armes nouvelles.

À partir de 1864, le conflit entre dans une phase déterminante. L'homme de la décision s'appelle Grant. Il a quarante-deux ans. Après une carrière militaire relativement médiocre, il démissionne de l'armée en 1854. Pendant six ans, il fait des affaires, de mauvaises affaires à Saint Louis et dans l'Illinois. Lorsque la guerre éclate, il prend le commandement d'un régiment de volontaires. Et lui, l'inconnu, un peu ivrogne, mauvais élève, piètre commandant, remporte des victoires dans l'Ouest, à Fort Henry et Fort Donelson, à Shiloh (avril 1862), à Vicksburg (juin 1863), à Chattanooga (novembre 1863). Lincoln qui a « essayé » beaucoup de généraux lui donne, en mars 1864, le commandement des forces de l'Union avec le grade de lieutenant général. Le voici pour la première fois de sa vie à Washington aux côtés du président des États-Unis. Il décide de mener une guerre d'usure contre Lee. À la tête de 100 000 hommes, il marche sur Richmond, se heurte aux sudistes à la bataille de la Wilderness. Les pertes sont lourdes. Maintenant, les combattants ont appris à creuser des tranchées et à s'y terrer. Ils savent que pour la plupart ils n'en reviendront pas et épinglent sur leur dos les papiers militaires qui permettront l'identification du corps. À coups de boutoir, sans se soucier du carnage, Grant atteint les abords de Richmond, s'empare de Petersburg au sud de la capitale sudiste. En l'espace de quelques semaines, Lee est réduit à la défensive. La Confédération tout entière, également. Avec 100 000 hommes, en effet, le général William T. Sherman a quitté Chattanooga en mai 1864. Il fonce sur le Sud, bouscule tout sur son passage, brûle, vole, détruit et entre le 2 septembre dans

Atlanta qu'il met à sac. La guerre totale place les civils sur le même plan que les militaires. Sherman se remet en marche le 14 novembre pour atteindre l'océan cinq semaines plus tard. Des usines, des entrepôts, des ponts, des voies ferrées qu'il rencontre sur son passage, il ne reste plus rien. Ses soldats ont reçu l'ordre de vivre sur le pays et ne s'en privent pas. Savannah tombe le 22 décembre. En janvier, il se dirige vers le nord, traverse la Caroline du Sud et pénètre en Caroline du Nord. Aux environs de Richmond, Lee tente une dernière fois de desserrer l'étau qui se referme. Impossible. Cette fois, l'affaire est entendue. Le 9 avril 1865, Lee se rend à Grant dans le palais de justice d'Appomattox. Quelques confédérés continuent de se battre ici ou là. Mais le 10 mai, le président Jefferson Davis est fait prisonnier en Georgie. Le 26 mai, les dernières forces de la Confédération capitulent. La guerre est finie ; le Nord, vainqueur. Le Sud n'a pas su ou n'a pas pu saisir la chance qui lui avait été offerte au début du conflit. Une guerre longue ne pouvait que desservir la cause sudiste. Et pas seulement pour des raisons militaires.

Expliquer la défaite du Sud

La guerre s'est aussi déroulée sur le plan politique. À deux niveaux. Les États sécessionnistes ont fondé un État (au sens français du mot) avec sa Constitution, ses institutions, ses règles de fonctionnement. La Constitution confédérée n'est pas d'une originalité troublante. Elle s'inspire du modèle de 1787. Étant entendu que les confédérés donnent du texte des pères fondateurs l'interprétation qui leur convient. Le préambule ne fait pas référence à la souveraineté du peuple, mais à la souveraineté des États qui s'associent dans l'indépendance. Confédération oblige. Et pourtant, il s'agit de créer un « gouvernement permanent fédéral ». Aucune mention n'est faite du droit de sécession. La procédure d'amendement peut être engagée si trois États en font la demande. L'esclavage ne saurait être supprimé, mais il est clairement indiqué que la traite ne sera pas rétablie. La clause des trois cinquièmes, qui avait fait, on s'en souvient, l'objet d'un compromis en 1787, survit. En revanche, le texte de Philadelphie est amélioré sur plusieurs points. Le président, élu pour six ans, n'est pas rééligible. Il dispose d'un droit de veto sur chaque article de la loi et n'est pas obligé, si un article lui déplaît, de mettre son veto sur la loi tout entière. Les membres du cabinet peuvent participer aux débats du Congrès. Les législateurs ne sont pas autorisés à voter des crédits que l'exécutif n'a pas réclamés, à moins qu'ils ne réunissent une majorité des deux tiers. Ce qui manque à la Confédération, c'est une cour suprême et même un véritable système judiciaire qui devait être mis sur pied et ne l'a jamais été. Dans la pratique, le président Davis a nommé un cabinet à l'américaine : un secrétaire d'État, un secrétaire au Trésor, un secrétaire à la Guerre, un secrétaire à la Marine, un *postmaster general* (chargé des Postes confédérales) et un *attorney general* (secrétaire à la Justice). Mais il s'est heurté à une difficulté majeure : comment gouverner un ensemble d'États qui ont fait sécession pour ne point obéir au gouvernement central ? De là, une instabilité certaine qui se marque par le nombre d'*attorneys general* (cinq) et de secrétaires à la Guerre (six). Sans parler des tiraillements entre le Congrès et les États eux-mêmes. Localisme et nationalisme n'ont pas cessé d'agiter la vie politique de la Confédération. Quoi qu'il en soit, les institutions fonctionnent à Richmond à peu près comme à Washington.

La Confédération poursuit un deuxième objectif politique. La légitimité, c'est aussi la reconnaissance par les puissances étrangères, notamment par les deux plus importantes de l'époque, la Grande-Bretagne et la France. Le raisonnement des confédérés repose, une fois de plus, sur une assimilation historique. Ils ont quitté l'Union, soutiennent-ils, comme leurs grands-pères avaient quitté l'Empire britannique. La proclamation de la sécession a été suivie par la rédaction d'un texte constitutionnel et l'adoption d'institutions représentatives. Preuve que le processus démocratique est respecté, que la Confédération n'a nullement l'intention de faire machine arrière et de rentrer dans l'Union. La sécession est définitive. La Confédération est désormais une puissance comme une autre qui a droit au respect international. Un autre argument ne manque pas de poids. Les Anglais et les Français n'ont-ils pas besoin du coton du Sud ? En 1858, un sénateur de la Caroline du Sud s'était demandé, dans un discours public, ce qui se produirait si le coton du Sud ne parvenait pas en Europe pendant trois ans. « L'Angleterre s'effondrerait de tout son long et entraînerait avec elle le monde civilisé, à l'exception du Sud. Non, on n'ose pas faire la guerre au coton [...]. Le coton est roi ! » En 1861, le gouverneur du Mississippi déclare à un journaliste britannique : « L'État souverain du Mississippi peut s'en tirer beaucoup mieux sans l'Angleterre que l'Angleterre sans le Mississippi. » Le Sud croit à cet argument. L'Angleterre et la France ne pourront pas négliger le Sud qui fournit la matière première indispensable. En conséquence, si les considérations politiques et juridiques ne suffisent pas à emporter la conviction des responsables anglais et français, le roi coton, lui, écartera les dernières hésitations. De la *Realpolitik*, oui, en apparence, mais en fin de compte beaucoup de naïveté. Certes, le coton américain faisait tourner les manufactures du Lancashire, du nord et de l'est de la France. Mais l'accumulation des stocks est telle, au début de la guerre, que les industriels européens ne sont pas mécontents de ne plus rien recevoir pendant quelque temps. La « famine du coton » se fera sentir plus tard, à partir de 1862, et poussera alors les Anglais à développer de nouveaux centres de production, par exemple les Indes et l'Égypte qui fournissent un coton de moins bonne qualité, mais en grosses quantités. Le coton américain cesse d'exercer une dictature et ne remplit plus son rôle diplomatique. De plus, les sudistes n'ont pas compris que la Grande-Bretagne dépendait autant, sinon davantage, du blé américain. Or, les producteurs de blé se trouvent dans les États qui forment l'Union. Somme toute, si l'on s'en tient à des considérations économiques, le soutien britannique paraît acquis, à plus ou moins brève échéance, au gouvernement de l'Union.

Les réflexions idéologiques vont dans le même sens. Ce sont les abolitionnistes, et non les propriétaires d'esclaves, qui bénéficient des sympathies du plus grand nombre. Le Sud jouit d'une image de marque très défavorable auprès des libéraux, des réformistes et des socialistes. Il incarne l'oppression sociale, l'odieux pour ceux qui ont lu *la Case de l'oncle Tom*. Un trait révélateur ? Dans l'hiver de 1862, 300 000 ouvriers du textile sont au chômage dans le Lancashire et le Yorkshire. Pas de coton, pas de travail, pas d'indemnités, la misère. Protestent-ils contre le blocus du Nord qui gêne les expéditions de coton du Sud vers l'Angleterre ? Pas du tout. Ils adressent une pétition au président Lincoln pour l'assurer que « nos intérêts s'identifient aux vôtres ».

Reste les considérations diplomatiques. Napoléon III nourrit des ambitions sur le Mexique. Il préfère donc que les États-Unis soient divisés, affaiblis, et éprouve des sympathies pour le Sud. Ses adversaires en France soutiennent la cause du Nord. Mais, une fois pour toutes, il a choisi d'agir sur le plan international en collaboration étroite avec la Grande-Bretagne. Celle-ci proclame sa neutralité le 13 mai 1861 et admet le blocus, plus théorique que réel, des côtes sudistes, tout en mentionnant « certains États qui se donnent pour nom les États confédérés d'Amérique ». Le Sud n'a pas perdu l'espoir. En novembre 1861, deux de ses émissaires qui se rendaient en Angleterre sur un bateau anglais sont arrêtés, en haute mer, par des fédéraux. La crise éclate entre Washington et Londres. Des deux côtés, les modérés apaisent les tensions. En 1862, Napoléon III insiste auprès de ses alliés britanniques pour que la Confédération soit reconnue et que les deux puissances européennes tentent une médiation qui arrêterait les hostilités. Gladstone, l'homme fort du gouvernement britannique, semble céder en octobre. N'a-t-il pas déclaré, peu avant, dans un discours à Newcastle, que « Jefferson Davis et les autres responsables du Sud ont créé une armée ; il semble qu'ils créent une marine et qu'ils ont mis sur pied, mieux que l'une et l'autre, une nation » ? Le Premier ministre, lord Palmerston, est plus prudent et se refuse à aller trop vite : « L'affaire est pleine de difficultés, observe-t-il, et ne peut être éclaircie que par des événements décisifs qui se produiront entre les armées en présence. [...] Nous devons nous contenter de rester des spectateurs, tant que la guerre n'a pas pris un tour décisif. » C'est que le 22 septembre, Lincoln a lancé une proclamation d'émancipation des esclaves, qui prendra effet le 1er janvier suivant. Un puissant argument en faveur du Nord ! Et puis, à Antietam, le 17 septembre 1862, les armées du Sud n'ont pas remporté le succès convaincant qui aurait conforté les partisans de la cause sudiste. Dans ces conditions, la Grande-Bretagne préfère attendre et faire attendre la France. Rien d'anormal dans cette attitude, si l'on se rappelle que Louis XVI a signé les traités de 1778 après avoir appris la victoire américaine de Saratoga. Les champions de la *Realpolitik* soutiennent les causes victorieuses. Pour le Sud, l'année 1862 fut sans aucun doute l'année des occasions perdues.

Il faut ajouter que le déséquilibre économique entre le Sud et le Nord contraint la Confédération à gagner tout de suite ou à se résigner à la défaite. La domination des États du Nord est écrasante. Un journaliste de Virginie avait prévenu ses compatriotes. En cas de sécession, avait-il écrit, « nous ne pourrions plus nous vêtir, approvisionner nos fourneaux, labourer nos champs, faucher nos prés ». Il est vrai que les colonies américaines étaient encore plus faibles face à l'Empire britannique, mais elles avaient au moins l'avantage d'être protégées par les distances. Rien de tel pour mettre le Sud à l'abri. Dans cette guerre où les transports tiennent un rôle capital, le Nord possède le gros des forces navales et fluviales, les moyens industriels d'en construire davantage, l'essentiel des voies ferrées et les possibilités de stimuler l'essor des constructions mécaniques, des ressources charbonnières. La guerre accentue encore l'avance du Nord sur le Sud. La mobilisation des uns est compensée par l'immigration des autres et la croissance démographique se poursuit au profit des États du Nord et du Middle West. Au cours des années de guerre, 800 000 immigrants entrent aux États-Unis, c'est-à-dire sur le territoire de l'Union. L'emploi des machines se diffuse. Les innovations techniques se multiplient, comme la lampe à kérosène qui remplace les chandelles à l'huile de baleine, le lait condensé, la viande en conserve, la moissonneuse, la mécanisation de la tonte des moutons, etc. Le déplacement vers l'ouest continue : 300 000 personnes quittent l'Est, en pleine guerre, pour aller s'installer un peu dans les Grandes Plaines, beaucoup en Californie et dans les Rocheuses. Du coup, le Colorado où des mines d'argent et d'or sont exploitées devient un territoire en 1861, le Kansas un État en 1861 et le Nevada en 1864.

Trois mesures économiques soulignent à gros traits l'expansion économique du Nord et de l'Ouest. La première date du 20 mai 1862. Le Congrès adopte la loi du *homestead*. Sur le domaine public qui a été arpenté, tout citoyen des États-Unis ou tout immigrant s'apprêtant à adopter la citoyenneté américaine peut recevoir gratuitement un lopin de 160 acres (soit 64 hectares), à condition qu'il s'y installe pendant cinq ans et qu'il verse un droit variant de 24 à 36 dollars. Après un séjour de six mois, il pourra se rendre propriétaire de son lopin en payant 1,25 dollar par acre, soit 200 dollars. La revendication de ceux qui souhaitaient des terres vierges à bon marché est satisfaite. En même temps que l'appétit des spéculateurs.

La deuxième mesure est prise la même année, le 1er juillet. Un chemin de fer transcontinental sera construit, qui partant de la vallée du Mississippi reliera au reste de l'Union la côte de la Californie. Deux sociétés privées se chargeront des travaux et seront propriétaires de chaque tronçon de la ligne.

En contrepartie, elles recevront du gouvernement fédéral des prêts en argent et des allocations de terres qu'elles exploiteront ou revendront. Enfin, troisième mesure, un système bancaire national est créé en 1863 qui met un peu d'ordre dans la circulation monétaire sans instituer, pourtant, une banque centrale. Bref, l'Union a profité de la guerre pour poursuivre son décollage économique et prendre place parmi les grands centres industriels du monde.

À côté du Nord, le Sud fait pâle figure. Il possède 14 500 kilomètres de voies ferrées, alors que le Nord en a 35 200 kilomètres. Il fabrique une locomotive quand son adversaire en fabrique vingt-cinq. Le règne du coton est menacé par le blocus et les nouvelles orientations de la production européenne des textiles ; les ressources alimentaires se font rares, à mesure que les combats se déroulent sur le territoire confédéré. Les finances ne cessent pas de s'affaiblir, au point qu'en janvier 1864, le dollar confédéré ne vaut plus que 5 cents. Les prix grimpent à une vitesse effrayante et le gouvernement de Richmond ne dispose pas des moyens de les arrêter. La tactique de la terre brûlée, à laquelle a recouru le général Sherman, porte de rudes coups à la production agricole et au capital du Sud. Non, décidément, le Sud ne peut pas se permettre de mener une guerre longue. Dès 1862, il aurait dû en prendre conscience.

Les effets immédiats de la guerre de Sécession

Au-delà des statistiques, qu'est-il resté de la guerre de Sécession ? Deux profonds changements qui ont imprégné les États-Unis pendant un siècle. Le premier de ces changements concerne la condition des Noirs. Il suffirait de noter que le 13e amendement à la Constitution fédérale, proposé le 1er février 1865 et définitivement approuvé le 18 décembre, a aboli l'esclavage et toutes formes de servitude volontaire. Mais que cet amendement n'ait été adopté qu'en 1865 éclaire l'attitude des Américains d'alors sur le problème noir. Au début, Lincoln ne fait pas la guerre pour libérer les esclaves, mais pour maintenir l'Union. Il l'a dit et redit. Par exemple, en 1862 : « Mon objectif essentiel dans ce conflit est de sauver l'Union. Ce n'est pas de sauver ou de détruire l'esclavage. Si je pouvais sauver l'Union sans libérer aucun esclave, je le ferais. Si je le pouvais en libérant tous les esclaves, je le ferais. Et si je le pouvais en en libérant quelques-uns sans toucher au sort des autres, je ferais cela aussi. » Lincoln s'est refusé à lancer une proclamation aux esclaves pour les inciter à se révolter. Il a témoigné de la plus grande prudence à l'égard des initiatives des chefs militaires. En mai 1861, des esclaves virginiens, qui construisaient des fortifications pour les confédérés, se réfugient auprès du général Butler. Celui-ci déclare qu'ils sont assimilables à la « contrebande de guerre » et qu'en conséquence il ne les rendra pas à leurs maîtres. Lincoln approuve. Mais lorsque le général Fremont prend la décision, en septembre, de libérer tous les esclaves du Missouri, Lincoln proteste et annule l'ordre. Il agit de manière identique, en mai 1862, quand le général Hunter émancipe les esclaves de sa zone de commandement, le département du Sud, qui inclut en théorie la Caroline du Sud, la Georgie et la Floride. Les abolitionnistes ne cachent pas leur colère. Le président est, à leurs yeux, « irrésolu », « faible », « vacillant », « stupide ». Et Garrison ajoute : « Il n'a évidemment pas une seule goutte de sang anti-esclavagiste dans les veines. » De fait, Lincoln n'oublie pas que quatre États esclavagistes font encore partie de l'Union et qu'une décision hâtive pourrait les pousser, eux aussi, du côté de la sécession. Il sait aussi qu'aux élections présidentielles de 1860, 43 % des électeurs ne l'ont pas soutenu dans les États libres. Que bon nombre l'aient rejoint ensuite, soit, mais il reste dans l'Union des démocrates hostiles à l'émancipation qu'on a vite fait de baptiser des *copperheads*, des serpents venimeux. D'ailleurs, les sentiments d'hostilité aux Noirs se manifestent ouvertement. À l'armée d'abord, et il suffit de lire les lettres de soldats pour comprendre que la plupart ne se battaient pas pour l'émancipation des esclaves. Dans la population civile ensuite, car les émeutes de New York en 1863 contre la conscription se sont vite transformées en émeutes contre les Noirs. Il n'empêche que, dès 1862, l'opinion, le Congrès et le président évoluent sensiblement. Au printemps, le Congrès abolit l'esclavage dans le district de Columbia et dans les territoires qu'il administre. Le 22 juillet, Lincoln annonce à son cabinet qu'il proclamera l'émancipation des esclaves qui habitent les États « rebelles », mais il attend les lendemains d'Antietam pour faire connaître publiquement sa décision. La proclamation prend effet le 1er janvier 1863. Elle n'est pas dépourvue d'arrière-pensées diplomatiques. Quant à son efficacité réelle, il est permis d'en douter. Neuf Noirs sur dix vivent dans les États sécessionnistes, dont aucun n'est tombé sous l'autorité de l'Union. C'est ce qui fait dire à Seward : « Nous témoignons notre sympathie aux esclaves en les émancipant là où nous ne pouvons les atteindre et en les gardant dans la servitude là où nous pouvons les libérer. » Le geste a, malgré tout, valeur de symbole. Le Sud et l'Angleterre le comprennent ainsi.

Quant aux Noirs du Nord, ils sont libres, mais le gouvernement fédéral refuse d'en faire des soldats. Seule, la marine fédérale a incorporé, dès le début du conflit, d'anciens esclaves et des Noirs libres. Les premières troupes noires de l'armée fédérale sont composées d'esclaves en fuite, à La Nouvelle-Orléans au cours de l'été de 1862, puis en Caroline du Sud. Les abolitionnistes protestent une fois de plus, car ils estiment qu'un Noir soldat deviendrait un citoyen à part entière ou pour le moins un citoyen qui jouirait des droits les plus élémentaires. Après la proclamation de l'émancipation, le gouvernement fédéral change d'attitude. Il accepte que 180 000 Noirs s'engagent dans l'armée et 30 000 dans la marine. Sous le commandement d'officiers blancs et dans des unités spéciales.

En conclusion, si Lincoln n'a pas voulu être un leader révolutionnaire, il n'en a pas moins fini par tenir le rôle de président de l'émancipation. Signe des temps : en 1864, il pousse la convention républicaine, qui vient de le désigner pour défendre les couleurs du parti dans les prochaines élections présidentielles, à approuver le projet du 13e amendement.

Au sein de la Confédération, les comportements sont tout autres. Les esclaves continuent de servir leurs maîtres. Si l'on ne commence pas par cette observation, on ne comprend pas comment l'armée sudiste a pu se former, combattre, se ravitailler et ne rien craindre sur ses arrières. Les esclaves ont continué à travailler dans les champs, ont été loués à des industriels, sauf à servir de briseurs de grève comme à Richmond en 1864. Ils ont construit des fortifications, fait la cuisine des soldats, conduit les chariots de l'intendance. Les hôpitaux les ont employés comme infirmiers. À peine 200 000 ont rejoint le camp des nordistes. C'est qu'il n'était pas facile de s'échapper et que pendant longtemps les Yankees se battent loin des plantations. Mais les relations entre maîtres et esclaves évoluent, à mesure que le conflit se prolonge. L'absence des premiers rend les seconds plus indispensables. La raréfaction des produits alimentaires contraint les esclaves à chercher ailleurs la nourriture que les maîtres se devaient de leur fournir. Le travail à la ville et dans les usines suscite de nouveaux comportements. À l'extrême fin de 1864, le président Davis propose que des esclaves soient incorporés dans l'armée sudiste. Une mesure d'urgence qui résoudrait la crise des effectifs, mais annoncerait une libération prochaine. La proposition se perd dans les sables. À mesure que la situation militaire se dégrade, l'idée fait son chemin, au milieu des protestations les plus véhémentes. Donner des armes aux esclaves, c'est encore un tabou qui fait frémir d'indignation et provoque la peur. Un général confédéré résume l'argument : « Si les esclaves font de bons soldats, toute notre théorie de l'esclavage est fausse. […] Le jour où nous en ferons des soldats sera le commencement de la fin de la révolution. » Un de ses camarades ajoute : « La pire des calamités qui puissent tomber sur nous serait que nous gagnions notre indépendance grâce à la valeur de nos esclaves. » Et pourtant, en mars 1865, le pas est franchi. Lee persuade le monde politique de la Confédération que les esclaves se battront bien, mais il ne réussit pas à le convaincre qu'en contrepartie ils devront être libérés. Peu importe d'ailleurs. La mesure vient trop tard ; elle ne sera pas appliquée. Il faut dire que la mobilisation des esclaves aurait fait perdre tout son sens à la sécession et que la guerre serait apparue encore plus absurde. Cette évolution montre néanmoins que la condition des Noirs a changé, mais que le problème de leur place dans la société américaine est loin d'être réglé en 1865. Dans l'Union comme dans la Confédération.

La guerre a provoqué un deuxième bouleversement des mentalités. L'Union symbolise et garantit désormais une forme de démocratie. Depuis la Déclaration d'indépendance, le peuple exprimait sa souveraineté par l'intermédiaire des États et du gouvernement central. Les premiers passaient pour plus proches des citoyens. C'est ce qu'avait soutenu Jefferson, avant qu'il ne devienne président des États-Unis ; c'est ce qu'avait rappelé John Calhoun. Le débat sur l'esclavage, puis la guerre ont renversé les conceptions traditionnelles. Ce sont les partisans de l'« institution particulière » qui, de 1836 à 1844, ont imposé au Congrès la « règle de la muselière » ; eux encore qui ont restreint la liberté de parole et de pensée dans le Sud ; eux enfin qui ont combattu le principe de la liberté individuelle. De plus, les planteurs sont riches, puissants, et le système qu'ils incarnent entrave le travail des petits, des simples, des hommes ordinaires. La slavocratie, c'est la tyrannie. Son point d'appui, ce sont les droits des États. Au contraire, le gouvernement fédéral représente la souveraineté populaire, les libertés, la démocratie. C'est ce que dit Lincoln avec force, lorsqu'il rend hommage, le 19 novembre 1863, aux morts de Gettysburg : il faut que les vivants poursuivent l'œuvre des disparus, « que nous soyons résolument engagés à ce que ces morts ne soient pas morts en vain, que cette nation, sous la direction de Dieu, naisse une nouvelle fois à la liberté et que le gouvernement du peuple, par le peuple, pour le peuple ne disparaisse pas de notre terre ». Le peuple découvre que ses seuls porte-parole siègent à Washington. Le patriotisme à l'égard de l'Union, c'est sa nouvelle religion ; le président est son prophète.

Ce prestige rejaillit sur la personne de Lincoln. Lentement, certes, le « vieil Abe » jouit d'une popularité grandissante. Sans doute parce qu'il est modeste et aisément accessible, qu'il savait peu en entrant à la Maison-Blanche et qu'il a appris vite et beaucoup, qu'il a commis des erreurs dans la conduite de la guerre mais qu'il a su découvrir Grant et lui conserver sa confiance, qu'il a consolidé l'autorité du président sur son cabinet et sur le Congrès, qu'il a su métamorphoser le parti républicain en un parti majoritaire. Tout cela ne revêt une importance décisive qu'après le 14 avril 1865. Ce jour-là, cinq jours après Appomattox, Lincoln se rend au théâtre Ford de Washington où l'on donne une comédie anglaise, *Notre cousin américain*. Il est l'homme de la victoire, vient d'être réélu pour un deuxième mandat et s'apprête à reconstruire l'Union. Un acteur raté de vingt-six ans qui veut venger le Sud, à demi fou, John Wilkes Booth, pénètre dans la loge du président, tire sur Lincoln, saute sur la scène en criant : *Sic semper tyrannis !* et s'enfuit. Il sera abattu peu après ; quatre de ses complices seront pendus, quatre autres condamnés à la prison[1]. Le lendemain, à 7 h 30,

1. Beaucoup d'hypothèses ont été échafaudées sur l'assassinat de Lincoln. Ce qui est certain, c'est que Booth a réuni autour de lui quelques mauvais garçons, des espions et des déserteurs de la Confédération. Ils avaient l'intention d'assassiner le président, le vice-président Andrew Johnson et le secrétaire d'État William Seward. L'assassin désigné de Johnson n'accomplit pas son geste. Seward fut blessé à coups de poignard. Quant à Booth, il échappa à ses poursuivants jusqu'au 26 avril et fut alors abattu dans une ferme de Virginie. Le complot a-t-il revêtu

Abraham Lincoln est mort. En dehors de la Confédération, c'est la consternation. On pleure dans les rues. Des millions de personnes s'alignent le long de la voie ferrée qu'emprunte le train mortuaire de Washington à Springfield (Illinois). Pour beaucoup et surtout pour la population noire, Lincoln est un martyr qui a été crucifié, un autre Christ qui s'est sacrifié pour son pays. L'histoire se mue en une épopée tragique. Mais le discours que le président a prononcé le 4 mars lors de son entrée en fonctions, est encore dans toutes les mémoires : « Sans méchanceté à l'égard de personne, avec charité pour tous, avec fermeté pour défendre la justice telle que Dieu nous a enseigné à la voir, efforçons-nous [...] de panser les blessures de la nation et [de construire] une paix juste et durable. » En dépit des cris de vengeance, dans le Nord comme dans le Sud, et du drame qui vient de secouer les États-Unis, une grande majorité des Américains aspire à la réconciliation nationale.

---

une plus grande ampleur ? On l'a dit en soulignant que Booth avait été tué pour éviter un jugement. C'est une hypothèse très fragile.

7

Le triomphe de l'Amérique industrialiste

À la fin du XIXe siècle, la guerre de Sécession paraît à la fois proche et lointaine. Beaucoup d'anciens combattants vivent encore et continuent d'égrener leurs souvenirs. Impossible d'oublier le conflit fratricide, même si l'intégration des Noirs dans la société américaine ne préoccupe plus les Américains. Pourtant, les États-Unis de 1900 sont bien différents de ceux de 1865. L'industrie l'emporte sur l'agriculture ; la ville, sur la campagne. Aucun garde-fou ne parvient à contenir le capitalisme, la nouvelle religion d'une société qui croit dans l'évangile de la richesse. Seul, le populisme alimente la contestation dans la dernière décennie.

La Reconstruction

Au sortir de la guerre civile, les États-Unis affrontent un problème capital, dont dépend leur avenir. Pendant quatre ans, onze États ont fait sécession et porté des coups très durs à l'esprit d'union. Maintenant qu'ils ont été vaincus par la force des armes, comment les réintégrer dans la nation ? En un mot, comment surmonter une crise politique, morale et spirituelle qui a menacé l'existence même des États-Unis ? La Reconstruction, c'est la réponse à ces questions.

À vrai dire, Lincoln a défini une ligne de conduite : pardon immédiat aux membres de la Confédération qui acceptent de prêter serment à l'Union, soutien aux citoyens des États sécessionnistes qui souhaitent former des gouvernements loyaux, mise en place de gouverneurs militaires aussitôt que la « libération » d'un État sera achevée. Dès le mois de décembre 1863, il va plus loin encore. Si 10 % des citoyens d'un État « rebelle » (et les citoyens sont ceux qui ont voté dans les élections présidentielles de 1860) prêtent serment à l'Union, ils pourront constituer un gouvernement, à condition que l'esclavage ne figure plus dans la Constitution et disparaisse de la réalité quotidienne. Ce gouvernement sera alors reconnu comme le « véritable gouvernement de l'État ». Trois États ont emprunté cette voie en 1864 : le Tennessee, l'Arkansas et la Louisiane. S'ils l'ont fait, c'est qu'ils ne sont plus entre les mains des Confédérés et que l'armée du Nord y a suffisamment progressé pour qu'une décision politique puisse être prise. L'attitude de Lincoln est modérée : pas de bouleversement dans les relations entre les États, retour au *statu quo* le plus rapidement possible. Au fond, le président démontre, une fois de plus, qu'il est un whig et non l'un de ces affreux *black Republicans* que dénonce la propagande sudiste.

L'ennui, c'est que 10 % des électeurs de 1860 font un bien modeste « noyau », pour reprendre le mot du président, mais ils seront « ce que l'œuf est à la poule. Nous aurons bientôt la poule en couvant l'œuf plutôt qu'en l'écrasant ». Le Congrès ne partage pas cet avis. Un sénateur de l'Ohio, Benjamin F. Wade, et un représentant du Maryland, Henry Winter Davis, font adopter en juillet 1864 une législation plus rigoureuse. Un gouverneur militaire surveillera la réintégration des États « rebelles ». Lorsque 50 % au moins des citoyens blancs d'un État auront prêté un serment de loyauté, une convention sera élue qui abrogera la sécession et abolira l'esclavage. Les hasards du calendrier donnent une arme à Lincoln. La proposition de loi est adoptée moins de dix jours avant la fin de la session du Congrès. Il suffit au président de ne pas la signer pour qu'elle n'entre pas en vigueur (procédure du *pocket veto*). L'escarmouche révèle un double conflit : entre les « radicaux » et les modérés, entre le Congrès et la présidence. C'est un conflit qui promet de s'envenimer, lorsqu'il faudra décider du sort des principaux responsables de la Confédération, des biens confisqués et de leur distribution éventuelle, de la condition des Noirs émancipés. Président de la victoire, auréolé d'un prestige qui accroît son influence, Lincoln aurait pu l'emporter sur les prétentions du Congrès.

Son successeur ne dispose pas des mêmes atouts. Andrew Johnson est né en Caroline du Nord en 1808. Il s'est installé dans le Tennessee où il a exercé le métier de tailleur. Il ne savait alors ni lire ni écrire. C'est sa femme qui lui a enseigné des rudiments d'instruction. Cet autodidacte ne tarde pas à s'intéresser à la politique. Le voici qui occupe diverses fonctions électives et qui siège de 1843 à 1853 à la Chambre des représentants avant d'accéder au poste de gouverneur du Tennessee. De 1857 à 1862, il est sénateur. Ses idées politiques font de lui un anticonformiste. Comme la plupart des sudistes, il défend les couleurs du parti démocrate, mais déteste le principe du droit à la sécession. Lorsque le Tennessee entre dans la Confédération, Johnson reste fidèle à l'Union et le président Lincoln fait de lui le gouverneur militaire de l'État avec rang de général de brigade. Allié des républicains, il n'éprouve aucune sympathie pour les Noirs. Défenseur des droits des États, il soutient le gouvernement fédéral dont l'influence ne cesse de s'étendre. Partisan d'une stricte politique monétaire, il collabore avec les milieux d'affaires et leurs porte-parole qui préfèrent l'inflation. Rejeté par ses anciens amis, tenu à l'écart par ses alliés, Johnson est un homme seul. Si Lincoln le choisit en 1864 pour briguer la vice-présidence, c'est qu'il veut témoigner de sa volonté de réconcilier tous les Américains honnêtes et loyaux. Président par accident, Johnson n'a pas la stature de son prédécesseur. Dans le système politique qui prévaut aux États-Unis en 1865, son accession à la magistrature suprême est une aberration. On le lui fait bien sentir. Le

Congrès croit venu le moment d'imposer ses volontés à la Maison-Blanche.

Pourtant, Johnson n'a pas l'intention d'innover. La politique qu'il mène, c'est celle que Lincoln a définie. Il recourt à son droit de grâce pour pardonner aux anciens « rebelles » ; il s'efforce de faire rentrer dans l'Union les États sécessionnistes en exigeant d'eux qu'ils acceptent l'abolition de l'esclavage et annulent les ordonnances de sécession. Que les anciens confédérés prêtent un serment de loyauté et ils recouvreront leurs biens ! À l'exception, toutefois, des plus hauts dignitaires, civils et militaires, des juges et des législateurs. En Caroline du Nord, il donne instruction au gouverneur militaire de réunir une convention qui amendera la Constitution de l'État et procèdera à une normalisation. En Virginie, dans l'Arkansas, en Louisiane et dans le Tennessee, Johnson reconnaît les gouvernements qui ont été mis sur pied conformément aux recommandations de Lincoln. Au Congrès, seule une poignée de démocrates unionistes soutient la Reconstruction présidentielle. Quant aux républicains, ils sont divisés. Les conservateurs s'estimeraient satisfaits si l'ancienne classe dirigeante du Sud était écartée du pouvoir. Les « radicaux » vont plus loin. Les États du Sud, disent-ils, ont volontairement quitté l'Union ; ils se sont suicidés et ne constituent plus aujourd'hui qu'une province conquise. Leur réintégration dépend du Congrès comme dépend du Congrès l'accession des territoires au rang d'États. D'ailleurs, poursuivent les « radicaux », il est temps que la présidence cesse d'étendre son pouvoir. Quant aux « rebelles » qui ont joué un rôle actif, il faut les châtier. Les Noirs doivent avoir le droit de voter et jouir de l'égalité complète avec les Blancs. Ainsi, soutenu par une masse de nouveaux électeurs, le parti républicain s'implantera enfin dans le Sud et imposera pour de longues années sa suprématie au plan national. Dans l'opinion publique du Nord, le programme « radical » bénéficie de trois avantages. Les États du Sud, dès qu'ils sont réadmis dans l'Union, s'empressent d'élire aux fonctions publiques d'anciens sécessionnistes convaincus. Au lendemain de l'arrêt des combats, ils adoptent des codes noirs qui maintiennent les anciens esclaves dans une condition inférieure. Enfin, Johnson reste un politicien maladroit, une personnalité qui suscite plus d'inimitiés que d'amitiés, un autoritaire qui n'a pas d'autorité. De quoi renforcer les « radicaux ».

En 1866, le conflit éclate entre le législatif et l'exécutif. Le gouvernement fédéral, en effet, a créé en mars 1865 le Bureau des réfugiés, des affranchis et des terres abandonnées, plus connu sous le nom de Bureau des affranchis. Sa mission ? Aider les esclaves émancipés et les Blancs les plus pauvres, en leur donnant des vivres et des semences. Un an plus tard, pour répondre aux codes noirs, le Congrès décide d'élargir les compétences du Bureau qui pourrait, grâce à des commissions militaires, faire passer en jugement toute personne accusée d'avoir privé les Noirs de leurs droits civiques. Anticonstitutionnel, répond Johnson, qui fait observer que le Congrès ne peut pas légiférer dans les États tant qu'ils n'ont pas réintégré l'Union. Le Congrès brise le veto présidentiel. Nouveau veto à l'encontre d'une loi, celle du 9 avril 1866 qui accorde aux Noirs les mêmes droits civiques qu'aux Blancs. Le Congrès passe outre une deuxième fois et prend la précaution d'adopter un 14e amendement à la Constitution qui contient les mêmes dispositions, sera une condition *sine qua non* pour le retour dans l'Union des États sécessionnistes et est approuvé le 28 juillet 1868.

À la fin de l'année 1866, la tension s'aggrave. C'est que les élections législatives de novembre ont été un succès pour les républicains, en particulier pour les « radicaux ». Dès lors, le président perd le contrôle de la Reconstruction. Le Sud est divisé en cinq districts militaires, dans lesquels est appliquée la loi martiale (loi du 2 mars 1867). Les États sécessionnistes sont appelés à convoquer de nouvelles conventions, élues au suffrage universel masculin (seuls les anciens responsables de la Confédération sont exclus), qui devront garantir aux Noirs le droit de vote et adopter le

14e amendement. Si les États refusaient de se plier à ces recommandations, les généraux commandant les districts en assureraient l'application (lois des 23 mars et 19 juillet 1867, loi du 11 mars 1868).

Pendant ce temps, le Sud souffre des conséquences de sa défaite militaire. Là où les combats se sont déroulés, les ruines s'accumulent. Dans le nord de la Virginie, par exemple, en Georgie le long de l'itinéraire qu'a suivi l'armée de Sherman. Partout, des récoltes saccagées, des bâtiments incendiés, le bétail abattu témoignent de l'âpreté des combats. Les quelques industries que possédait le Sud sont arrêtées. L'argent se fait rare et la valeur des propriétés a dégringolé. C'est que 4 millions d'esclaves ont été émancipés. Pour les anciens propriétaires, la perte en capital est considérable. Elle s'élève sans doute à plusieurs milliards de dollars. Et que deviendront les Noirs ? Vont-ils continuer à travailler sur les plantations de leurs anciens maîtres ? Se laisser aller à la joie de la délivrance et refuser tout effort ? Obtenir des terres et les cultiver ? Autant de questions qui suscitent parmi les Blancs une angoisse que le racisme accroît encore. Les mythes ont la vie dure, surtout celui de l'infériorité de la race noire et de la nécessité des relations inégalitaires entre Blancs et Noirs. Les Blancs du Sud ont d'autres sujets d'inquiétude. Ils imaginent volontiers que, pour aider les Noirs et tirer parti de la situation, des profiteurs se sont abattus sur la Confédération.

Ces Yankees qui débarquent dans les États du Sud sont baptisés *carpetbaggers*. En arrivant, ils ne possédaient pour tout bien qu'un méchant sac de toile (*carpet bag*). Ils forment « des bandes d'aventuriers itinérants, des trafiquants, trop dépravés, dissolus, malhonnêtes et dégénérés pour obtenir les places inférieures dans les États qu'ils ont quittés ». Débordant de cupidité, dépourvus de scrupules, prêts à faire argent de tout, ils ne cherchent qu'à saisir le pouvoir en se servant des Noirs. Ils bénéficient du soutien des *scalawags* (du nom du bétail de l'île de Scalloway en Écosse), des traîtres à la cause sudiste, des hommes « vils, assoiffés de revanche, sans principes, appartenant à cette espèce mesquine, paresseuse, dégoûtante dont ne veulent ni les bouchers ni les chiens ». Le portrait que dressent les sudistes ne laisse pas d'être excessif et terriblement injuste. Les *carpetbaggers* sont des Américains comme les autres qui vont chercher fortune dans le Sud, à l'exemple de ceux qui sont partis et continuent de partir pour l'Ouest. Ils s'efforcent d'acheter des terres, de construire des voies ferrées et des usines, de faire du commerce. Ce sont aussi d'anciens combattants qui, une fois démobilisés, ont choisi de rester dans le Sud, ou bien des enseignants, des ministres du culte, des employés du Bureau des affranchis qui croient en leur mission. Ils ne sont ni plus ni moins honnêtes que les autres catégories de la population. L'animosité qu'ils suscitent résulte de la guerre et de la fermeture du Sud au monde extérieur. Quant aux *scalawags*, ce ne sont pas nécessairement les rebuts de la société qui viennent ramasser les miettes du festin, mais souvent des unionistes qui n'ont pas pu, au temps de la slavocratie, exprimer leurs points de vue. Les Noirs, dépourvus d'expérience politique, aisément intimidés par une liberté qu'ils viennent d'acquérir, ont souvent fait confiance aux uns et aux autres, bien qu'entre ces trois groupes qui forment le parti républicain des États du Sud des conflits n'aient pas manqué de surgir.

Est-ce à dire que les gouvernements des États sont tombés aux mains de Noirs incapables, corrompus, et de profiteurs qui ont pillé les richesses du Sud ? Un journaliste du Nord a publié en 1873 une description de la Caroline du Sud, sous le titre *The Prostrate State* (« L'État prostré »), dans laquelle il dresse un tableau effrayant de la vie politique, en particulier de la Chambre des représentants : « Le président est noir, écrit-il, les portiers sont noirs, le greffier est noir, les garçons de course sont noirs, le président de la commission des Finances est noir, le chapelain est noir comme du charbon. Derrière certains pupitres siègent des types d'hommes qu'on ne trouverait pas en dehors du Congo. [...] C'est la lie de la population qui a revêtu les habits de leurs prédécesseurs intelligents et leur impose le règne de l'ignorance et de la corruption. [...] La barbarie l'emporte sur la civilisation [...]. [C'est] la plus ignorante des démocraties que le monde ait connue. » Trois quarts de siècle plus tard, Margaret Mitchell fait dire à l'un de ses personnages d'*Autant en emporte le vent* que tous ceux qui comptaient dans le bon vieux temps ne sont plus rien maintenant.

Tout cela est exagéré. Émancipés, les Noirs jouissent de leur liberté de mouvement et attendent avec impatience que le gouvernement fédéral leur accorde « quarante acres et une mule » pour qu'ils mènent la vie d'agriculteurs indépendants. Vaine attente ! Beaucoup se précipitent vers les écoles qu'a créées le Bureau des affranchis et apprennent à lire. Ils obtiennent le droit de vote non sans mal. Encore faut-il préciser que pour faire disparaître les dernières hésitations, le Congrès adopte le 26 février 1869 le 15e amendement (approuvé le 30 mars 1870) qui interdit à un État de priver l'un de ses citoyens du droit de vote à cause de sa race, de sa couleur ou de sa condition servile antérieure. Certes, les Noirs se font élire dans les assemblées législatives des États qui ont appartenu à la Confédération. Mais ils ne sont majoritaires qu'en Caroline du Sud ; ce qui n'a rien de scandaleux, puisque la population noire de l'État l'emporte du point de vue quantitatif sur la population blanche. Ailleurs, les élus noirs détiennent au mieux de 15 à 20 % des fonctions électives. S'il y a eu des lieutenants-gouverneurs, des membres du pouvoir exécutif de l'État qui ont été désignés parmi les Noirs, aucun gouverneur n'est noir. De 1868 à 1877, 6 % seulement des représentants fédéraux des États du Sud sont noirs. En tout, 14 Noirs ont siégé à la Chambre des représentants, 2 au Sénat.

Point d'esprit de revanche parmi eux, mais le désir de collaborer avec les Blancs, une corruption aussi largement répandue que parmi les politiciens blancs, une politique conservatrice dans tous les domaines, sauf en matière de droits civiques. La révolution sociale ne s'est pas produite. La gestion financière n'est ni géniale ni catastrophique. Les structures économiques ne sont pas bouleversées. Mais ce qui choque les conservateurs du Sud, c'est que les anciens esclaves tiennent maintenant une place dans le système politique. Ils crient au loup, mais la bergerie n'est pas menacée. Les plus déterminés d'entre eux recourent à la violence et rejoignent le Ku Klux Klan. Il a été fondé à Pulaski (Tennessee) en 1866. À sa tête, le général Nathan Bedford Forrest, de l'armée confédérée. Forrest occupe le poste de Grand Sorcier, entouré des Dragons, des Titans, des Géants et des Cyclopes, tous chargés d'administrer l'association. Revêtus de cagoules et de robes blanches, travaillant main dans la main avec les Fils du Sud, la Société de la rose blanche, les Chevaliers de la croix noire, la Fraternité blanche et les Chevaliers du camélia blanc, ils sont jusqu'à 550 000 dans le Tennessee, l'Alabama, la Caroline du Sud et la Caroline du Nord, la Louisiane. L'ennemi, c'est le Noir, le *scalawag*, le *carpetbagger*, qu'on terrorise, qu'on bat, qu'on tue, qu'on empêche par la violence de se rendre au bureau de vote. Les États réagissent dès 1868. Officiellement dissous en 1869, le Klan disparaît en 1871 après le vote de lois répressives par le Congrès. Il renaîtra une cinquantaine d'années plus tard.

Mais voilà que brusquement à Washington le conflit politique prend une autre tournure. Les « radicaux » ne se contentent plus de neutraliser la présidence. Ils craignent qu'elle ne retrouve un jour les moyens de nuire à leur Reconstruction et cherchent à limiter ses pouvoirs. En 1866, ils ont enlevé au président le droit de désigner les nouveaux membres de la Cour suprême. En 1867, ils décident que le président devra faire contresigner ses ordres à l'armée par le commandant en chef. Le 2 mars, ils votent une loi sur la nomination des fonctionnaires civils (Tenure of Office Act) qui entre en vigueur malgré le veto de Johnson. Désormais, le Congrès interdit au président de retirer leurs fonctions aux membres de son administration qui ont été nommés avec l'approbation du Sénat ; lorsque le Congrès ne siège pas, une destitution temporaire est possible ; pour devenir définitive, elle doit être acceptée par les sénateurs. Les législateurs veulent ainsi protéger les fonctionnaires qui partagent leur hostilité à Johnson et empêcher le secrétaire à la Guerre, Stanton, l'ami des « radicaux », de perdre son précieux poste d'observation.

Le Congrès accentue son offensive. Profitant de la décision du président, au cours de l'été 1867, de remplacer Stanton par Grant, la Chambre des représentants entame une procédure d'*impeachment* à l'encontre de Johnson. L'assemblée donne son accord par 128 voix contre 47 le 22 février 1868. Le dossier est transmis au Sénat et comprend onze chefs d'accusation, tous centrés sur la violation du Tenure of Office Act. Le procès du président commence le 30 mars devant le Sénat, transformé en haute cour et présidé par le président de la Cour suprême. Johnson, aidé par ses avocats, soutient que la loi viole la Constitution, car le pouvoir de nommer entraîne celui de révoquer. Ses adversaires déclarent que le Congrès peut préciser les termes de la Constitution, que le président a le tort de ne pas se plier à une loi parfaitement constitutionnelle et qu'en agissant ainsi il s'expose à une juste condamnation. Le 16 mai, réquisitoires et plaidoiries sont terminés ; le Sénat décide de voter sur le dernier des chefs d'accusation qui résume les dix autres. Trente-cinq sénateurs jugent le président Johnson coupable et demandent qu'il soit démis de ses fonctions ; dix-neuf sont d'un avis contraire. À une voix près, la majorité des deux tiers n'a pas été atteinte : sept républicains ont préféré s'unir à douze démocrates. Après un deuxième vote sur les articles 2 et 3 de l'accusation, qui donne des résultats presque identiques, le Sénat se résout à ajourner ses débats *sine die*.

L'échec des « radicaux » paraît surprenant, car les contemporains s'accordent à attester l'impopularité de Johnson et l'on sait, après avoir lu le compte rendu du procès, dans quelle atmosphère passionnée il s'est déroulé. Mais, d'une part, la défense a su démontrer que le Tenure of Office Act n'était pas irréprochable (la Cour suprême reconnut en 1926 que l'argumentation de Johnson était correcte ; la loi avait été abrogée depuis longtemps). D'autre part, des considérations politiques ont également été prises en compte. Chasser Johnson de la Maison-Blanche, oui, mais qui le remplacera ? En l'absence d'un vice-président, la charge devait revenir à Wade, qui présidait le Sénat. Wade avait préparé la liste de ses secrétaires. « Radical » lui-même, il s'était entouré de « radicaux ». Quelques républicains conservateurs hésitèrent tout à coup et se refusèrent à choisir entre la peste et le choléra. Ils se rappelèrent que des élections présidentielles auraient lieu en novembre, qu'il valait mieux compter sur un candidat plus proche de leurs conceptions, capable au surplus de réunir sur son nom une majorité d'électeurs. Leur choix s'était porté sur le général Grant et la convention nationale du parti républicain avait adopté leur point de vue, précisément dans la deuxième quinzaine de mai. Dans ces conditions, n'était-il pas préférable que Johnson termine son mandat ?

En fait, ce qui met un terme à la Reconstruction, ce n'est pas que Grant succède à Johnson et soit réélu en 1872. La preuve en est que même au cours du premier mandat de Grant, le Congrès prend des mesures concernant le Sud. Officiellement, la Reconstruction s'achève en avril 1877, lorsque les dernières troupes fédérales quittent le Sud, en l'occurrence la Caroline du Sud et la Louisiane. Trois explications rendent compte de l'évolution. En premier lieu, les conservateurs ont retrouvé le pouvoir dans les États de l'ancienne Confédération. C'est fait, entre 1869 et 1871, en Virginie, en Georgie, en Caroline du Nord et dans le Tennessee. En 1875, le Texas, l'Alabama, l'Arkansas, le Mississippi suivent l'exemple. À la fin de 1876, le candidat républicain, Rutherford B. Hayes, a frôlé la défaite. Son succès, il le doit à une si faible marge que, pour éviter toute contestation, il ne peut éviter d'élaborer un compromis (tout informel) avec les démocrates, y compris ceux du Sud. L'heure de la conciliation a sonné. Sur la crise de la guerre civile, le rideau tombe. Somme toute, la victoire des conservateurs dans les États du Sud découle de la lassitude du Nord, notamment des milieux d'affaires, fatigués d'une agitation brouillonne de leurs alliés, les républicains « radicaux ». Ils aspirent au retour au calme, qui sera aussi un retour aux affaires. Le grand vainqueur de la Reconstruction, c'est sans doute le capitalisme industriel. De plus, la crise financière de 1873 a annihilé l'esprit de croisade. Les républicains sont déconsidérés par des scandales qui ont éclaboussé l'entourage du président Grant et d'autres affaires qui, dans les États du Sud, aboutissent à faire du parti démocrate le parti de la réforme. L'opinion publique nourrit des préoccupations plus matérielles que spirituelles. Le sort des Noirs ne l'intéresse plus guère. De temps à autre, un politicien à court d'inspiration « agite la chemise sanglante », c'est-à-dire rappelle les souffrances de la Grande Armée de la République, l'armée du Nord, et l'iniquité des soldats de la Confédération, la division tragique du pays, la glorieuse attitude des républicains et la détestable politique des démocrates. Cette rhétorique rapporte peu. L'unanimité du pays se reconstruit au détriment des Noirs. En 1876, la Cour surprême estime que le 14e amendement n'a pas pour but de confier au gouvernement fédéral la protection des droits civiques. Les États sont désormais libres de fixer à leur guise le cadre des relations interraciales. Au moyen d'artifices juridiques, quand ce n'est pas par l'intimidation, les Noirs du Sud perdent leur droit de vote. La ségrégation dans les écoles, les hôpitaux, les moyens de transport devient peu à peu une habitude, jusqu'au moment où, en 1896, la Cour suprême en reconnaît la légalité[1]. Si les règlements

1. Par l'arrêt *Plessy contre Ferguson* (1896), la Cour suprême admet la constitutionnalité d'une loi de Louisiane qui instaurait la ségrégation raciale dans les chemins de fer. La ségrégation, dit l'arrêt, n'est pas

et les décisions juridiques ne suffisent pas à maintenir les Noirs à leur place, il arrive que la foule recourt au lynchage : 187 par an de 1889 à 1899 dont 80 % dans le Sud, d'après les statistiques officielles qui, de toute évidence, sous-estiment la triste réalité. L'esclavage a disparu ; la discrimination lui succède.

Le capitalisme sauvage

À peine la guerre civile s'achève-t-elle, l'optimisme reprend vigueur. Rien ne semble impossible : des millions de kilomètres carrés à mettre en valeur, des matières premières et des métaux précieux à exploiter, un vaste marché commun que protègent des barrières douanières un peu plus élevées depuis 1861 (malgré un léger abaissement postérieur à 1870), des immigrants qui se pressent en grand nombre sur les quais de New York, de Boston et de Philadelphie, des hommes politiques qui se dévouent, corps et âme, à l'essor économique du pays, comment ne pas croire dans l'avenir radieux des États-Unis ? Certes, des esprits chagrins se demandent si, tout compte fait, la guerre de Sécession n'a pas retardé le développement économique et ruiné pour longtemps le Sud. Les énormes distances alourdissent les coûts de transport. Les nouveaux venus manquent de qualification professionnelle. Qu'à cela ne tienne ! Horatio Alger exprime à merveille le goût de la réussite, l'admiration pour le *self-made man*, la conviction que la fortune se ramasse au coin de la rue. Au moment où il meurt, en 1899, il a publié 119 livres qui portent des titres significatifs : *Fame and Fortune* (la Gloire et la Fortune), *Only an Irish Boy* (Un simple petit Irlandais), *The Telegraph Boy* (le Petit Télégraphiste). Tous racontent la même histoire. Il faut travailler dur, vivre avec frugalité, ne

---

discriminatoire, si les deux races bénéficient des mêmes avantages. Ce qui se résume par la formule : « Séparé, mais égal. »

pas fumer ni boire, se lever tôt et se coucher tard, croire en sa chance et la fortune récompensera de si louables efforts. La route de la vertu conduit des haillons aux richesses ; l'argent bien acquis fait le bonheur de celui qui le possède.

Il est vrai que le tableau de l'économie américaine est impressionnant. La population passe de 31,5 millions en 1860 à 76 millions en 1900. Sans doute l'accroissement naturel décline-t-il. Le taux de natalité qui s'élevait à 44,3 ‰ en 1860 n'est plus qu'à 31,6 ‰ en 1900 ; le taux de mortalité baissse proportionnellement moins : de 21,4 à 18,8 ‰. Ce qui donne un taux d'accroissement dans le premier cas de 22,9 ‰ ; dans le deuxième cas, 12,8 ‰. La forte croissance démographique tient donc, pour une bonne part, à l'immigration. C'est en 1854 que l'immigration d'avant la guerre de Sécession avait atteint un sommet : 427 833 immigrants, cela paraissait incroyable, à la limite du supportable, ajoutaient les nativistes qui s'inquiétaient de l'arrivée massive des Irlandais catholiques. Le conflit n'a pas stoppé le flux. Après 1865, il grossit. De 1861 à 1870, 2 315 000 personnes entrent aux États-Unis. Dans la décennie suivante, 2 812 000. Entre 1881 et 1890, nouveau bond en avant : 5 247 000. La dernière décennie du siècle coïncide avec une crise économique et le ralentissement de l'expansion : le total des immigrants ne dépasse pas 3 700 000 entrées. En quarante ans, 14 millions de nouveaux venus. Les Européens restent très largement majoritaires : 86,5 % des immigrants en 1860, 58,1 % en 1880, 73,4 % en 1890 (après l'interdiction de l'immigration chinoise en 1882), 86,2 % en 1900. Parmi eux, la part des Britanniques tombe de 19,3 % à 2,7 % ; celle des Irlandais, de 31,7 à 7,9 % ; celle des Allemands, de 35,5 à 4,1 % (20,3 % en 1890). C'est que depuis 1890, les Polonais, les Russes, les Italiens, les Juifs d'Europe centrale arrivent massivement. Cette immigration est plutôt jeune et vient travailler dans les usines. De 1864 à 1884, l'immigration sous contrat est autorisée. C'est dire combien elle est essentielle au développement économique, non seulement parce qu'elle fournit une main-d'œuvre que réclame l'industrie, mais aussi parce qu'elle gonfle la demande du marché intérieur.

Les indicateurs économiques confirment la réussite. L'indice de la production industrielle, établi par Edwin Frickey, fixe la base 100 à 1899. Il donne 16 pour 1860, 31 pour 1872, 49 pour 1882, 79 pour 1892. En dollars constants (valeur 1929), le produit national brut saute de 9,1 milliards par an pour les années 1869-1873 à 35,4 milliards pour les années 1897-1901, soit un taux de croissance annuelle de 4 % et une augmentation de 300 % en trente ans. Sans doute le produit national brut réel par habitant croît-il dans des proportions moindres : 2 % par an. N'empêche qu'en dollars constants (valeur 1860), il passe de 147 par an pour les années 1869-1878 à 234 pour les années 1894-1903[1]. Il ne faut pourtant pas dissimuler que la progression est irrégulière. La panique boursière de 1873 débouche sur un ralentissement de trois ans. La crise de 1883 se termine en 1885. Celle de 1893 prend fin en 1897. Peu importe les origines du marasme et les raisons de la reprise. L'essentiel, c'est la tendance générale et, malgré la phase B qui correspond à un abaissement des prix et à un malaise de tout le monde occidental, l'expansion l'emporte. Au total, la production industrielle fait des merveilles : en cinquante ans, elle s'est multipliée par douze. En 1890, les États-Unis produisent autant dans le domaine industriel que la Grande-Bretagne, l'Allemagne et la France réunies.

Dans cette période d'industrialisation intense, ce ne sont plus les mêmes industries qui se maintiennent en tête du peloton. En 1860, les cotonnades, l'industrie du bois, la fabrication des bottes et des chaussures, les farines menaient la danse pour la valeur ajoutée devant la confection pour hommes, la métallurgie, l'industrie des machines, etc. Au début du XXe siècle, le fer et l'acier précèdent les textiles,

1. Ces informations statistiques sont tirées de l'ouvrage de Yves-Henri Nouailhat, *Évolution économique des États-Unis du milieu du XIXe siècle à 1914*, Paris, CEDES-CDU, 1982, p. 10-11.

l'industrie du bois, la fabrication du papier, des produits alimentaires. Comme le fait remarquer Yves-Henri Nouailhat : « L'industrie de la soie qui n'occupe que le 25e rang avec une production d'une valeur de 254 millions de dollars dépasse encore l'industrie qui était au premier rang en 1860. »

L'explosion ferroviaire illustre de manière spectaculaire la vague déferlante de l'industrialisation. En mai 1869, le premier transcontinental est terminé. La compagnie du Central Pacific a entrepris les travaux de construction depuis Sacramento en Californie ; des milliers de coolies chinois sont venus travailler là pour des salaires misérables et beaucoup sont morts en frayant à la voie un passage à travers les chaînes côtières et les montagnes Rocheuses. L'Union Pacific, elle, est partie de Saint Joseph sur le Missouri pour traverser les Grandes Plaines à la rencontre de la ligne venant de l'Ouest. La jonction des deux tronçons s'est faite à Promontory Point (Utah), dans la joie que suscite un exploit technique. D'autres transcontinentaux suivront : en 1883, le Northern Pacific relie le lac Supérieur à Portland (Oregon) ; en 1893 le Great Northern part de Saint Paul pour atteindre Seattle ; entre-temps, le Santa Fe unit Kansas City à Los Angeles, puis à San Francisco, tandis que le Texas & Pacific assure la liaison entre La Nouvelle-Orléans et la Californie. C'est l'âge héroïque du « cheval de fer » que les *westerns* ont immortalisé, le vieux rêve, enfin réalisé, du voyage ferroviaire de l'Atlantique au Pacifique. La *railroad mania* (folie du chemin de fer) revêt un caractère gigantesque. En 1860, les États-Unis comptent 48 000 kilomètres de voies ferrées ; en 1870, près de 85 000 ; en 1882, 193 000, soit la moitié du réseau mondial. Huit ans plus tard, il y a 267 000 kilomètres de voies construites et près de 320 000 à la fin du siècle. Jamais les chemins de fer ne connaîtront aux États-Unis un tel succès. Ils triomphent. Leur domination s'étend à toute la vie économique, pénètre largement dans la vie politique, dans la culture et les mentalités.

Les lignes de chemin de fer de l'Ouest en 1884

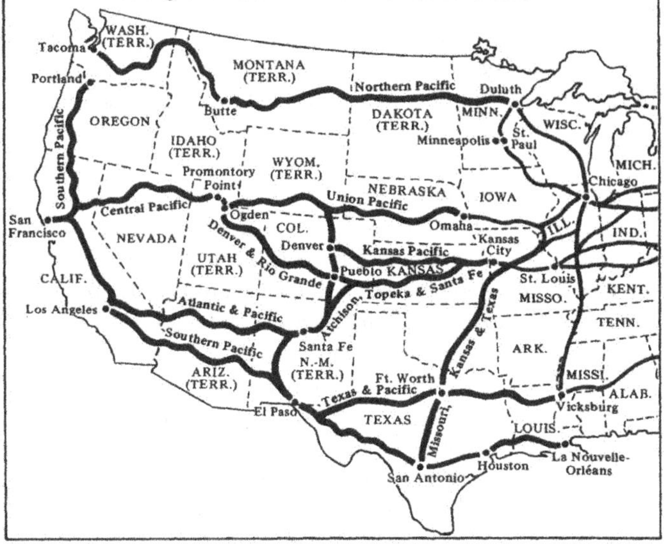

À y regarder de plus près, l'histoire des chemins de fer mérite moins de lyrisme. C'est d'abord le domaine des grosses affaires. Les compagnies qui ont construit les transcontinentaux ont bénéficié de l'aide fédérale. De chaque côté de la voie, l'Union Pacific et le Central Pacific ont reçu des concessions foncières, tout comme les sociétés qui ont suivi leur exemple, plus des prêts qui ont varié suivant les difficultés du terrain. En tout, 52,4 millions d'hectares sur les 70 millions que le gouvernement fédéral a distribués. Autant de lots, nécessairement bien desservis, que les compagnies ont vendus à bon prix ou loués aux candidats à la colonisation. La mise en valeur des Grandes Plaines est pour elles une nécessité ; il faut des passagers et du fret pour rentabiliser les investissements. C'est que cette énorme entreprise repose malgré tout, pour l'essentiel, sur des capitaux privés. Aux environs de 1880, l'investissement s'élève à 4 800 millions de dollars ; en 1897, le total des actions et des obligations équivaut à 10,5 milliards, alors que la dette nationale ne dépasse pas 1,3 milliard. Que d'affaires juteuses, de combines en tous genres, d'activités financières et boursières se dissimulent derrière ces statistiques ! Les capitaux américains n'y suffisent pas. Le tiers de l'investissement à la fin du XIXe siècle provient de l'étranger, surtout de Grande-Bretagne. De quoi engendrer des milliers de transactions, de ventes d'actions et d'obligations, de fusions, auxquelles se livrent les « rois des chemins de fer ». Les batailles qui agitent les États-Unis de l'époque se déroulent entre ces personnages, Hill contre Harriman, Gould contre Vanderbilt. En 1906, les deux tiers du réseau américain sont entre les mains de sept groupes. Fini le temps de l'hétérogénéité. Plus question de conserver des écartements fantaisistes et différents. Depuis 1883, les compagnies ferroviaires ont obtenu que le pays soit divisé en quatre fuseaux horaires. Maintenant que le chemin de fer a assuré sa victoire, le temps, c'est de l'argent.

Le prix des transports s'abaisse considérablement. En moyenne, il faut compter 1 cent par tonne et par mile (1,609 kilomètre), tandis qu'il en coûte 17 cents pour transporter une tonne sur un mile de voie routière, mais 0,13 cent sur un mile de voie navigable. Les innovations technologiques rendent le transport ferroviaire plus rentable : rails d'acier, freins Westinghouse à air comprimé, chaudières à vapeur, wagons réfrigérés, chargement automatique des marchandises, confort croissant des voitures que les wagons Pullman symbolisent. Mais l'enthousiasme des historiens pour la *railroad mania* est tempéré depuis quelques années par les travaux des économètres, en particulier Robert Fogel et Albert Fishlow. Par des calculs fort complexes, ils démontrent que sans les chemins de fer il y aurait eu, malgré tout, une réelle mise en valeur du pays, que les Américains auraient accordé plus d'importance aux canaux et aux cours d'eau, que pour un PNB de 12 milliards en 1890 l'apport des chemins de fer atteint 1 %, au maximum 5 % si l'on tient compte des activités économiques qu'a provoquées l'essor du rail. Il faut préciser que les conclusions des économètres ne suscitent pas l'unanimité. Elles ont au moins le mérite de nous ouvrir les yeux sur les autres activités industrielles, sur la sidérurgie et la métallurgie qui font alors des progrès considérables, sur la transformation de la laine et du coton, sur la confection, sur les diverses industries alimentaires qui poursuivent, elles aussi, une étonnante expansion.

Enfin, trois facteurs de l'industrialisation méritent d'être soulignés. Le taux de formation du capital s'accroît, ce qui revient à dire que les profits sont réinvestis et que peu à peu se crée un marché américain des capitaux. De plus, la demande intérieure augmente, ne fût-ce qu'en raison de la croissance démographique. En conséquence, même si les Américains sont présents sur les marchés mondiaux et mènent la vie dure aux Britanniques, aux Allemands et aux Français, le commerce avec l'étranger représente au début du XXe siècle à peine 5 % du total de la valeur ajoutée de la production industrielle. Quant à la rationalisation du travail, elle a accompli d'énormes progrès. Le système des pièces interchangeables s'étend à la plupart des industries mécaniques. Les inventions témoignent de ce dynamisme, que mettent bien en valeur le nombre de brevets et l'importance de l'enseignement technique. L'ampoule électrique de Thomas Edison, le téléphone d'Alexander Graham Bell, le fil de fer barbelé de Joseph Glidden, autant d'exemples qui montrent que les États-Unis ont cessé d'être à la remorque de l'Europe.

Dans ce tourbillon des affaires, l'entrepreneur joue un rôle primordial. Il s'offre en modèle à la société américaine. Avant la guerre de Sécession, deux types d'individus donnaient le ton : le planteur, avec un genre de vie qu'on qualifiait un peu vite d'aristocratique, le grand commerçant, mi-aventurier mi-*businessman*, toujours prêt à s'embarquer sur les mers et à prêcher la bonne nouvelle aux mécréants. La disparition de l'esclavage a entraîné celle de la plantation ; quant au grand commerce, il pâlit aux côtés de l'industrie et de la banque. Deux hommes incarnent le capitalisme sauvage : Andrew Carnegie et John D. Rockefeller. L'un et l'autre ont écrit leurs mémoires, sources précieuses pour l'historien. Tous deux ont fait fortune dans une activité industrielle de type nouveau. Carnegie, c'est le symbole du rêve américain. Né en Écosse en 1835, il s'installe aux États-Unis avec sa famille à l'âge de treize ans. Il fait tous les métiers ou presque. D'abord bobineur dans une usine de cotonnades, puis mécanicien télégraphiste, il entre en 1853 au Pennsylvania Railroad et y travaille douze années. Pendant la guerre de Sécession, il organise pour les fédéraux les transports ferroviaires et le télégraphe. Mais Carnegie manifeste un sens aigu des affaires. Il hypothèque la maison de sa mère pour investir dans une compagnie de chemins de fer, en particulier dans l'exploitation des wagons-lits. Il place également de l'argent dans la construction de ponts métalliques, puis dans des usines métallurgiques, des hauts fourneaux et des fabriques de locomotives. Des placements qui rapportent. Carnegie comprend alors que la sidérurgie est une activité prometteuse. Trois ans après avoir quitté le Pennsylvania Railroad, il jouit d'un revenu annuel de 50 000 dollars. Dès lors, rien ne peut plus l'arrêter. Il prend des participations, achète et revend, étend son empire. Son but est d'abaisser les coûts pour accroître les ventes. Il introduit aux États-Unis l'acier Bessemer. Lorsqu'une crise ralentit l'essor industriel, il se fait prudent, diversifie ses activités autant que possible. Tout au plus se livre-t-il à une concentration verticale qui le conduit à acheter des mines de charbon et à rester présent dans le domaine des chemins de fer. À Pittsburgh, à Homestead, dans les mines de fer du Mesabi (Minnesota), il est le roi. En 1899, la Carnegie Steel reçoit une charte de l'État du New Jersey. Son capital s'élève à 320 millions ; son profit, l'année suivante, à 40 millions dont 25 vont à Carnegie. En 1901, le vieil homme vend son empire au banquier Morgan, mais conserve une part importante dans la nouvelle société, l'United States Steel.

Rockefeller appartient à la même génération et, dans une large mesure, au même monde. Il est né en 1839 dans l'arrière-pays de l'État de New York. Il suit ses parents à Cleveland (Ohio) où il devient comptable. Sa première aventure dans les affaires a pour cadre une société de courtage. En 1859, le premier puits de pétrole est foré aux États-Unis. Rockefeller a immédiatement saisi l'importance du liquide noirâtre qui jaillit à Titusville en Pennsylvanie. Il investit de l'argent, collecte des capitaux, installe des raffineries à Cleveland, fonde en 1870 la Standard Oil de l'Ohio avec un capital d'un million. Pendant dix ans, c'est la guerre du pétrole. D'innombrables sociétés extraient, raffinent, distribuent. Rockefeller met de l'ordre. À son profit, cela va de soi, puisque, aux environs de 1880, il détient près de 95 % de la capacité de raffinage. À partir de ce moment-là, il se livre avec détermination à une concentration financière qui se caractérise en 1882 par la création d'un trust, la Standard Oil de l'Ohio. En 1899, le trust cède la place au holding et la Standard Oil s'installe dans le New Jersey. Puis, en 1911, le holding doit laisser leur indépendance à bon nombre de filiales. Dans le même temps, Rockefeller s'intéresse aux chemins de fer qui transportent le pétrole, aux pipelines qui remplacent les wagons-citernes, à la sidérurgie, à la métallurgie, à l'industrie du bois. Il meurt en 1937 à l'âge de quatre-vingt-dix-sept ans.

On pourrait tracer également le portrait de Cooke, de Gould, de Vanderbilt ou de Morgan. On découvrirait chez les uns et les autres des traits communs qui valent pour l'entrepreneur américain de la seconde moitié du XIXe siècle. Les riches constituent un petit groupe : en 1890, 125 000 Américains sur les 63 millions que compte le pays possèdent la moitié de la richesse nationale. Un industriel qui est aussi un financier comme Frick possède une fortune de 50 millions, 23 000 hectares de terrain houiller, 83 mines, 2 000 fours à coke et fait travailler 11 000 mineurs. Leur genre de vie laisse rêveur. De superbes demeures à New York, Philadelphie, Boston, des résidences secondaires de Newport (Rhode Island) au cap Cod (Massachusetts) avec le confort le plus moderne de l'époque (chauffage central, téléphone, électricité)… ils vivent dans l'Amérique des mille et une nuits. L'or coule à flots. Les bijoux brillent de tous leurs feux. Le gaspillage, le bon et le mauvais goût, l'horrible et le beau frappent les observateurs. À cent lieues d'un homme comme Thomas Woodrow Wilson, professeur de sciences politiques à l'université de Princeton, dont le salaire annuel en 1897 est d'environ 3 000 dollars.

Ce qui nous étonne aujourd'hui, c'est que cette richesse extraordinaire suscite l'admiration, rarement la critique. Certes, on pourrait citer des auteurs qui n'aiment pas le système et le font savoir, à commencer par Lester Frank Ward, Henry George et Edward Bellamy[1]. Ils démontent les mécanismes de la société industrialiste, soulignent ses excès et ses abus, ses injustices et sa perversité. Leur succès est limité. En revanche, l'évangile de la richesse triomphe. Il découle d'une interprétation du darwinisme, celle de Herbert Spencer. Ce philosophe anglais jouit d'une autorité sans égale aux États-Unis, sans doute parce qu'il a su écrire ce que les Américains sentaient confusément. La lutte pour la survie, estime-t-il, marque l'évolution des espèces et imprègne tout autant l'espèce humaine. En conséquence, ceux qui l'emportent dans la bataille quotidienne, ce sont les plus forts, les plus doués, les plus méritants. Se battre est une qualité que le succès récompense. C'est la loi de la nature. Carnegie raconte que, lorsqu'il lut Spencer pour la

1. Dans un ouvrage de 1 400 pages, *Dynamic Sociology* (1883), Lester Frank Ward critique le darwinisme social de Spencer. Edward Bellamy a écrit *Looking Backward* (1888), un livre de sociologie-fiction dans lequel il analyse la société de son temps vue de l'an 2000. Enfin, Henry George fait, dans *Progress and Poverty* (1879), le procès de la société capitaliste.

première fois, il fut ébloui : « La lumière m'inonda et tout fut clair. » De là, les réceptions fastueuses que l'Amérique réserve à Spencer. En moins de quarante ans, ses ouvrages se vendirent à plus de 300 000 exemplaires, un très grand succès de librairie pour l'époque. Ses idées furent inlassablement reprises et diffusées par des journalistes, des enseignants, des conférenciers au point qu'elles ont modelé la pensée américaine jusqu'à la Grande Crise de 1929. Imbu de ce darwinisme social, Carnegie donne des conseils aux débutants : « Il est bon, écrit-il en 1902, que les jeunes gens commencent par le commencement et occupent les positions les plus subordonnées. De nombreux hommes d'affaires de Pittsburgh ont, au seuil de leur carrière, reçu une responsabilité sérieuse. On leur a présenté le balai et ils ont passé les premières heures de leur vie d'affaires à balayer le bureau. [...] J'étais moi-même l'un de ces balayeurs. [...] Je ne donnerais pas un sou du jeune homme qui ne se voit pas déjà le partenaire ou le chef d'une firme importante [...]. Dites-vous : "Ma place est au sommet." Soyez roi dans vos rêves. » Le rival pour les fils des hommes d'affaires ? « Prenez garde au jeune qui doit plonger directement dans le travail à la sortie de l'école primaire et qui commence par balayer le bureau. C'est lui l'outsider probable qu'il vaut mieux que vous surveilliez. » Et si Rockefeller, plus missionnaire, moins extraverti, profondément baptiste, s'exprime avec plus de parcimonie, le message qu'il fait passer est comparable. N'a-t-il pas prononcé cette phrase qui résume sa conception de la vie : « Dieu m'a donné mon argent » ?

Aussi les millionnaires, environ 4 000 en 1892, ont-ils des devoirs. D'après Carnegie, ils doivent vivre sans ostentation, dépenser raisonnablement pour eux-mêmes et leur entourage, donner à ceux qui n'ont pas. Il leur appartient de gagner beaucoup pour le distribuer en partie à la société environnante. « L'homme riche, nous assure Carnegie, devient ainsi l'homme de confiance, l'agent de ses frères les plus pauvres. Il recourt en leur faveur à sa plus grande sagesse, expérience et capacité à administrer. Il fait pour eux mieux qu'ils ne feraient ou pourraient faire pour eux-mêmes. » Ce ne sont d'ailleurs pas des paroles en l'air. Carnegie a offert des bains publics à Dunfermline, sa ville natale. À l'égard de ses ouvriers, son attitude est paternaliste : pas de syndicats, mais une pension assurée et fondée sur une caisse de retraite. On n'en finirait pas de citer les institutions qui ont été aidées, voire créées par Carnegie : l'Institut de Pittsburgh, des universités écossaises, l'Institution Carnegie à Washington, le palais de la Paix à La Haye, la Fondation Carnegie pour la paix internationale, l'Institut de recherche sur le radium de Marie Curie. Sans oublier les 7 500 orgues qu'il a fait acheter pour des églises et les innombrables subventions qu'a distribuées la Fondation. Attitude identique de la part de Rockefeller. Les églises, baptistes ou non, sont les principales bénéficiaires ; puis, la ville de Cleveland, des universités. On estime à 600 millions de dollars les dons qu'il a faits.

L'image de l'entrepreneur serait plutôt positive. Des riches qui savent utiliser leur argent pour le bonheur de tous, des hommes d'affaires ouverts aux techniques les plus modernes, des partisans du progrès technologique, des administrateurs qui font preuve d'imagination, on serait tenté de conclure comme William Graham Sumner, de l'université Yale, qui justifiait la « concentration de la richesse » en ces termes : « Les millionnaires sont le produit de la sélection naturelle. Ils choisissent ceux qui peuvent remplir les tâches à exécuter et en ce sens agissent sur l'humanité. [...] Ils ont de gros revenus et vivent dans le luxe, mais c'est une bonne affaire pour la société. »

Néanmoins, un caractère de ce capitalisme sauvage fait peur aux Américains de la fin du XIXe siècle. C'est la tendance irrésistible à la concentration. Des sociétés ont commencé à s'entendre sur les prix, voire sur la division du marché, tout en conservant leur indépendance ; elles ont formé des pools. Puis, le 2 janvier 1882, la Standard Oil s'est constituée en trust. Les actionnaires de quarante sociétés ont échangé leurs titres de propriété contre des bons de garantie de la SO. Ils font confiance (*to trust* = faire confiance) aux neuf *trustees* qui géreront l'ensemble des affaires du groupe. L'exemple est suivi par les producteurs de sucre, d'huile de coton et de lin, de whisky, etc. Le mot désigne non plus seulement une nouvelle forme d'association, mais le mouvement de concentration lui-même. Pour un large public, c'est le résultat d'un complot qui vise à assassiner la liberté d'entreprendre. Cette liberté, chère au cœur des Américains, repose sur la certitude que chacun a le droit de se lancer dans les affaires et que les petites unités économiques correspondent à l'idéal. Le trust apparaît alors comme l'ennemi du bien public, le serviteur d'intérêts étroits qui menacent la collectivité. L'opinion s'inquiète. Quelques États tentent de mettre sur pied une législation antitrust. En fait, la taille des entreprises fait que le problème est du ressort du pouvoir fédéral. Après un débat de deux ans, le Congrès vote la proposition de loi du sénateur John Sherman, le 2 juillet 1890. La réglementation n'est guère efficace. Une armée d'avocats, grassement rémunérés, tournent les textes en les interprétant à leur manière. Et pourtant, en 1892, la Standard Oil de l'Ohio est contrainte de se dissoudre. Elle se reconstitue suivant les lois du New Jersey et forme un holding en 1899. C'est une société de portefeuilles qui ne joue aucun rôle industriel, mais possède d'autres sociétés ou détient une part suffisante de leur capital pour influer de manière décisive sur leur politique. Un système plus sophistiqué que celui du trust, qui survivra au prix de quelques aménagements. La Cour suprême exprime son indifférence à l'égard de la loi Sherman et laisse faire, au moins jusqu'à 1901-1902. Le mouvement de concentration se poursuit. Des sociétés disparaissent par fusion ou rachat. Et l'évolution atteint son zénith avec la formation de la US Steel en 1901.

On ne peut s'empêcher d'observer que les mentalités du temps ne sont pas dépourvues d'ambiguïté. Carnegie, Rockefeller et les autres font du darwinisme social leur système de références. Tout en s'employant à accélérer la concentration des affaires. Ils proclament leur hostilité à l'intervention du pouvoir politique dans la vie économique, mais ils demandent et obtiennent une législation douanière qui les protège et des aides gouvernementales comme les concessions de terres qui vont aux compagnies ferroviaires. Dans cet évangile de la richesse, l'économique est roi, avec la bénédiction, réelle ou supposée, de la nature, de Dieu et de Spencer. Est-ce à dire que les *businessmen* soient condamnables ? Henry Demarest Lloyd dans *Wealth Against Common-wealth* (la Fortune contre la communauté), les journalistes et les écrivains *muckrakers* (cf. chapitre suivant), l'historien Matthew Josephson dans *The Robber Barons* (les Barons voleurs), paru en 1934, l'ont soutenu. Ces hommes d'affaires ont accumulé leur fortune en recourant aux pires méthodes. En donnant l'impression de défendre la libre entreprise, ils l'ont fait disparaître. Leurs activités n'ont pas servi le développement industriel autant qu'ils ont bien voulu le clamer. Ils n'ont même pas rempli leurs responsabilités sociales comme ils auraient dû le faire. Jugement sévère, sans doute, qu'aujourd'hui on aurait tendance à nuancer.

À civilisation industrielle, civilisation urbaine. Au grand regret des Américains qui ont été nourris de la tradition ruraliste. Jefferson et ses disciples n'ont cessé de répéter que la ville, c'est l'empire du mal ; que l'Amérique ne sera fidèle à sa mission qu'à la condition d'échapper au « cancer » des cités ; que rien ne vaut le bonheur de naître, de vivre et de mourir dans une ferme. Les réalités sont autres. Près d'un Américain sur deux vit maintenant dans une ville. En 1890, 448 villes dépassent 8 000 habitants, parmi lesquelles 26 comptent plus de 100 000 habitants. Il faut attendre 1860 pour que les États-Unis aient une ville de 1 million d'habitants ; quarante ans plus tard, elles sont trois : New York, Philadelphie, Chicago. La première est largement en tête avec une population de 3 437 202 habitants ; il est vrai qu'elle vient d'absorber Brooklyn et du coup s'est accrue soudainement. L'essor de Chicago est encore plus extraordinaire. C'était au temps du président Jackson un minuscule hameau ; mais en 1880, elle a atteint les 500 000 habitants. En 1893, l'exposition mondiale qu'elle abrite lui donne une réputation universelle. Au recensement de 1900, la voici cinquième ville du monde, avec 1 700 000 habitants. Le type même de la ville-champignon. Philadelphie ne peut plus rivaliser avec New York ni avec Chicago, bien que, de 1860 à 1890, elle soit passée de 566 000 à 1 300 000. Boston et Saint Louis ont en 1900 moins de 600 000 citoyens. L'une des raisons majeures de l'urbanisation se trouve dans l'immigration. À l'exception de quelques groupes nationaux comme les Norvégiens, les immigrants s'établissent dans les cités, et non dans les campagnes qui ne jouissent pas du prestige de l'industrie. Parmi les Irlandais et les Russes, 5 immigrants sur 6 font ce choix ; parmi les Italiens et les Hongrois, 3 sur 4 ; parmi les Anglais, les Écossais, les Autrichiens et les Grecs, 7 sur 10 ; parmi les Allemands, 2 sur 3 ; parmi les Suédois, 3 sur 5. D'après le recensement de 1900, 10,3 millions d'Américains sont nés à l'étranger, soit 1 Américain sur 7. Mais dans les villes, la proportion est beaucoup plus forte : le quart de la population de Philadelphie, le tiers de celle de Chicago et de Boston, les quatre cinquièmes de celle de New York sont nés à l'étranger ou nés de parents étrangers. Les Italiens de New York équivalent par leur nombre à la moitié de la population de Naples. Les Irlandais sont deux fois et demie plus nombreux à New York qu'à Dublin.

La conséquence, c'est que les paysages urbains changent. Le progrès technique est un premier facteur d'explication. Les rues s'éclairent au gaz, au kérosène, puis à partir de 1879 à l'électricité. San Francisco et Cleveland ont donné l'exemple. La sécurité urbaine en est améliorée, encore que, éclairées ou non, les villes américaines n'aient jamais été des havres de paix. Mais l'éclairage offre aux théâtres des possibilités nouvelles et aux patrons les moyens de faire tourner les machines de jour et de nuit. L'électricité, c'est aussi le tramway qui relie le centre aux banlieues ; en ce domaine Richmond fait la première le pas décisif en 1887. C'est encore l'ascenseur ; avec lui et l'usage du fer, de la fonte, enfin de l'acier, voilà qu'apparaît l'une des originalités majeures du paysage urbain de l'Amérique : le gratte-ciel. Le Tacoma Building de Chicago est terminé en 1888. Un bâtiment de treize étages à charpente entièrement métallique. Peu auparavant, le Home Insurance Building, achevé en 1885, unissait le fer et la fonte. Cette architecture a trouvé son maître en la personne de Louis B. Sullivan. Ailleurs, l'imitation de l'Europe l'emporte. On fait du gothique, du style français ou suisse, quand on ne se contente pas, tout simplement, de reproduire les châteaux de la Loire ou les palais de la Renaissance.

La ville s'étend. Elle a besoin de rues pavées, de trottoirs pour les armées de piétons, de kilomètres d'égouts, d'une alimentation considérable en eau, de tout ce qui constitue les lieux indispensables à la vie urbaine. Une fièvre de construction, de spéculation, de corruption provoque ce qu'un journaliste dénommera la « honte des villes ». Les fils télégraphiques et téléphoniques sont encore aériens. Les premières lignes de métro fonctionnent comme l'aérien *(elevated)* de New York. Mais qu'on ne s'y trompe pas ! À y regarder de plus près, les différences sautent aux yeux. La croissance urbaine touche les États de la côte atlantique, et encore ceux du Nord, puis la Californie et le pourtour des Grands Lacs. Cinq États seulement rassemblent 50 % de la population urbaine (New York, Pennsylvanie, Massachusetts, Illinois, Ohio). Ailleurs c'est le règne des petites villes, des bourgades et des villages, des fermes isolées et des espaces vides, que dominent des centres qui s'appellent Saint Paul et Minneapolis, Denver ou San Francisco. Et puis, dans les métropoles qui s'enorgueillissent de leurs gratte-ciel, la misère n'est jamais bien loin.

Sans aucun doute, à la fin du XIXe siècle, la plupart des ouvriers vivent mieux qu'en Europe. Si l'on prend l'année 1860 pour base 100, les prix de détail montent à 141 en 1870, descendent à 110 en 1880, puis à 98 en 1890 ; les salaires passent à 167 en 1870, s'affaissent à 143 en 1880, remontent à 168 en 1890. Le niveau de vie s'est amélioré. Le temps de travail tend à se réduire. Le repos hebdomadaire s'instaure peu à peu, sauf dans les aciéries où il n'est pas rare qu'un ouvrier travaille sept jours par semaine. La journée de travail varie, en moyenne, entre 10,9 et 10,1 heures, encore que dans les industries textiles du Sud, dans les aciéries et les brasseries, elle soit plutôt de 14 heures et que dans la fonction publique (loi de 1868 amendée en 1892) elle tombe à 8 heures. Dans la population active les femmes comptent pour un cinquième. De 1880 à 1910, le nombre des enfants de 10 à 15 ans qui exercent un emploi augmente de 1 à 2 millions. Mais n'oublions pas qu'aux États-Unis la diversité l'emporte toujours. D'une région à l'autre, les écarts de salaires sont importants : dans l'Est, 15 à 30 % de plus que dans le Sud et 40 % de moins que dans l'Ouest. Suivant le sexe, l'âge et la qualification, les variations sont sensibles. Rien ni personne ne protège l'ouvrier contre la crise économique, la maladie, la vieillesse, les pressions de toutes sortes. La sécurité de l'emploi est une notion inconnue.

Pourtant, en dépit des taudis et d'une misère qui s'étale au grand jour, la révolution sociale ne menace pas et certains d'ajouter que la lutte des classes n'existe pas plus que le sentiment d'appartenir à la classe ouvrière ou à la bourgeoisie. En tout cas, l'histoire du mouvement syndical témoigne de l'absence d'unité du monde du travail.

C'est en 1842 que la Cour suprême de l'État du Massachusetts déclare qu'il n'est pas « illégal que les travailleurs s'associent pacifiquement pour améliorer leur sort ». Mais l'organisation ouvrière n'a pas d'autonomie ; elle se confond alors avec tel ou tel parti politique ou revêt la forme, un peu exotique, de l'expérience utopique. En fait, la National

Labor Union donne le signal de départ. Elle se crée en 1866 à Baltimore, rassemble des ouvriers qualifiés comme les typographes, les chapeliers, les tailleurs de pierre et les cigariers, réclame la journée de huit heures, l'arbitrage dans les conflits du travail, la gestion ouvrière d'usines coopératives. Pour mieux défendre son programme, elle se transforme en un parti politique qui échoue aux élections de 1872 et disparaît. Les Chevaliers du travail prennent le relais. L'ordre est fondé secrètement en 1869 et perd son caractère clandestin en 1878. Point d'exclusives : peuvent adhérer les hommes et les femmes, les Blancs et les Noirs, les ouvriers et les fermiers, les manœuvres et les artisans. En revanche, les joueurs, les avocats, les médecins, les banquiers et les marchands de boissons alcoolisées ne sont pas admis. Le programme est audacieux : la journée de huit heures, le boycottage des mauvais patrons, le recours à l'arbitrage, l'impôt progressif sur le revenu, l'établissement de coopératives, l'emploi du papier-monnaie, la prohibition de l'alcool. Le Grand Maître de l'ordre prononce des discours enflammés contre la grève, mais c'est grâce aux grèves que les Chevaliers du travail attirent bientôt jusqu'à 700 000 adhérents. L'une d'elles est capitale dans l'histoire du syndicalisme aux États-Unis et dans le monde. Elle a lieu le samedi 1er mai 1886 avec pour objectif la journée de huit heures. Le 4 mai, une réunion anarchiste se tient à Chicago pour protester contre la brutalité de la police. Sur la place du Haymarket, une bombe explose aux pieds des policiers qui ripostent : 7 policiers tués, 70 blessés. Les Chevaliers du travail sont accusés d'avoir fomenté la violence. L'opinion publique ne fait pas la distinction entre les anarchistes et les syndicalistes. Les effectifs du syndicat tombent en chute libre. Mais, partout dans le monde à l'exception des États-Unis qui choisissent le premier lundi de septembre, la journée du 1er mai devient la fête du travail, le symbole de la lutte du mouvement ouvrier.

En 1881 se crée à Pittsburgh une Fédération des syndicats de métiers et des ouvriers qualifiés. Elle réunit à peine 45 000 membres. En 1886, à Columbus (Ohio), elle s'élargit et devient la Fédération américaine du travail (American Federation of Labor, AFL). Son président se nomme Samuel Gompers et, à l'exception de l'année 1894-1895, occupe cette charge jusqu'à sa mort en 1924. L'AFL s'implante lentement : 265 000 adhérents en 1897, 548 000 en 1900 sur un total de 868 000 syndiqués, alors que la population active correspond à 29 millions. C'est tout compte fait une réussite qui mérite des explications. L'action syndicale de l'AFL repose sur une philosophie très simple. « Nous n'avons pas de buts ultimes, déclare en 1893 Adolph Strasser, président de l'Union des cigariers. Nous avançons jour après jour. Nous luttons seulement pour des objectifs immédiats – des objectifs qui peuvent être réalisés en quelques années. » Ce qui signifie : augmentation des effectifs, reconnaissance du syndicat par le patronat, discussion et signature des conventions collectives, lutte pour des salaires plus élevés et des journées moins longues, amélioration du sort des ouvriers. L'AFL ne conteste pas le bien-fondé du capitalisme et du salariat. Elle n'a pas de visées idéologiques. Elle défend les ouvriers qualifiés et blancs, car pour elle les étrangers, les immigrants récents et sans qualification, les Noirs sont les instruments que les patrons emploient pour faire baisser les salaires et éventuellement briser les grèves. Elle rejette toute intervention politique et ne demande pas au gouvernement fédéral de protéger les ouvriers contre leurs employeurs. Somme toute, elle tente d'acclimater le syndicalisme aux États-Unis et de faire comprendre aux Américains que le militantisme syndical est aussi une idée américaine. En ce sens, elle a su tenir une place que les Chevaliers du travail ont abandonnée. Libre aux anarcho-syndicalistes de défendre un programme révolutionnaire qui fait peur au plus grand nombre et séduit, grâce à l'International Workers of the World, fondé en 1905, des ouvriers non qualifiés, des migrants, des étrangers.

Faute d'une syndicalisation profonde du monde ouvrier, les grèves sont souvent dures et malaisément contrôlables. La répression n'en est que plus impitoyable. C'est le cas à Cœur d'Alene (Idaho) et à Homestead (Pennsylvanie) en 1892, à Chicago en 1894 dans les usines Pullman. L'atmosphère est si défavorable à l'action syndicale que la Cour suprême rend un arrêt qui assimile les organisations ouvrières à des trusts, donc passibles de la loi Sherman. En un mot, la violence des conflits sociaux, l'hétérogénéité du monde ouvrier que divisent des clivages nationaux, ethniques, religieux et raciaux, l'échec de l'anarcho-syndicalisme, l'attitude des pouvoirs publics, tout concourt à rendre plus attrayant le pragmatisme de l'AFL. Les ouvriers américains croient au syndicalisme de la négociation. Et dans le même temps ils imaginent que n'importe qui peut réussir l'ascension sociale de Carnegie et de Rockefeller, que le *self-made man* est promis au plus bel avenir, que les Américains resteront toujours, pour reprendre l'expression de l'historien David Potter, le « peuple de l'abondance ».

Le mouvement populiste

La crise surgit de l'Ouest, là où on ne l'attendait pas. C'est que, du Mississippi au Pacifique, s'étend un immense réservoir de terres et de richesses qui devraient assurer la fortune éternelle du pays. Le peuplement ne cesse pas d'y progresser. Le Centre Nord-Ouest (Minnesota, Iowa, Missouri, Dakota du Nord, Dakota du Sud, Nebraska, Kansas) comptait 3 856 000 habitants en 1870 ; il en compte 10 347 000 en 1900. Le Centre Sud-Ouest (Arkansas, Texas, Oklahoma, Louisiane) passe de 2 029 000 à 6 532 000 habitants. La région des Montagnes (Montana, Idaho, Wyoming, Colorado, Nouveau-Mexique, Arizona, Nevada, Utah) rassemble en 1900 cinq fois plus d'habitants qu'en 1870. Enfin, la côte pacifique (Californie, Oregon,

Washington) multiplie sa population par quatre. L'Ouest tout entier correspondait en 1870 à 17,23 % de la population des États-Unis ; en 1900, à 27,59 %. Le centre de gravité s'est déplacé. Il se situe, au début du XXe siècle, dans l'Indiana sur le 86e méridien, alors qu'à la fin de la guerre de Sécession il se trouvait dans l'Ohio entre le 83e et le 84e méridien.

Rien n'est facile pour les pionniers. Le voyage n'en finit pas. Pour ceux qui n'ont pas choisi de s'embarquer, de contourner le cap Horn pour atteindre la Californie, c'est, avant l'extension des chemins de fer, la marche à pied pendant plusieurs mois, dans l'inconfort et l'insécurité, avec des chaleurs excessives en été et des froids très rigoureux dès octobre. Grâce à la voie ferrée, les transports sont plus rapides et moins chers. À l'arrivée point de comité d'accueil, une vie rude et primitive. Tout reste à faire, à construire, à semer. Ils ont quitté l'Est, la « civilisation », persuadés qu'ils allaient entrer dans un nouveau jardin d'Éden, tel que le décrivent les brochures et les guides ; ils découvrent la « sauvagerie », des pistes mal tracées, des espaces illimités, la solitude. Les premiers sont partis vers l'Ouest, attirés par l'or de la Californie, puis par l'argent des Rocheuses. Ils ont débarqué à San Francisco avant de s'enfoncer dans les montagnes et revenir, parfois riches, très souvent bredouilles. D'autres élèvent des bovins, par exemple dans le Texas, et vont les vendre aux abattoirs du Nord et des Grands Lacs. Ils mènent leurs troupeaux jusqu'aux gares ferroviaires, comme Abilene, Wichita, Ellsworth, Dodge City. De là, leurs animaux sont expédiés vers Chicago et New York. Les agriculteurs, eux, découvrent, dans le dernier quart du siècle, que les Grandes Plaines valent la peine d'être colonisées. D'après la rumeur, elles ne formaient qu'un grand désert, sans eau ni forêt, donc inhospitalier. Les pionniers apprennent à extraire l'eau des profondeurs, grâce aux éoliennes, et à construire leurs maisons avec d'autres matériaux que le bois, par exemple la terre séchée. Des Dakotas au Texas, les richesses agricoles sont inépuisables, le blé au nord, le maïs au centre, le coton au sud.

TABLEAU **14**

Évolution démographique à l'ouest du Mississippi de 1870 à 1900 (en milliers d'habitants)

	1870	1880	1890	1900
Centre Nord-Ouest				
Minnesota	439	780	1 310	1 751
Iowa	1 194	1 624	1 912	2 231
Missouri	1 721	2 168	2 679	3 106
Dakota du Nord	2	36	190	319
Dakota du Sud	11	98	348	401
Nebraska	122	452	1 062	1 070
Kansas	364	996	1 428	1 470
	3 853	*6 154*	*8 929*	*10 348*
Centre Sud-Ouest				
Arkansas	484	802	1 128	1 311
Texas	818	1 591	2 235	3 048
Oklahoma			258	790
Louisiane	726	939	1 138	1 381
	2 028	*3 332*	*4 759*	*6 530*
Montagnes				
Montana	20	39	142	243
Idaho	14	32	88	161
Wyoming	9	20	62	92
Colorado	39	194	413	539
Nouveau-Mexique	91	119	160	195
Arizona	9	40	88	122
Utah	86	143	210	276
Nevada	42	62	47	42
	310	*649*	*1 210*	*1 670*
Pacifique				
Washington	23	75	357	518
Oregon	90	174	317	413
Californie	560	864	1 213	1 485
	673	1 113	*1 887*	*2 416*
Population totale à l'ouest du Mississippi	*6 864*	*11 248*	*16 785*	*20 964*
Population totale des États-Unis	*39 905*	*50 262*	*63 056*	*76 094*

SOURCE : *Historical Statistics of the United States, op. cit.*, vol. 1, p. 8, 24-37.

À condition, d'abord, d'imposer aux transhumants la loi des sédentaires. C'est que les éleveurs détruisent les récoltes sur leur passage. Le conflit se règle à coups de fusil et, mieux encore, par l'installation de clôtures après que Glidden a inventé et commercialisé le fil de fer barbelé. L'élevage se déplace alors vers l'ouest. Dans les zones arides, le mouton ; ailleurs, les bovins que continuent de garder des cow-boys, moins romanesques que nous les montre le cinéma hollywoodien. Dès que l'irrigation est possible, l'agriculture reprend ses droits. Et les surfaces cultivées s'étendent comme elles ne l'ont jamais fait auparavant. De 1860 à 1900, le nombre des fermes est multiplié par trois.

Il faut repousser les Indiens, qui sont des gêneurs, capables de retarder, mais point d'empêcher le peuplement de l'Ouest. Pas question d'en faire des Américains comme les autres, même s'ils le voulaient. Ils sont parqués dans le territoire que le président Jackson a délimité pour les tribus du Sud de l'autre côté du Mississippi ou bien survivent tant bien que mal dans les Grandes Plaines et aux abords des Rocheuses. Les terres qu'ils occupent sont-elles fertiles ou le sous-sol recèle-t-il des richesses minières ? Les pionniers violent les traités, se livrent à des carnages qui engendrent d'autres carnages. L'armée fédérale, trop peu nombreuse, ne parvient pas à maintenir l'ordre et d'ailleurs se considère avant tout comme le défenseur des Blancs[1]. Les guerres contre les Cheyennes

1. L'armée des États-Unis ne dispose pas des moyens nécessaires pour remplir dans l'Ouest sa mission de maintien de l'ordre. Ses effectifs ont fondu dès 1865 et jusqu'à la fin du siècle se situent aux environs de 25 000 officiers et hommes de troupe. Ils se répartissent de l'autre côté du Mississippi en une centaine de forts, disséminés et rassemblant au maximum 200 soldats. Quoi qu'il en soit, les chefs militaires n'ont jamais recommandé l'extermination systématique des Indiens. On a attribué au général Philip Sheridan, commandant du district du Missouri, la phrase célèbre : « Le seul bon Indien est un Indien mort. » Sheridan ne l'a jamais prononcée. En revanche, il a dit : « Plus nous en tuons cette année et moins nous devrons en tuer l'année prochaine. Car plus je vois des Indiens, et plus je me persuade

et les Arapahos, contre les Sioux[1], contre les Nez Percés, etc., aboutissent à un génocide que les massacres de bisons par les pionniers et les voyageurs rendent encore plus aisé. La loi Dawes de 1887 autorise l'éclatement des réserves, la propriété individuelle des Indiens. De bonnes intentions qui se fondent sur la mauvaise conscience qu'« un siècle de déshonneur » suscite à l'est du Mississippi, mais des dispositions qui n'arrangeront rien. Quoi qu'il en soit, le dernier soubresaut des Sioux, à Wounded Knee en 1890, met fin aux guerres indiennes. Les Blancs sont les maîtres du nord du continent.

L'appropriation des terres est réglée par des lois fédérales. Comme la loi du *homestead*, qui n'a pas donné les résultats escomptés. C'est que les *homesteaders* ont reçu des terres moins bien situées que les compagnies ferroviaires et cèdent trop souvent à la tentation de la spéculation. Résultat : sur les 170 millions d'hectares qui sont mis en culture, à peine 32 millions ont fait l'objet d'un *homestead*. Il arrive aussi que dans des régions de l'Ouest les lots de 160 acres (64 hectares) soient insuffisants. De là, des aménagements. Par exemple, la loi du 3 mars 1873 dispose que pour 40 acres (plus tard, 10 acres suffiront) de bois bien entretenus, un don de 160 acres de terres sera fait. La loi de 1877 accorde 640 acres de terres arides à 25 cents l'acre, si leur irrigation est assurée dans les trois ans. La loi du *homestead* est modifiée en 1909 : le lot s'étend à présent à 320 acres, dont 80 mises en culture, le reste consacré à l'élevage. D'autres

---

qu'il faut les tuer tous ou ne les maintenir en vie que comme des spécimens de pauvreté. » Sheridan avait la réputation d'être féroce, mais reste un cas exceptionnel.

1. La découverte de l'or dans les Black Hills du Dakota du Sud attire des milliers de prospecteurs blancs. Les Sioux réagissent vivement contre l'invasion de leurs réserves, tout comme ils refusent la construction d'un transcontinental qui traverse leurs terres. Ils prennent les armes sous le commandement de Sitting Bull et de Crazy Horse. Ils remportent une victoire importante, à la fin de juin 1876, à Little Big Horn où Custer et ses hommes sont massacrés, mais ils sont vaincus quatre mois plus tard.

dispositions législatives complètent l'arsenal et nourrissent la fraude et la spéculation. Mais l'essentiel est qu'il y a des terres vacantes pour qui possède le minimum de capital requis et les indispensables connaissances agronomiques. Ces vastes superficies réclament un outillage de plus en plus perfectionné qui pallie l'insuffisance de la main-d'œuvre et augmente la productivité. L'Ouest devient le centre d'une industrie agricole, le précurseur de l'*agribusiness*. Rien à voir avec le traditionnel travail de la terre. Point de paysans, mais des *farmers* qui sont en même temps des hommes d'affaires, des techniciens et des agronomes. Cette agriculture moderne ne ressemble pas à l'agriculture de la Nouvelle-Angleterre, limitée à des exploitations relativement petites, ni à celle de l'ancien Sud qui ne parvient pas à retrouver son niveau d'avant la guerre de Sécession. L'Ouest est bien devenu le grenier de l'Amérique. De 1865 à 1900, la production de maïs et de blé est multipliée par trois et demi ; celle de coton par cinq ; le nombre des têtes de bétail par deux. Le produit agricole brut, calculé en dollars constants (valeur 1910-1914), passe de 2,2 milliards en 1860 à 6,4 milliards en 1900. Et pourtant, en dépit ou plutôt à cause de l'extension des surfaces cultivées, de l'amélioration de l'outillage, de l'essor de la productivité, d'une spécialisation régionale qui débouche sur la monoculture, les *farmers* se plaignent. Ils produisent trop et ne parviennent pas à rembourser les dettes qu'ils ont contractées pour acheter la terre et les machines indispensables. Les prix baissent : le boisseau de blé (l'équivalent de 27 kilogrammes) tombe, en moyenne, de 1,04 dollar en 1870 à 0,624 en 1892 ; le boisseau de maïs (l'équivalent de 25 kilogrammes) perd 25 % de son prix ; la balle de coton (l'équivalent de 250 kilogrammes) passe de 12,1 cents à 8,34. Effets de la surproduction ? Sans doute, mais aussi conséquence de la phase B qui affecte les économies européenne et américaine, concurrence des productions agricoles de Russie, d'Argentine et d'Australie, renaissance du protectionnisme en Europe. Aussi, malgré l'hétérogénéité de leurs origines ethniques, de leurs niveaux socioéconomiques, de leurs convictions religieuses, les fermiers américains s'unissent-ils dans le mécontentement. Un vent de protestation se met à souffler des Grandes Plaines à la côte pacifique.

Ils s'étaient organisés dès 1867 en *granges*, des associations mi-professionnelles mi-politiques qui comptaient en 1875 près de 20 000 centres et 800 000 membres. Elles sont parvenues à faire passer des lois favorables aux fermiers dans l'Illinois, le Minnesota, l'Iowa et le Wisconsin. Puis, elles ont disparu. Au profit d'un parti, le parti des *greenbacks*[1], qui réclamait le maintien et l'extension d'une monnaie dévaluée pour aider au remboursement des dettes. Le candidat du parti aux élections présidentielles de 1880 a même obtenu 300 000 voix sur un total de 9 millions de suffrages exprimés. Des *alliances* se sont formées dans l'Ouest et le Sud, afin que les fermiers puissent évoquer leurs difficultés et chercher des remèdes. Dans la dernière décennie du XIXe siècle, ils décident d'aller plus loin.

1. Au lendemain de la guerre de Sécession, les États-Unis doivent résoudre un double problème monétaire. Ils sont encore bimétallistes, alors que l'exploitation des mines d'argent de l'Ouest et l'adoption de l'étalon-or dans de nombreux pays d'Europe rendent inévitable le passage au monométallisme. Les États-Unis ne s'y décideront qu'en 1900. D'autre part, l'émission de papier-monnaie pendant la guerre, les *greenbacks* ou dollars à dos vert, provoque l'inflation des prix, donc la dévalorisation de la monnaie, encore accentuée par l'absence d'une banque centrale. C'est pourquoi par des mesures successives et progressives, le gouvernement fédéral s'emploie à réduire la masse monétaire et reprend en 1879 ses paiements en espèces métalliques pour mieux assurer le triomphe de la *hard money*, de la monnaie solide. Dans une telle conjoncture, les créanciers récupèrent plus qu'ils n'ont prêté ; les débiteurs doivent payer davantage pour rembourser. Pour ces derniers, qui sont souvent des fermiers, la situation est d'autant plus intenable que le retour à la monnaie solide tend à abaisser les prix et que la concurrence étrangère affecte plus particulièrement les agriculteurs. De là, ce sentiment que le combat se livre contre les industriels, les banquiers, les villes, et que les fermiers sont les principales victimes.

Bon nombre d'entre eux se réunissent en 1890 pour fonder le parti populiste, le parti du peuple. Deux ans plus tard, les populistes présentent un candidat aux élections présidentielles qui recueille 8,5 % des suffrages populaires et 22 mandats de grands électeurs. Sans doute n'a-t-il joué aucun rôle dans l'Est, mais il a terminé premier dans le Colorado, l'Idaho, le Kansas, le Nevada. Dans quelques États de l'Ouest, le parti a fait élire des sénateurs, des représentants, des gouverneurs. Ce qu'il réclame, c'est la réforme du système bancaire, la frappe illimitée et libre de l'argent, donc le maintien du bimétallisme et une monnaie faible qui avantage les débiteurs, la reprise des terres publiques concédées aux compagnies ferroviaires, l'impôt réduit et égal pour tous, la propriété fédérale des moyens de transport et de communication, l'élection des sénateurs au suffrage universel, le scrutin secret, un système de prêts gagés sur les récoltes, etc. Les fermiers s'enivrent du parfum des idées jeffersoniennes et y ajoutent une réflexion très moderne sur les méfaits du capitalisme. Ils prennent conscience qu'ils doivent affronter deux ennemis : les compagnies de chemins de fer qui possèdent une partie des terres, ont le monopole des transports et servent d'intermédiaires entre les producteurs et les consommateurs ; les banques qui, créancières, préfèrent une monnaie solide à une monnaie dévaluée, donc le monométallisme. Ils évoquent volontiers le combat des exploités contre les exploiteurs, mais ils ne croient pas que la lutte des classes soit le moteur de l'histoire. Ils détestent la civilisation urbaine, mais restent franchement partisans de la propriété privée. En tout cas, les partis traditionnels leur inspirent une inébranlable méfiance.

C'est que, depuis la fin de la guerre civile, le bipartisme s'est reconstitué. Si, à l'exception de Grover Cleveland (1885-1889 et 1893-1897), les présidents sont républicains, les élections nationales et locales sont disputées, là où la fidélité au parti, quel qu'il soit, ne prévaut pas sur toute autre considération. « L'Américain comme l'Anglais, observe James Bryce qui fut le Tocqueville britannique des années 1880, vote habituellement pour son parti, qu'il ait raison ou tort et la faiblesse des divergences de vues entre les deux partis rend plus facile de rester avec ses bons vieux amis. » Et les Américains d'alors votent massivement : le taux de participation varie de 70 à 80 %. Le bipartisme résiste dans la grisaille et la routine. Les républicains ne se préoccupent plus du sort des Noirs, mais réclament la prohibition des boissons alcoolisées et le respect du dimanche, se donnent l'image des champions du progrès social et économique, de l'Amérique des pionniers et des Américains de vieille souche, de l'idéalisme, de la libre entreprise et du *business*, de la monnaie solide et du protectionnisme douanier, du darwinisme social. Les démocrates, eux, ont peu à peu relevé la tête et le Sud est devenu l'un de leurs bastions les plus solides, avec ici une hostilité inexpiable pour les républicains et la conviction fermement établie que tous les Blancs partagent le même intérêt à préserver leur suprématie. Dans le Nord, les démocrates ne contestent pas la philosophie politique et économique qui domine. Eux aussi aspirent à une monnaie fermement gagée sur l'or, mais ils n'aiment pas la concentration industrielle ni les droits de douane trop élevés. Les uns et les autres ont su mettre au point des *machines*, c'est-à-dire des appareils de parti qui recrutent des militants et surtout des électeurs parmi les immigrants récemment arrivés, sous l'autorité bienveillante et ferme du *boss*, le patron local du parti. Piètre débat politique !

Les fermiers ont l'habitude de voter pour les démocrates ou pour les républicains, suivant les circonstances et les habitudes du groupe. Mais en période de crise, ces affiliations sont décevantes. De là, le succès du parti populiste. Très vite, néanmoins, les deux grands partis réagissent. Les républicains tâchent d'isoler les populistes, sourient aux ouvriers des villes en soulignant les intérêts communs à tous ceux qui dépendent de la société industrielle, riches et pauvres, patrons et salariés. Les démocrates hésitent. Les uns, très minoritaires, auraient préféré une réaction comparable à celle des républicains.

Les autres souhaitent récupérer le mouvement populiste en prenant en compte la revendication bimétalliste et en oubliant le reste. Ce sont ceux-là qui soutiennent William J. Bryan, un avocat du Nebraska, pour les élections présidentielles de 1896[1]. Les populistes modérés acceptent une fusion qui ampute considérablement leur programme mais leur donne une chance de gagner les élections. En fait, Bryan les perd, malgré son énergie et son éloquence. Sans doute parce que le bimétallisme ne séduit pas les ouvriers qui redoutent l'inflation et que l'organisation des républicains a été bien supérieure à celle des démocrates. Le mécontentement des fermiers s'apaise peu après, avec la reprise économique des années 1897-1898, la découverte de l'or en Australie et en Alaska qui permet l'augmentation de la masse monétaire sans inflation excessive et la remontée des prix agricoles et l'aventure impériale qui suit la guerre de Cuba. Ce n'est pas à dire que le populisme a échoué. La plupart de ses revendications seront adoptées dans les années suivantes. L'esprit de réforme qu'il incarne ne mourra pas ; bien au contraire.

En revanche, il met en lumière le poids déclinant de l'agriculture dans l'économie et la société des États-Unis. La conquête de l'Ouest est terminée. Le recensement de 1890 a montré que la Frontière, cette zone en voie de peuplement, n'existe plus. Et, le premier, l'historien Frederick Jackson Turner, dans un article de 1893 qui fit du bruit, en tire les conséquences pour l'interprétation du passé et pour l'avenir du pays. La croissance de l'industrie est nettement supérieure à celle de l'agriculture ; la part de la seconde dans le revenu national correspondait à 30,8 % en 1859 ; elle équivaut à 21,2 % en 1899. Le secteur primaire occupait 63,1 % de la

1. C'est à la convention du parti démocrate, qui se tient à Chicago en juillet 1896, que Bryan prononce l'un des discours les plus célèbres de l'histoire politique des États-Unis. Il lance un vibrant appel en faveur du bimétallisme et termine par une magnifique envolée contre le monométallisme : « Vous n'imposerez pas cette couronne d'épines sur le front du travail. Vous ne crucifierez pas l'humanité sur une croix d'or. »

population active en 1840 et n'en occupe plus que 31,4 % en 1910. Il s'agit bien d'un changement profond des structures économiques. Un siècle après sa mort, Hamilton l'emporte définitivement sur Jefferson.

8

Le mouvement progressiste

Le 11 avril 1898, le président William McKinley envoie un message au Congrès au sujet des événements de Cuba : « L'intervention armée des États-Unis, déclare-t-il, en tant que puissance neutre pour arrêter la guerre s'appuie sur des motifs raisonnables, en accord avec les grands principes humanitaires et les nombreux précédents historiques dans lesquels des États voisins sont intervenus pour arrêter des sacrifices inutiles au cours de conflits sanglants qui se déroulaient sur leurs frontières. » Et McKinley de se prononcer « au nom de l'humanité » pour la protection des citoyens américains installés à Cuba, contre la piraterie qui s'en prend aux navires, pour assurer la liberté du peuple cubain que brime le colonialisme espagnol. Le 20 avril, le Congrès exige le retrait de l'île des troupes espagnoles. Ainsi commence la « splendide petite guerre », trois mois de combats sporadiques au cours desquels les Américains l'emportent sans peine sur les Espagnols. Cuba « libéré » passe sous la protection des États-Unis (amendement Platt, 1901), qui acquièrent Porto Rico par la même occasion et mettent la main sur les Philippines. Le 7 juillet, ils ont annexé l'archipel des Hawaii. En 1899, ils partagent avec l'Allemagne les îles Samoa. Puis, ils se prononcent contre le dépècement de la Chine, pour le principe de la « porte ouverte », participent en 1900 à la répression du mouvement des Boxers à Pékin. Enfin, ils ne cessent plus d'intervenir en Amérique latine. L'impérialisme américain éclate au grand jour.

En même temps, les États-Unis jettent sur eux-mêmes un regard critique. Pourtant, tout leur réussit. Ils entrent, riches et puissants, dans le XXe siècle. Ils croient dur comme fer que l'histoire leur a réservé un rôle exceptionnel, qu'il suffit de se laisser porter par elle pour que les idées américaines l'emportent. Ils sont de farouches partisans du progrès. Demain vaudra mieux qu'aujourd'hui. La société sera plus juste. L'optimisme règne. Mais ils ont une certitude inébranlable. C'est que l'Amérique n'a pas fini d'étonner le monde ni de le modeler à son image. Un nouveau nationalisme qui débouche sur l'impérialisme, le réformisme qui vise à rendre la société plus humaine, une volonté de moraliser, donc de démocratiser la vie politique, voilà les trois thèmes qui s'enchevêtrent de 1898 à 1917 et constituent les fondements du mouvement progressiste.

L'impérialisme américain

Les historiens font souvent de 1898 une date charnière. Les États-Unis entrent alors dans le club des grandes puissances, renoncent à leur tradition d'isolationnisme et prennent à l'égard du monde l'attitude qu'ils conserveront tout au long de notre siècle. C'est un jugement simpliste. Il n'y a pas de commencements absolus en histoire. L'année 1898 correspond à une prise de conscience, et non pas à un début. À Cuba, par exemple, la révolte contre l'Espagne remonte à 1868 et a suscité une rébellion de dix ans. Les États-Unis ont déjà exprimé un intérêt certain pour l'île, tout comme pour Porto Rico, les Antilles danoises, Hawaii, le Groenland, l'Islande et, bien sûr, le Canada. Mais en 1867, ils se sont contentés d'acheter l'Alaska à la Russie pour 7 millions de dollars. En 1895, nouvelle flambée de violence à Cuba. Cette fois-ci, elle résulte des droits protecteurs que les États-Unis ont établis sur le sucre cubain. Les Cubains n'en aspirent pas moins à la liberté. Ils éprouvent de la sympathie pour les Américains, encore que les révoltés détruisent tout sur leur passage, y compris les biens qui appartiennent à des Américains. La répression sauvage que dirige le général espagnol Weyler indigne les États-Unis, qui renforcent leur soutien aux patriotes cubains. D'incident en incident, et l'explosion du *Maine*, le 15 février 1898, dans le port de La Havane, est le plus spectaculaire, la guerre se profile à l'horizon. Somme toute, les Américains n'ont pas soudainement ressenti une attirance irrésistible pour « Cuba libre ». Leur volonté expansionniste, de vigoureux sentiments nationalistes se manifestent dès le milieu du XIXe siècle. La même conclusion vaudrait pour Hawaii et les îles Samoa, sans parler de la Corée et du Japon. Il est faux d'affirmer qu'avant 1898 les États-Unis ne se préoccupaient pas des problèmes internationaux qui, néanmoins, passionnent davantage l'opinion publique à partir de 1898. Pourquoi ?

La situation internationale favorise l'évolution. Les puissances européennes et le Japon, en toute bonne conscience, versent dans l'impérialisme. De leur côté, les Américains seraient-ils poussés par des nécessités économiques ? Oui, sans doute. Ils sont encore largement débiteurs envers l'Europe. S'ils ont, cependant, placé des fonds à l'étranger, Cuba et les Antilles ont à peine recueilli 7,2 % du total – le Mexique avec 30 %, le Canada avec 26 %, l'Europe avec 22 % attirent davantage les capitaux américains. Il est vrai que la crise des années 1893-1897, la disparition de la Frontière provoquent une crainte diffuse. Le marché intérieur suffira-t-il ? Ne faudrait-il pas, dès maintenant, avant que les Européens n'accaparent l'essentiel, s'assurer une sphère d'influence qui deviendrait, plus tard, une dépendance du marché américain ? Tous les milieux d'affaires ne sont pas convaincus. Le président Cleveland, qui incarne lui aussi une Amérique industrielle, n'a pas voulu annexer Hawaii. Quant à McKinley, il a été poussé par l'opinion et par ses amis *businessmen* qui, en avril 1898, ont changé d'avis. Dans les affaires, les divergences d'intérêts sont profondes et les attitudes varient suivant les époques et les problèmes. Une interprétation rigoureusement économique de l'impérialisme américain conduit à l'erreur. Un dernier exemple le confirme. À la fin du XIXe siècle, naît l'idée que le marché chinois fera tourner, pendant des dizaines d'années, les usines américaines. Vêtir, chausser, équiper 400 millions de Chinois… On en rêve de Boston à Birmingham, de New York à San Francisco. Les industriels sont plus réalistes. Le marché intérieur des États-Unis, constatent-ils, n'est pas saturé. La Chine est un pays pauvre, inaccessible, dont la balance des paiements est gravement déficitaire, dont le marché est pénétré, sinon envahi par les Européens. Où sont les débouchés miraculeux ?

D'ailleurs, les impérialistes n'ont pas que des sympathies pour le *business*. Il pourrait être un allié, mais il constitue aussi un intérêt spécial, qui doit se plier aux nécessités de l'intérêt national. Les impérialistes sont avant tout des nationalistes, non pas des affairistes. À leurs yeux, il est impensable que les États-Unis subissent des affronts dans leurs relations avec l'étranger. De là, la complexité des rapports avec la Grande-Bretagne, l'ancienne métropole, le « vieux pays » pour beaucoup d'immigrants, l'envahisseur de 1814, l'investisseur, la puissance impérialiste par excellence, un repoussoir pour les Américains. Un modèle également, par sa culture et sa civilisation, par un certain style de vie qui explique des centaines de mariages anglo-américains[1], par la communauté des intérêts politiques. Entre les deux nations, un rapprochement intellectuel s'amorce. Le jingoïsme, cet ultranationalisme fortement teinté de racisme, pénètre les esprits des deux côtés de l'Atlantique. On évoque avec Rudyard Kipling le « fardeau de l'homme blanc », ses responsabilités à l'égard des peuples de cou-

1. À la veille de la Grande Guerre, 454 Américaines ont épousé des lords. Parmi elles, 42 princesses, 17 duchesses, 19 vicomtesses, 33 marquises et 110 baronnes.

leur, la conviction que la « race anglo-saxonne » dominera le monde et que cette domination apportera la liberté, la démocratie, le progrès. Entre Londres et Washington, une connivence s'établit.

L'expansionnisme ne saurait faire l'économie d'une réflexion morale. Les États-Unis agiront suivant les canons de l'éthique. Les guerres qu'ils entreprennent sont des croisades ; s'ils interviennent ici ou là, ce n'est pas pour satisfaire des intérêts égoïstes. En 1903, ils fabriquent dans l'isthme de Panama une révolution qui détache la région de la Colombie et la rapproche très étroitement des États-Unis. Washington voudrait-il s'approprier le futur canal interocéanique ? Réponse du président Theodore Roosevelt : « Le canal bénéficera au monde entier. Est-ce que l'avidité du gang de Bogota et son chantage doivent barrer la route à la civilisation ? » C'est une autre forme de la destinée manifeste. Pour bien saisir cet état d'esprit, il faut se référer aux textes. Josiah Strong est un missionnaire congrégationaliste qui a publié en 1885 *Our Country* (Notre pays). Il y explique que les Anglo-Saxons ont pour mission d'évangéliser le monde et d'apporter à l'humanité la liberté civile. Ce fut un grand succès de librairie. En 1900, il encourage ses compatriotes, dans *Expansion Under New World Conditions* (l'Expansion dans la nouvelle situation mondiale), à ne pas fuir leurs responsabilités. Dieu leur a confié une tâche. Ils ne peuvent y renoncer. L'Amérique va régénérer le monde. Et sa victoire témoignera du succès du plus fort, du plus apte. Alfred Thayer Mahan exerce une influence beaucoup plus profonde. Il a pris sa retraite en 1896 avec le grade de contre-amiral. Depuis dix ans, il enseignait à l'École de guerre navale à Newport (Rhode Island). Il publie livres et articles jusqu'à sa mort en 1914. Mahan se préoccupe avant tout du rôle de la flotte dans l'histoire. À ses yeux, l'Amérique sera une grande puissance, si elle accepte de devenir impérialiste et se dote d'une flotte qui lui donne les moyens indispensables. Samoa, les Antilles, Hawaii, voilà les bases qui serviront à l'expansion américaine. « L'intérêt égoïste, ajoute-t-il, est un objet non seulement légitime, mais encore fondamental pour la politique nationale. [...] Il est vain de s'attendre que les gouvernements agissent en permanence sur d'autres fondements que celui de l'intérêt national. Ils n'ont pas le droit de faire autrement[1]. » Les ouvrages de Mahan sont des best-sellers[2]. Ce qui renforce le poids de ses idées, c'est qu'un petit groupe d'admirateurs occupe des positions clefs. Henry Cabot Lodge, sénateur du Massachusetts, défend avec ardeur une politique impérialiste. Theodore Roosevelt réussit une carrière plus brillante encore. Né en 1858 dans un milieu aisé de New York, il étudie le droit à Harvard. Ce qui, pourtant, ne cessera de le passionner, c'est l'histoire et la politique. Il siège deux ans à la Chambre des représentants de l'État de New York sur les bancs républicains, s'établit dans l'Ouest dont il rapporte des souvenirs débordant de vie. Roosevelt exalte les qualités viriles, l'effort physique, la boxe, la chasse, rêve d'action et voit dans la guerre l'occasion de manifester son énergie, d'être pleinement soi-même. Roosevelt, nationaliste intransigeant, farouche impérialiste, éprouve une admiration sans bornes pour Mahan. Lorsque McKinley accède à la présidence des États-Unis, Roosevelt obtient le poste de secrétaire adjoint à la Marine. La guerre de Cuba éclate. Il démissionne, lève un régiment de volontaires, les *rough riders*, et lui, le myope, de santé fragile, se surpasse et conduit sa troupe à l'assaut de la colline de San Juan. À son retour, il est élu gouverneur de l'État de New York. En 1900, il est le colistier de McKinley. L'année suivante, le président est assassiné. Roosevelt, le vice-président, lui

1. Une excellente analyse des œuvres et de l'influence de Mahan dans Jean-Baptiste Duroselle, *De Wilson à Roosevelt. La politique extérieure des États-Unis, 1913-1945*, Paris, Librairie Armand Colin, 1960, p. 13-20.

2. *The Influence of Sea Power Upon History* (1890), *The Influence of Sea Power Upon the French Revolution and Empire, 1793-1812* (1892), *The Life of Nelson* (1897).

succède. Jamais Mahan n'exercera une telle influence sur la politique étrangère des États-Unis.

Roosevelt s'efforce de donner à son pays la place qu'il mérite dans le monde. Ce n'est pas facile. Dans leur très grande majorité, les Américains ne se passionnent pas pour la politique internationale. Leur enthousiasme de 1898 a été stimulé, peut-être créé, par les journaux à grand tirage, comme le *New York Journal* et le *New York World*. Dès 1899, l'anti-impérialisme reprend vigueur. Pourquoi consentir de telles dépenses, en faveur de peuples inférieurs, de territoires lointains, de groupes d'intérêts spéciaux ? Pourquoi l'Amérique, le « meilleur espoir du monde », se mettrait-elle à imiter les puissances de l'Ancien Monde ? Pourquoi distrairait-elle ailleurs une énergie dont elle a tant besoin pour réformer ses mœurs et ses institutions ? L'impérialisme ne fait pas l'unanimité. C'est ce qui explique son évolution dans les quinze premières années du XXe siècle.

La force militaire laisse à désirer. L'armée compte peu. Les Américains ne ressentent pas le besoin de mettre sur pied de gros effectifs, puisque aucun danger extérieur ne les menace. Les batailles de la guerre de 1898 ont été des succès faciles, malgré les insuffisances du commandement, la faible instruction des volontaires, les erreurs de l'intendance. En tout et pour tout, moins de 100 000 officiers et soldats, écartelés entre les divers postes du territoire national. Pour réprimer l'insurrection des Philippins, McKinley dépêche 70 000 hommes qui en deux ans contiennent une guérilla mal armée, mal équipée, ignorante des techniques de la guerre moderne. La marine se porte mieux. Vers 1890, elle occupe le 6e rang mondial ; en 1900, le 4e et elle atteint le 3e rang en 1906, le 2e rang en 1907 avant d'être dépassée de peu par la flotte allemande. Mahan triomphe partiellement, car l'objectif qu'il avait fixé était celui d'une marine qui occuperait la deuxième place dans le monde, en attendant de faire mieux. Quoi qu'il en soit, l'impérialisme américain ne sera que maritime, s'appuiera sur des bases et portera un intérêt constant au canal de Panama, achevé en 1914.

L'arme financière est déterminante. De 1897 à 1914, les investissements américains en Amérique latine sont multipliés par cinq. C'est dire combien la pénétration économique s'accentue, bien qu'elle n'ait pas été la motivation originelle. La mer des Caraïbes s'apparente à une Méditerranée américaine. Les plantations de canne à sucre à Cuba sont entre les mains des Américains. L'United Fruit de Boston a acheté d'énormes superficies en Amérique centrale, construit des routes, des ports, des chemins de fer qui servent au transport des bananes et des autres produits tropicaux. Le pétrole du Mexique et du Venezuela, le cuivre du Chili, l'étain de la Bolivie viennent compléter à bon prix les ressources du territoire des États-Unis.

Mais les États-Unis n'ont pas terminé leur apprentissage de puissance mondiale. À l'égard de l'Europe à laquelle ils doivent 7 milliards de dollars, leur rôle est quasiment nul. Tout au plus note-t-on, pour s'en étonner, qu'ils ont participé à la conférence d'Algésiras en 1906. En Extrême-Orient, deux problèmes retiennent leur attention. La Chine d'abord, avec le mirage qu'elle suscite aux États-Unis et la conviction qu'elle deviendra un État de premier ordre. Le Japon ensuite, dont on soupèse la menace. Les Japonais ont vaincu les Chinois en 1894-1895. Leur armée a remporté d'extraordinaires succès sur les Russes en 1904-1905 et leur flotte a coulé, au large des îles Tsushima, celle du tsar. Aussi Roosevelt est-il très heureux d'obtenir des deux belligérants qu'ils se soumettent à sa médiation et signent le traité de Portsmouth (New Hampshire) en 1905. Le péril japonais ne disparaît pas pour autant. Roosevelt ordonne à la flotte américaine de faire le tour du monde. Il vaut mieux montrer sa force, lorsqu'il en est encore temps.

Reste l'Amérique latine. C'est la priorité des priorités. La proximité géographique, la sensibilité de l'opinion publique, les moyens limités de l'armée et de la marine l'expliquent.

Et puis, les occasions d'y intervenir sont nombreuses : des gouvernements instables, des élections truquées, la corruption généralisée, une économie sous-développée, la misère et l'exploitation sociale ; autant de facteurs qui mettent en danger les investissements étrangers. Aussi les États-Unis suivent-ils deux politiques. La première est celle de Roosevelt : pas d'annexions, pas d'interventions de pays autres que les États-Unis. C'est le corollaire de la doctrine de Monroe. Les Américains manient le gros bâton (*big stick*) ; les Européens les laissent faire la police. Le président William Taft (1909-1913) préfère la « diplomatie du dollar » qui donne la priorité au financier et à l'économique. Woodrow Wilson, enfin, rejette les pratiques de Taft, voudrait que son pays adopte une attitude plus démocratique et, en fin de compte, est obligé d'intervenir militairement au Mexique, à Haïti, dans la République dominicaine. En quelques années, les Américains viennent de faire une expérience traumatisante. Libérer les peuples du joug colonial, leur apporter la démocratie et le capitalisme, c'est bien. Mais s'ils se révoltent contre leurs dirigeants, s'ils repoussent l'impérialisme américain, ne faudra-t-il pas se résigner à réprimer ? C'est cette triste évolution que les Américains dénomment la « fin de l'innocence ».

Dénoncer les injustices

Lorsque le XXe siècle commence, les États-Unis ont d'excellentes raisons d'avoir foi en leur avenir. La crise des dernières années, oubliée. Le défilé d'une armée des pauvres, sous le commandement du « général » Coxey en 1894, enfoui dans les cauchemars du passé. Les grèves de la sidérurgie et des usines Pullman, l'agitation populiste, la rébellion de l'Ouest contre l'Est, disparues dans les brumes de l'histoire. Les Américains assistent désormais, médusés, ravis, presque incrédules, à leur propre enrichissement. Et pourtant, la population augmente par bonds prodigieux : 76 millions, en 1900, 92 millions en 1910, 106 millions en 1920. Le taux de croissance décennal s'est ralenti : 20,7 % de 1890 à 1900, contre 25,5 % de 1880 à 1890 ; puis il se maintient : 21 % en 1900-1910, avant de tomber à 14,9 % de 1910 à 1920. Le taux de natalité poursuit son déclin (32,3 ‰ en 1900, 30,1 ‰ en 1910, 29,5 ‰ en 1915), et le taux de mortalité passe de 17,2 ‰ en 1900 à 14,7 ‰ en 1910, et à 13,2 ‰ en 1915. Ce qui laisse un accroissement naturel non négligeable. L'apport de l'immigration est, en revanche, considérable : de 1900 à 1914, près de 13 millions d'immigrants entrent aux États-Unis – un peu plus que trois fois la population des treize États fondateurs. Le total des entrées annuelles dépasse le million à six reprises. Tous les records sont battus. Les immigrants européens comptent pour 91,52 %. Ce qui est plus étonnant, ce sont leurs origines nationales. Les Britanniques représentent 6,46 % de l'immigration européenne ; les Irlandais, 3,77 % ; les Allemands, 3,98 %. Les Polonais[1], les Russes, les Italiens et tous ceux qui sont originaires du reste du bassin Méditerranéen correspondent à 74,86 %. Les Juifs n'apparaissent pas dans ces statistiques nationales, mais ils immigrent en grand nombre, chassés par les pogromes de Russie, de Pologne et les persécutions dont ils sont victimes en Europe centrale et orientale.

La nouvelle immigration fait peur[2]. Sans doute les États-Unis essayent-ils de demeurer le *melting pot* qu'évoque Israël

1. Jusqu'à la restauration de l'indépendance de la Pologne en 1919, les Polonais sont comptés officiellement comme des Russes, des Austro-Hongrois et des Prussiens.

2. L'agitation nativiste est particulièrement forte contre les immigrants japonais. Dans la dernière décennie du XIXe siècle, 26 000 Japonais environ sont entrés aux États-Unis. Dans la décennie suivante, les entrées s'élèvent à 130 000. De là la crainte du « péril jaune » qui s'exprime notamment en Californie en 1906. Plusieurs *gentlemen's agreements* sont signés entre le Japon et les États-Unis, afin que le nombre des immigrants soit limité par accord entre les deux parties.

Zangwill. Bon nombre d'Américains de vieille souche se demandent, malgré tout, si ces nouveaux venus, qui ne sont pas protestants, qui ne parlent pas l'anglais et ne comprennent rien aux institutions américaines, qui se considèrent comme des « Américains à trait d'union » (des Polono-Américains, des Judéo-Américains, des Germano-Américains, des Italo-Américains, etc.) ne nuisent pas à l'esprit national et ne contribuent pas à dénaturer la culture américaine. Un regain de nativisme provoque une campagne d'opinion en faveur de la limitation de l'immigration. Point de changements pour le moment, mais un mouvement qui remportera sa victoire plus tard, au lendemain de la Grande Guerre.

La croissance économique n'est pas moins impressionnante. Le revenu national s'élève à 36,5 milliards de dollars au début du siècle ; vingt ans plus tard, il atteint 60 milliards, soit un taux de croissance annuel qui tourne autour de 4 %. Le revenu par tête a sauté de 480 à 567 dollars. Il est vrai que pour un taux de croissance de la population de l'ordre de 40 %, la croissance du nombre des établissements industriels se limite à 32 %, mais le capital investi s'est accru de 250 %, le nombre des salariés de près de 100 %, la valeur des produits de 222 % et les investissements américains à l'étranger se sont multipliés par cinq.

Toutefois, le ciel n'est pas sans nuages. Les Américains commencent à se demander s'ils ne paient pas trop cher cet enrichissement, si conforme au « rêve américain », et quelles responsabilités il confère à leur pays. Les penseurs protestants sont les premiers à s'interroger sur la qualité des rapports humains dans la société industrielle. Les profits sont-ils tous justifiés ? L'ouvrier ne vit-il pas dans des conditions inacceptables ? Des prédicateurs, comme Washington Gladden et Walter Rauschenbusch, voudraient adapter la vie quotidienne à la morale chrétienne. Ici et là, on se demande avec inquiétude comment Jésus-Christ réagirait, s'il parcourait les rues de Chicago et de New York. La philosophie de l'Armée du Salut, fondée à Londres en 1878, influence les

États-Unis. En 1908, le Conseil fédéral des Églises du Christ en Amérique se donne pour mission de prêcher l'évangile social. Les catholiques restent plus réservés, depuis qu'en 1899 le pape Léon XIII a condamné l'« américanisme » et que le pape Pie X a confirmé la condamnation en 1907. Les Juifs, de leur côté, applaudissent à la réforme sociale avec d'autant plus d'enthousiasme que le judaïsme est imprégné d'un profond courant de justice sociale.

Résister au capitalisme sauvage, offrir une solution raisonnable à ceux qui pourraient être attirés par le socialisme ou l'anarchisme, changer la société pour éviter qu'elle ne soit bouleversée par la révolution. À condition de savoir où sont les abus et qui sont les coupables. Il faut rechercher la « faute ». Les dénonciateurs, Theodore Roosevelt les a baptisés des *muckrakers* (fouille-merde). Ce sont des journalistes, des écrivains, des enquêteurs qui travaillent pour des commissions législatives ou les pouvoirs publics, des assistantes sociales, des ministres du culte. Le *muckraking*, comme l'a écrit l'historien Richard Hofstadter, c'est d'abord une « révolution dans le journalisme ». Au temps de la guerre de Cuba, Joseph Pulitzer et William Randolph Hearst se sont livré une bataille de géants, le premier à la tête du *New York World*, le second à la tête du *New York Journal*. Pour attirer les lecteurs, tous les moyens sont bons : des enquêtes sensationnelles, des faits divers de toutes sortes, de grandes signatures, des bandes dessinées en jaune (d'où le surnom de *yellow journalism*, de journalisme jaune). Pulitzer envoie ses reporters dans les *sweatshops* pour qu'ils décrivent les conditions de travail des ouvriers de la confection ; puis, il charge l'un de ses collaborateurs de partir sur les traces de Phileas Fogg. Hearst nourrit l'idée, qu'il ne réalise pas, de faire évader du bagne de l'île du Diable le capitaine Dreyfus. Les opérations militaires de la « splendide petite guerre » et les négociateurs diplomatiques qui l'ont précédée ont fait l'objet d'articles souvent faux, toujours percutants, agrémentés de photographies suggestives. Le succès récompense le dynamisme. Chaque quotidien tire à 700 000-800 000 exemplaires. Énormes tirages à côté d'un *New York Sun* qui atteint les 150 000, du *Herald* avec ses 100 000, de la *Tribune* avec ses 75 000, de l'*Evening Post* et du *Times* avec leurs 25 000. Le nouveau journalisme ? Moins d'opinions et plus de reportages ; moins de nuances et plus de lecteurs ; moins de scrupules et plus de bluff.

Les périodiques s'y mettent à leur tour. Jusqu'en 1890, lire un magazine, c'était cher (35 cents au numéro), un peu ennuyeux, réservé à une élite. En 1892-1893, trois magazines abaissent leur prix de vente à 15 ou 10 cents, publient plus de pages (2/3 pour les textes, 1/3 pour la publicité) et choisissent des thèmes d'actualité. *McClure's*, *Munsey's* et *Cosmopolitan* forment la trinité des précurseurs, bientôt rejoints et imités par *Scribner's*, *Everybody's*, *Collier's*, *The New Republic*, etc. Que veut lire le public ? Non plus un *Te Deum* en l'honneur de Carnegie et de Rockefeller, mais une analyse critique et documentée de leurs activités, des révélations sur le « complot » des capitalistes. Une journaliste, Ida Tarbell, qui avait raconté la vie de Napoléon, puis celle de Lincoln, se met à décrire les méthodes de la Standard Oil. Lincoln Steffens traite de la corruption des municipalités. Ray Stannard Baker enquête sur la condition des Noirs et sur le monde du travail. Les *muckrakers* n'épargnent pas les Églises, notamment la science chrétienne[1] et les mormons, dont ils dénoncent l'âpreté au gain. Le monde de la finance, le Sénat, les taudis, les souffrances des immigrants font l'objet d'articles retentissants, qui façonnent un état d'esprit.

Si on la voit avec les lunettes des *muckrakers*, l'Amérique n'est pas belle. La fortune des hommes d'affaires a

1. Mary Baker Eddy (1821-1910) a exposé les principes de la science chrétienne dans *Science and Health With Key to the Scriptures* (1875). L'Église du Christ scientiste est fondée en 1876-1879. Le *Journal of Christian Science* paraît à partir de 1883 et à la fin de sa vie, Mary Baker Eddy crée le *Christian Science Monitor*.

été construite sur l'exploitation des autres, sur des combines frauduleuses. En 1904, John Moody révèle la « vérité sur les trusts ». Depuis dix ans, écrit-il, sept trusts géants se sont formés en violation des lois : la Standard Oil, l'US Steel, le trust du sucre, celui du tabac, par exemple. À eux sept, ils réunissent un capital de 2,5 milliards de dollars et sur les 6 milliards de valeurs qui ont été jetés sur le marché boursier, 3,5 milliards ne reposent ni sur le travail ni sur l'équipement ; ce sont des « actions à l'eau », sans répondant. Et Moody continue : 318 trusts dirigent 5 300 usines et gèrent un capital de 7 milliards. Une concentration stupéfiante ! La commission Pujo, formée peu après par le Congrès, apporte sa confirmation : au sommet de la pyramide, deux groupes, celui de Morgan, celui de Rockefeller, qui finissent par se partager le marché américain ; grâce aux postes d'administrateurs que détiennent souvent les mêmes hommes, ils disposent au total de 341 sièges dans 112 sociétés, dont les ressources globales s'élèvent à plus de 22 milliards. Le trust de l'argent fait la loi. Dans les chemins de fer, 95 % des voies, et ce sont les voies les plus fréquentées, appartiennent à six groupes, tous rattachés à Morgan ou à Rockefeller. La National City Bank, la Hanover National, la Farmers Loan and Trust, c'est Rockefeller, tout comme la Standard Oil, l'Union Pacific, le Southern Pacific, la banque Kuhn and Loeb chargée des investissements. L'US Steel, l'International Harvester, la General Electric, le Reading, le Northern Pacific, le Great Northern, la National Bank of Commerce, la First National Bank de New York, c'est Morgan. On peut imaginer l'effroi des Américains, élevés dans le culte de la libre entreprise et découvrant tout à coup l'immense toile d'araignée dans laquelle ils se débattent. Ce qui les choque particulièrement, c'est qu'ils forment de plus en plus une vaste classe moyenne, et que les trusts la privent de tout pouvoir. Une démocratie sociale en apparence, que régit un petit groupe d'entrepreneurs omnipotents ! Ce sentiment d'étouffement, la lecture des œuvres d'une génération d'écrivains le renforce. Il faut dire que le naturalisme à la Zola et l'inspiration socialiste sous-tendent cette littérature. À travers *la Pieuvre* et *le Puits*, Frank Norris décrit la culture du blé dans les Grandes Plaines et la domination des compagnies de chemins de fer. Theodore Dreiser raconte la carrière d'un *businessman* de Chicago ; Stephen Crane, la misère des citadins. Upton Sinclair veut, par *la Jungle*, attirer l'attention du public sur la vie lamentable des immigrants lithuaniens qu'exploitent les abattoirs de Chicago et ne fait que soulever l'indignation contre l'absence d'hygiène qui préside à la préparation de la viande. Jack London imagine, dans *le Talon de fer*, jusqu'à quelles extrémités irait le système capitaliste, s'il était menacé par le socialisme. On pourrait allonger la liste de ces écrivains révoltés et dénonciateurs : Winston Churchill (à ne pas confondre avec son illustre homonyme britannique), John Spargo, Robert Hunter, etc., tous animés par le même désir de montrer la société américaine telle qu'elle est pour la rendre telle qu'elle devrait être. Le même état d'esprit s'étend au domaine des historiens. Charles Beard s'attaque à la légende, en étudiant les influences économiques qui expliquent l'élaboration de la Constitution de 1787. Les peintres eux-mêmes, rassemblés dans l'« école de la Poubelle », cherchent moins le beau que le vrai et contribuent à leur façon à dénoncer les laideurs du monde.

La deuxième découverte à laquelle invitent les *muckrakers* n'est pas moins traumatisante. La pauvreté existe, dramatique, touchant de 30 à 50 millions d'Américains, soit la moitié de la population. Et ce n'est pas la pauvreté des paresseux, des stupides et des malchanceux. Elle frappe les villes, dans lesquelles s'entassent les victimes de l'exode rural et de l'immigration. Jacob Riis avait fait œuvre de pionnier dans *How the Other Half Lives* (Comment vit l'autre moitié), paru en 1890. La première décennie du XXe siècle fait surgir une pléiade d'études, comme l'enquête de Robert Hunter. Sans doute, ajoute-t-on à l'époque, convient-il de distinguer entre les pauvres qui sont méritants et les autres. Les handicapés, les malades, les vieux, les veuves doivent être aidés. Hunter va encore plus loin : les chômeurs, ceux qui perçoivent les salaires les plus bas souffrent du désordre de l'économie et non de la faiblesse de leurs qualités morales. Peu importe si ailleurs, par exemple en Europe occidentale, les ressources sont encore plus faibles qu'aux États-Unis. Il n'est ni juste ni supportable de découvrir en plein New York des conditions de logement indignes de l'Amérique. Comment accepter la description de la cour centrale d'un immeuble que fait une gardienne ? « Les familles, elles jettent leurs ordures, leurs papiers gras, les entrailles de poulets et d'autres saletés innommables. La gardienne avant moi n'était pas aussi soigneuse et la première fois que j'ai nettoyé la cour, j'ai vomi. »

Les femmes sont aussi à l'avant-garde du progressisme. On se rappelle le rôle que les plus décidées d'entre elles avaient tenu entre 1830 et 1860 dans le mouvement des réformes. Au lendemain de la guerre de Sécession, les voilà silencieuses, comme si, déçues par l'antiféminisme ambiant, elles désespéraient de retourner la situation. Au début du XXe siècle, les Américaines se battent de nouveau. Sur le front du travail, d'abord. À vrai dire, elles n'ont jamais cessé de faire partie de la population active, dont en 1910 elles constituent un cinquième. Domestiques, fermières, couturières, ouvrières du textile, enseignantes, très rarement admises dans les professions libérales, elles sont pour la plupart célibataires. Après le mariage, elles abandonnent leur activité professionnelle pour se consacrer entièrement à leur foyer. Malgré tout, les ouvrières de New York, surtout juives et italiennes, qui peuplent les ateliers de confection, travaillent dans des conditions très pénibles ; elles adhèrent à l'International Ladies' Garment Workers Union (ILGWU) pour rassembler leurs forces, mènent des grèves énergiques comme celle de 1909 et font, de temps à autre, entendre leur voix. On retrouve les femmes sur le front de l'action politique. André Tardieu, qui visite les États-Unis en 1908, est tout surpris : « Le sentiment de l'égalité des sexes, écrit-il, est plus vif aux États-Unis qu'ailleurs. » Voire ! Peu d'Américaines jouissent du droit de vote. En 1914, neuf États seulement (Wyoming, Colorado, Utah, Idaho, Washington, Californie, Oregon, Arizona, Kansas), des États de l'Ouest ou des Grandes Plaines, ont admis le suffrage féminin. Une revendication aussi vieille que l'Union, réactivée dans les dernières années par des militantes comme Elizabeth Cady Stanton, Susan B. Anthony, Frances Willard et par des associations comme la National American Woman Suffrage Association. Les arguments ne manquent pas de force. Les anciens esclaves, les immigrants après un court séjour peuvent voter ; les femmes, non. Si elles votaient, elles éliraient des leaders politiques plus soucieux de la justice et du bien public. Elles feraient donc avancer la cause du progressisme. L'hostilité à l'endroit du suffrage féminin s'appuie sur des considérations pseudo-philosophiques, qui dissimulent la défense d'intérêts matériels bien compris. Car les femmes agissent sur un troisième front, celui de l'action sociale. Ce militantisme-là leur crée beaucoup d'ennemis. Elles sont nombreuses à réclamer la prohibition des boissons alcoolisées. La Women's Christian Temperance Union, fondée en 1874 par Frances Willard, est alliée à l'Anti Saloon League. L'alcool, c'est pour les prohibitionnistes la source du mal, la désunion des foyers, l'origine des maladies et de la misère, la dégradation de l'individu. Il faut combattre les fabricants d'alcool tout comme ceux qui profitent du commerce des boissons et protéger le foyer domestique. Rendre sa dignité à la femme, c'est encore lutter contre la prostitution, donner à toutes par le contrôle des naissances la libre disposition de leur corps comme le souhaitent Margaret Sanger et Emma Goldman. C'est, enfin, interdire les jeux d'argent, défendre l'intérêt des consommateurs, mieux protéger les enfants contre l'horreur du travail dans les usines textiles du Sud, développer et améliorer la qualité de l'enseignement. Décidément, les causes sont innombrables et les femmes qui s'y dévouent le font sans épargner leur temps ni leur dynamisme. Elles fondent et animent des clubs. Le plus célèbre s'appelle la Fédération générale des clubs de femmes qui réunit un demi-million de membres. Ce sont des associations de volontaires qui parviennent à mettre sur pied des institutions originales, comme la Hull House de Jane Addams à Chicago ou l'association que préside Lillian Wald à New York qui ont l'une et l'autre pour but d'aider les femmes à surmonter les difficultés qu'elles rencontrent dans la vie sociale.

Selon les progressistes, tous les maux qu'ils dénoncent disparaîtront si la vie politique est assainie, si la démocratie américaine se libère de ses entraves. Les institutions ne sont jamais que ce que les hommes en font. Pour les progressistes, point de doutes : celles des États-Unis sont excellentes. Ils sont trop fiers de leur histoire pour penser un seul instant qu'il puisse exister un système démocratique meilleur que celui des États-Unis. Ne cherchent-ils pas à l'exporter en Amérique latine et en Chine ? Mais ils constatent, *muckrakers* en tête, que ces institutions ont été corrompues à la fois par les *machines* des partis et par le *business*. Ce sont donc les pratiques de la politique qu'il convient de mettre en accusation. Le réquisitoire va droit au but. Les fonctions électives sont trop nombreuses, ce qui favorise les appareils de parti chargés de trouver les candidats, d'organiser les campagnes et de rameuter les électeurs. Depuis la présidence de Jackson, les Américains ont cru que plus on élisait, plus on accentuait le caractère démocratique du régime. Erreur ! Exagérément appelé aux urnes, le peuple ne choisit plus avec discernement et devient la proie des *bosses*. La multiplication des consultations qui découle aussi de l'extension des villes aboutit au choix d'hommes de paille et à la dilution des responsabilités. Au moment précisément où le *business* acquiert des dimensions gigantesques.

Du coup, les relations entre le pouvoir politique et le pouvoir économique sont terriblement inégalitaires. Les fonds, qui permettent aux partis d'agir, sont versés pour l'essentiel par les sociétés industrielles et commerciales. Les *businessmen* sont, en conséquence, en position d'obtenir ce qu'ils veulent, comme ils le veulent, au prix qu'ils veulent. Le *boss*, c'est non pas le maire ou le gouverneur, mais l'intermédiaire entre le *business* et le parti, une sorte de démarcheur qui s'est posté au carrefour de la politique et des affaires. Au passage, il perçoit de substantielles commissions. Le *boss*, qu'on croit honnête, est un escroc. Dans la plupart des cas, l'escroquerie porte sur des sommes très importantes. Bien des hommes politiques n'agissent pas autrement. Un des sénateurs que le New Jersey envoie au Sénat fédéral touche de l'argent des compagnies des eaux, du gaz et de l'électricité et de la plus grande compagnie d'assurances de l'État. Dans le New Jersey encore, le Pennsylvania Railroad tient sous sa coupe le président de la Cour suprême de l'État, le ministre de la Justice, le trésorier, le commissaire chargé des banques et des assurances. On comprend pourquoi la plupart des trusts demandent et obtiennent une charte d'incorporation dans le New Jersey. Dans le Missouri, un membre obscur de l'assemblée législative a reçu 15 000 dollars en pots-de-vin que lui a versés une compagnie de chemins de fer ; en contrepartie, il lui rend des services. Le *business* est un État dans l'État, quelquefois plus fort que l'État lui-même. En 1888, une compagnie de chemins de fer dont le siège est à Boston emploie 18 000 personnes, encaisse 40 millions de dollars de revenus annuels et verse à son employé le mieux rémunéré un salaire de 35 000 dollars par an. L'État du Massachusetts ne compte que 6 000 employés, dispose d'un revenu annuel de 7 millions et son fonctionnaire le mieux payé reçoit 6 500 dollars. En 1911, Chicago a nommé une commission pour enquêter sur le vice. La conclusion des enquêteurs, c'est que le vice rapporte chaque année 15 millions de dollars, dont 20 % sont distribués sous forme de pots-de-vin à la police.

Cette corruption généralisée fait dire à un observateur français de 1905 que sur quarante-cinq États, six seulement sont honnêtes. Il y a deux facteurs aggravants. En premier lieu, le pouvoir des partis et de leurs chefs locaux semble solide. Trop d'Américains ne se demandent pas si le *boss* est corrompu ; ils veulent simplement savoir si le *boss* agit en leur faveur, s'il leur rend des services et vient à leur secours en cas de nécessité. La *machine* tient lieu d'assistance sociale. D'elle, on attend beaucoup. Qu'importe si l'argent qu'elle distribue provient de sources impures ! En échange, on la soutient et on vote pour son candidat. Tant pis si, sur le plan de la morale et de l'efficacité politique, les élus sont inférieurs à l'ampleur de leurs tâches. Plus encore que les Américains de vieille souche, les immigrants de fraîche date adoptent ce comportement. Le *boss*, généralement irlandais, qui est venu les accueillir au pied de la passerelle de débarquement, leur a trouvé un appartement et un travail, les aide dans les moments difficiles et leur a facilité les démarches nécessaires à la naturalisation ; celui-là ne peut être qu'un brave homme qui a le droit de disposer à sa guise de leurs suffrages. Et lorsqu'il s'agit d'immigrants d'Europe centrale et orientale, d'Italie et de Grèce, politiquement illettrés, la notion de démocratie perd de sa clarté. Les liens d'homme à homme sont plus importants.

La conclusion des progressistes est logique. Si la démocratie américaine est en péril, la faute en revient à cette nouvelle immigration, qui sert les intérêts de la *machine*. Et puis, le gouvernement fédéral demeure exagérément faible. Le Congrès se mêle trop peu des activités économiques. La Cour suprême témoigne d'une complaisance coupable à l'égard des trusts. Le président des États-Unis exerce une autorité à éclipses. Résultat : tout se décide au niveau local avec les effets que l'on sait. Ainsi l'assainissement de la vie politique ne se fera que si la puissance des *machines* est restreinte, si les partis politiques sont affaiblis, si le pouvoir qui incarne la souveraineté populaire est renforcé. Les progressistes n'ont nullement l'intention de fonder un nouveau parti[1]. Il leur suffit d'influer sur les républicains, sur les démocrates, sur les socialistes. Il s'unissent sur un certain nombre d'idées ; ils constituent un mouvement de pensée.

Une vague réformiste

Une fois les maux dénoncés, encore convient-il d'y remédier, en commençant par rendre la parole au peuple. Pour court-circuiter les *machines*, les progressistes inventent les élections primaires. Au lieu de laisser le *boss* désigner les candidats du parti, ce sont les membres du parti qui s'en chargeront. Seule difficulté : dans un parti américain, on ne paie pas de cotisation et on ne reçoit pas de carte d'adhérent. Entre qui veut, est membre celui qui revendique cette qualité. Le Mississippi en 1902, le Wisconsin l'année suivante, treize États en 1912 et peu après tous les États de l'Union, à l'exception du Rhode Island, du Connecticut et du Nouveau-Mexique, adoptent des lois qui obligent les partis à tenir des élections primaires. Le Wisconsin donne l'exemple, dès 1903, en instaurant des élections primaires présidentielles qui ont pour but de désigner les délégués de l'État à la convention nationale de chaque parti. D'autres États l'imitent, en ajoutant la possibilité de marquer une préférence pour l'un ou l'autre des candidats éventuels à la présidence.

1. Le seul parti qui ait avant la Grande Guerre porté la désignation de progressiste est celui que Theodore Roosevelt a fondé en 1912 (cf. p. 257). De fait, le progressisme s'intègre dans le mouvement d'antipartisme, si puissant dans les États-Unis du XXe siècle.

Les réformes ne s'arrêtent pas là. Adopté en 1913, entré en vigueur en 1914, le 17e amendement à la Constitution dispose que les sénateurs fédéraux ne seront plus désignés par les assemblées législatives des États, mais élus au suffrage universel. Le contrôle des dépenses électorales fait l'objet d'une attention nouvelle. Quelques États votent des lois répressives. Le Congrès interdit, en 1907 et 1909, que les sociétés industrielles, compagnies d'assurances, banques, compagnies de chemins de fer versent des contributions aux candidats à des fonctions fédérales.

La méfiance envers le système représentatif suscite une flambée de démocratie directe. Plus particulièrement dans l'Ouest. Premières mesures : l'initiative et le référendum. Grâce au droit d'initiative, le peuple peut proposer une loi aux assemblées législatives de l'État ; si elles refusent, de nouvelles élections ont lieu. Le droit de référendum permet au peuple de se prononcer sur une loi déjà approuvée par les législateurs. Dans un cas comme dans l'autre, le droit n'est appliqué que si un certain nombre de signatures ont été recueillies en faveur de son utilisation. Le mouvement est né au Dakota du Sud en 1898. Dix-sept ans plus tard, vingt États ont suivi l'exemple. Le rappel est une autre mesure originale. Là encore si un nombre suffisant de citoyens, variable suivant les États, le demandent, un élu peut être « rappelé », c'est-à-dire soumis à réélection quel que soit le calendrier politique. Los Angeles a ouvert la voie en 1903. D'autres villes l'ont imité. Avant 1915, l'Oregon et neuf autres États se sont dotés de ce garde-fou. Toutefois, un problème se pose en matière de rappel. Faut-il inclure les juges des États, élus pour la plupart, dans la procédure de rappel ? Sept États pensent que oui ; les autres estiment que ce serait placer les tribunaux sous la surveillance de la foule et qu'une justice exagérément populaire cesse d'être une véritable justice.

Les réformes touchent également la gestion des affaires municipales. Il faut d'abord que les villes obtiennent le bénéfice du *home rule* (le droit de s'administrer elles-mêmes sans intervention des autorités de l'État). Il faut encore que les élections soient non partisanes, c'est-à-dire qu'elles se déroulent sans que les affiliations aux partis puissent être prises en compte. Au fond, soutiennent les progressistes, il n'y a pas une manière démocrate et une manière républicaine d'administrer une ville, mais une bonne et une mauvaise manière. Il faut enfin que des experts, des techniciens, et non des politiciens, prennent en charge les problèmes de santé, les questions sociales, la gestion des égouts, le pavage des rues, le contrôle des moyens de communication, etc. Il arrive – rarement – que les progressistes réclament la municipalisation des compagnies des eaux, de l'électricité et du gaz, comme à San Francisco en 1898.

Deux types de réformes institutionnelles sont appliqués. Le premier est né à Galveston (Texas). La municipalité se compose d'une commission qui comprend en général cinq personnes élues et chargées de gérer les affaires. Les responsabilités sont localisées et rien n'empêche qu'un maire soit alors revêtu d'une autorité symbolique. L'autre type apparaît à Staunton (Virginie). Le conseil municipal élu désigne un *manager* qui fait office de syndic et tient le rôle du pouvoir exécutif, même si le maire continue d'exister, là aussi à titre symbolique. Le *manager* et les membres de la commission ont en commun de n'être pas des politiques, mais des administrateurs qui ont été choisis pour leurs qualités de gestionnaires. Toutes les grandes villes s'adonnent aux réformes et ont un héros qui les a menées à bien. À Toledo (Ohio), par exemple, Samuel Jones, dit « Règle d'or », est un riche industriel qui, une fois élu, retire leurs matraques aux agents de police, fixe un salaire minimal relativement élevé pour les employés municipaux, construit des terrains de jeux, des parcs, des asiles de nuit. Au niveau des États, une génération de gouverneurs réformateurs accède au pouvoir, parmi lesquels La Follette pour le Wisconsin, Hiram Johnson pour la Californie, Theodore Roosevelt et Charles Evans Hughes pour le New York, Wilson pour le New Jersey. Il n'est pas surprenant que ces grandes figures aient brigué, avec un succès inégal, la présidence des États-Unis.

Le remède le plus efficace à tous les fléaux de la société, c'est encore l'accroissement des pouvoirs fédéraux. Contrairement aux populistes, les progressistes ne croient pas que la solution se situe au niveau des États. Le développement des affaires, l'extension du capitalisme réclament des institutions qui fassent le poids et puissent prendre des mesures applicables à l'ensemble de l'Union. Le fédéral est assimilé à l'intérêt général. Le président occupe dès lors un rôle primordial, d'autant que le système, personnalisé, accorde une prime au chef, au leader, qu'il soit le *manager*, le maire, le gouverneur ou le président. « La Maison-Blanche, déclare Roosevelt, qui est propriété de la nation traite de la même manière tous les citoyens honorables de la nation. [...] En même temps, j'ai souhaité faire comprendre aux ouvriers que je résisterai comme du silex à la violence et au désordre qu'ils pourraient créer, tout autant qu'à l'arrogante avidité des riches et que j'agirai aussi vite contre les uns que contre les autres. »

Les élections présidentielles de 1912 illustrent à merveille cette évolution. Le président sortant, William Taft, ne manque ni de qualités ni de générosité, mais il n'a pas su se détacher de la vieille garde du parti républicain. Le candidat socialiste, Eugene V. Debs, n'est pas un révolutionnaire, mais il aspire à des réformes progressistes et profondes ; ses discours ont des accents socialisants et il a derrière lui sa carrière de leader syndicaliste. Reste les deux protagonistes. Roosevelt a quitté la Maison-Blanche en 1909. S'il se présente de nouveau trois ans plus tard, c'est qu'il a le sentiment d'avoir été trahi par son successeur. Prêt à livrer la bataille d'Armageddon au nom du Seigneur, il se place à la tête d'un nouveau parti, créé tout exprès pour la circonstance, le parti progressiste. Son slogan, le « Nouveau Nationalisme », résume son programme : oui au *big business*, à condition qu'un *big government* assure l'équilibre. Il est impossible d'en revenir au temps des petites entreprises et des petits entrepreneurs ; il faut accepter le gigantesque dans les affaires. Mais le gouvernement fédéral se donnera la mission de réguler la vie économique et sociale. Quant aux démocrates qu'influence le mouvement progressiste, ils souhaitent, eux, une présidence forte, un Congrès interventionniste qui détruiront le *big business* pour assurer le retour de la libre entreprise. Ce sera, disent-ils, la « Nouvelle Liberté ». Leur candidat se nomme Thomas Woodrow Wilson, une extraordinaire personnalité, si typiquement américaine qu'elle paraît insaisissable aux Européens. Il a cinquante-six ans en 1912. Sa vie est d'abord celle d'un universitaire, qui a étudié le droit, puis la science politique. Il enseigne à Bryn Mawr, à la Wesleyan University, enfin depuis 1890 à Princeton. Il devient président de son université en 1902 et entreprend des réformes qui finissent par susciter de farouches résistances. Wilson n'est pas l'homme des compromis. Son éducation presbytérienne lui donne la conviction que l'homme est un agent de Dieu, qu'il ne doit pas s'écarter de la mission divine qui lui a été confiée. L'adversaire ne peut qu'avoir tort. S'il entre en politique en 1910 pour briguer et obtenir le poste de gouverneur du New Jersey, c'est pour faire œuvre de justicier. « La politique, écrit-il, est une guerre où s'affrontent les causes ; c'est une joute de principes. » Élu avec l'appui de la *machine* démocrate, il entend demeurer « sans engagements d'aucune sorte », combat l'influence des *bosses*, mène à bien des réformes importantes dans un État qui ne brille pas par l'honnêteté de ses politiciens. L'étoile de Wilson monte au firmament de la politique. Les démocrates se rallient sans états d'âme à sa candidature qui pourrait leur permettre de revenir à la Maison-Blanche.

Les élections de 1912

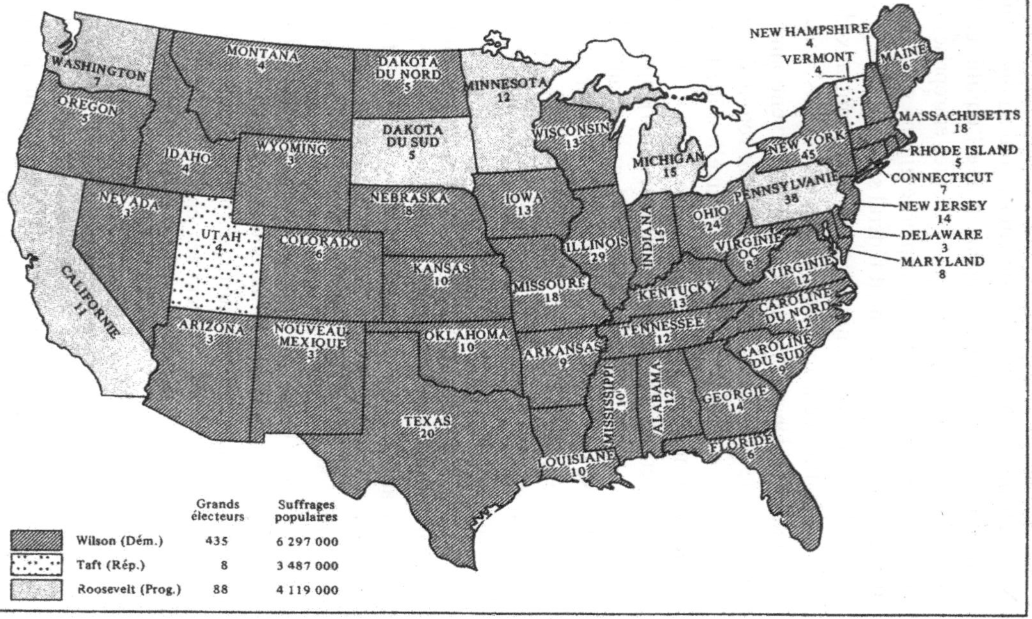

	Grands électeurs	Suffrages populaires
Wilson (Dém.)	435	6 297 000
Taft (Rép.)	8	3 487 000
Roosevelt (Prog.)	88	4 119 000

La division des républicains favorise ce dessein. Taft recueille 3 486 720 voix et 8 mandats de grands électeurs ; Roosevelt, 4 118 571 voix et 88 mandats ; Wilson, 6 296 547 voix et 435 mandats. Les Américains ont largement voté pour les idées progressistes, d'autant qu'aux voix de Roosevelt et de Wilson, il faut ajouter celles de Debs, 900 672, soit un pourcentage (5,98 %) qu'aucun autre candidat socialiste n'atteindra jamais. Précisément, ce qui étonne dans cette période agitée, c'est qu'un mouvement socialiste ne se soit pas implanté aux États-Unis. Pourtant, il y eut deux partis se réclamant du socialisme. Le premier, d'un marxisme doctrinaire, est toujours resté un groupuscule. Le second, celui de Debs, a présenté un candidat aux élections présidentielles de 1904 à 1920, puis est reparu pendant la Grande Dépression. Mais son succès est tout compte fait fort limité. Le socialisme ne s'appuie pas sur des forces syndicales, puisque l'AFL refuse de lier son sort à celui d'un parti et que le syndicat anarchiste, l'IWW, les *wobblies* de Bill Haywood, a des opinions plus extrémistes que la formation de Debs. La conscience de classe n'imprègne guère les ouvriers américains. Le socialisme passe pour *un-American*, c'est-à-dire contraire aux traditions et aux valeurs américaines. Qu'on soit socialiste en Russie, en Allemagne ou en Angleterre, pourquoi pas ? L'Europe est le continent de la misère ; la société européenne est définitivement bloquée. Les immigrants emportent le socialisme dans leurs bagages, mais en devenant des Américains ils le jettent par-dessus bord. Ici, aux États-Unis, la société est « ouverte » ; rien n'interdit la promotion de tous. Cette conception n'empêche pas qu'il y ait des électeurs socialistes, à tel point qu'en octobre 1917, aux élections municipales de New York, un quart des suffrages va aux candidats socialistes. Toutefois, dans une Amérique où les immigrants affluent, la conscience ethnique remplace la conscience de classe. On est irlandais ou italien avant de se sentir ouvrier. La réforme, en conséquence, l'emporte toujours sur la révolution.

Maintenant qu'un mouvement de réformes est enclenché, les relations sociales s'améliorent-elles ? De meilleures institutions ont-elles fait de meilleures lois ? La loi sur le commerce entre les États (1887) et la loi Sherman contre les trusts (1890) donnaient des armes à ceux qui voulaient limiter la toute-puissance des ententes. En vain, puisque la concentration industrielle et financière s'accentue au début du XXe siècle. En 1902, Roosevelt empêche la formation d'une nouvelle entente, la Northern Securities Company, qui aurait donné au groupe Morgan la mainmise sur les chemins de fer du Nord-Ouest. Grande victoire pour les progressistes, qui la même année se réjouissent d'une action en justice intentée contre le trust du bœuf, un peu plus tard contre le trust du tabac, la Du Pont de Nemours, la compagnie de chemins de fer de New Haven et la Standard Oil. Roosevelt impose en 1902, sans doute pour rétablir l'équilibre, l'arbitrage fédéral dans la grève des mineurs. En 1904, il demande au Congrès de voter une loi qui accorderait à la Commission du commerce entre les États le droit de participer réellement à la fixation des tarifs ferroviaires. La majorité conservatrice ne le suit pas. Il revient à la charge plus habilement et fait adopter en 1906 la loi Hepburn qui autorise la Commission à recommander un tarif, si une plainte a été déposée et à examiner les livres de comptes des compagnies. Il échoue, en revanche, lorsqu'il tente de donner au gouvernement fédéral un droit de regard sur les émissions de valeurs boursières des chemins de fer.

Sous la présidence de Taft, la loi Mann-Elkins autorise la Commission du commerce entre les États à établir des tarifs. Une fois entré à la Maison-Blanche, Wilson renonce à détruire les trusts et s'aperçoit soudainement que le programme du « Nouveau Nationalisme » est plus réaliste que celui de la « Nouvelle Liberté ». Il fait voter la loi Clayton (1914) qui renforce les mesures antitrusts de la loi de 1890. En outre, le gouvernement fédéral dispose désormais de revenus supplémentaires, depuis que le 16e amendement à la Constitution, approuvé en 1913, instaure l'impôt sur le revenu. Un système fédéral de réserve assure un contrôle étroit sur la politique monétaire et met fin à la période de soixante-quinze ans (depuis la disparition de la deuxième Banque des États-Unis) au cours de laquelle le pays n'avait pas de banque centrale.

Les abus du monde du travail n'ont pas été tous supprimés. Les lois sur le travail des enfants que les législateurs fédéraux ont votées et que l'on retrouve dans certains États ne sont pas toujours jugées conformes à la Constitution par la Cour suprême. Mais des lois protègent maintenant les femmes. La journée de huit heures est obligatoire pour les entreprises qui bénéficient de contrats du gouvernement fédéral. Les employés fédéraux jouissent d'un système de retraites. Les progressistes sont allés encore plus loin. Depuis la présidence de Roosevelt, la protection de la nature fait partie des préoccupations de Washington. On voit même, ici et là, l'apparition de mesures qui visent à moraliser la société : des États se proclament « secs », une loi fédérale combat la traite des Blanches, une autre l'usage des drogues dures.

Voilà qui impose une conclusion nuancée sur le mouvement progressiste. Il n'a certainement pas résolu tous les problèmes de la société américaine. Composé et animé par les classes moyennes, il améliore, sans la transformer, la condition ouvrière. Inspiré par la référence aux valeurs américaines, il provoque et entretient la méfiance à l'égard des immigrants, ces nouveaux venus qui apportent avec eux la misère, l'ignorance de l'Europe latine et slave. La critique la plus forte et la plus justifiée qu'on puisse adresser aux progressistes, c'est d'avoir trop peu fait en faveur des Noirs. Sans doute notera-t-on que, grâce à l'action de sociétés philanthropiques et des Églises du Nord, le taux d'analphabétisme a décliné : 95 % en 1865, 44,5 % en 1900, 30,4 % en 1910. Mais la situation dans les États du Sud où vivent neuf Noirs sur dix est particulièrement insupportable : peu d'écoles, une ségrégation qui ne souffre aucune exception, l'impossibilité de participer à la vie politique, la menace permanente et la réalité du lynchage, un statut de métayers réduits à la dépendance et à la pauvreté. Les leaders de la communauté noire sont divisés. Booker T. Washington recommande, dans son discours d'Atlanta en 1895, que les Noirs s'instruisent, qu'ils acceptent pour le moment la ségrégation raciale pour mieux se préparer à l'intégration sociale, qu'ils se cantonnent dans l'économie agraire. De quoi rassurer les Blancs les plus racistes, mais lorsque le président Roosevelt reçoit Washington à la Maison-Blanche en 1901, c'est pour beaucoup scandaleux. William E. Du Bois, plus jeune que Washington, exprime l'impatience de la nouvelle génération noire. Il crée avec des libéraux blancs le mouvement de Niagara en 1905 et, quatre ans plus tard, l'Association nationale pour le développement des gens de couleur (National Association for the Advancement of Colored People, NAACP) qui se donne pour objectif de combattre légalement la discrimination raciale. Est-ce assez pour changer l'atmosphère, lorsqu'un romancier comme Thomas Dixon se livre au racisme le plus violent dans *The Leopard's Spots* (les Taches du léopard) et dans *The Clansman* (l'Homme du Klan) qui servira de scénario à David Griffith pour son film *The Birth of a Nation* (Naissance d'une nation, 1915) ? Les progressistes, convenons-en, ne sauraient échapper à leurs responsabilités.

Pourtant, le progressisme est à sa manière l'héritier du populisme et le précurseur du New Deal. C'est dire son importance dans l'histoire des États-Unis. S'il se perd dans les sables vers 1916, c'est que les bruits de la guerre européenne se rapprochent de l'Amérique. À l'ordre du jour, ce n'est plus la réforme de la société, mais la préparation à la défense nationale, peut-être la participation au conflit. L'année 1917 introduit une nouvelle césure.

9

De la Grande Guerre à la Grande Crise

Les États-Unis et la guerre en Europe

Dans les premiers jours d'août 1914, la guerre éclate en Europe. Les Américains sont atterrés. Est-il possible, au XXe siècle, que des nations se massacrent pour la défense de leurs intérêts égoïstes ? La paix qui régnait tant bien que mal depuis la chute de Napoléon Ier n'était-elle pas définitive ? La surprise passée, aucun Américain, fût-il le président des États-Unis, n'envisage que son pays participe au conflit. Que les uns et les autres aient des sympathies ou des antipathies, bien sûr. Mais l'Amérique a, dans cette affaire, vocation à la neutralité. Tout au plus pourrait-elle songer, en souvenir de la guerre russo-japonaise, à une médiation qui séparerait les belligérants.

Plusieurs raisons expliquent cette attitude. Le sentiment pacifiste est profond dans les milieux religieux comme au sein du mouvement progressiste. L'armée n'existe pas ou presque pas. La flotte sert à protéger le pays et sait qu'elle bénéficie indirectement de l'appui britannique. Et puis, les problèmes européens sont à la fois lointains et embrouillés. L'Allemagne a envahi la Belgique, mais elle reste le berceau d'une brillante civilisation et l'ancienne mère patrie de millions d'Américains. La Grande-Bretagne suscite des amitiés et depuis une vingtaine d'années un rapprochement s'est amorcé entre Londres et Washington, mais sa politique coloniale, son entêtement à refuser la liberté aux Irlandais, son dynamisme commercial et financier provoquent une profonde hostilité parmi les Irlando-Américains et dans le reste de la population. La France a donné au monde le marquis de La Fayette qui incarne les beaux jours de l'amitié franco-américaine et dissimule les différends qui ont opposé les deux États. Mais elle est aujourd'hui l'alliée de la Russie tsariste qui organise des pogromes contre les Juifs, opprime les Polonais et se complaît dans l'autoritarisme et l'obscurantisme. L'Italie, l'Autriche-Hongrie ont, elles aussi, leurs partisans et leurs détracteurs. Bref, le peuple américain qui vient de s'accroître considérablement à la suite d'une immigration surprenante compte, sur 100 millions, 13,5 millions de citoyens et de résidents nés à l'étranger, presque toujours dans les États belligérants, et 13 autres millions nés de parents étrangers. L'unité nationale est mal assurée. Les tendances centrifuges sont d'autant plus inquiétantes que l'on distingue mal l'oppresseur de l'opprimé, le cynique de l'honnête, le défenseur de l'adversaire de la morale. Non, il ne faut pas intervenir ni même pencher d'un côté ou de l'autre. C'est ce que fait comprendre le président Wilson dès le 4 août quand il signe la proclamation de neutralité, le 18 août enfin quand il invite ses concitoyens à rester neutres « en actes comme en pensées ».

Trois ans ne se sont pas écoulés : Wilson recommande au Congrès de voter l'entrée en guerre. La résolution est adoptée le 6 avril 1917. Pourquoi les bonnes raisons de 1914 ne valent-elles plus rien ? Avant que les historiens ne le traitent, le problème a été débattu par les hommes politiques et l'opinion publique. Dans une atmosphère passionnée. En 1934-1935, une commission sénatoriale d'enquête, que présidait Gerald Nye, a entendu d'innombrables témoignages et conclu que les responsables de l'entrée en guerre, ce sont les marchands de canons, les financiers, les « intérêts spéciaux ». Au Congrès désormais de prendre les précautions nécessaires pour empêcher qu'une fois de plus le pays ne glisse, sans s'en rendre compte, dans une guerre qui enrichit les gros et tue les petits. L'argument est simpliste, démagogique et contraire à la réalité historique.

Une première constatation s'impose. Ce qui a entraîné les États-Unis dans le conflit, c'est que l'Allemagne a décidé qu'à partir du 1er février 1917 elle mènerait une guerre sous-marine à outrance. Ses sous-marins ont reçu l'ordre de couler sans avertissement tous les navires, qu'ils battent le pavillon d'un État neutre ou d'un ennemi, dans une vaste zone qui entoure la Grande-Bretagne, longe les côtes françaises et italiennes et s'étend à la Méditerranée orientale. Une fois par semaine, pourtant, un navire américain sera autorisé à relier les États-Unis à l'Angleterre. Décision inacceptable, réplique Wilson qui le 3 février rompt les relations diplomatiques avec Berlin. Mais il ne désespère pas de trouver une solution pacifique. En vain. Les Allemands montrent leurs intentions belliqueuses en préparant une alliance avec le Mexique et peut-être le Japon ; c'est le contenu du télégramme Zimmermann que déchiffrent les Anglais et qu'ils transmettent aux Américains. Des navires, battant le pavillon des États-Unis, sont coulés. Rien n'arrête plus la marche de la guerre. En faisant entrer son pays dans ce qui n'était jusqu'alors que la « guerre européenne », le président Wilson défend le droit des neutres, la liberté des mers, les principes essentiels du droit des gens.

L'explication est, malgré tout, un peu courte. Si les Allemands ont pris le risque d'une rupture avec les États-Unis, c'est qu'ils estimaient que ce risque-là valait la peine, que leurs sous-marins couleraient 600 000 tonnes de navires marchands par mois, qu'à ce rythme les puissances de l'Entente manqueraient du nécessaire, seraient asphyxiées et accepteraient une paix favorable à l'Allemagne. De fait, la guerre revêt des caractères nouveaux. Les combats, il est vrai, se déroulent pour l'essentiel sur terre, notamment dans le nord-est de la France. Mais l'approvisionnement des civils et des militaires réclame l'accès à l'espace maritime. L'océan est un champ de bataille capital, sur lequel s'affrontent, non point des dreadnoughts et des croiseurs, mais des cargos. Or, sur ce champ de bataille élargi, les États-Unis tiennent une place primordiale. Dès 1915, lorsque les belligérants ont compris que le conflit ne serait pas aussi court qu'ils l'espéraient, les États-Unis constituent un réservoir de matières premières, de produits alimentaires, de munitions. Les industriels, les agriculteurs, les commerçants américains se réjouissent de vendre des vivres, c'est-à-dire du blé, de la viande, du sucre, des produits industriels, comme le fer, l'acier, des moteurs, sans oublier le coton et des médicaments. Grâce à leur neutralité qui ne leur interdit pas de commercer avec les combattants. De quoi sortir du marasme qui a frappé le *business* en 1913-1914. Les conséquences de ce commerce sont dangereuses. L'Angleterre domine les mers ; avec ses alliés, elle a accès au marché américain. Pas les Allemands. De 1914 à la fin de 1916, le commerce avec l'Entente augmente en valeur de 300 %, puisqu'il passe de 824 millions à 3 214 millions de dollars. Dans le même temps, le commerce avec les Empires centraux s'effondre : de 169 millions, il chute à 1,159 million, tandis que le commerce avec les neutres (Danemark, Suède, Pays-Bas, Norvège, Suisse, Espagne) progresse de 50 %. En fait, plus les mois passent, moins les Allemands parviennent à puiser dans le réservoir américain. La route des États-Unis leur est coupée. Ils ne risquent pas grand-chose à rompre avec le gouvernement de Washington.

D'ailleurs, les Américains sont à ce point conscients du lien qui les unit à l'Entente qu'à partir de janvier 1915 des banques privées, en tête desquelles le groupe Morgan, prêtent de l'argent aux Français et aux Britanniques : en tout, 2 300 millions jusqu'à avril 1917. Ce n'est pas suffisant. L'Entente vend les trois quarts des titres américains qu'elle possédait, et les États-Unis cessent d'être débiteurs de l'Europe pour devenir ses créanciers. Les prêts aux

Allemands se limitent à 27 millions. De là à déduire que les milieux d'affaires ont influencé le président Wilson... Mais ils n'avaient pas besoin de la participation des États-Unis à la guerre pour engranger de fabuleux profits. Et l'on n'imaginait pas aux États-Unis, y compris dans l'entourage du président, que l'Entente puisse s'effondrer. Ce n'est donc pas pour protéger leur argent ni leurs débouchés que les Américains entrent en guerre. Sans doute la connivence avec la France et la Grande-Bretagne s'est-elle renforcée par la communauté d'intérêts. L'économie n'explique cependant pas tout.

À peine les hostilités ont-elles commencé en Europe, Wilson s'est trouvé dans l'embarras. Les Anglais décrètent le blocus de l'Allemagne et arraisonnent en pleine mer les navires neutres pour y rechercher une contrebande de guerre mal définie. Le gouvernement américain proteste au nom de la liberté des mers. Il y a plus grave. Le 4 février 1915, les Allemands font savoir qu'ils considèrent comme zone de guerre les alentours des îles Britanniques et que leurs sous-marins y couleront sans avertissement les bateaux ennemis. Quand on sait que les sous-marins de l'époque sont des engins rudimentaires, mal protégés, on comprend qu'ils ne prennent pas d'excessives précautions pour s'assurer que le bateau qu'ils vont torpiller est bien ennemi, et non pas neutre. Les États-Unis crient à la violation du droit des gens. Des incidents se produisent et surtout, le 7 mai 1915, un paquebot britannique en provenance des États-Unis, le *Lusitania*, est torpillé au large des côtes d'Irlande. Bilan tragique : 1 198 civils tués, dont 128 citoyens américains. Aux États-Unis, l'opinion est bouleversée. Les partisans de l'intervention armée mettent de l'huile sur le feu et Theodore Roosevelt déclare : « Le meurtre d'un millier d'hommes, de femmes et d'enfants sur le *Lusitania* est dû uniquement à l'abjecte couardise et à la faiblesse de Wilson. » N'empêche que Wilson obtient de l'Allemagne qu'elle ne recommencera pas.

Quand ce n'est pas avec l'Allemagne, c'est avec Londres que surgissent les difficultés. En 1916, le blocus franco-anglais se renforce. Des « listes noires », c'est-à-dire des listes d'entreprises ennemies ou neutres mais favorables à l'ennemi, sont établies. Les commerçants alliés ne doivent pas vendre ou acheter aux partisans et aux partenaires de l'Allemagne. Les neutres sont tenus de suivre. Néanmoins l'opinion américaine reste favorable, dans sa majorité, à la neutralité, même si de plus en plus elle exprime sa sympathie pour l'Entente. La preuve ? En novembre 1916, Wilson est réélu en défendant un programme de paix. « Il nous a maintenus en dehors de la guerre », répète inlassablement la plate-forme du parti démocrate. Que faire ? Wilson ne souhaite pas la victoire de l'Allemagne. Une victoire complète de la France et de la Grande-Bretagne aboutirait à l'humiliation de l'Allemagne, à la répartition des marchés mondiaux entre les vainqueurs, donc à une situation qui provoquerait dans les années à venir une nouvelle guerre. L'équilibre en Europe entre les puissances, une véritable liberté de commercer sur les mers, la volonté de réorganiser les rapports entre les nations en s'inspirant des principes démocratiques, voilà l'idéal. De mai à juillet 1914, de février à juin 1915, de janvier à mars 1916, le colonel House, principal conseiller de Wilson, a tenté une médiation entre les belligérants. Échec. En décembre 1916, à peine réélu, Wilson prépare une autre intervention diplomatique. Le 22 janvier 1917, il propose aux belligérants une « paix sans victoire ». Il ignore alors que depuis treize jours le Kaiser a décidé d'engager la guerre sous-marine à outrance.

Somme toute, ce sont des motivations économiques, politiques et morales qui poussent Wilson. Il est persuadé que la communauté internationale doit être reconstruite sur de nouvelles bases, qu'il appartient à l'Amérique de montrer le chemin, qu'il faut bâtir un monde pacifique grâce au règne de la démocratie. Une médiation aurait pu suffire à faire triompher cette conception. Elle a échoué. Les États-Unis sont contraints d'entrer en guerre pour préparer le monde de demain ; leur propre sécurité en dépend. L'idée qu'il remplit une mission sous-tend la politique du président Wilson.

Quel rôle les États-Unis ont-ils tenu dans les dix-neuf derniers mois de la guerre ? À lire les manuels d'histoire américains, les États-Unis ont remporté victoire sur victoire ; ils sont les véritables et seuls vainqueurs de la guerre. Les manuels français tiennent un autre langage, comme si la participation américaine n'avait eu que des effets secondaires. En fait, il ne faut pas séparer le militaire du politique et de l'économie. Pour dresser un bilan, le point de vue global est indispensable.

En 1917, les États-Unis comptent 1 soldat pour 516 habitants, alors que, dans la France de 1913, la proportion s'élevait à 1 pour 53. Le service militaire obligatoire n'existe pas. La carrière militaire jouit d'une fort mauvaise réputation ; ceux qui l'entreprennent malgré tout sont voués aux frustrations et aux déceptions. En 1915-1916, des jeunes gens, désireux de parfaire leur instruction militaire et de participer au conflit européen, se sont réunis dans des camps. « Préparation » très insuffisante. L'expédition au Mexique de 1916-1917, sous le commandement du général Pershing, s'est déroulée avec de faibles moyens et des résultats limités. Elle a pour origine l'intervention constante des États-Unis dans les affaires d'Amérique centrale. Wilson a refusé en 1913 de reconnaître le gouvernement de Huerta qui venait de renverser celui de Madero ; puis, il soutient les constitutionnalistes de Carranza. La guerre civile fait rage et l'un des chefs de bande, Pancho Villa, tue des Américains, franchit le rio Grande le 9 mars 1916 et incendie la ville de Columbus dans le Nouveau-Mexique. De là, l'expédition punitive des Américains. Rien à voir, on le devine, avec les conditions de la guerre en Europe.

Au lendemain de la déclaration de guerre contre l'Allemagne, peu, très peu d'engagements volontaires. On comptait sur 700 000. Il y en eut 4 355. L'état-major fait adopter le principe de la conscription et parle de la mise sur pied d'une armée d'un million d'hommes. Dans quelle improvisation ! Qu'il s'agisse des commissions de recrutement, de la construction des camps, de l'équipement et du ravitaillement des hommes, rien n'est prêt. Il faut du temps, l'acquisition d'un savoir-faire et surtout la bonne volonté de tous. Or, de très nombreux Américains ne veulent toujours pas faire la guerre ou bien, s'ils en acceptent l'idée, considèrent que la seule résolution du Congrès fera peur aux Allemands et qu'ainsi les Américains ne devront pas combattre. Aussi faut-il commencer par mobiliser les esprits, les convaincre qu'il s'agit d'une croisade, les soumettre, par l'intermédiaire d'un comité d'information, à une intense propagande. Des orateurs parcourent le pays. Les journaux s'en donnent à cœur joie. Les hommes politiques ne laissent passer aucune occasion pour prononcer des discours enflammés.

Les résultats sont ambigus. D'un côté, tout ce qui est allemand subit des attaques en règle. La musique et la littérature allemandes, bannies. Le bretzel et la choucroute changent de noms. Le langage, pour peu qu'il ait été influencé par l'allemand, est expurgé. L'espionnite fait rage. De juin 1917 à mai 1918, le Congrès adopte un arsenal législatif pour protéger la sécurité nationale. Dans ce climat d'intolérance, les leaders de la nation ne font pas dans la nuance. De l'autre côté, les États-Unis réussissent un miracle. Ils parviennent à incorporer 4 millions d'hommes et, avec l'aide des flottes alliées, à transporter en France un corps expéditionnaire de 2 millions (effectifs atteints en octobre 1918), dont le chef est le général Pershing. Si la guerre avait duré un an de plus, le corps expéditionnaire aurait sans doute doublé. Certes l'armement moderne fait défaut. Qu'à cela ne tienne ! Les Alliés fournissent aux soldats américains, qu'on baptise les *sammies*, les *teddies* ou les *doughboys*, le nécessaire. La France à elle seule livre au corps expéditionnaire 100 % de ses canons de 75, de ses canons de 155 et de ses chars, 81 % de ses avions, 57 % de ses canons à longue portée, la quasi-totalité des munitions indispensables, des dizaines de milliers de mitrailleuses et de fusils-mitrailleurs, plus de 20 millions de cartouches. La présence, espérée d'abord, constatée ensuite, des Américains consolide le moral des troupes françaises et britanniques. Leurs succès, au printemps et à la fin de l'été 1918, à Château-Thierry, au Bois-Belleau, à Saint-Mihiel, leur progression en Argonne dans le courant d'octobre, sont loin d'être négligeables, même s'ils ne déterminent pas l'issue de la bataille. Et puis, les Alliés disposent à présent, grâce aux Américains, d'une supériorité numérique qui leur assure la victoire, dans le meilleur des cas en 1918, dans le pire des cas en 1919. Bien que les pertes du corps expéditionnaire soient relativement faibles (49 000 morts au combat), son rôle ne doit pas être sous-estimé.

La mobilisation économique impressionne plus encore. Le gouvernement fédéral prend en main les chemins de fer et les constructions navales. Par l'intermédiaire du War Industries Board, il contrôle le financement des achats de guerre, les allocations de matières premières, le rythme et le niveau de la production industrielle, les relations entre le patronat et les ouvriers. La Food Administration, que dirige Herbert Hoover, se préoccupe de la régulation de la production agricole et de la consommation des produits alimentaires. L'utilisation du charbon est surveillée par une administration fédérale, spécialement mise sur pied. Les résultats de cet effort ne tardent pas à se faire sentir. Du travail pour tous, même pour les Noirs du Sud qui découvrent le chemin des usines du Nord-Est. Les revenus réels des travailleurs augmentent de 25 %. Pour les fermiers, c'est l'âge d'or malgré la taxation du prix du blé. Reste l'inflation, mal jugulée, qui absorbe une partie, et non la totalité des profits. Il y a de quoi payer les impôts, souscrire aux emprunts de guerre et faire de substantielles économies. Quant au commerce avec les Alliés, il prend une extension nouvelle. Le blé, l'acier, l'essence, les navires, le sucre, des machines, du matériel ferroviaire, du fer, du cuivre, etc., la liste est longue des marchandises américaines qui partent pour la France ou la Grande-Bretagne et contribuent à sauver l'Entente. Tout en enrichissant les États-Unis, car ces marchandises sont vendues. Aussi les réserves financières des Américains semblent-elles inépuisables. Les dix-neuf mois de guerre leur coûtent 22 milliards de dollars, presque autant que les quatre années de guerre pour la France. Dans le même temps, ils prêtent aux Alliés 10 milliards. Voilà qui conforte les puissances de l'Entente et prépare la prépondérance des États-Unis après la guerre. N'est-ce pas Wilson qui faisait observer en juillet 1917 qu'à la fin de la guerre « les Alliés seraient financièrement entre nos mains » ?

La mobilisation des hommes et des ressources n'a pas fait perdre de vue la nécessaire reconstruction des relations internationales. Les signes révélateurs méritent d'être relevés. À aucun moment, par exemple, les États-Unis ne se déclarent alliés à l'Entente. Ils sont « associés », sans plus, ce qui leur laisse les mains libres. Les traités secrets qui lient entre eux les belligérants et préparent le partage des dépouilles, Wilson se refuse à les reconnaître. Les projets d'une entente économique qui livrerait le monde aux vainqueurs, il les repousse avec énergie. Un proche collaborateur du président exprime une opinion largement répandue à Washington : « Nous sommes la seule nation, écrit-il, qui ait adopté une position complètement dépourvue d'égoïsme dans cette guerre. Tous les belligérants comptaient très franchement sur la répartition du butin, jusqu'à ce que le président Wilson hisse la bannière morale de l'Amérique. L'intention de notre pays a été d'aider le reste du monde et de lui rendre service. » C'est un peu excessif, car la politique étrangère des États-Unis mêle avec habileté une bouffée d'idéalisme et une pincée de réalisme. Quoi qu'il en soit, l'objectif de Wilson ressemble à la voie du juste milieu. Fini, le nationalisme qu'il attribue à Clemenceau. Faire reposer la paix sur l'humiliation des vaincus, sur la force des armes et sur la création des sphères d'influence, sur l'annexion injuste de territoires, quelle erreur ! C'est planter la semence d'un autre conflit et revenir au monde d'avant 1914 qui a tragiquement échoué. Le militarisme à la prussienne, l'impérialisme à la française, les subtiles intrigues à l'anglaise, non, ce n'est pas pour cela que les Américains combattent et meurent. Quant à la révolution bolchevique, Wilson croit en saisir les raisons et en repousse avec horreur les prolongements. Avec ses compatriotes, il a applaudi au renversement du tsar en mars 1917 et vu là une raison supplémentaire pour l'Amérique de consolider le camp des démocraties. Il a nourri des illusions sur la révolution d'Octobre, vite dissipées. Les bolcheviks n'incarnent pas la démocratie, dont Wilson veut faire le fondement du monde nouveau.

Son programme, il le présente *urbi et orbi* dans son message au Congrès du 8 janvier 1918. Il énumère quatorze points, dont huit concernent des revendications territoriales (de la France sur l'Alsace-Lorraine, de la Belgique, de la Pologne, etc.). Le point 1 rejette la diplomatie secrète au profit d'une diplomatie « ouverte ». Le point 2 porte sur la liberté de navigation maritime ; le point 3, sur l'abaissement des barrières douanières ; le point 4, sur la réduction des armements ; le point 5, sur le règlement équitable des questions coloniales. Le point 14 est le plus important. Il prévoit la création d'une Société des nations qui garantira l'indépendance politique et l'intégrité territoriale des États membres. Une révolution dans les relations internationales ? Sans aucun doute, autant qu'une révolution dans la politique étrangère des États-Unis.

La popularité de Wilson atteint un sommet en 1918, surtout du côté de la gauche européenne. Ce n'est pas un hasard, si l'Allemagne s'adresse à lui, et d'abord à lui seul, pour négocier un armistice qui sera celui du 11 novembre 1918. Sur le plan politique, Wilson a redonné vigueur à la cause de l'Entente, relevé le moral des nations « associées », défini un programme que les autres belligérants acceptent du bout des lèvres, sans protester, car les États-Unis, ce sont Wilson, des dollars, l'acier, le blé et un corps expéditionnaire qui ne cesse pas de grossir. Voilà pourquoi ils sont bien, d'un point de vue global, les grands vainqueurs de la guerre.

Le président Wilson vient en personne négocier les traités de paix. Il débarque en Europe en décembre 1918, repart en février pour les États-Unis, séjourne ensuite à Paris de mars à juin 1919. Il commence par être ovationné de capitale en capitale. Puis, les négociations opposent entre eux les Alliés et « associés » d'hier. En fin de compte, Wilson obtient satisfaction sur l'essentiel. Une Société des nations est instaurée, qui défendra le principe de la sécurité collective. Pas de ligue des vainqueurs, plus de relations bilatérales, la présence des États-Unis dans le concert des nations. Mais le traité de Versailles et les traités complémentaires sont bâtis sur des compromis. La diplomatie « ouverte » a cédé le pas à des négociations secrètes et des traités publics. Aux vaincus, c'est un diktat qui est imposé. Pour apaiser les Français qui réclamaient la rive gauche du Rhin, Wilson promet un traité de défense anglo-américano-français. L'article 231 du traité de Versailles impute la responsabilité de la guerre à la seule Allemagne et l'astreint à payer des réparations. Les Anglais ont obtenu que la liberté des mers souffre des exceptions et que les colonies allemandes soient placées sous la tutelle provisoire des vainqueurs. Les Japonais ont exigé le Shantung et Wilson s'est incliné. Les Italiens réclament en vain Fiume, Trieste et le Trentin. Le problème russe reste sans solution. La Pologne renaît de ses cendres et la Tchécoslovaquie sort des ruines de l'Empire austro-hongrois. Du bon travail ? Oui, dans l'ensemble, car les concessions, indispensables au demeurant à la réussite de toute négociation, ne sauraient dissimuler les motifs de satisfaction.

Mais l'atmosphère politique aux États-Unis a changé. Depuis les élections législatives de novembre 1918, les républicains sont majoritaires au Sénat et à la Chambre des représentants. Ils mènent la vie dure au président. Ils reprochent à la diplomatie wilsonienne d'entraîner à brève échéance les États-Unis dans d'interminables interventions qui découleront des décisions de la SDN, craignent que la SDN ne se mêle des affaires d'Amérique latine, la « chasse gardée » des Américains, critiquent violemment les concessions de Wilson en matière territoriale et soulignent à gros traits ce qui ne va pas dans les traités. Les pacifistes, des groupes ethniques et nationaux comme les Irlando-Américains expriment à leur tour leurs craintes et leur mécontentement. Décidément, les Américains n'ont aucune envie de continuer à aider ces Européens, querelleurs, avides de puiser dans les richesses du Nouveau Monde, irrémédiablement ingrats. À aucun prix ils n'aspirent à se muer en policiers du monde. Leur tâche est terminée. Il est temps pour eux de revenir à leurs propres affaires.

Wilson se lance alors dans une campagne d'explication qui le conduit à travers le pays. Au début d'octobre, il est frappé d'hémiplégie et reste plusieurs jours à l'article de la mort. Terriblement affaibli au cours des quinze derniers mois de sa présidence, il se refuse désormais à tout arrangement avec ses adversaires. Plutôt que d'accepter le moindre amendement aux traités qu'il soumet à l'approbation du Sénat, il préfère qu'ils soient rejetés. Les prochaines élections présidentielles trancheront, dit-il ; elles seront un « grand et solennel référendum ». Le 19 mars 1920, la majorité des deux tiers n'est pas atteinte. Les États-Unis ne seront pas membres de la Société des nations, n'approuveront pas le traité de Versailles ni le traité de défense anglo-américano-français. À moins qu'aux élections de novembre…

De fait, la croisade s'est terminée le 11 novembre 1918. Le malaise économique et les difficultés sociales préoccupent les esprits plus que le règlement du contentieux international. C'est que le gouvernement fédéral a supprimé, sans la moindre période de transition, les contrôles qu'il avait institués. Comme les Américains ne demandent qu'à acheter les produits dont le conflit les a privés, les prix augmentent d'autant plus rapidement qu'ils sont libres. Les indices parlent d'eux-mêmes. Pour une base 100 en 1913, les prix de gros des produits industriels sont à 195,7 en 1918, à 203,4 en 1919, à 227,9 en 1920. Les prix de gros des produits agricoles suivent : 206,3 en 1918, 221,9 en 1919. Au détail, même évolution : le litre de lait coûte 9 cents en 1914, 15 cents en 1919 ; la viande, le beurre, les œufs ont augmenté de 80 %, les chaussures de 400 %. Rien d'étonnant si les grèves se multiplient. Pour la seule année 1919, 2 665 grèves touchent 4 millions de salariés. Les policiers de Boston, les ouvriers de l'US Steel, les mineurs, les téléphonistes, les télégraphistes, les ouvriers de la confection de New York, tous revendiquent la revalorisation de leurs salaires, de meilleures conditions de travail ou simplement la reconnaissance de leurs droits syndicaux. Y aurait-il un chef d'orchestre qui dirigerait cette vague de protestations et d'arrêts de travail ?

Depuis que les bolcheviks s'efforcent de diffuser leur évangile révolutionnaire, nombreux sont ceux qui voient des « rouges » partout. Socialistes, communistes, anarchistes, tous « rouges », voilà les agents de la subversion – presque toujours des étrangers, ajoute-t-on, des étrangers qui ne comprennent rien au fonctionnement de la démocratie américaine, des Juifs, des catholiques, des Noirs. Les politiciens ne sont pas les derniers à agiter la menace de la subversion et à stimuler la « peur des rouges ». Le département de la Justice s'en mêle à son tour. L'*attorney general*, A. Mitchell Palmer, décide de combattre la contagion révolutionnaire et tire parti de la panique qu'ont créée au printemps de 1919 des explosions de bombes. L'un des derniers attentats a lieu en septembre 1920 contre les bureaux de la banque Morgan : 38 morts, 200 blessés, 2 millions de dollars de dégâts. Eugene Debs, représentant socialiste incarcéré pendant la guerre pour pacifisme, est maintenu en prison. Son camarade Victor Berger, condamné à vingt ans d'emprisonnement, est libéré, mais ne peut pas occuper son siège de représentant. Des États adoptent une législation spéciale qui interdit d'arborer le drapeau rouge, d'adhérer à des organisations favorables au renversement des institutions par la violence, de prononcer des paroles séditieuses.

Palmer fait mieux. Dans la nuit du 2 janvier 1920, il ordonne un raid policier qui aboutit, dans trente-trois grandes villes, à l'arrestation de 4 000 étrangers et Américains. 556 d'entre eux, dont Emma Goldman, sont expulsés. Après les attentats que l'extrême gauche a sans doute organisés, voici la violence de l'extrême droite, notamment à Centralia (Washington) contre les anarcho-syndicalistes de l'IWW. C'est dans cette atmosphère que sont arrêtés Sacco et Vanzetti, accusés d'avoir commis le 15 avril 1920 à South Braintree (près de Boston) l'assassinat de deux hommes pour s'emparer des fonds qu'ils transportaient. Des Italiens, des anarchistes, des pacifistes ? Ils doivent être coupables, surtout si les anarchistes, puis les communistes les défendent avec vigueur. Condamnés à mort en 1921, ils sont, en dépit des protestations de l'opinion américaine et étrangère, électrocutés le 23 août 1927.

Au milieu de cette fureur, les élections présidentielles de novembre 1920 ne seront certainement pas un « solennel référendum » sur la SDN. En dépit de sa maladie, Wilson a songé à se présenter une troisième fois ; il y a sagement renoncé. Le candidat démocrate, gouverneur de l'Ohio, se nomme James Cox et son colistier, Franklin D. Roosevelt, a été le secrétaire adjoint à la Marine de Wilson. Du côté républicain, deux candidats médiocres : Warren Harding, sénateur de l'Ohio, brigue la présidence ; Calvin Coolidge, gouverneur du Massachusetts, la vice-présidence. Les républicains font campagne pour un « américanisme à 100 % », pour le « retour à la normale », contre la Société des nations. Ils sont élus à une très large majorité. Une majorité qui vient de désavouer Wilson souhaite mettre fin une fois pour toutes à la croisade et s'engager sans états d'âme dans la recherche de la prospérité.

L'évolution du peuplement (1920-1940)

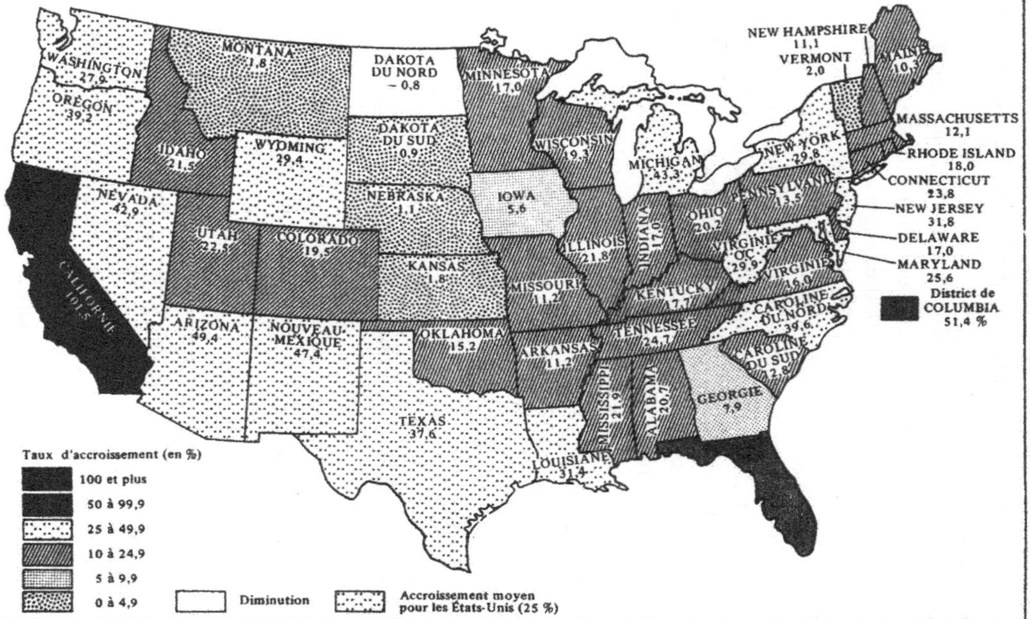

Babbitt au pouvoir

Harding, Coolidge, Hoover, trois républicains, président à l'extraordinaire enrichissement des États-Unis. De 1921 à 1929, le pays entre, avant tous les autres, dans la société de production et de consommation de masse. Rien ne semble impossible à l'Amérique, que la Grande Guerre a placée sur l'orbite de la prospérité. Jusqu'au moment où, en octobre 1929, un krach boursier d'une ampleur inconnue plonge les États-Unis d'abord, le monde occidental ensuite, dans la Grande Dépression.

Et pourtant, la décennie s'annonçait radieuse. En 1920, les États-Unis comptent 106 466 000 habitants, parmi lesquels 94 millions sont blancs et 11,5 millions sont noirs. Dix ans plus tard, la population s'élève à 122 775 000, dont 108 864 000 Blancs et 13 900 000 Noirs. L'accroissement démographique a repris, malgré un ralentissement sensible : de 1910 à 1920, 15 % de plus en dépit des années de guerre ; de 1920 à 1930, 16,1 %, car l'urbanisation, ici comme ailleurs, abaisse les taux de natalité, l'émancipation des femmes tend à réduire la taille des ménages et, à partir de 1925, l'immigration massive a pris fin. Le mouvement vers l'Ouest se poursuit : de 1920 à 1940, la Californie double le nombre de ses habitants ; la côte pacifique dans son ensemble, les États du Sud-Ouest comme le Texas connaissent des accroissements qui varient de 25 à 50 %. En Floride, un boom immobilier bouleverse les paysages.

Quant à l'enrichissement national, il est incontestable. Le produit national brut s'élevait en 1914 à 40 milliards de dollars et à 78,9 milliards en 1919 ; il atteint 104,4 milliards en 1929. Ce qui, calculé en dollars constants (valeur 1929), donne un revenu par tête de 632, puis de 710, enfin de 857 dollars. À vrai dire, de profondes inégalités subsistent. De 1923 à 1929, les profits des sociétés industrielles ont crû de 62 % ; les salaires ouvriers de 26 % seulement. Le chômage n'a pas disparu. Si l'on se réfère à des statistiques encore approximatives, il frappe 5 millions d'Américains en 1921, tombe à 2,5 millions en 1924 et à 1,5 million en 1926. Certaines régions sont exclues de l'essor économique : les mines d'anthracite des Appalaches, les zones textiles de la Nouvelle-Angleterre, bien des districts du Sud forment des poches de pauvreté. Pour les revenus familiaux, la disparité est de règle. On estime que 71 % des familles disposent d'un revenu annuel inférieur à 2 500 dollars, 42 % d'un revenu annuel inférieur à 1 500 dollars et 21 % d'un revenu annuel inférieur à 1 000 dollars. Certes, l'Amérique des millionnaires n'a pas disparu. Les riches s'enrichissent : 4 500 millionnaires en 1914, 11 000 en 1926. L'éventail des salaires annuels, enfin, s'ouvre suivant les régions et les secteurs d'activités. En 1926, dans les filatures de coton, la moyenne est de 792 dollars ; dans l'industrie automobile, elle est de 1 590 dollars et dans l'imprimerie, de 1 730 dollars. En 1929 dans le Massachusetts, le salaire moyen s'élève à 926 dollars par an, ce qui correspond à une semaine de travail de 48 heures ; en Georgie, 60 heures de travail hebdomadaire rapportent 633 dollars par an ; en Alabama, 609 dollars par an correspondent à une semaine de travail sans limites légales. Mais, au-delà des statistiques, ce qui compte, c'est que les Américains sont persuadés que l'accès à l'aisance matérielle est à la portée de tous, qu'ils forment une masse qui a franchi le niveau de la simple survie et dispose désormais d'un surplus utilisable.

Ce prodigieux essor s'explique d'abord par la naissance et le développement d'industries de pointe, tandis que d'autres, moins nouvelles, poursuivent leur progression. C'est le cas de la production des postes de radio, de l'industrie cinématographique, de l'aéronautique. L'énergie électrique sert de base à la deuxième révolution industrielle, à tel point que les États-Unis consomment alors la moitié de l'énergie utilisée dans le monde. La productivité est à l'ordre du jour. Frederick W. Taylor a mis au point des méthodes qui décomposent la fabrication et modernisent la gestion des entreprises. Une comparaison mérite de retenir l'attention. Lorsqu'un Chinois produit 1 unité de travail, un Russe en produit 2,5, un Japonais 3,5, un Français 8,25, un Allemand 12, un Anglais 18 et un Américain 30. La meilleure illustration du progrès industriel, on la trouve dans l'automobile, en particulier dans les usines Ford. Grâce à l'abaissement de son prix de vente, l'auto devient un élément fondamental du genre de vie américain. Les États-Unis avaient une production de 4 000 véhicules en 1900 et 1,5 million en 1921 ; en 1929, la production dépasse 4,7 millions. À la fin des années vingt, 1 Américain sur 6 est motorisé (1 Français sur 44, 1 Allemand sur 196, 1 Chinois sur 29 000). Elle sert à tout, à relier le domicile au lieu de travail, à découvrir l'Amérique, à déménager, à réunir pour quelques heures les membres de la famille, à abriter les petites amours d'un soir. Cette démocratisation provient de la généralisation des chaînes de montage, fixes d'abord, mobiles ensuite, que Ford a expérimentées dès 1908, puis perfectionnées. La standardisation progresse à pas de géant. La gestion se rationalise. Les experts économiques font une entrée remarquée dans les entreprises. André Siegfried évoque avec émerveillement « le météorologiste économique, qui observe la température financière, consulte journellement le thermomètre, le baromètre, le tempétomètre des affaires ».

N'oublions pas que dans ce vaste marché national, soigneusement protégé par les barrières douanières, la commercialisation joue un rôle déterminant. Il faut savoir vendre, offrir le crédit nécessaire, pousser les consommateurs vers de nouveaux produits. L'homme d'affaires est le héros de l'époque. Sinclair Lewis dépeint, dans *Babbitt*, l'agent immobilier qui pressent le futur développement d'une ville, « un ingénieur prophétique qui prépare la voie aux changements inévitables », celui qui possède la « vision ». Mieux encore. Un romancier qui fit ses premières armes dans la publicité, Bruce Barton, raconte à sa manière la vie de Jésus. Ce fut, nous explique-t-il, un extraordinaire homme d'affaires qui a su s'entourer de douze associés dynamiques. Les paraboles sont des messages publicitaires d'une redoutable efficacité et tout homme d'affaires ferait bien de s'en inspirer.

En un mot, les transformations économiques qui ont commencé au XIXe siècle trouvent leur apogée dans les années vingt. Les États-Unis connaissent alors ce que l'Europe occidentale découvrira dans les années soixante seulement. Du coup, les genres de vie sont bouleversés. Les Américains sont maintenant dans leur majorité des citadins. Avec, dans le détail, une progression plus marquée des villes moyennes, tandis que les grandes villes perdent une partie de leurs habitants au profit des banlieues. Mais de l'une à l'autre, les villes américaines se ressemblent. C'est la standardisation qu'observe Sinclair Lewis dans *Main Street* : « Les neuf dixièmes des villes américaines sont si semblables que c'est ennui mortel d'aller de l'une à l'autre. À l'ouest de Pittsburgh, et parfois à l'est, c'est toujours le même chantier de bois, la même station de chemin de fer, le même garage Ford, la même crémerie, les mêmes maisons en forme de boîtes, les mêmes boutiques à deux étages. Plus prétentieuses, les nouvelles demeures témoignent de la même similitude dans leur recherche de diversité : mêmes bungalows, mêmes bâtisses carrées de stuc, mêmes briques à aspect de tapisserie. Les boutiques étalent les mêmes produits nationaux standardisés, recommandés par une réclame standardisée. » Seuls les quartiers relativement anciens des métropoles, comme Boston, New York ou Philadelphie, seule l'originalité architecturale de Chicago surprennent le visiteur. Des banques, des compagnies d'assurances, des commerces, encore des commerces, le paysage urbain est quasiment immuable. Avec, toutefois, des nouveautés : la station-service et le garage qui rappellent le triomphe de l'automobile, la salle de cinéma qui témoigne du succès grandissant de cet art industriel, le stade un peu en dehors des limites urbaines et, bien sûr, permanence des permanences, les innombrables lieux de culte.

C'est dans la maison que le modernisme est le plus frappant. Le téléphone a tissé un réseau serré. L'électricité est installée partout dans les villes, moins fréquemment dans les campagnes. Elle alimente ces appareils qui révolutionnent la vie quotidienne : les réfrigérateurs, les radiateurs, les aspirateurs, les machines à laver le linge, les cuisinières électriques, les fers à repasser. Présidant à cette débauche technologique, la femme des années vingt. Cheveux courts, jupe ou robe ne dépassant pas le genou, les formes du corps dissimulées, bas de soie ou de rayonne, elle ne ressemble pas à sa mère. Elle s'adonne aux soins corporels (épilation des sourcils, usage de cosmétiques en tous genres), fume la cigarette, boit des cocktails. Les plus excentriques sont les *flappers*, qui dansent le charleston et jouissent de la vie à pleines bolées. Les autres, la très grande majorité, suivent l'exemple de loin. Libération des mœurs, oui, mais le mariage n'a rien perdu de son attrait, bien que le nombre des divorces augmente et que le contrôle des naissances soit plus systématique qu'auparavant. Beaucoup exercent une activité professionnelle, même si elles sont mariées, même si elles appartiennent aux classes moyennes. Si les salaires féminins sont inférieurs de 40 % aux salaires masculins, les femmes accèdent aux fonctions d'avocat, de médecin, de cadre. Ce qu'on doit retenir, c'est qu'elles ont enfin obtenu le droit de vote par le 19ᵉ amendement de la Constitution (approuvé en 1920). Sans aucune restriction, à la différence des Britanniques, et vingt-six ans avant les Françaises. C'est une grande victoire pour les féministes et les progressistes. Pour le moment, elles l'utilisent encore trop peu, mais les plus entreprenantes d'entre elles réclament déjà un autre amendement qui instaurerait l'égalité complète entre les sexes.

Le foyer, c'est aussi le lieu où on lit le journal, un hebdomadaire, des romans, comme ceux de Sinclair Lewis, de John Dos Passos, de Sherwood Anderson, d'Edith Wharton, d'Ernest Hemingway, de Gertrude Stein, de Carl Sandburg et de F. Scott Fitzgerald, sans oublier les poèmes d'Ezra Pound et de T.S. Eliot. C'est encore le lieu où l'on écoute la radio. À la fin des années vingt, 12 millions de familles possèdent un poste. Les stations sont privées et diffusent de la musique classique, des variétés, ou du jazz qui fait une entrée fracassante dans la culture populaire, des programmes éducatifs et religieux, des informations, des retransmissions de pièces de théâtre, des reportages sportifs, « le tout aux frais de ceux qui veulent vendre du dentifrice, des pastilles contre la toux, du café, des tapis, du *ginger ale*, des matelas, des assurances sur la vie, des machines à écrire, de l'essence ». George Gershwin, Louis Armstrong et les *Ziegfeld's Follies* remportent d'énormes succès comme les feuilletons radiophoniques que l'on vient d'inventer.

Le renouveau du conservatisme

Cette Amérique-là ressemble à l'ébauche de notre société trépidante, à l'affût de la nouveauté, envahie par le goût du profit. Pourtant, elle côtoie l'Amérique d'hier, repliée sur elle-même, hostile au changement, terrifiée par une civilisation qu'elle ne comprend pas. Les exemples ne manquent pas. En 1925, à Dayton, une petite ville du Tennessee, un étrange procès se déroule. Contrairement à la loi de l'État – une loi jusqu'alors inappliquée – un professeur de sciences naturelles a enseigné à ses élèves que l'homme descend du singe, donc que l'évolution des espèces est une donnée scientifique et la création du monde, une fadaise bonne pour les ignorants. Une foule, dense et hétéroclite, se presse pour entendre les arguments. Clarence Darrow, l'avocat du professeur, est un défenseur des causes progressistes. Contre lui, William J. Bryan, l'orateur populiste, trois fois candidat du parti démocrate à la présidence, ancien secrétaire d'État du président Wilson. Les deux hommes se lancent des citations bibliques à la tête. Bryan protège « la parole de Dieu contre le plus grand athée [...] des États-Unis » et quelques jours plus tard meurt brutalement – en martyr, ajoutent ses partisans. L'inculpé est condamné à 100 dollars d'amende qu'en appel il sera dispensé de payer. Le « procès du singe » illustre le succès du fondamentalisme qui sévit dans les milieux protestants du Sud, dans la Bible Belt, la « ceinture biblique », mais aussi dans le Nord, en Californie et dans le Middle West. Le fondamentalisme « fait de la Bible l'autorité suprême et finale de la foi et de la vie. Ses enseignements répondent à toute question [...] ; ses recommandations ne sont écartées que par les incroyants, les matérialistes, les immoraux. Les fondamentalistes soutiennent que le monde est éclairé, l'Église instruite et la science elle-même confirmée ou condamnée suivant les enseignements du Livre ». Un nouveau protestantisme, dit-on ; en tout cas, un protestantisme qui cherche à écarter les influences néfastes de la société moderne : l'alcool, le cinéma, l'automobile, les mœurs dissolues, le communisme, l'athéisme et tout ce qui n'est pas typiquement américain. L'anti-évolutionnisme n'est qu'un combat parmi d'autres.

Il y a plus inquiétant. En 1915, William Joseph Simmons, qui vient d'assister à la projection du film de Griffith, *Naissance d'une nation*, décide de recréer le Ku Klux Klan. L'Invisible Empire s'implante d'abord dans le Sud. Puis, Simmons se fait aider par deux remarquables organisateurs, Edward Young Clarke et Elizabeth Tyler, qui font du deuxième Klan une organisation nationale de masse. L'Empire est divisé en royaumes, les royaumes en domaines. Un vocabulaire ésotérique désigne les fonctions et les rites. Du simple *Klansman* aux Esprits malins, en passant par les Faucons de nuit, les Grands Dragons, les Cyclopes exaltés et les Grands Titans, le Grand Sorcier impérial règne sur 2 à 3 millions d'Américains en 1926. Ils sont nombreux dans les campagnes et les villes de 50 à 100 000 habitants. D'Atlanta à Los Angeles, de Dallas à Chicago, de New York à Philadelphie, les *Klansmen* sont présents pour dire avec violence leur haine des catholiques, des Juifs, des Noirs, des étrangers, des communistes et brûler devant les maisons des indésirables des croix de bois. Leur propagande se diffuse par la presse et le bouche à oreille.

Les rassemblements des membres du Klan, encapuchonnés et revêtus de robes blanches, débouchent souvent sur des manifestations dans les rues, des émeutes racistes et des lynchages. Les pouvoirs publics réagissent en fonction des circonstances et de l'atmosphère locale. Au fond, la ségrégation raciale est inscrite dans les lois du Sud et dans la pratique du Nord. Le Klan ne fait que pousser jusqu'à leur extrémité les tendances profondes d'une société. Il n'empêche que des journaux, comme le *New York World*, un État, comme l'Oklahoma, dénoncent et combattent les excès. Les Noirs eux-mêmes s'organisent. À New York, Marcus Garvey leur recommande de se préparer à retourner en Afrique et les encourage à s'enorgueillir de leurs coutumes, de leur civilisation, de leur passé africain. Pourtant, ce qui a le plus nui au Klan, ce sont les scandales financiers qui l'ont éclaboussé. La comptabilité du mouvement a fait l'objet de détournements. Les bons apôtres se sont empli les poches. Le Klan décline, non pas parce que sa défense de l'américanisme semble creuse et dangereuse, mais parce qu'il s'apparente à un *business* exagérément prospère et malhonnêtement géré.

Sur un point notamment, il a rencontré et exprimé le sentiment de la majorité. L'Amérique des années vingt ne veut plus recevoir une immigration massive. Elle ne croit plus à sa vocation de *melting pot*. Suivant une tradition solidement établie, l'immigrant quel qu'il fût ne tardait pas à s'américaniser. Il subissait, pensait-on, l'inexorable influence du milieu et l'Amérique en faisait un autre homme. Erreur, commençaient à répondre les restrictionnistes d'avant 1914. Ils avaient plusieurs fois essayé d'imposer un examen de connaissances (*literacy test*) qui aurait été la condition préalable à l'entrée aux États-Unis. Wilson apposa encore en 1917 son veto qui fut brisé par le Congrès. Mais c'est une autre conception qui l'emporte après la guerre. Elle s'exprime dans l'ouvrage de Madison Grant, *The Passing of the Great Race*, publié en 1916 (l'ouvrage fut traduit en français sous le titre *le Déclin de la grande race* et parut chez Payot en 1926). Le *melting pot* n'existe pas. Il y a des races inférieures et une race supérieure. « L'homme blanc par excellence », c'est le Nordique qui s'incarne dans l'Anglais des classes supérieures, dans le Scandinave, l'Allemand, voire le noble russe. Les autres sont des métis, des dégénérés qui provoquent à leur tour la dégénérescence, un effroyable danger pour l'Amérique du Nord. Voilà un argument de plus pour les restrictionnistes qui ne manquent pas de rappeler que les agents de la subversion, en effet, sont des Russes, des Italiens, des Juifs. Cette fois-ci, l'opinion est prête à leur donner raison, non point qu'elle redoute que les étrangers prennent des emplois aux vrais Américains (la tendance générale, de toute évidence, est à la prospérité), mais parce qu'elle a été sensibilisée aux théories raciales.

En 1921, une première loi est votée. Pour un an, puis pour deux ans, le recensement de 1910 servira de base. Chaque nationalité bénéficiera d'un quota de 3 %. Ce qui revient à dire que le nombre des immigrants admis dépendra du nombre des nationaux déjà installés aux États-Unis. L'immigration n'est plus illimitée ; elle est liée aux origines nationales. Précisons que les Latino-Américains ne sont pas concernés. En conséquence, les entrées tombent de 800 000 par an à 310 000. Un beau résultat, qu'il est encore possible d'améliorer. En 1924, une nouvelle loi interdit l'immigration de tout Asiatique, dispose que la référence ne sera plus le recensement de 1910, mais celui de 1890 (au moment où la nouvelle vague d'immigration ne s'était pas encore manifestée), et que le quota sera limité à 2 %. À partir de 1929, le recensement de 1920 servira de référence et le nombre annuel des immigrants ne dépassera plus 150 000. Crainte du péril jaune, du péril juif, du péril italien, du péril slave… L'Amérique, frileuse, cédant à la tentation raciste, veut recevoir de préférence des Anglo-Saxons et des Scandinaves, qui, à cette époque, n'émigrent plus guère, et repousse les autres qui ne demandent qu'à atteindre la Terre promise. Au nom de l'hérédité, mais au bénéfice de l'unité nationale qui sort renforcée de cette politique de la porte fermée.

Reste le dernier trait, le plus connu et le plus caricatural, de ce renouveau du conservatisme. La prohibition est adoptée pour l'ensemble de l'Union. Au terme d'une agitation qui remonte à la veille de la guerre de Sécession, après que trente-deux États eurent voté entre 1903 et 1918 des mesures prohibitionnistes qui s'appliquaient à leur seul territoire. Les nécessités de la guerre ont emporté les dernières hésitations. Un soldat qui boit, n'est-ce pas un mauvais combattant ? La croisade en Europe n'est-elle pas livrée au nom du droit, de la démocratie et de la morale ? Le Sénat en août 1917, la Chambre des représentants en décembre ont donné leur accord. En janvier 1919, le 18e amendement à la Constitution est approuvé : « À partir d'une année après la ratification de cet article, la fabrication, la vente, le transport des boissons enivrantes à l'intérieur des États-Unis et de tout territoire soumis à la juridiction de ces derniers, leur importation et leur exportation à fins de boisson sont interdits. » Les progressistes peuvent crier victoire. La société se purifie en exorcisant ses vieux démons. Mais, très curieusement, ce qui a été une revendication de la gauche se transforme en un instrument de la droite, c'est-à-dire les fondamentalistes, le Klan, les conservateurs de tous poils. Car dans les années vingt on ne manque pas de lier la consommation de l'alcool aux immigrants de fraîche date, catholiques surtout, comme les Irlandais, les Italiens, les Polonais. La prohibition, c'est un peu le complément de la loi sur les quotas. Mais au lieu d'unir la nation dans le culte de la vertu, elle la déchire en la partageant entre « secs » et « mouillés » – une division qui ne prendra fin qu'en 1933 avec l'approbation du 21e amendement qui annule le 18e.

De plus, l'amendement de 1919 n'est pas clair. Il n'interdit pas de boire de l'alcool, mais de le fabriquer et de le vendre. Il laisse au Congrès le soin d'adopter une législation précise, définissant par exemple la teneur en alcool d'une boisson dite « enivrante » et aux États le soin d'appliquer ces mesures. Prohiber le commerce de l'alcool, voilà une bonne intention qui débouche sur une campagne pour interdire le tabac, mais faire appliquer la prohibition, c'est une autre histoire. Sans aller jusqu'à imiter Groucho Marx qui déclare : « J'étais abstinent jusqu'à la prohibition », les Américains ne manifestent guère la volonté de perdre le goût de l'alcool. La contrebande met sur le marché tout ce que les buveurs réclament et des produits de remplacement, souvent frelatés, répondent à la demande. Les forces de police ne sont pas assez puissantes pour réprimer la fraude. Certains États traînent les pieds et n'appliquent pas la législation fédérale. Boire et fumer sont à la mode. Des *saloons* s'ouvrent discrètement, qu'on baptise *speakeasies* : dans des tasses à thé on verse du whisky. Sur les bouteilles, des étiquettes fantaisistes rassurent les hypocrites et les naïfs. À Chicago, par exemple, on dénombre 20 000 *speakeasies*. On boit dans les drugstores, près des lycées, dans les salons de thé, dans son automobile, dans les stades, chez soi. Les plus riches partent en croisière. Les conditions sont idéales pour que naisse un marché noir particulièrement fructueux. Le Canada, les Antilles, Saint-Pierre-et-Miquelon, les Bahamas, le Mexique se transforment en centres de distribution. Pour transporter la précieuse marchandise sur le territoire américain, des *bootleggers* franchissent à leurs risques et périls la frontière. Le *bootlegging* est un véritable commerce d'importation avec son organisation rationnelle, ses hommes de confiance, ses revendeurs, son réseau de distribution. Comme il est illégal, il tombe sous la coupe du « syndicat du crime ». Des gangs se forment avec à leur tête des managers avisés et prêts à tout. Al Capone est le plus célèbre. Ils sont plutôt italiens à l'époque, car pour les nouveaux immigrants que sont les Italiens, le banditisme est un raccourci qui mène au succès matériel (quand ce n'est pas au pénitencier), mais la pègre a été et sera irlandaise, juive, noire, allemande. Les gangsters s'acoquinent avec la police locale, malgré les « incorruptibles » du FBI. Ils se livrent entre eux à une guerre sans merci qu'illustre, dans le Chicago de 1929, le massacre de la Saint-Valentin. La « noble expérience », pour reprendre l'expression de Hoover, stimule la criminalité. À l'ombre des *speakeasies* règne la mitraillette. Enfin, au début des années trente, les « mouillés » l'emportent. La prohibition a violé les libertés constitutionnelles, n'a pas supprimé la consommation de l'alcool ni atteint aucun des objectifs que s'étaient fixés les réformateurs. À partir de 1934, chaque État est libre d'instaurer ou non la prohibition et, à travers l'option locale, peut déléguer ce pouvoir aux subdivisions administratives.

Coincée entre l'Amérique d'hier et celle de demain, la vie politique fait triste mine. Le président Harding est un personnage médiocre que son parti a choisi pour éviter les *supermen* de la politique. Son cabinet se compose d'hommes à son image, sauf trois d'entre eux qui sont intelligents et compétents : Andrew Mellon, secrétaire au Trésor, Charles Evans Hughes, secrétaire d'État et Herbert Hoover, secrétaire au Commerce. Il n'est pas rare que les incapables soient en même temps corrompus. Harding laisse faire et meurt d'une crise cardiaque le 2 août 1923, au moment où allait éclater un scandale qui mettrait en cause l'honnêteté de ses collaborateurs. Coolidge lui succède. Depuis qu'il a réprimé, en tant que gouverneur du Massachusetts, la grève de 1919 des policiers de Boston, Coolidge incarne la loi et l'ordre. Mais, à vrai dire, son grand souci, une fois à la Maison-Blanche, est de ne rien faire et de parler le moins possible : « Les affaires de l'Amérique, observe-t-il, c'est de faire des affaires. » Le parti républicain domine la vie politique. Il symbolise la prospérité, la prohibition, les Américains de vieille souche, les valeurs américaines. Les démocrates, eux, sont divisés : le Sud est plutôt fondamentaliste et « sec » ; les villes du Nord sont « mouillées » et expriment les revendications des immigrants. Babbitt est satisfait : « Ce qu'il faut au pays dans les circonstances actuelles, confie-t-il à ses amis, ce n'est ni un président homme de culture ni toutes ces simagrées au sujet des Affaires étrangères, mais une bonne, une saine administration commerciale et économique, qui nous donnera les moyens de faire d'heureuses transformations. »

Les rapports avec le reste du monde intéressent peu les Américains du temps. La politique étrangère est alors entre les mains de quelques hommes d'affaires, des diplomates et des spécialistes. L'isolationnisme n'est pas l'attitude fondamentale, mais plutôt le nationalisme ou l'unilatéralisme, ce qui signifie que les États-Unis ont renoncé à tenir un rôle primordial dans les affaires internationales et se contentent d'agir suivant leurs intérêts immédiats. Ils ne sont pas entrés à la SDN et n'ont nullement l'intention de le faire. Ils signent en 1921 une paix séparée avec l'Allemagne et investissent dans la reconstruction de ce pays. Ils tâchent d'obtenir le paiement des dettes de guerre que les Alliés ont souscrites à leur égard et pour cette raison se mêlent du problème des réparations allemandes. Ils proposent deux plans de règlement, le plan Dawes de 1924 et le plan Young de 1929. Dans leur esprit, dettes et réparations ne sont pas liées, mais si les Allemands paient aux vainqueurs, les vainqueurs n'auront plus d'excuses pour ne pas payer aux États-Unis. En 1921-1922, Washington organise une conférence qui aboutit à la signature de plusieurs traités sur le désarmement naval. En 1928, les États-Unis pensent qu'ils renforceront l'esprit de paix en signant avec la France le pacte Briand-Kellogg qui met la « guerre hors la loi » et auquel se rallient toutes les grandes puissances, plus beaucoup d'autres, sauf l'Union soviétique. Ils suivent encore avec attention les affaires chinoises, investissent massivement en Amérique latine et y interviennent pour maintenir l'ordre.

Bref, face au *big business*, point de *big government* comme l'avait souhaité Theodore Roosevelt et comme avait tenté de le réaliser Wilson. Une politique à la petite semaine, un débat sans intérêt. Le calme s'étend au front social. La principale centrale syndicale collabore avec le patronat et s'endort dans le douillet confort des salaires en augmentation. Le « plan américain » ne laisse aucune place au *big labor*. Ce n'est pas le laisser-faire total car il y a des tarifs douaniers que réclament industriels et agriculteurs, des lois antitrusts distraitement appliquées. Mais le gouvernement lui-même a décidé de se faire discret. D'une élection à l'autre, d'une intrigue politique à la convention, la vie politique se traîne. Le progressisme est mort, malgré un sursaut qui anime la campagne électorale de 1924. Tout pousse les Américains à croire que sur cet océan de prospérité ils n'ont plus qu'à se laisser porter jusqu'au paradis terrestre. Encore un effort, et ils seront les premiers à y accoster.

La Grande Crise

Le krach boursier se produit à New York en octobre 1929. Le mardi 22, de très fortes ventes sont enregistrées à Wall Street et les cours baissent de 10 %. Le 24, 19 millions de titres sont offerts, les deux tiers seulement trouvent preneurs et les prix chutent si vite que les téléscripteurs ne parviennent pas à transmettre les cours. Le 29, c'est le « mardi noir » : sur 30 millions de titres qui ont été jetés sur le marché, 16,5 millions sont vendus. Pendant quinze jours, l'affolement ne s'apaise pas, coupé seulement par des déclarations alarmistes ou rassurantes et la fermeture hebdomadaire, parfois prolongée, de la Bourse. La tornade frappe également les banques, puis les entreprises et n'épargne rien ni personne sur son passage. La Grande Dépression commence au lendemain du krach, prend son extension maximale en 1932 et ne se termine pour de bon qu'avec l'entrée en guerre des États-Unis en 1941. Si l'on s'en tient aux années 1929-1933, il faut rappeler un certain nombre d'indicateurs (tableau 15).

Ce tableau appelle plusieurs commentaires. À l'exception de quelques pessimistes qui avaient au moins le mérite d'être lucides, le krach a surpris les Américains. Ils nourrissaient une confiance inébranlable dans l'avenir et dans les hommes d'affaires. À commencer par John J. Raskob, président du parti démocrate, directeur de General Motors et associé de

Du Pont, qui, dans l'été de 1929, enseignait aux lecteurs du *Ladies' Home Journal* comment devenir riche en économisant quinze dollars par semaine. Sans oublier Hoover qui, en accédant à la présidence le 4 mars, s'écriait : « Je n'ai aucune crainte sur l'avenir de notre pays. Il resplendit d'espoir », après avoir assuré ses compatriotes quelques mois auparavant qu'« en Amérique aujourd'hui, nous sommes plus près du triomphe final sur la pauvreté qu'aucun autre pays dans l'histoire ne l'a jamais été ».

TABLEAU **15**

Indicateurs économiques de 1929 à 1933

	1929	**1930**	**1931**	**1932**	**1933**
Produit national brut					
– total (milliards)	104	91	76	59	56
– indice (prix constants)	100	90	83	71	69
Emploi					
– population active au travail (millions)	47,6	45,5	42,4	38,9	38,8
– chômeurs (millions)	1,6	4,3	8,0	12,1	12,8
– chômeurs (%)	3,2	8,7	15,9	23,6	24,9
Investissements					
– total (milliards)	16,2	10,3	5,5	0,9	1,4
– par rapport au PNB (%)	15,6	11,3	7,2	1,6	2,5
Industrie					
– indice de production	100	83	67	52	63
– indice de production d'acier	100	72	46	24	41
– automobiles (millions)	4,5	2,8	1,9	1,1	1,6
Agriculture					
– revenus (milliards)	11,3	9,1	6,4	4,8	5,5
– indice des salaires	100	94	71	53	48

SOURCE : Tableau composé à partir de *Historical Statistics of the United States* et des *Economic Reports of the President* et extrait de Jim Potter, *The American Economy Between the World Wars*, New York, John Wiley and Sons, 1974, p. 95.

Le krach ne détruit pas tout de suite l'optimisme général. Il est d'abord considéré comme un accident de parcours. Ce n'est pas la première fois qu'une crise se produit aux États-Unis. Celle de 1920-1921 est encore présente dans toutes les mémoires et l'on sait bien que la récession est le revers de la médaille du système capitaliste. La crise dure habituellement quelques semaines, au maximum quelques mois ; puis, les pertes épongées, les entreprises les plus faibles éliminées, chacun retrouve l'espoir d'amasser des économies ou de monter des opérations pour se lancer dans de nouvelles aventures. De là, l'incapacité de tous, y compris les experts, à imaginer le pire. En mai 1930, Hoover déclare : « Nous avons franchi maintenant le plus grave et nous allons rapidement nous en sortir. » L'année suivante, les spécialistes estiment que la crise vit son dernier quart d'heure. Mais en 1932, ils ont compris et l'optimisme cède la place à la morosité, quand ce n'est pas au découragement.

Quelles explications proposer ? Le krach résulte, à n'en pas douter, d'une « orgie de spéculation boursière ». Contrairement à la légende, tous les Américains n'ont pas les moyens de jouer en Bourse. Toutefois, le million et demi qui se livre à des spéculations ne recule devant aucune audace. Les quatre cinquièmes des transactions se font à crédit ou sur dépôt d'autres titres qui servent de garantie. Le remboursement est facile, dans la mesure où les cours grimpent et donnent rapidement une plus-value. Point de limite pour le montant du crédit. Les particuliers empruntent aux courtiers (*brokers*) qui, à leur tour, empruntent à des établissements bancaires. Si les cours baissent, le courtier appelle son client et lui demande une couverture supplémentaire. À défaut de payer, le client doit vendre à n'importe quel prix.

Or, du 3 mars 1928 au 3 septembre 1929, les cours font des bonds prodigieux. American Can est coté à 77 dollars, puis à 181 7/8 ; ATT, à 179 1/2, puis à 335 5/8 ; General

Motors à 139 3/4, puis à 181 7/8 ; Westinghouse à 91 5/8, puis à 313, etc. Évidemment, le rendement du titre est faible, mais la plus-value, répétons-le, reste la considération déterminante. Il suffit, en conséquence, que le marché prenne peur, pour que des millions de titres soient offerts à la vente, d'où la chute des cours. Les courtiers réclament leur dû, les banques cherchent à se faire rembourser, la ruine des spéculateurs entraîne la ruine de leurs créanciers. En 1929, 659 banques ferment leurs portes et sont dans l'incapacité de rembourser 200 millions qu'elles avaient reçus en dépôt. En 1930, faillite de 1 352 banques ; en 1931, de 2 294 banques, soit un total de 2 milliards de dollars qui sont engloutis dans la débâcle.

Le gouvernement fédéral est mis en accusation par les historiens et les économistes. Les uns estiment qu'il est trop intervenu et qu'il aurait mieux valu laisser jouer les mécanismes du marché. Les autres critiquent le Federal Reserve System qui serait resté inactif. C'est l'opinion de Milton Friedman et des monétaristes qui s'inspirent de ses réflexions. À mesure que la dépression exerçait ses ravages et que des milliers de banques disparaissaient, la circulation monétaire s'est réduite. La Grande Crise a été aussi le temps de la grande contraction. Donc, les prix ont baissé, puis se sont effondrés. La reprise économique a été rendue plus malaisée. Le Federal Reserve System aurait dû augmenter le stock monétaire pour éviter la prolongation et les dangers d'une déflation. À l'exception d'une brève intervention en 1932, il n'a rien fait. Les prix ont continué à chuter : 31 % pour les prix de gros, 25 % pour les prix de détail. En dépit des appels pressants du président Hoover, les salaires ont suivi le même chemin. Ni la production ni la consommation n'ont été stimulées. Depuis que Benjamin Strong a quitté le poste de gouverneur de la Banque fédérale de New York, les autorités monétaires ont mené, d'après Milton Friedman, une politique « inepte ».

Cette hypothèse est combattue. Expliquer la gravité de la dépression par l'effondrement du stock monétaire, c'est prendre les effets pour la cause. La déflation serait provoquée par l'effondrement du revenu national. L'insuffisance des dépenses consenties par les consommateurs, soutiennent les tenants d'une explication keynésienne, a entraîné un ralentissement de l'essor économique à la fin des années vingt. Premier exemple : celui des constructions immobilières. Après le boom qui a duré cinq ans, la construction ralentit ses activités à partir de 1927. Deux raisons expliquent le marasme : la rapidité de l'essor et les lois limitant l'entrée des immigrants. Un autre exemple : la crise qui sévit dans le monde agricole. En 1910, le revenu moyen d'un agriculteur correspondait à 40 % de celui d'un ouvrier des villes ; en 1930, le même revenu moyen vaut à peine 30 %. Il est d'ailleurs frappant de constater que bon nombre des faillites bancaires se sont produites dans les régions agricoles. La sécheresse, l'accentuation de l'affaiblissement des prix provoquent alors la ruine des fermiers, qui ne peuvent plus soutenir de leurs activités et de leurs économies les établissements bancaires de leur région. Cette situation est dissimulée par la spéculation d'avant octobre 1929 ; elle apparaît nettement dès que le krach s'est produit. L'argent disponible est allé dans les affaires boursières au lieu de s'investir dans les véritables forces de production. L'économie américaine ressemblait à un homme dont le visage bouffi fait croire à la bonne santé et dissimule une maladie grave.

Reste la situation internationale. Pour Hoover, c'est là la véritable et la seule origine de la crise. La Grande Guerre, le problème des dettes et des réparations, les variations du franc et de la livre sterling, autant de bouleversements qui ont affecté l'économie mondiale et notamment l'économie américaine. Les investissements américains en Allemagne n'ont pas été récupérés à temps. Et Hoover de conclure : « Le grand centre de la tempête fut l'Europe. [...] Cette tempête se mit en marche lentement jusqu'au printemps de 1931, date à laquelle elle éclata sous la forme d'un typhon financier. » Explication hâtive d'un politicien en difficulté ! Pourtant, la situation internationale a très certainement amplifié les difficultés américaines. La crise touche l'Autriche en 1931, puis frappe l'Allemagne et l'Angleterre. Ce dernier pays abandonne l'étalon-or, ce qui déclenche un assaut contre le dollar, une réaction défensive des banques américaines et une accentuation de la crise[1]. Mais, en ce domaine des relations économiques internationales, les États-Unis portent une lourde responsabilité, celle de n'avoir pas voulu jouer leur rôle de grande puissance et d'avoir préféré défendre leurs seuls intérêts nationaux, par exemple en refusant de collaborer avec les autres pays et en élevant des barrières douanières, déjà trop hautes.

En dernière analyse, quel jugement porter sur le président Hoover et sur la politique qu'il a suivie ? Est-il responsable de la prolongation, voire de l'aggravation de la crise ? Son mandat équivaut-il à quatre années d'occasions perdues ? À vrai dire, Hoover était une sorte de technocrate, très compétent, attaché à la défense du bien public. Les missions qu'il a remplies de 1914 à 1920 en donnent l'irréfutable témoignage. De 1921 à 1929, il a exercé avec talent les fonctions de secrétaire au Commerce. Il eut l'occasion, après 1945, de manifester ses qualités intellectuelles et administratives en s'acquittant fort bien des tâches que lui confia la Maison-Blanche. Mettre en parallèle Hoover et Coolidge, c'est comparer le jour et la nuit. La malchance de Hoover

1. La Grande-Bretagne abandonne l'étalon-or en 1931, tandis que les États-Unis le conservent. La conséquence, c'est que les prix américains sont élevés par rapport aux prix britanniques et européens. Les étrangers achètent moins aux États-Unis. De plus, par crainte que les États-Unis n'abandonnent à leur tour l'étalon-or, des déposants étrangers retirent leur or des banques américaines, des citoyens américains se mettent à thésauriser. Dans un cas comme dans l'autre, cela contribue à affaiblir la position du dollar.

fut, toutefois, d'accéder à la présidence en mars 1929. Il aurait été un excellent président d'une Amérique heureuse ; il fut le chef, détestable et vite détesté, d'une nation profondément éprouvée. Trop doctrinaire, empêtré dans sa doctrine de l'individualisme, il n'a pas compris que le krach d'octobre 1929 venait d'ouvrir une nouvelle et tragique période dans l'histoire des États-Unis. Incapable de redonner confiance à ses concitoyens, maladroit, hésitant, il n'a pas su, tout comme les experts de l'époque, innover, rompre avec la philosophie de la prospérité, proposer des remèdes efficaces.

En 1929-1930, il est persuadé que « la prospérité est au coin de la rue », qu'il suffit d'attendre pour que l'ordre économique se rétablisse. Tout au plus relève-t-il les droits de douane, ce qui perturbe un peu plus le commerce international, et lance-t-il des appels pressants aux hommes d'affaires pour qu'ils ne licencient personne et ne diminuent pas les salaires. À partir de 1931, Hoover se convainc qu'il faut faire quelque chose et rétablir les conditions propices à la reprise. Il pense alors à satisfaire les banquiers et les hommes d'affaires qui, une fois tirés du mauvais pas dans lequel ils se trouvent, déclencheront l'élan salutaire. Sans succès. Mais il refuse de toucher à la monnaie ou de lancer le gouvernement fédéral dans des mesures de contrôle qu'il juge intempestives. Pour faire remonter les prix agricoles, il se contente de protéger davantage encore le marché intérieur. Sa politique industrielle est tout autant insuffisante, car Hoover répugne à gonfler la circulation monétaire qui stimulerait peut-être les milieux d'affaires et réduirait le chômage. Il refuse même de payer en avance aux anciens combattants le montant de leur pension et quand ils viennent manifester à Washington, le président fait donner la troupe contre eux, les glorieux *doughboys* de 1918. Pas question non plus d'un emprunt qui servirait à financer les travaux publics. Hoover prend des mesures insuffisantes. Il continue de croire que le gouvernement fédéral doit rester autant que possible à l'écart de la vie économique. Il raisonne en républicain des années vingt. Vaincu par la crise, Hoover subit une défaite cinglante aux élections présidentielles de 1932.

[illegible]

10

La présidence de Franklin D. Roosevelt

De 1933 à 1945, les États-Unis traversent une période exceptionnelle de leur histoire. Et elle n'a pas fini de nourrir les mentalités collectives, de servir de référence ou de repoussoir. C'est que l'Amérique de Roosevelt s'apparente à une naissance. La crise de 1929 débouche sur la Grande Dépression qui prend fin au début des années quarante et marque pour toujours plusieurs générations d'Américains. Or, la fin de la dépression, c'est aussi pour les États-Unis le commencement de la Seconde Guerre mondiale qui s'achève par deux explosions nucléaires, celle d'Hiroshima le 6 août, celle de Nagasaki le 9 août 1945. Les États-Unis ont désormais accédé au rang de superpuissance. Au-dessus de ces douze années plane la personnalité de Roosevelt, le seul président qui ait exercé plus de deux mandats, conduit son pays à travers les pires écueils et, en fin de compte, fait passer les États-Unis de la période de l'adolescence à celle de la maturité.

Les États-Unis en 1933

Le recensement de 1930 a dénombré 123 millions d'Américains, parmi lesquels, contrairement aux idées reçues, 1,5 million d'hommes de plus que de femmes. La pyramide des âges est à peu près régulière, à deux ou trois exceptions près. La tranche d'âge des 30-35 ans a subi, du côté masculin, les effets de la Grande Guerre, encore que les pertes américaines en 1917-1918 aient été relativement faibles. Signe caractéristique de l'allongement de la vie : les plus de 65 ans accentuent leur présence. Les maladies traditionnelles ont reculé, comme la tuberculose, la diphtérie ou la typhoïde. En revanche, le diabète, les affections cardio-vasculaires, la cirrhose du foie progressent. Quant au suicide, il a connu une légère hausse en 1929 et 1930. L'image des banquiers qui sautent de la fenêtre de leur hôtel pour échapper à la faillite ne correspond heureusement pas à la réalité quotidienne. Dans l'ensemble, les progrès de la chirurgie, le recours à de nouveaux médicaments, une plus grande consommation de vitamines, de légumes frais et de lait expliquent l'évolution démographique.

Une dernière irrégularité mérite d'être soulignée. Les enfants de moins de 5 ans sont un peu moins nombreux qu'auparavant. Le taux de natalité, en effet, baisse d'abord avec régularité : 30,1 ‰ en 1910, 27,7 ‰ en 1920, 25,1 ‰ en 1925, 21,2 ‰ en 1929, 18,4 ‰ en 1933, puis une légère remontée le porte à 18,8 ‰ en 1939 et 19,4 ‰, en 1940, avant qu'il ne se fixe aux environs de 21-22 ‰ pendant la guerre. Le taux de mortalité, lui, s'établit entre 11,6 ‰ en 1936 et 10,6 ‰ en 1938-1939. Toutefois, si l'on se rappelle les changements démographiques avant 1914, on ne peut que noter le fort ralentissement de la progression au cours des *thirties*. L'immigration est désormais freinée par les quotas et par la crise économique. Du coup, le pourcentage des Américains nés aux États-Unis ne cesse pas de croître : 74 % en 1900, 77,2 % en 1930, 80,01 % en 1940. De 1911 à 1915, 4 459 000 immigrants sont entrés sur le territoire américain. De 1930 à 1940, ils sont à peine 770 000. Encore convient-il d'observer que parmi les nouveaux arrivants, les Portoricains, les Canadiens, les Mexicains ne sont pas soumis aux quotas. C'est dire que chaque année des quotas nationaux ne sont pas remplis et que les États-Unis n'accueillent pas les 150 000 personnes que la loi de 1924 (appliquée à partir de 1929) a prévues. Certes, il y a toujours eu des immigrants qui, venus pour un temps limité ou déçus par leur sort, ont quitté les États-Unis pour une autre contrée ou pour rentrer au pays. Mais, en 1931, 100 000 Américains demandent un visa pour aller travailler en Union soviétique… avec le succès que l'on devine. En avril 1932, le paquebot *Île-de-France* ramène en Europe 4 000 travailleurs ; deux mois plus tard, 500 étrangers quittent le Rhode Island pour regagner les pays méditerranéens. Des phénomènes secondaires, sans doute, et pourtant significatifs d'un changement d'atmosphère. Les États-Unis ne sont plus un pays d'accueil, sauf pour ceux qui fuient le nazisme et le fascisme et parviennent non sans mal à obtenir le précieux visa. Terre de liberté, oui ; Terre promise où coulent le lait et le miel, non.

La proportion des Noirs, des Asiastiques et des Indiens ne change guère : 10,28 % en 1920, 10,17 % en 1930, 10,16 % en 1934, 10,21 % en 1940. Le taux de natalité de ces groupes ethniques se situe entre 25 et 27 ‰ mais leur taux de mortalité reste élevé : 16,3 ‰ en 1930, 14,8 ‰ en 1934, 13,8 ‰ en 1940. Toutefois, la migration des Noirs vers les villes du Nord et des Grands Lacs se poursuit, sans qu'elle revête comme plus tard les allures d'un exode massif.

Pour l'ensemble des Américains, le mouvement vers l'Ouest a pris fin. Ce n'est pas que les États de l'Ouest n'attirent plus. Le soleil, les industries nouvelles, l'extraction du pétrole, une agriculture hautement spécialisée, les effets du tourisme, autant d'aimants qui font du Washington, de l'Oregon, de la Californie, du Texas et de l'Arizona des lieux de rêve. Mais pour s'y intégrer, il faut, plus encore qu'au temps des pionniers, des connaissances, des aptitudes, des capitaux. En revanche, les campagnes se dépeuplent. En 1920, 54 158 000 Américains vivaient dans les villes de plus de 2 500 habitants et 51 553 000 dans les zones dites rurales, soit 51,23 % dans un cas, 48,77 % dans l'autre. En 1930, les villes représentent 56,16 % ; en 1940, 56,52 % en dépit de la misère qui a poussé des citadins à retrouver leurs racines campagnardes. L'exode rural a surtout favorisé les grandes agglomérations. En 1940, 140 districts métropolitains rassemblent 48 % de la population, soit une augmentation de 9,3 % par rapport à 1930. Quant aux villes géantes, elles continuent d'attirer et de s'étendre par leurs banlieues. New York reste en tête : de 3 437 202 habitants en 1900, elle est passée à 5 620 048 en 1920 et à 7 454 995 en 1940. Chicago a doublé en quarante ans et compte près de 3 400 000 habitants à la veille de la Seconde Guerre mondiale. En comparaison, Philadelphie donne l'impression de stagner avec ses 1 931 334 habitants, soit 700 000 de plus qu'en 1900. Detroit, grâce à l'industrie automobile, a multiplié sa population par cinq ; Los Angeles, qui la talonne, par quinze.

Sur ce pays qui n'arrête pas de changer, la misère passe comme une tornade. Spectacle désolant des rues et des campagnes américaines ! Le secteur agricole est touché depuis 1920. L'agriculture, plus que l'industrie, dépend du commerce international. Or, dès la fin du premier conflit mondial, les États-Unis fournissent 70 % de la production mondiale de maïs, 60 % du coton, 50 % du tabac, 25 % de l'avoine et du foin, 20 % du blé, 13 % de l'orge, 7 % des pommes de terre, 2 % du riz. Les fermiers doivent vendre pour rembourser les emprunts qui ont servi à la fois à acheter de coûteuses machines et à acquérir la terre qui fait l'objet d'une intense spéculation. Il faut exporter pour écouler les surplus d'une production qui ne cesse pas de croître, malgré l'exode rural et l'abandon des terres les moins fertiles. Sur la base 100 pour l'année 1900, l'indice de la production agricole a grimpé à 126 en 1920-1921, puis à 144 en 1929. Mais les prix se sont effrités tout au long des années vingt. L'agriculture et l'élevage, qui donnaient 16 % du revenu national en 1919, n'en procurent plus que 8,8 % de 1923 à 1928. Les origines du marasme tiennent aux conditions du marché international et à celles du marché national. À partir de 1920, la France, la Russie retrouvent *grosso modo* leur niveau de production d'avant-guerre. Des barrières douanières, dont les Américains ont donné l'exemple, s'élèvent en Europe. Aux États-Unis, les régimes alimentaires ont changé ; l'élevage chevalin a reculé ; la fin d'une immigration massive met un terme à l'expansion du marché. En conséquence les fermiers s'engluent dans un endettement croissant. La valeur des terres baisse. Par rapport aux prix industriels, le déséquilibre se renforce. Les vicissitudes du climat, comme les vents de sable qui déferlent sur le sud des Grandes Plaines et en font un *dust bowl* (une cuvette de poussière), aggravent encore la situation.

Les organisations de défense des milieux agricoles ont essayé d'obtenir du gouvernement fédéral un système d'aides financières. En vain. Le président Coolidge refuse d'intervenir, au nom de la liberté d'entreprendre. La crise de 1929 ne fait qu'accentuer le malaise. D'autant que les récoltes de 1930-1931 sont superbes. Les prix agricoles s'effondrent. Le boisseau de blé (soit 27,22 kilogrammes) qui valait 1,04 dollar en 1929 ne vaut plus que 39 cents en 1932 ; le boisseau de maïs (soit 25,40 kilogrammes) chute de 80 à 32 cents ; la livre de coton, de 17 à 7 cents ; la livre de tabac, de 18 à 11 cents. Si encore on pouvait vendre à l'étranger… Mais de 1928 à 1930, les exportations agricoles baissent de 19 %. Comme s'ils étaient menacés par une invasion de produits étrangers, voilà que les États-Unis renforcent, par le tarif Hawley-Smoot de 1930, leur propre protection douanière, ce qui revient à annuler toute tentative pour instaurer une plus grande liberté des échanges.

Bien sûr, le monde agricole des États-Unis est si divers que la généralisation déforme une réalité infiniment complexe. Tous les fermiers ne ressemblent pas aux Okies, ces paysans d'Oklahoma, qui, chassés par l'érosion et la sécheresse, embarquent sur de vieilles camionnettes leurs hardes et leur famille et mettent le cap, cahin-caha, sur une merveilleuse, une mythique Californie. Bien des citadins, au contraire, ont choisi le retour à la terre, avec la ferme conviction qu'en temps de crise on survit mieux à la campagne que dans les villes. Mais un peu partout, les mêmes réactions se produisent. Les fermiers se refusent à vendre leur production tant que les prix n'auront pas atteint le niveau des coûts. Ils ne parviennent pas à rembourser leurs emprunts. Les organismes prêteurs saisissent les biens des débiteurs défaillants. Des incidents éclatent. Des comités de surveillance se forment. L'agitation accompagne l'appauvrissement.

La misère des ouvriers est encore plus dramatique. Le chômage frappe inégalement. L'industrie automobile, le textile, l'extraction du charbon sont durement touchés. Voici deux exemples. À Detroit, Ford employait 128 142 personnes en 1929 ; les effectifs sont tombés à 37 000 en août 1931, dont une partie ne travaille qu'à mi-temps. Un puits de charbon valait 750 000 dollars en 1927 et ne vaut plus que 4 000 dollars en 1932. Les premières victimes sont les ouvriers non qualifiés et les Noirs. Les villes hautement spécialisées supportent le choc le plus violent ; puis, vient le tour des villes à activités diversifiées, comme Philadelphie, Buffalo, Cincinnati. Longtemps, on ne relève aucune trace de chômage dans les petites cités. Partout, les heureux qui ont conservé leur emploi ne peuvent pas éviter la baisse des salaires qui accompagne la baisse des prix et la réduction des activités de production. Dans les deux premières années de la dépression, le coût de la vie a baissé de 15,7 %, mais dans l'extraction des charbons bitumineux, les salaires ont perdu 19,1 % ; dans l'extraction des minerais, 18,3 % ; dans l'industrie, 11,3 % et dans les chemins de fer à peine 3,5 %, sans doute parce que les syndicats sont puissants.

D'après le Bureau of Labor, les salaires horaires pour le secteur secondaire passent de 51,5 cents en 1931 à 44,2 cents en 1933, soit une baisse de 14,2 %. Les femmes souffrent plus que les hommes. Dans un grand magasin de Chicago, 294 employées gagnent moins de 25 cents par heure, 180 moins de 15 cents, 90 moins de 10 cents et 24 moins de 5 cents. Briggs, à Detroit, n'a pas bonne réputation : « Si le poison ne marche pas, dit-on en riant jaune, essayez

Briggs ! » Les hommes y sont payés 10 cents l'heure, les femmes 4 cents.

Que faire ? La misère s'aggrave de jour en jour. Les familles ont commencé par puiser dans leurs économies, si elles en avaient. La maison qu'on possède, on s'apprête à la vendre à n'importe quel prix. On négocie l'assurance-vie qu'on a souscrite en des temps moins difficiles. On vide le compte bancaire. Puis, les chômeurs demandent un moratoire des loyers, vivent des dons en argent ou en nature qu'ils reçoivent des organisations charitables. Quelques propriétaires font crédit à ceux qui disposent d'un revenu. Un jour, malgré tout, il faut aller ailleurs, ne serait-ce que pour continuer à croire qu'on finira bien par retrouver du travail. Les moins démunis chargent la vieille guimbarde. Les autres attrapent en marche des trains de marchandises, se cachent au fond des wagons. L'Amérique se déplace à nouveau. D'un camp à l'autre, d'une *hooverville* à l'autre, les chômeurs sont appelés des vagabonds jusqu'à 1935. Partout, la faim guette. Le *New York Evening Graphic* a mené une enquête en 1932. Les reporters ont découvert dans les hôpitaux de New York quatre-vingt-quinze cas de sous-nutrition qui avaient provoqué une hospitalisation. Ailleurs, ce n'est pas mieux. Dans une ville minière, une petite fille répond aux journalistes : « Oh ! je vais bien. J'ai faim. C'est tout. Aujourd'hui, c'est à ma sœur de manger. » En Virginie-Occidentale, les quakers nourrissent en priorité les enfants qui ont perdu 10 % de leur poids normal. La tuberculose et la dysenterie qu'on croyait définitivement vaincues reparaissent. N'y aurait-il donc pas de secours organisés ? Les associations charitables, religieuses et laïques, font ce qu'elles peuvent, distribuent des repas gratuits (85 000 par jour à New York pendant l'hiver 1930-31), de quoi se chauffer et s'abriter ; mais elles manquent de fonds. Les contributions volontaires, y compris les 3,77 dollars qu'envoie un Camerounais anonyme, ne suffisent pas. Les pouvoirs publics ? Seules les autorités locales sont habilitées à mettre sur pied des secours. L'État de New

York autorise la ville de New York en 1931 à emprunter pour aider les chômeurs. Des emplois à temps partiel sont créés. L'effort financier débouche sur l'inefficacité et le favoritisme politique. À Chicago, c'est le désordre le plus total. Les impôts fonciers ne rentrent pas. Les employés municipaux ne sont pas payés ou bien sont renvoyés. Au 15 octobre 1931, 624 000 chômeurs sans aide sont recensés. Philadelphie, sous l'impulsion d'hommes énergiques, s'en tire un peu mieux. Un comité distribue de l'argent et des travaux de toutes sortes, mais l'accroissement du nombre des chômeurs rend le problème insoluble.

Le chômage ne se limite pas aux habitants des régions « déprimées », aux ouvriers sans qualification et aux Noirs. Il frappe aussi les classes moyennes, celles qui avaient tiré profit de la prospérité et participé activement aux spéculations boursières. La vérité, c'est qu'en ce domaine les statistiques sont presque toujours inexactes. En 1930, pour la première fois, le recensement mentionne le nombre des chômeurs. Tous les chômeurs ne se déclarent pas. Quoi qu'il en soit, on admet qu'en 1933 un quart de la population active est sans travail. Les faillites se sont multipliées. Des commerçants, de petits patrons, des pharmaciens, des médecins, des enseignants, des employés de bureau, des vendeurs viennent rejoindre l'armée des chômeurs. Avec les conséquences qu'il est facile d'imaginer. Les dépenses des ménages se réduisent : moins de lait, de viande, de gaz, d'électricité. Pour beaucoup, la honte d'en être réduit là, l'angoisse du lendemain, une attitude différente à l'égard du travail, du *business* et de la société. Une fois de plus, les femmes subissent les effets du chômage plus que les hommes. Parce qu'elles occupaient des emplois saisonniers, marginaux, à mi-temps, qu'on leur fait comprendre qu'à l'heure de la pénurie d'emplois les hommes ont sur elles un imprescriptible droit de priorité. De 1932 à 1937, une loi fédérale interdit à toute famille d'avoir deux de ses membres dans la fonction publique – une mesure qui vise avant tout les épouses. Elles sont renvoyées aux tâches ménagères, surtout maintenant qu'il est difficile de s'offrir les services d'une femme de ménage ou d'acheter les produits et les appareils indispensables. Elles se remettent à fabriquer du savon, des confitures, du pain, comme leurs mères et leurs grands-mères. Elles nettoient, cousent, teignent, prennent du travail à la maison. Souvent elles assurent seules les revenus du ménage ce qui contribue à abaisser le rôle de l'époux et du père, provoque des tensions et explique l'augmentation du nombre des divorces.

Quant aux jeunes de moins de 25 ans, qui forment 58,4 % de la population, ils souffrent de l'affaiblissement du système scolaire. Les dépenses consenties pour l'instruction publique baissent de 18 % entre 1930 et 1934 – dans certains États, comme le Michigan et le Minnesota, de 41 à 52 %. On construit beaucoup moins d'écoles. Faute de fonds, des comtés ruraux réduisent l'année scolaire d'un cinquième à la moitié. Partout, sauf dans le Rhode Island, le traitement des enseignants diminue : en moyenne de 30 %, dans le Sud et l'Ouest de 43 %, dans l'enseignement secondaire et primaire comme dans l'enseignement supérieur. Quant à l'intégration dans la société, elle pose de délicats problèmes aux jeunes. Comment trouver du travail ? Maintenir avec la famille, notamment avec les parents, des relations harmonieuses ? Conserver envers l'épargne, le libéralisme économique le puritanisme moral des attitudes que la crise, économique et sociale, rend caduques ? Une révolution culturelle se prépare.

Rien ne la laisse deviner, si l'on se contente de suivre la campagne pour les élections présidentielles de 1932. Il faudrait de bons yeux pour discerner que deux conceptions de la société s'affrontent. Mais il est clair que deux personnalités opposées se livrent un combat sans merci. Du côté des républicains, le président Herbert Hoover. La convention du parti, réunie à Chicago, l'a désigné le 14 juin. Sans enthousiasme. Les républicains sont pessimistes. Ils ont beau répéter que la dépression vient de l'étranger, qu'ils ont fait le nécessaire pour y remédier aux États-Unis, que la politique de Hoover reste la meilleure, ils savent qu'une majorité d'électeurs ne les suivra pas. Le parti au pouvoir est toujours la victime désignée d'une crise. Hoover tâche néanmoins de rassurer. Il promet d'agir avec efficacité : une aide aux chômeurs, des crédits fédéraux pour les fermiers, un protectionnisme accru, le maintien de l'étalon-or. Bref, la prospérité reviendra, si les républicains conservent le pouvoir. En revanche, si le candidat démocrate l'emporte, l'herbe poussera « dans les rues de centaines de villes et de milliers de villages ».

L'adversaire démocrate se nomme Franklin D. Roosevelt. Il est né le 30 janvier 1882 à Hyde Park, dans l'État de New York. Sa famille est plus qu'aisée. Le jeune Franklin va dans les meilleures écoles, puis entre à l'université Harvard. En 1905, il épouse une cousine éloignée, Eleanor, qui est la nièce du président Theodore Roosevelt. Dès 1910, il s'adonne à la politique, se fait élire, sous l'étiquette démocrate, au Sénat de l'État de New York. Deux ans plus tard, il soutient Woodrow Wilson, le candidat du parti à la présidence, et au lendemain de la victoire reçoit sa récompense : il est nommé secrétaire adjoint à la Marine – un poste qu'il occupera jusqu'à 1920. Il y fait son apprentissage du pouvoir exécutif, participe activement à l'effort de guerre et au débat qui suit la conférence de la Paix et la création d'une Société des nations. Aux élections présidentielles de 1920, son parti l'a désigné comme candidat à la vice-présidence. À vrai dire, la personnalité de Roosevelt manque encore de netteté ; ses convictions restent floues ; son élégance, en revanche, son charme, son goût pour la conversation sont incontestables.

En 1921 se produit le drame de sa vie. À trente-neuf ans, Franklin Roosevelt est frappé par la poliomyélite. Sa femme l'aide à lutter, à reprendre courage et à ne pas renoncer à toute activité politique. Certes, il sort diminué à jamais de cette épreuve : paralysé des deux jambes, il se déplace difficilement grâce à des attelles orthopédiques. Mais son caractère s'est affermi. Roosevelt a approfondi ses lectures, renoué avec le goût de l'effort et la vie politique constitue un formidable dérivatif à son infirmité. Il manifeste dès lors une indomptable énergie, un dynamisme qui surprend son entourage et bientôt le pays, une gaieté et une santé morale à toute épreuve. Roosevelt, l'optimisme fait homme. Le voici, dès 1924, dans les assemblées politiques. En 1928, il se fait élire gouverneur de l'État de New York et réélire en 1930. Surpris comme tous ses concitoyens par l'ampleur de la crise, il met au point avec ses collaborateurs, comme Frances Perkins et Harry Hopkins, les premières mesures de secours, en particulier la Temporary Emergency Relief Administration qui dispose d'un budget de 60 millions et aide 1 million de chômeurs. Rien d'étonnant si en 1932 Roosevelt songe à se présenter aux élections présidentielles.

La convention démocrate se réunit, elle aussi, à Chicago. Les débats sont vifs, d'autant plus que la règle alors en vigueur réclame une majorité des deux tiers pour désigner le candidat du parti. Au quatrième tour de scrutin, après d'habiles manœuvres, Roosevelt reçoit l'investiture du parti démocrate et choisit pour colistier, donc pour candidat à la vice-présidence, John Nance Garner, le *speaker* de la Chambre. Il rompt avec les usages en se précipitant par avion jusqu'à Chicago et y prononce son discours d'acceptation : « Je vous promets, dit-il, je me promets une nouvelle donne (*a new deal*) pour le peuple américain. […] C'est plus qu'une campagne politique. C'est un appel aux armes. »

Le *new deal*… Le mot a fait mouche. Il entre dans le vocabulaire politique pour n'en plus sortir. Il symbolise la campagne électorale, puis la présidence de Roosevelt. Mais que signifie-t-il ? Roosevelt promet du travail, une plus équitable répartition de la richesse nationale. Quant au programme du parti, il n'a rien qui puisse susciter l'enthousiasme : abrogation du 18e amendement qui a instauré la prohibition, réduction des dépenses fédérales pour équilibrer le budget, abandon des interventions du gouvernement fédéral dans le domaine économique, monnaie solide, encouragements aux

États pour qu'ils se préoccupent du chômage et de l'assurance, abaissement des droits de douane, liquidation (mais comment ?) des surplus agricoles. Impossible de reconnaître là les prémices du New Deal. Les discours du candidat Roosevelt ne sont pas plus précis. La crise a des racines proprement américaines, déclare-t-il, mais Hoover a trop dépensé. « Ayons le courage de cesser d'emprunter pour faire face à un déficit persistant. » Première contradiction, suivie d'une autre : pas « d'économies aux dépens de ceux qui ont faim », mais alors pourquoi recommander une limitation des dépenses fédérales ? Pour faire remonter les prix agricoles, il ne faut pas limiter la production, mais prévoir « l'utilisation planifiée de la terre ». L'idéal serait de vendre davantage à l'étranger sans trop alléger le poids des droits de douane.

On pourrait allonger la liste des incohérences. C'est pourquoi Walter Lippmann, un journaliste progressiste, voit dans Roosevelt « le maître de l'antithèse équilibrée, […] un homme agréable qui, dépourvu de qualifications fondamentales pour occuper la fonction, voudrait beaucoup devenir président ». Toutefois, ce serait une injustice de limiter le programme de Roosevelt à ses contradictions et ses lacunes. Un certain nombre de promesses sont énoncées, qui se traduiront par des mesures législatives : la promesse d'employer les jeunes à reboiser, l'intervention fédérale dans la production d'électricité, le contrôle des opérations boursières et financières, la nécessité de se livrer à un minimum de planification, l'indispensable collaboration entre le monde des affaires et le gouvernement fédéral pour changer les conditions de la vie économique, le déséquilibre budgétaire s'il n'y a que ce moyen pour éviter la famine aux chômeurs. D'autre part, il a promis d'agir. « Le pays a besoin d'expériences hardies et durables et, si je ne me trompe pas sur son état d'esprit, il les réclame. Le bon sens, c'est de choisir une méthode et de l'expérimenter. Si elle échoue, reconnaissons-le franchement et essayons-en une autre. Mais par-dessus tout, essayons quelque chose. » Roosevelt est le candidat de l'activisme. Il sait admirablement communiquer sa confiance dans l'avenir et parviendrait à faire passer le programme le plus terne. Son sourire, ses bonnes histoires, son goût du contact humain complètent l'arsenal. À l'opposé de Hoover, « entre les mains duquel une rose se fanerait » et qui inspire la méfiance la plus totale à l'égard de toute promesse, fût-elle sincère et réalisable.

En novembre 1932, c'est un raz de marée démocrate. En 1928, Hoover avait obtenu 21 400 000 voix et Al Smith, son concurrent démocrate, 15 000 000. Quatre ans plus tard, Roosevelt recueille près de 23 000 000 de suffrages et Hoover 15 800 000. Le candidat républicain a remporté la majorité des voix dans six États seulement (Vermont, New Hampshire, Maine, Delaware, Connecticut, Pennsylvanie), ce qui explique que sa défaite au sein du collège électoral soit encore plus écrasante – une défaite que les républicains n'avaient jamais connue, sauf en 1912 au temps de la dissidence de Theodore Roosevelt. Le candidat démocrate, lui, remporte un énorme succès. Mis à part quatre États de la Nouvelle-Angleterre, la Pennsylvanie et le Delaware, le reste des États-Unis lui est acquis. Il triomphe dans 282 comtés qui jusqu'alors n'avaient jamais donné la majorité aux démocrates. Il sert, en outre, de locomotive au parti tout entier. Les démocrates avaient obtenu la majorité des sièges à la Chambre des représentants dès 1930 et n'avaient au Sénat qu'un siège de moins que les républicains. Aux élections de 1932, ils acquièrent 313 sièges sur 435 à la Chambre, 60 sur 96 au Sénat. Les voici devenus le parti majoritaire.

Quant aux autres formations politiques, elles comptent peu. Norman Thomas, le candidat socialiste, a recueilli 881 951 voix ; William Z. Foster, le candidat communiste, 102 705 voix ; trois autres candidats se partagent 170 000 voix. En un mot, les résultats sont clairs. Roosevelt a reçu de ses concitoyens un incontestable mandat et dispose des moyens pour l'exercer.

Le New Deal : méthodes et bilan

Si les élections ont eu lieu le 8 novembre 1932, l'entrée en fonctions du nouveau président est fixée au 4 mars 1933. Quatre mois de transition, que les Américains ont baptisés la « période des canards boiteux » et que le 20e amendement à la Constitution (approuvé le 6 février 1933) réduira, à partir de 1936, à deux mois et demi. Or, Roosevelt n'a nullement l'intention de collaborer avec Hoover. Il laisse la situation se détériorer. Des banques ferment leurs guichets, faute de pouvoir rembourser leurs clients. La courbe du chômage atteint un sommet. La pauvreté s'aggrave. Les États-Unis attendent le magicien et les miracles qu'il a promis.

Dans son discours du 4 mars, Roosevelt s'élève à la hauteur de sa tâche : « En premier lieu, s'écrie-t-il, permettez-moi d'affirmer ma conviction profonde que nous n'avons qu'une chose à craindre, c'est la crainte elle-même, la peur sans nom, irraisonnée, sans justifications. [...] Nous ne sommes pas frappés par une invasion de sauterelles. [...] L'abondance est à notre porte. Mais l'usage généreux que nous pouvons en faire laisse à désirer dès que nous apercevons ce que nous avons. Les maîtres du commerce entre les hommes ont échoué du fait de leur entêtement et de leur incompétence. Ils ont reconnu leurs erreurs et abdiqué. [...] Les changeurs ont fui le temps de la civilisation. À nous maintenant de restaurer les anciennes vérités du temple. [...] Je ne renoncerai pas au devoir qui est le mien. Je demanderai au Congrès le seul moyen de faire face à la crise, de vastes pouvoirs exécutifs pour mener la guerre contre une situation exceptionnelle, des pouvoirs aussi étendus que ceux qui me seraient confiés si nous étions envahis par un ennemi étranger. »

Des termes vagues, des références bibliques, mais l'inébranlable volonté d'agir que réclamaient les Américains. Dès le lendemain, le Congrès est convoqué en session extraordinaire. Trois mois durant, au cours des cent premiers jours, les législateurs sont invités avec fermeté à adopter une avalanche de mesures d'urgence pour permettre la réouverture des banques, la reprise industrielle, la réduction des stocks agricoles, la distribution des secours aux chômeurs. Si le rythme de leurs travaux se ralentit après l'été de 1933, il n'en reste pas moins impressionnant jusqu'en 1938, comme s'il fallait prouver au pays que tout est fait pour le sortir de la crise. La présidence devient le centre moteur de la société, grâce à une interprétation nouvelle de la Constitution de 1787. C'est que, pour Roosevelt, « notre Constitution est si simple et si pratique qu'il est toujours possible de faire face à des nécessités exceptionnelles par de simples changements d'accent et d'organisation sans rien perdre des formes essentielles ». La Maison-Blanche se place au-dessus des intérêts particuliers pour ne considérer que le bien public. Elle propose des objectifs nationaux, fixe la politique générale du gouvernement. C'est la conception qu'avaient exprimée, une vingtaine d'années auparavant, les tenants du progressisme. Pour remplir sa mission, le président s'appuie sur l'opinion publique. Il la conduit sans jamais perdre le contact avec elle, l'informe régulièrement par les « causeries au coin du feu » qu'il prononce à la radio, noue et maintient d'excellents rapports avec la presse, même s'il n'hésite pas à utiliser les journalistes pour convaincre l'opinion. Il s'entoure d'intellectuels brillants, d'universitaires, d'experts, qui lui sont tout dévoués, le conseillent et constituent le *brain trust*, des hommes comme Raymond Moley, Rexford Tugwell, Adolf Berle, Thomas Corcoran, Marriner Eccles, Samuel Rosenman, Robert Sherwood, Felix Frankfurter. Son épouse garde le contact avec les « radicaux », les groupes marginaux, les défenseurs des bonnes causes. Éblouie par le pouvoir charismatique du président, l'Amérique vit à l'heure de la Maison-Blanche, qui s'étoffe avec la création en 1939 de l'Executive Office of the President et l'apparition d'une meute d'assistants, coûte plus cher et cède volontiers à la tendance de se mêler de tout. L'inventeur de la présidence moderne, le deuxième Washington, c'est bien Franklin Roosevelt, le *boss* comme l'appellent ses collaborateurs, FDR pour la presse.

Roosevelt a formé autour de lui une coalition qui a survécu une quarantaine d'années et donné au parti démocrate une durable hégémonie. Il est vrai que la coalition se compose d'éléments les plus divers, voire opposés. Il y a, en premier lieu, les fidèles. Le Sud vote « solidement » démocrate. Pourquoi changerait-il ? La prohibition a cessé d'être un problème politique et la lutte contre la ségrégation raciale commence à peine. Les sudistes n'ont aucune raison de ne pas accorder leurs voix à Roosevelt, tout en désignant pour les représenter au Congrès les démocrates les plus conservateurs. Dans les grandes villes du Nord, les minorités ethniques et religieuses, comme les Irlandais, les Italiens, les catholiques, sont toujours acquises aux démocrates et à leurs *machines*. En second lieu, voici les nouvelles recrues. Ce sont les pauvres, les laissés-pour-compte qui attendent tout de l'aide publique et bénéficient de plus en plus de l'assistance du gouvernement fédéral. Quand ils peuvent voter, c'est-à-dire dans le Nord-Est et le Midwest, les Noirs préfèrent pour 70 à 80 % les candidats démocrates. Jusqu'alors, ils faisaient confiance aux républicains, les héritiers de Lincoln, les adversaires de la slavocratie. Bien qu'il ait peu agi en leur faveur, Roosevelt les a convertis. Résultats identiques dans la communauté juive. Roosevelt a séduit les Juifs américains, d'abord parce qu'il a proposé un programme réformiste et libéral et qu'ils ont toujours milité pour la réduction des inégalités sociales, ensuite parce que le président a su incarner le combat contre le nazisme[1]. Les ouvriers, syndiqués ou

1. Dans *The Abandonment of the Jews* (New York, Pantheon Books, 1984), David Wyman montre bien comment les Juifs américains ont soutenu, les yeux fermés, le président Roosevelt, même lorsque, entre 1938 et 1944, les États-Unis entreprirent si peu pour sauver de l'extermination les Juifs européens. Voir également Henry Feingold, *The*

non, adhèrent à la coalition, au point que de 1932 à 1968, 63 % des « cols bleus » ont voté pour le parti de Roosevelt aux présidentielles comme aux législatives. Les intellectuels, enfin, longtemps écartés du monde politique qui se laissait aller à un anti-intellectualisme rudimentaire, accourent à Washington et célèbrent le culte du grand homme.

Curieux parti démocrate ! Il réunit désormais des sudistes conservateurs et des libéraux du Nord, des Noirs et des partisans de la ségrégation raciale, des illettrés et des défavorisés de toutes origines aux côtés des esprits les plus brillants, des immigrants de fraîche date et les descendants de vieilles familles américaines. Le plus étonnant, sans doute, c'est que ce parti des pauvres, des travailleurs manuels, des catholiques, des Juifs, des Américains qui baragouinent l'anglais s'est donné pour chefs des patriciens, presque tous protestants. Et lui qui s'est voulu le porte-parole du peuple n'a pas renoncé à se servir des *machines*. Défenseur intransigeant des droits des États au temps de Jefferson et de Lincoln, le voici qui combat maintenant pour une intervention croissante du gouvernement fédéral. Décidément, la magie rooseveltienne a fait merveille.

Ses adversaires politiques sont à la fois désarçonnés et désunis. Les républicains continuent à jouir du soutien des employés de bureau et de commerce, des protestants blancs du Nord, des plus riches, des hommes d'affaires, des fermiers des Grandes Plaines, des habitants des banlieues. Mais le *grand old party* entre dans une période de frustrations dont il ne sortira que vingt ans plus tard. Il n'a plus de leader qui parvienne à susciter l'enthousiasme populaire. Il a perdu son image de champion du progrès et de la justice sociale pour acquérir celle, moins enviable sur le plan électoral, de défenseur du *statu quo*, des privilèges, du laisser-faire. L'insuccès de Hoover le marque pour longtemps. Si le président sortant

---

Politics of Rescue (New Brunswick, New Jersey, Rutgers University Press, 1970).

n'avait remporté que six États en 1932, Alfred Landon, le candidat républicain à la Maison-Blanche en 1936, obtient la majorité des voix dans deux États ; Wendell Willkie fait un peu mieux en 1940, mais Thomas Dewey livre un combat sans espoir en 1944. Roosevelt serait-il invincible ? Dans les années trente, certainement non. Et dans les États la situation n'est pas celle des élections présidentielles. Les gouverneurs des États du Nord et les assemblées législatives des États de l'Ouest sont souvent républicains. Mais ceux-ci se heurtent partout à une difficulté majeure : comment définir un programme qui tranche sur celui des démocrates et soit convaincant ? Les Américains ne veulent surtout pas renoncer aux acquis du New Deal. Les républicains peuvent répéter, d'une campagne électorale à l'autre, que les dépenses fédérales sont trop élevées, que le socialisme totalitaire menace de s'abattre sur les États-Unis, que la bureaucratie de Washington exerce une autorité exagérée, qu'il vaudrait mieux faire confiance au *business* dont la prospérité profiterait à tous, peu importe. Alors, le parti républicain se rallie tant bien que mal à l'interventionnisme fédéral qui explique le succès des démocrates et, du coup, est accusé de *me-tooism* (de « moi-aussisme »). Bref, tant que Roosevelt domine la scène politique, c'est la quadrature du cercle.

Et pourtant, en dépit de la domination d'un parti et surtout d'une personnalité, la démocratie se porte mieux à la fin des années trente. Les hasards du calendrier sont troublants. Roosevelt devient président des États-Unis six semaines après que Hitler a été nommé chancelier du Reich. Il meurt une quinzaine de jours avant que le Führer ne se suicide. On imagine mal aux États-Unis une « expérience » politique comparable au nazisme. Mais il ne faut pas dissimuler que les conditions d'un fascisme américain sont réunies : la xénophobie et l'intolérance dont la « peur des rouges » des années 1919-1920 a montré le danger, le bouleversement social que la crise a provoqué, une admiration pour Mussolini qui s'exprime dans certains milieux et l'exaspération de conservateurs endurcis qui ne cessent de proclamer que Roosevelt fait le lit du communisme. Des hommes politiques ne seraient pas fâchés de pêcher en eaux troubles. Huey Long est affilié au parti démocrate ; il a été gouverneur de la Louisiane et occupe maintenant l'un des deux sièges de sénateur. C'est un excellent orateur pour gens simples qui propose de faire disparaître la misère en partageant les fortunes. Il a instauré dans son État une véritable dictature en plaçant ses hommes aux divers niveaux de la hiérarchie administrative. Il hait les sociétés capitalistes et reproche à Roosevelt d'être l'homme de paille de Wall Street. Un démagogue ? Un apprenti-Duce ? Il sait, en tout cas, flatter les classes moyennes tout en se réclamant de la Bible. S'il n'avait été assassiné en septembre 1935, jusqu'où serait-il allé ? Le père Coughlin, lui, est le « prêtre de la radio ». Il se vante d'être écouté par 9 millions d'auditeurs. Anticommuniste, anticapitaliste, antisémite, il soutient Roosevelt, puis rompt avec lui en 1934, donne son appui aux candidats de l'extrême droite avant de fonder en 1939 le Christian Front, un mouvement pro-nazi. Il échoue sur le plan électoral, mais les idées simplistes qu'il distille au micro, la sympathie qu'il suscite dans les milieux catholiques et parmi les petits-bourgeois ont de quoi inquiéter. Beaucoup plus, par exemple, que les « chemises argentées » de Pelley et l'Amerikadeutscher Volksbund de Kuhn, deux groupuscules négligeables.

De fait, si le fascisme ne fait pas recette, ce n'est pas simplement le résultat de l'enracinement des traditions démocratiques ; c'est aussi que la menace communiste ne paraît pas crédible. En 1936 et 1940, Earl Browder, que le parti communiste présente aux élections présidentielles, recueille d'abord 80 000, puis 40 000 voix. En comparaison, les 100 000 voix de Foster s'apparentent à un triomphe. Toutefois, pour juger de l'influence des communistes, il ne faut pas s'en tenir à ce critère, d'autant moins qu'ils préfèrent – c'est la tactique du front populaire – se déclarer en faveur de Roosevelt plutôt que se compter au lendemain des consultations électorales. Le noyautage rapporte plus. Les communistes sont présents dans les syndicats, dans l'administration fédérale où de jeunes fonctionnaires, brillants, idéalistes, se laissent abuser, dans les milieux intellectuels avec des romanciers comme Sherwood Anderson, Erskine Caldwell ou Richard Wright. Les clubs John Reed se transforment en 1935 en une Ligue des écrivains américains, dans laquelle militent des communistes convaincus et des sympathisants qui s'appellent Ernest Hemingway, Upton Sinclair, Clifford Odets, Archibald MacLeish. Tout compte fait, les effectifs du parti sont minuscules : 8 000 adhérents en 1929, 12 000 en 1932, 24 000 en 1934 après une intense campagne d'opinion. Quelques organisations de masse, comme la Ligue américaine pour la paix et la démocratie (7 millions de membres), l'Union des étudiants américains, le Congrès de la jeunesse américaine (5 millions de membres) se laissent influencer par les thèmes de propagande du parti. Mais celui-ci suit de trop près les instructions que lui souffle l'Internationale pour qu'il puisse atteindre un plus vaste auditoire. Il ne mord pas sur l'électorat de Roosevelt et ce n'est pas la signature du pacte germano-soviétique qui lui permettra d'éviter le déclin.

Somme toute, Roosevelt a su, au milieu des écueils, emprunter la voie moyenne, préserver les formes de la démocratie en un temps où se faisaient sentir des influences contraires. Ce pouvoir présidentiel, qu'il a consolidé, il l'a mis au service de la souveraineté populaire. Ce n'est pas le moindre de ses mérites.

Lorsqu'il accède au pouvoir, l'objectif prioritaire de Roosevelt, ce n'est pas de changer les structures de la société, mais de stimuler la reprise économique. Pour classer les mesures qu'il a fait voter, on a pris l'habitude de distinguer un premier New Deal, qui correspondrait à l'année 1933, d'un deuxième

New Deal qui débuterait en 1934 pour se terminer en 1936, voire d'un troisième New Deal qui se situerait en 1937-1938. C'est une division commode et, suivant les secteurs d'activités, fort contestable. Tout comme il est impossible de classer méthodiquement les orientations économiques auxquelles se rattachent les principales lois. Les planificateurs, les champions de la « Nouvelle Liberté », les tenants du progressisme, les partisans de Keynes cohabitent au sein du gouvernement de Roosevelt. Le président ne se réfère à aucune doctrine qu'il jugerait sacro-sainte. Il tâche de répondre aux exigences de l'heure. Il s'adonne à l'expérimentation. Si Keynes suggère une proposition acceptable, va pour Keynes, mais point d'attachement inconditionnel au keynésianisme. Roosevelt n'est pas un intellectuel, ne prétend pas l'être et n'éprouve qu'un intérêt fort limité pour les idées. Il écoute les experts et décide, en fonction de critères politiques, si leurs suggestions sont applicables ou non. Son esprit est profondément pragmatique. De là cette impression de vague, de flottement, ce comportement contradictoire, ce désir d'obtenir un consensus. L'interventionnisme du gouvernement fédéral, que les États-Unis baptisent du nom de libéralisme, n'a rien d'homogène.

Qu'on en juge ! L'Agricultural Adjustment Act (qui crée l'Agricultural Adjustment Administration, AAA) est adopté le 12 mai 1933. La loi vise à faire remonter les prix agricoles[1] et à les porter au niveau de la parité, c'est-à-dire au niveau de 1909-1914, compte tenu de l'évolution générale des prix. Le mécanisme est simple. Les agriculteurs réduiront leur production, donc les surfaces cultivées, et recevront en compensation une indemnité. Les fonds proviendront d'une taxe prélevée sur la transformation des produits agricoles. L'idée avait été longuement débattue dans les années vingt ;

1. Sont visés par la loi le maïs, le blé, le coton, le riz, les porcs et les produits laitiers qui devraient se vendre au niveau de la parité de 1909-1914. Le tabac est également mentionné, mais le niveau de la parité est celui des années 1919-1929.

la loi fait la synthèse de multiples propositions qui n'avaient pas abouti au temps de la prospérité.

Six jours plus tard, le 18 mai, le Congrès crée la Tennessee Valley Authority (TVA). À sa tête, un bureau de trois membres, qui sous la surveillance du président et des deux chambres dispose de larges pouvoirs. Il s'agit de mettre un terme aux irrégularités du Tennessee et de ses affluents, d'arrêter l'érosion des sols, d'empêcher les crues, d'améliorer la navigation. De 1933 à 1952, vingt barrages sont construits ; cinq sont consolidés. Les vallées du Tennessee, de l'Ohio et du Mississippi sont régularisées. Une voie fluviale de 1 000 kilomètres relie le Sud aux Grands Lacs. Les grains du Minnesota, les automobiles de Detroit, l'acier de Chicago y circuleront à bon marché. Malgré l'opposition des compagnies privées, la force hydraulique fournit l'électricité aux campagnes du Sud et fait tourner l'usine de Muscle Shoals qui produit des engrais. Un programme de recyclage agricole et un programme de reforestation sont menés à bien. Des lacs de divertissement sont creusés ; des essais d'architecture, entrepris. La lutte contre la malaria est conduite avec énergie. Tout cela ressemble fort à un aménagement régional planifié. Pour les observateurs étrangers, c'est la grande réussite du New Deal, une sorte de vitrine du rooseveltisme. Pourtant, là encore, il faut remonter au progressisme : la nationalisation de la production d'électricité est recommandée depuis longtemps ; l'installation d'une usine d'engrais a été proposée en 1916 et les conservationnistes des années vingt ont attiré l'attention sur la destruction des sols.

Enfin, le National Industrial Recovery Act (NIRA) date du 16 juin 1933. Son but ? Faire redémarrer l'industrie et stimuler l'embauche. Les industriels, réunis en associations professionnelles, établiront des codes de concurrence loyale qu'approuvera ou non le président des États-Unis. Plus de guerre des prix, l'emblème de l'aigle bleu pour signaler au public qu'il s'agit d'un prix contrôlé dans le cadre de la loi. Pas question, bien entendu, de promettre que les prix ne s'élèveront pas, mais les industriels s'engagent à ne pas les abaisser. Un horaire maximal et un salaire minimal sont fixés. La même loi prévoit qu'une autre administration, la Public Works Administration (PWA), dotée d'un budget de 3,3 milliards, s'emploiera à promouvoir les travaux publics. Enfin, la section 7a autorise la présence d'un syndicat dans toute entreprise qui se plie aux codes. La philosophie du NIRA n'a rien à voir avec celle de l'AAA ou celle de la TVA. Pas de dirigisme, pas de subventions pour réduire la production, une collaboration entre les industriels et le gouvernement, à la manière du « Nouveau Nationalisme » que prêchait Theodore Roosevelt. Quant à la PWA, elle reprend en l'amplifiant une politique qu'avait suivie le président Hoover.

Ces lois donnent des résultats limités. L'AAA provoque, par exemple, l'abattage de 6 millions de porcs, à un moment où des millions d'Américains ne mangent pas à leur faim ; le labourage de 4 millions d'hectares plantés en coton ne fait pas remonter les prix ; la taxe qui sert de fondement aux indemnités compensatrices est payée, en fait, par les consommateurs. De plus, la réduction des surfaces cultivées débouche sur un accroissement de la productivité, donc bénéficie aux fermes les plus modernes, aux fermiers les plus riches et porte préjudice aux petits, aux métayers, notamment aux agriculteurs noirs du Sud, incapables de suivre le mouvement. La TVA ne conduit nullement à la généralisation des nationalisations ni à une prise en main par les autorités locales du destin régional. En revanche, elle se spécialise dans la production d'électricité à bon marché. Ce qui est loin d'être négligeable, si l'on se souvient que 1 ferme sur 100 dans le Mississippi, 1 sur 36 en Georgie, 1 sur 25 dans le Tennessee et l'Alabama disposaient d'installations électriques. Il s'agit bien d'une révolution dans les campagnes du Sud, mais les objectifs de la loi ne sont pas atteints complètement. Quant au NIRA, il n'offre pas aux fonctionnaires l'occasion d'imposer ou de suggérer des recommandations, moins encore un plan aux sociétés industrielles. Les patrons s'assurent le contrôle du processus. Certains d'entre eux omettent d'appliquer la section 7a. Et tous sont d'accord pour écarter les consommateurs, les représentants des syndicats et, si possible, les délégués des pouvoirs publics. En fin de compte, le NIRA renforce les monopoles, en mettant fin à la concurrence, fait monter les prix et crée peu d'emplois nouveaux. En outre, la Cour suprême déclare en 1935 que le NIRA est contraire à la Constitution et en 1936 que la taxe, instituée par l'AAA, ne vaut pas mieux. Roosevelt dramatise l'affaire à la veille des élections présidentielles, assure qu'il va transformer le processus de recrutement des juges, que les « 9 vieillards » ne continueront pas à faire la pluie et le beau temps. Mais les juristes s'accordent pour reconnaître que les premières lois du New Deal étaient mal rédigées. Le Congrès se remet au travail et vote un deuxième AAA en 1938. La Cour elle-même se montre plus compréhensive et les retraites comme les décès permettent à Roosevelt d'y nommer avant 1941 le *chief justice* et sept de ses huit associés.

Mais pour sortir de la crise industrielle, Roosevelt ne croit plus dans l'efficacité d'une entente entre le *big government* et le *big business* et moins encore aux vertus de la planification. Il avait essayé le remède de la dévaluation. Dès le 19 avril 1933, le dollar n'est plus convertible en or. La devise américaine flotte à la baisse. La loi du 30 janvier 1934 fixe un nouveau cours : 35 dollars pour une once d'or, soit une dévaluation de 40 %. Ce fut un échec. Les prix n'ont pas remonté, sans doute parce que la circulation monétaire n'a pas augmenté et que les Européens, fort mécontents de la politique monétaire américaine qui refuse toute coopération internationale, se sont adaptés au nouveau cours. Reste une dernière solution, que bien des économistes recommandent avec vigueur. Elle s'inspire de la pensée de Keynes, qui publie sa *Théorie générale* en 1936. Il appartiendrait au gouvernement fédéral de dépenser, d'injecter des fonds dans le système économique pour déclencher la reprise, de pratiquer le déficit budgétaire afin de « réamorcer la pompe ». Roosevelt ne se laisse pas convaincre aisément. N'a-t-il pas centré sa campagne électorale de 1932 sur l'équilibre budgétaire ? S'il y a eu par la suite un déficit, c'est involontairement. En 1936, le déficit atteint 4,4 milliards, alors que l'année précédente il s'était élevé à 2,8 et en 1934 à 3,6. Le pas est-il franchi ? Non, car Roosevelt ne veut pas s'engager franchement sur cette voie. Il fait machine arrière, puisqu'en 1937 le déficit est réduit à 2,8 et en 1938 à 1,2. De nouveau la récession frappe les États-Unis. Roosevelt change encore de politique et les besoins d'une Europe qui sent la guerre venir vont aider l'économie américaine à se relever.

Le tableau des indicateurs économiques (tableau 16) montre que le bilan économique du New Deal est médiocre. Moins de chômeurs, oui, mais le mal reste endémique. Il faudra la production de masse que réclame l'effort de guerre, la mobilisation générale des hommes en état de porter les armes pour que disparaisse la catégorie des sans-emploi. De fait, la reprise a varié suivant les secteurs d'activités : elle a été vive dans les industries de consommation (aliments, boissons, tabac, textiles), plus lente dans l'industrie automobile puisque ce n'est qu'en 1936 que les ventes de véhicules de tourisme sont égales à la moyenne des années 1926-1929. Pour la production industrielle, on notera que l'indice de 1929 est légèrement dépassé en 1937, retombe et n'est rattrapé qu'en 1939. Pourtant, si le niveau de production de 1939 est égal à celui de 1929, c'est avec 9,5 millions de chômeurs. La productivité s'est donc améliorée pendant la dépression et la main-d'œuvre potentielle est passée de 49,2 millions à 55,3 millions. La reprise s'est produite, mais pas assez fortement pour absorber une main-d'œuvre supplémentaire. L'économie n'a pas créé assez d'emplois. L'explication qu'on en donne, c'est que l'investissement a été insuffisant. Le total des investissements atteignait 16,2 milliards en 1929 ; il s'élève à 11,8 milliards en 1937, la meilleure des années trente. Manque de confiance des investisseurs privés ? Roosevelt, de toute évidence, ne songeait pas à détruire le capitalisme ; les industriels et les financiers auraient dû collaborer avec lui sans aucune réserve. Insuffisance des investissements publics ? Le président, on l'a dit, ne s'est jamais entièrement converti au keynésianisme ; il n'a pas suffisamment réamorcé la pompe ni obtenu une loi fiscale qui assure une véritable ponction sur les revenus les plus hauts.

En dernière analyse, Roosevelt a habitué les Américains à l'intervention du gouvernement fédéral et du Congrès dans les affaires économiques. Le *business* y a gagné d'être un peu mieux protégé. Les pratiques boursières et financières ont été assainies. À longue échéance, le système économique en sort renforcé.

Si la reprise avait eu lieu, il n'aurait pas été nécessaire d'élaborer des mesures pour aider les chômeurs. La naissance de l'État-providence, du Welfare State, souligne à gros traits que la politique économique de Roosevelt n'a pas été une réussite. Le 12 mai 1933, le même jour que l'AAA est adopté, le Congrès approuve la loi qui crée la Federal Emergency Relief Administration (FERA), une imitation de l'agence que le gouverneur Roosevelt avait fondée peu avant pour sortir de la misère les chômeurs du New York. Le principe de la FERA, c'est de donner du travail à ceux qui n'en ont pas, en somme de ne pas se contenter de les entretenir au moyen d'une indemnité. À sa tête, Harry Hopkins, qui collabore avec Roosevelt depuis plusieurs années. Les moyens ne sont pas suffisants, d'autant que l'hiver 1933-1934 est très rude (le thermomètre descend à – 40° en Nouvelle-Angleterre et à – 16° dans la capitale fédérale). Hopkins persuade Roosevelt qu'il faut faire davantage. C'est ainsi que naît en février 1934 la Civil Works Administration (CWA) qui devient, un an plus tard, la Works Progress Administration (WPA). 4 millions de chômeurs sont employés. Les uns construisent des routes ou réparent 80 000 kilomètres de routes secondaires ; d'autres bâtissent des écoles, des aéroports, des parcs, des aqueducs, des égouts. La CWA demande aux artistes peintres de décorer les bâtiments publics, aux historiens de recueillir les témoignages des anciens esclaves ou les traditions folkloriques, aux musiciens et aux acteurs de donner des spectacles. Il arrive même qu'à court d'imagination, les responsables de la CWA se contentent de faire ramasser par des chômeurs les feuilles mortes. Lorsque l'agence disparaît à l'été de 1934, elle a secouru 18 millions d'Américains, dont 7 millions d'enfants de moins de 16 ans. Beau résultat qui montre à tous que le droit au travail est enfin reconnu aux États-Unis, qu'il est possible de rendre le capitalisme plus humain : « Je ne croyais pas, dit Hopkins, que dans notre système capitaliste les gens doivent être pauvres. [...] Je crois qu'ils sont pauvres, parce que nous n'avons pas assez de cervelle pour diviser chaque année notre revenu national et les empêcher d'être pauvres. »

TABLEAU **16**

Indicateurs économiques de 1933 à 1939

	1929	**1933**	**1934**	**1935**	**1936**	**1937**	**1938**	**1939**
Produit national brut								
– indice	100	69	76	83	95	100	95	103
– par tête	100	67	73	80	91	94	89	96
Emploi								
– population active au travail (millions)	46,7	38,8	40,9	42,3	44,4	46,3	44,2	45,8
– indice	100	81	86	89	93	97	93	96
– chômeurs (millions)	1,6	12	11,3	10,6	9,0	7,7	10,4	9,5
– chômeurs (%)	3,2	24	21,6	20,0	16,8	14,2	19,0	17,2
Industrie								
– indice de production	100	63	71	82	95	105	82	100

SOURCE : Jim Potter, *The American Economy Between the World Wars, op. cit.*, p. 137.

La WPA poursuit l'effort, dépense des milliards, se mue en une bureaucratie au sein de laquelle s'exercent inévitablement des influences politiques. Mais, au même titre que la National Youth Administration qui se préoccupe de donner du travail aux jeunes, elle participe à l'essor de l'État-providence. On pourrait en dire autant de la Resettlement Administration (RA) qui s'efforce de soulager les pauvres de la campagne, ceux que John Steinbeck dans *les Raisins de la colère* et Erskine Caldwell dans *la Route au tabac* ont fait découvrir. La législation sur l'amélioration de l'habitat s'intègre dans la même perspective. Mais l'un des piliers du Welfare State est érigé en 1935. C'est la loi qui met sur pied une sécurité sociale, c'est-à-dire une assurance contre la vieillesse et le chômage, et non contre la maladie. Sur le plan politique, la mesure est urgente. Huey Long fait campagne sur la nécessité de distribuer équitablement les fortunes. Le docteur Francis Townsend répand l'idée qu'on pourrait verser 200 dollars par mois à toute personne âgée qui serait sans ressources. Roosevelt est sensible, à un an des élections présidentielles, au dénuement des chômeurs et des vieux. Les dispositions de la loi sont particulièrement complexes. Elles reviennent, toutefois, à faire payer aux employeurs une taxe qui servira à financer le fonds de l'assurance-chômage, tandis que celui de l'assurance-vieillesse sera alimenté à la fois par les employés et les employeurs. Le gouvernement fédéral assumera des responsabilités aux côtés des gouvernements des États. Et suivant le même processus, les enfants sans ressources, les handicapés bénéficieront du remboursement des frais médicaux et chirurgicaux. La loi semble nettement insuffisante si l'on s'en tient à ceux qu'elle protège et aux dangers contre lesquels elle les protège. Mais les Américains viennent de découvrir que la pauvreté est un mal social, pas simplement un mal individuel. Pendant longtemps, ils ont cru que le pauvre était un paresseux, un dégénéré, l'antithèse du pionnier de la Frontière et de l'Américain traditionnel. Au début du XXe siècle, la pauvreté est celle des citadins, des immigrants récents qui ne sont pas encore intégrés à la société américaine, une pauvreté marginale et temporaire. Avec le New Deal, l'extension du chômage à toutes les catégories sociales donne aux pauvres le droit d'être secourus par les pouvoirs publics. Le gouvernement fédéral consacre 27 % de ses dépenses en 1939 à l'aide sociale, soit 7 % du revenu national. La voie est tracée.

Les lois qui composent le New Deal ressemblent à la pointe émergée de l'iceberg. Elles dissimulent une vague de fond qui recouvre la société tout entière. C'est une nouvelle conception des relations humaines qui s'établit alors. Voici l'exemple du monde du travail. La section 7a, on l'a dit, est annulée par un arrêt de la Cour suprême. La loi Wagner de 1935 crée un nouveau National Labor Relations Board dont les pouvoirs sont étendus, garantit au syndicat qu'ont choisi les salariés le droit de négocier des conventions collectives, autorise les grèves et les boycottages, interdit aux patrons de recourir à la pratique des syndicats maison, à l'établissement de listes noires et à l'emploi de briseurs de grèves. En fait, elle accélère le mouvement de syndicalisation. Ce sont les syndicats des industries de masse qui progressent. L'ILGWU, le syndicat de la confection féminine, quadruple en un an. L'UMW, le syndicat des mineurs, compte 500 000 membres en 1935 contre 60 000 en 1933. Le syndicat des ouvriers du textile, l'UTW, triple. Les ouvriers qui extraient le pétrole peuvent, enfin, fonder un syndicat. Dans les industries de l'automobile, du caoutchouc, de l'aluminium, du bois, on « s'organise ». Aux dépens de la vieille AFL, dont la conception des syndicats de métiers est dépassée. Au profit du Committee (puis Congress) for Industrial Organization, le CIO, l'enfant chéri des *new dealers*. Les résistances du patronat sont vives. Les grèves prennent des formes violentes, d'autant que des militants communistes mettent de l'huile sur le feu. Les propriétaires d'usines recourent parfois à la manière forte, au point que la Youngstown Steel possède un véritable arsenal (8 mitrailleuses, 369 fusils, 454 revolvers, 10 000 cartouches, 109 armes à gaz). Il n'empêche qu'en 1940, l'AFL compte 4,5 millions d'adhérents ; le CIO, 5 millions ; les syndicats indépendants, 1 million. Le *big government* et le *big business* ont maintenant un nouveau partenaire, le *big labor*.

Autre exemple, tout autant significatif : la culture témoigne alors d'une extraordinaire vitalité. Dans le domaine du roman, les chefs-d'œuvre abondent. John Dos Passos publie de 1930 à 1936 sa trilogie, *USA*. Faulkner donne *le Bruit et la Fureur* en 1929, *Sanctuaire* en 1931, *Lumière d'août* et *Absalon ! Absalon !* en 1932, *le Hameau* en 1940. John Steinbeck immortalise les fermiers de l'Oklahoma dans *les Raisins de la colère* en 1939. Hemingway fait paraître *Pour qui sonne le glas* en 1940. Sans oublier les grands auteurs des années vingt comme Sinclair Lewis, F. Scott Fitzgerald, Richard Wright, Pearl Buck, Katharine Anne Porter, Robert Penn Warren, Margaret Mitchell dont *Autant en emporte le vent* date de 1936. Du côté du cinéma, Hollywood fait des merveilles avec les comédies musicales, les films à thèmes sociaux, les westerns et les chefs-d'œuvre de Charlie Chaplin. La musique est illustrée par Aaron Copland, Cole Porter et surtout George Gershwin qui termine *Porgy and Bess* en 1935. Peintres et sculpteurs retrouvent, grâce aux organismes de secours aux chômeurs, une dignité et une audience que la crise risquait de leur faire perdre définitivement.

Or, c'est moins l'individu que les créateurs exaltent que la collectivité, la solidarité, la générosité. Une anecdote saisit l'air du temps. En 1927, Charles Lindbergh a traversé l'Atlantique sur un avion monoplace. À son retour aux États-Unis, il fut fêté comme un héros. En 1937, Amelia Earhart tente avec son mécanicien de faire le tour du monde. L'exploit se termine en tragédie. Mais l'échec suscite des questions et notamment celle-ci : est-il encore temps de se lancer dans un exploit individuel ? L'heure est au travail collectif. Le modèle n'est plus le *businessman*, l'entrepreneur volontaire, dynamique, âpre au gain, adepte d'une infaillible culture puritaine, mais le peuple qui a construit les barrages de la vallée du Tennessee et vient au secours des déshérités. Bref, le peuple s'incarne dans le gouvernement fédéral que préside Roosevelt.

Toutefois, plus que le président lui-même, c'est une nouvelle génération qui illustre le mieux l'esprit du New Deal. On la découvre au fin fond des départements ministériels de Washington, dans les bureaux locaux des grandes agences d'exécution, auprès des législateurs. Elle sort des universités, des syndicats, du journalisme. Ce sont des non-conformistes qui s'efforcent, par l'intermédiaire d'Eleanor Roosevelt, de faire passer leurs idées jusqu'au président. Ils veulent aider les mineurs, se scandalisent du sort des Noirs, se préoccupent des métayers et des fermiers qui ont perdu leurs terres, se moquent des clivages politiques et des bonnes manières. Leur ambition suprême est de réformer la société qui les entoure ; certains n'hésiteraient pas à parler de révolution, fût-elle communiste. Rien de commun, certes, avec la prudence, le sens politique, le goût du pragmatisme de Roosevelt. Mais sans lui, ils restent impuissants. Une autre preuve des talents de rassembleur du président des États-Unis, au moment où le pays s'apprête à affronter une terrible tempête, celle de la Seconde Guerre mondiale.

Les États-Unis dans la Seconde Guerre mondiale

Les Américains du New Deal se préoccupent avant tout de la crise, de la reprise économique, des progrès de l'État-providence. Ils sont profondément isolationnistes. Pour eux, toute guerre résulte de sombres intrigues qu'échafaudent les hommes d'affaires, les banquiers et les marchands de canons. Les États-Unis ont eu tort de participer à la Grande Guerre et feraient bien d'éviter une deuxième erreur aussi grave. La Société des nations ne sert à rien. Certes, l'Allemagne nazie et le Japon incarnent l'empire du Mal. Mais les démocraties occidentales n'ont pas payé leurs dettes de guerre et se laissent aller, dans leurs empires coloniaux, à des pratiques peu recommandables. Au pire, elles se chargeront de mettre un terme au danger du totalitarisme : les Français n'ont-ils pas l'armée la plus forte du monde et les Britanniques, la flotte qui domine les océans ? Bref, George Washington avait bien raison, qui conseillait à ses compatriotes de prendre leurs distances à l'égard des autres nations. En ces années trente qui correspondent en Europe comme en Asie à la montée des périls, les États-Unis doivent éviter la contagion de la guerre. Pour les *new dealers*, l'isolationnisme permettra de poursuivre la transformation sociale du pays ; pour les conservateurs, le maintien de la paix évitera la révolution qui se produit souvent au terme d'un conflit.

D'ailleurs, même s'ils avaient la tentation de jouer un rôle, les États-Unis ne disposent pas des moyens nécessaires. L'armée est inexistante. La flotte protégera tout au plus le territoire national. Il vaudrait mieux que le pays renforce sa défense. C'est ce que soutient le général Hagood dans son livre, *We Can Defend America*, paru en 1937. Et le leader socialiste, Norman Thomas, déclare en 1939 : « Je suis convaincu qu'une nouvelle participation américaine dans la guerre en Europe ou en Asie ne peut pas mieux résoudre le problème de la désorganisation de l'Europe et les problèmes de l'Asie que nous ne l'avons fait en participant à la Première Guerre mondiale. »

On comprend, dans ces conditions, la prudence du président Roosevelt, au demeurant absorbé par le relèvement économique. Sans doute a-t-il décidé, le 16 novembre 1933, de nouer des relations diplomatiques avec l'Union soviétique et s'engage-t-il avec l'Amérique latine dans une « politique de bon voisinage » qui se caractérise par moins de morgue et de brutalité ou plus de compréhension. Il suit attentivement ce qui se passe à l'étranger. Mais, dans l'ensemble, il ne prend aucune décision spectaculaire. Comment agirait-il autrement ? Le Congrès a adopté une législation qui lui lie les mains. Depuis 1934, interdiction de prêter de l'argent aux pays qui n'ont pas remboursé leurs dettes antérieures. De 1935 à 1937, des lois de neutralité sont votées. En cas de conflit, le président proclamera l'embargo sur les armes et les munitions destinées aux belligérants. S'il s'agit d'une guerre civile comme en Espagne (à partir de 1936) ou d'une guerre qui ne dit pas son nom comme en Chine (après 1937), le président décidera s'il y a lieu ou non de recourir à l'embargo. Les États-Unis seront à l'abri de toute tentation, même si l'embargo favorise, en fin de compte, le plus fort, donc l'agresseur et presque toujours les régimes totalitaires.

En octobre 1937, Roosevelt suggère à la communauté internationale de mettre tout agresseur en quarantaine. Il pense surtout aux Japonais qui viennent de se jeter sur la Chine. Quel émoi aux États-Unis ! Un représentant de l'Indiana, Ludlow, va jusqu'à proposer, vainement, que toute déclaration de guerre soit soumise à référendum. Bref, Roosevelt n'insiste pas. Pendant la crise des Sudètes qui aboutit aux accords de Munich, il se fait très discret et du coup affaiblit la position des Français et des Britanniques. Quand les périls se concrétisent en 1939, il obtient des crédits supplémentaires pour les forces armées. Le 3 septembre, il encourage ses compatriotes à conserver une attitude de neutralité « dans leurs actes », sinon dans leurs pensées. Il remporte, toutefois, un succès notable, lorsque, le 4 novembre, le Congrès remplace l'embargo total par la clause *cash and carry* : les Américains pourront vendre des armes aux belligérants, à condition que ceux-ci paient comptant (*cash*) et se chargent du transport (*carry*). La « drôle de guerre » rassure en un certain sens, car elle montre que rien d'irrémédiable n'a été accompli d'un côté et de l'autre. Et puis, survient la guerre-éclair. En cinq semaines, l'armée française est écrasée, la France mise hors de combat ; l'Angleterre résiste seule aux nazis. Pour les Américains, c'est un véritable traumatisme. Le conflit s'est soudainement rapproché d'eux.

De là, un grand débat dans l'opinion, qui animera la campagne électorale de 1940 et donnera à Roosevelt les raisons de rompre avec tous les précédents et de solliciter un troisième mandat. William Allen White, un journaliste du Kansas, a fondé un comité pour « défendre l'Amérique par l'aide aux Alliés ». À partir du 22 juin 1940, l'aide suggérée se limite à la Grande-Bretagne. Ce sera pour les États-Unis le seul moyen de faire reculer la menace nazie sans intervenir directement dans le conflit. Que les États-Unis cèdent aux Anglais les cinquante destroyers usagés qu'ils demandent ! Qu'ils acceptent de vendre à crédit, de sauver des enfants britanniques, d'expédier de l'autre côté de l'Atlantique les vivres nécessaires. Ces mesures, poursuit le comité White, servent l'intérêt des États-Unis. Il faut « arrêter Hitler maintenant ». Plus tard sera trop tard. Pendant l'été, un deuxième comité se forme qui prend le nom d'*America First*. Il reçoit le soutien des milieux d'affaires, des admirateurs des régimes forts, des partisans de l'*appeasement*, des pacifistes, des nationalistes, des ennemis du communisme. Il ne manque pas d'argent et se livre à une publicité tapageuse, très efficace, en faveur d'un inébranlable isolationnisme.

Roosevelt, président sortant, candidat démocrate, est embarrassé. Au fond de lui-même, il penche vers la position du comité White. Le dire haut et fort serait heurter une majorité d'Américains, perdre les élections et se priver de toute possibilité d'action future. Il biaise. D'accord pour céder les cinquante destroyers contre l'usage par les Américains des bases britanniques de Terre-Neuve, des Bahamas et des Bermudes. D'accord pour rétablir le service militaire obligatoire, tempéré par le tirage au sort. Pas d'accord pour aller plus loin. Le 30 octobre à Boston, il promet aux mères américaines qu'il n'enverra pas les *boys* combattre « dans une guerre étrangère », entendons : une guerre qui se déroulerait sur une terre étrangère. À peine est-il réélu, il dissimule un peu moins ses sympathies pour l'Angleterre. Le 29 décembre, il propose que son pays se mue en un « grand arsenal de la démocratie ». Les Anglais pourront puiser dans le réservoir américain, payer après la guerre ou rendre aux États-Unis le matériel qu'ils auront emprunté. C'est la loi du prêt-bail qui entre en vigueur à la mi-mars 1941, en dépit d'une violente campagne d'*America First*. Un pas de plus vers la participation des États-Unis à la guerre.

Les événements se précipitent en cette année 1941. L'URSS, attaquée par l'Allemagne, bénéficiera, elle aussi, du prêt-bail. La marine américaine protège les convois qui traversent l'océan Atlantique. En août, Roosevelt et Churchill se rencontrent au large de Terre-Neuve et élaborent en commun la charte de l'Atlantique qui définit les buts de guerre des démocraties. Les États-Unis ne sont déjà plus une puissance neutre ; à l'égard de la Grande-Bretagne leur attitude est particulièrement bienveillante. Roosevelt a pris la responsabilité de cette orientation. L'opinion publique le suit peu à peu et les sondages le démontrent. L'isolationnisme recule. Les Américains ne croient plus qu'ils resteront à l'écart du conflit.

Et pourtant, l'entrée en guerre des États-Unis résulte de l'agression japonaise. Ce sont donc les affaires d'Extrême-Orient et non celles d'Europe qui ont servi de détonateur. Le Japon pratique, en effet, depuis une dizaine d'années une politique expansionniste : invasion de la Mandchourie en 1931, de la Chine en 1937. À Tokyo, on parle d'une « sphère de coprospérité » qui assurerait au Japon un vaste empire autour du Pacifique. De quoi inquiéter les Américains qui, tout en menaçant de recourir à des sanctions économiques, n'en continuent pas moins à livrer les matières premières indispensables (fer, acier, pétrole) aux industries japonaises. Au lendemain de la défaite de la France, le Japon se rapproche de l'Allemagne et de l'Italie. Le 27 septembre 1940, le pacte tripartite est signé à Berlin. Depuis deux mois déjà, les Japonais ont pris pied en Indochine. Les Américains réagissent en accordant de nouveaux crédits à la Chine et en mettant l'embargo sur le kérosène, les lubrifiants, l'acier, et les ferrailles à destination du Japon. Puis, d'interminables négociations s'ouvrent entre Washington et Tokyo, tandis que les militaires japonais tiennent, dans la détermination de la politique étrangère de leur pays, une place grandissante. Le 24 juillet 1941, les Japonais occupent toute l'Indochine. Roosevelt décide alors de geler les fonds japonais aux États-Unis, donc de limiter autant que possible l'approvisionnement du Japon en matières premières. Entre les deux capitales, le ton ne cesse pas de monter. Washington ne renonce pas au dialogue, mais à Tokyo, les partisans de l'expansion brutale l'emportent et préparent, discrètement et efficacement, la guerre contre les États-Unis.

Roosevelt et ses conseillers ne croient pas à la menace. Ils sont plus volontiers persuadés que les Japonais attaqueront les Philippines, l'Inde, l'Australie, la Nouvelle-Zélande ou les archipels du Pacifique. L'attaque japonaise se produit là où les Américains ne l'attendaient pas, à Pearl Harbor dans les îles Hawaii, le dimanche 7 décembre 1941, entre 8 heures et 10 heures du matin (heure locale). Des porte-avions japonais ont traversé le Pacifique Nord sans se faire repérer. Ils lâchent deux vagues d'avions qui rasent la base navale, tuent 2 500 hommes, détruisent bon nombre d'appareils cloués au sol et coulent ou endommagent 8 cuirassés, 3 croiseurs, 3 destroyers. Dans le même temps, le Japon se lance à l'assaut des Philippines, des îles de Wake et de Midway, du Siam, de la Malaisie et de Hong Kong. Pearl Harbor, c'est pour les Américains une catastrophe, un choc psychologique, un « jour d'infamie », comme le dit Roosevelt, que les historiens révisionnistes ont accusé à tort d'avoir laissé faire pour réveiller l'opinion américaine. Le 8 décembre, le Congrès reconnaît l'état de guerre avec le Japon. Trois jours plus tard, l'Allemagne et l'Italie annoncent leur déclaration de guerre aux États-Unis. Une fois de plus, en dépit des précautions des isolationnistes, le pays est entraîné dans un conflit mondial.

À peine mieux préparé qu'en 1917. L'armée de 1 million et demi d'hommes n'est pas prête pour les combats de l'Europe et du Pacifique. La marine vient de subir un désastre et les bâtiments qu'elle a commandés ne sont pas terminés. La machine de guerre ne tourne pas encore. Que d'obstacles, s'il n'y avait pas chez les Américains la ferme volonté de venger l'affront subi à Pearl Harbor, le rejet total de l'Allemagne hitlérienne, en fait un moral d'acier et un profond consensus national. L'isolationnisme est mort le 7 décembre. Il faut maintenant mener deux guerres en donnant la priorité au théâtre d'opérations européen, défendre deux côtes, assumer des responsabilités planétaires.

La mobilisation des forces économiques devient la tâche prioritaire. Les atouts des États-Unis sont de premier ordre : des millions d'hommes attendent un emploi tout comme une grande partie de la main-d'œuvre féminine que la crise a écartée du marché du travail, les ressources sont illimitées ou presque, l'appareil industriel a été remis en état au terme du New Deal, la nation vient de faire une longue expérience du dirigisme. De là, des programmes gigantesques qui devraient assurer aux États-Unis et à leurs alliés une écrasante supériorité matérielle. Dès 1940, Rooosevelt avait proposé que son pays construise 50 000 avions par an. À la fin de 1941, le Victory Program est encore plus ambitieux : 60 000 appareils pour 1942, 125 000 pour 1943. Ces prévisions sont exagérées. Pourtant, de janvier 1942 à juin 1944, 171 257 avions sortent des usines américaines, soit une moyenne annuelle de 68 500. Scénario comparable pour les autres armements : en 4 ans, 90 000 chars, 65 000 bateaux de débarquement, 1 200 navires de guerre, 320 000 pièces d'artillerie, 15 millions d'armes portatives, plus de 4 millions de tonnes de munitions sont fabriqués, sans oublier les 53 millions de tonnes de la marine marchande. Tout en équipant leurs forces, les Américains ont armé ou réarmé leurs alliés, de sorte qu'ils ont fourni 35 % des armements qui ont permis d'abattre l'Allemagne et 86 % de ceux qui ont assuré la défaite du Japon. Ajoutons à ce bilan les camions, les tracteurs, les centaines de milliers de Jeep, les radios, les radars, les produits pharmaceutiques et textiles, etc. La production d'énergie électrique s'accroît de 50 à 62 millions de kilowatts ; la production sidérurgique, de 47 à 80 millions de tonnes ; la production d'aluminium, de 180 000 à 1 million de tonnes.

À l'image des expériences du New Deal, le gouvernement fédéral ne suit pas des méthodes rigoureuses. Roosevelt préside au désordre créateur. La machine de guerre ne fonctionne à plein rendement qu'à partir de 1943 et peut alors répondre à tous les besoins. De Washington, les industriels sont invités à retrousser leurs manches, à se lancer hardiment dans la production de masse, donc à se livrer à des innovations technologiques et à mener à bien la conversion de leurs usines. En contrepartie, ils bénéficient des dépenses considérables que fait le gouvernement fédéral. Les bureaux assurent une coordination plus ou moins réussie. Au War Resources Board succède en janvier 1941 l'Office of Production Management, avant que n'apparaisse, un an plus tard, le War Production Board. À leurs côtés, un service assure le contrôle des prix et des approvisionnements ; un autre se charge de la stabilisation économique. Pour les diriger, le président choisit des hommes d'affaires, qui se contentent d'un salaire annuel de 1 dollar, des syndicalistes, des fonctionnaires, tous décidés à obtenir au plus vite les résultats escomptés, tous contribuant à renforcer le rôle du pouvoir fédéral.

En dépit des bouleversements que provoque la guerre, la société américaine tient bon. Le chômage a disparu, depuis que 12 à 13 millions d'hommes (et des milliers de femmes) se sont engagés ou ont été appelés sous les drapeaux. La main-d'œuvre féminine est devenue indispensable. La preuve ? En 1940, 11,3 millions de femmes occupaient un emploi ; elles sont 17 millions en 1944, travaillant dans les usines, dans les transports et les services, dans l'agriculture. Personne, d'ailleurs, n'éprouve la moindre difficulté à se faire embaucher, ni les personnes âgées ni les Noirs ni les jeunes ni même les handicapés. La journée de travail s'allonge. Et pour profiter des offres qui surgissent ici ou là, on n'hésite pas à entreprendre de longs voyages, à s'installer comme on peut, à survivre dans l'inconfort, l'essentiel étant de gagner enfin de l'argent après en avoir manqué si longtemps. Du Sud, la route du travail mène au golfe du Mexique ou bien sur la côte atlantique, quand ce n'est pas jusqu'aux Grands Lacs. Des Grandes Plaines on se précipite vers les usines aéronautiques de l'Ouest. De 1940 à 1944, le comté de Mobile (Alabama) augmente sa population de 64,7 % ; Hampton Roads, Norfolk, de 44,7 % ; le comté de San Diego (Californie), de 43,7 % ; la région de Portland-Vancouver (Oregon, Washington, Colombie britannique), de 32 % ; celle de Los Angeles, de 15,1 %. Les Okies reprennent leurs camionnettes pour rentrer chez eux, car en Oklahoma le pétrole coule à flots et les commandes de la défense nationale suscitent un véritable boom. De ces migrations, les campagnes tirent profit. Il faut du blé, du maïs, du coton, de la viande. Les bras ne sont pas assez nombreux pour nourrir les populations urbaines, les forces armées et les Alliés. Les prix agricoles remontent enfin ; la prospérité est de retour. Les revenus nets, tirés de l'agriculture, passent de 2,3 milliards en 1940 à 9,5 milliards en 1945. Qu'il paraît loin le temps de l'AAA !

Ce miracle de la production porte en lui des dangers économiques et sociaux. Les déplacements de la population, par exemple, la précarité des installations, l'insuffisance des établissements scolaires, la séparation des couples, autant de sources de tensions entre les êtres. De plus, si l'argent abonde, l'inflation menace. La disproportion entre l'offre et la demande, les énormes profits de guerre avaient provoqué en 1918-1920 de fortes tendances inflationnistes et aggravé les injustices sociales. Cette fois-ci, instruit par l'expérience, le gouvernement fédéral veille au grain. Roosevelt refuse d'abord de recourir au blocage des prix et des salaires, mais l'appel à la bonne volonté ne suffit pas. À partir de 1942, la ponction fiscale s'alourdit. Puis, les prix et les loyers sont plafonnés, les salaires et les prix agricoles stabilisés ; le rationnement des denrées essentielles est imposé. Le président donne à son administration la consigne de procéder à des contrôles stricts. Tout compte fait, l'inflation est relativement contenue : l'indice du coût de la vie (base 100 pour les années 1935-1939) atteint 110,5 en décembre 1941, 124,2 en avril 1943, 124,6 en avril 1944, 129,3 en août 1945. Près de la moitié des dépenses de guerre sont payées par l'impôt et la part du revenu disponible des 5 % les plus riches tombe de 25,7 % à 15,9 %. Désormais, 50 millions d'Américains sont assujettis à l'impôt sur le revenu avec prélèvement à la source (contre 13 millions avant l'entrée en guerre). À Washington on a compris que la justice fiscale est indispensable au bon moral de la nation.

Il n'empêche que le *big business* tient une place capitale dans l'effort de guerre. Son image de marque embellit. Il a su tirer parti de l'aide fédérale, s'élever à la hauteur de sa tâche, aboutir à de substantielles économies, standardiser la production. L'un de ses héros se nomme Henry Kaiser. Il possède des chantiers navals et a acheté en Grande-Bretagne les plans d'un navire à construire en série. Les experts escomptent la sortie d'un bâtiment tous les six mois. En 1943, Kaiser construit un *Liberty Ship* en douze jours et, pour la seule année 1943, ses chantiers mettent à flot 1 238 *Liberty Ships*. Ce qui n'empêche pas que les relations du patronat avec le monde ouvrier connaissent des hauts et des bas. Le gouvernement fédéral les suit de près, par l'intermédiaire du War Labor Board. Il surveille attentivement l'évolution des salaires qui pourrait provoquer un dérapage des prix. Du coup, les syndicats les plus combatifs, chez les mineurs, chez les ouvriers des usines de guerre, canalisent le mécontentement. Du 8 décembre 1941 au 14 août 1945, 14 731 arrêts de travail ont affecté 6 744 000 salariés et fait perdre 36 301 000 journées de travail. En pleine guerre !

Tout concourt, néanmoins, à atténuer les divisions du peuple américain, comme s'il était inévitable de resserrer les rangs face au danger commun. Les États-Unis ont été traîtreusement attaqués. Ils sont les champions de la justice, du droit, de la démocratie. La guerre est juste et revêt sans contestation possible les aspects d'une croisade. Les pouvoirs publics n'en redoutent pas moins la lassitude des esprits. Des rationnements sont nécessaires et, même s'ils ne prennent pas les dimensions qu'ils ont atteintes en Europe, ils désorientent une population qui n'en a pas l'habitude et aspire à jouir tout de suite des fruits de son travail. En juin 1942, l'Office of War Information (OWI) est fondé, non pas pour diffuser une propagande grossière, qui ne serait pas efficace, mais pour indiquer aux milieux de l'information et de la communication les grandes lignes à suivre. Hollywood est investi de lourdes responsabilités, car les Américains, civils et militaires, sont maintenant des spectateurs assidus. Producteurs et réalisateurs ne se font pas prier. Le colonel Frank Capra, le major Anatole Litvak, le lieutenant-colonel William Wyler, le commandant John Ford et le major John Huston, chacun à sa manière, mènent le combat contre l'Allemagne et le Japon. L'ennemi, c'est le fascisme, la discrimination raciale, l'intolérance religieuse, les privilèges. Les Anglais, plus rarement les Russes ou les Français, sont avec les Américains les champions d'une juste cause ; Allemands et Japonais sont malfaisants, des espions sans foi ni loi. Les stars tiennent un rôle moral et constituent un modèle de référence. Inlassablement, Hollywood explique « pourquoi nous combattons » et célèbre l'héroïsme américain et la défense de la démocratie.

Mais le consensus social se fissure, lorsque le paradis subit les contrecoups du racisme. En février 1942, le président Roosevelt autorise l'internement de ceux qui menacent la sécurité nationale. Ce sont les Nippo-Américains installés sur la côte pacifique qui sont visés. Ils sont environ 120 000, beaucoup d'entre eux citoyens des États-Unis. On les accuse de former une cinquième colonne, d'avoir amassé trop vite et trop aisément de petites fortunes. Le FBI lui-même ne croit pas à la subversion, mais le choc de Pearl Harbor a provoqué une hystérie collective, à laquelle les hommes politiques croient prudent de céder. Les Nippo-Américains sont enfermés dans des camps en Arizona, dans le Wyoming, dans le Nevada et subiront, pendant plus d'un an, un sort, douloureux et humiliant, que ne connaîtront ni les Germano-Américains ni les Italo-Américains. Quant aux Noirs, ils n'ont guère amélioré leur condition socioéconomique à l'époque du New Deal. Roosevelt passait pour leur ami et protecteur, mais il a soutenu, au moins par son silence, les pratiques ségrégationnistes du Sud. Les agences d'exécution ont fait peu d'efforts. Pourtant, l'espoir a resurgi. Et puis, les emplois que crée la guerre leur permettent de faire mieux, surtout s'ils s'établissent autour des Grands Lacs et dans les grandes villes du Nord-Est. Hélas ! là où ils se fixent, la ségrégation les suit. À eux, les logements les plus sordides et les travaux les moins bien rémunérés. En dépit d'un *executive order*, signé par Roosevelt, le 25 juin 1941, qui admet les Noirs à suivre les programmes de formation professionnelle, interdit la discrimination dans les usines qui travaillent pour la défense nationale et instaure un comité de surveillance, le Fair Employment Practices Committee. Il suffit de peu pour que des émeutes éclatent, comme à Detroit en juin 1943, où une bataille de rues fait 25 morts parmi les Noirs et 9 parmi les Blancs.

Quoi qu'il en soit, la mobilisation de l'économie et des esprits sous-tend l'effort militaire des États-Unis. Qu'on ne s'y trompe pourtant pas ! Il faut du temps pour que le poids de la participation américaine se fasse sentir. L'année 1942 l'illustre bien. Dans le Pacifique et dans l'océan Indien, les Japonais remportent des succès importants grâce à la maîtrise des mers qu'ils ont conquise. Guam, Wake, Hong Kong, Singapour, l'essentiel de la Malaisie et de la Birmanie, les Philippines, l'Insulinde (aujourd'hui l'Indonésie), les îles Salomon, presque toute la Nouvelle-Guinée tombent entre leurs mains. Ils menacent l'Inde et l'Australie. Certes, les

Américains ont arrêté leur avance au large des Midway (3-6 juin 1942), bombardé Tokyo pour la première fois (le 18 avril au cours d'un raid que mène le futur général Doolittle) et réussi, sous le commandement du général MacArthur, à regrouper leurs forces en Australie. Dans l'océan Atlantique, la situation n'est pas plus brillante. Les sous-marins allemands exercent des ravages : 8 millions de tonnes de navires marchands alliés sont coulés. Les troupes de Rommel foncent vers le canal de Suez. Les Soviétiques réclament du matériel (qu'il faut acheminer difficilement vers Mourmansk et Arkhangelsk) et l'ouverture par les Anglo-Américains d'un second front en Europe occidentale. Bref, les États-Unis, malgré la belle résistance solitaire des Anglais et le courage de l'Union soviétique, pourraient bien perdre la guerre avant de l'avoir commencée.

À l'extrême fin de décembre 1941, Roosevelt a renouvelé à Churchill la promesse que pour lui la priorité stratégique revient à la guerre contre l'Allemagne. Les deux hommes d'État ont profité de leur rencontre à Washington pour rappeler leurs buts de guerre dans une déclaration des Nations unies, que 24 autres nations signent, y compris l'URSS. Encore faut-il décider quelle stratégie sera appliquée en Europe. Les Américains, le général Marshall en tête qui exerce les fonctions de chef d'état-major, souhaitent mettre en œuvre une stratégie frontale : attaquer l'ennemi le plus fort, c'est-à-dire l'Allemagne, là où il est le plus fort, c'est-à-dire sur les côtes de l'Europe occidentale, avec le gros des troupes alliées. Les Britanniques préfèrent la stratégie périphérique qui permettrait de remporter des succès, limités mais immédiats, et soulagerait leurs armées qui résistent à la poussée de Rommel. En juillet 1942, ils obtiennent satisfaction. Une force essentiellement américaine, commandée par le général Eisenhower, débarque, dans la nuit du 7 au 8 novembre 1942, sur les côtes de l'Algérie et du Maroc. Première intervention de l'armée de terre des États-Unis dans les prolongements africains de l'Europe ; première victoire qui s'achève, en mai 1943, par la prise de Tunis. Les Britanniques obtiennent une deuxième concession. Puisque le débarquement en France n'est pas possible pour le moment, les Alliés se lanceront à la reconquête de la Sicile et de l'Italie continentale. Une telle opération, qui nécessite des équipements et des approvisionnements considérables, est rendue possible par les victoires que les marines alliées ont remportées dans l'Atlantique. Mais l'affaiblissement des Allemands résulte surtout de la victoire soviétique à Stalingrad. Le 10 juillet 1943, 160 000 hommes, 600 tanks, 1 800 canons débarquent en Sicile. Peu après, Mussolini perd le pouvoir ; en septembre, le maréchal Badoglio signe un armistice ; les Alliés avancent dans la péninsule, lentement, au prix de lourdes pertes dont la bataille de Monte Cassino donne un tragique exemple.

En fait, l'essentiel de l'effort se concentre sur la préparation d'Overlord, le nom de code du débarquement en Normandie. Les bombardements des aviations britannique et américaine se sont intensifiés sur l'Allemagne, sur les lignes de communication de la Wehrmacht. Finalement, le débarquement a lieu le 6 juin 1944 sur les plages du Cotentin. Eisenhower commande les troupes alliées qui, en deux semaines, atteignent le million d'hommes et sont dotées du matériel le plus perfectionné. L'avance alliée se poursuit à bon rythme : Paris est libéré le 25 août par la 2e DB du général Leclerc, Strasbourg le 23 novembre. Débarqués sur les côtes de Provence le 15 août, les Américains et la 1re armée française du général de Lattre de Tassigny chassent l'ennemi, en moins de trois mois, de Toulon, de Marseille, de la vallée du Rhône, de Savoie, de Franche-Comté et du sud de l'Alsace. Les Allemands lancent leur dernière contre-offensive en décembre dans les Ardennes et sont repoussés. Au nord, Montgomery a déjà atteint la Hollande. Le 7 mars 1945, les Alliés franchissent le Rhin à Remagen. Les Soviétiques foncent vers Berlin. Les Américains, fidèles à un engagement antérieur, décident de ne pas dépasser l'Elbe. La guerre en Europe est terminée.

Ce n'est pas le cas en Extrême-Orient. La reconquête du terrain perdu est à la fois longue et coûteuse. Les distances sont énormes et créent des problèmes de logistique, c'est-à-dire d'approvisionnement, que les militaires n'avaient encore jamais traités. Là encore le matériel tient une place primordiale, qu'il s'agisse des porte-avions ou des superforteresses volantes B 29. Encore faudrait-il savoir, une fois de plus, quelle stratégie adopter. Celle de MacArthur, dite du saut de mouton, qui suppose qu'on attaquera les points faibles de l'ennemi et que, d'île en île, on parviendra aux abords du Japon pour lancer l'assaut final ? Celle de l'amiral Nimitz, commandant la flotte du Pacifique, qui préfère l'utilisation massive de la marine et de l'aviation et souhaiterait l'attaque des points forts ? De fait, les deux stratégies ont été appliquées, jusqu'en juillet 1944 lorsque Roosevelt tranche en faveur de MacArthur. À cause de la priorité qui est accordée à l'Europe, les débarquements américains dans les Philippines ne commencent qu'en octobre 1944 et l'archipel n'est complètement libéré qu'à la fin de juin 1945. De dures batailles se sont livrées dans le Pacifique Sud[1]. Mais les Japonais reculent et dès 1943 ont perdu la maîtrise du ciel, ce qui explique les bombardements intensifs qu'ils subissent. Toutefois, lorsque l'Allemagne signe la reddition sans condition de Reims (cérémonie renouvelée à Berlin à la demande des Soviétiques), le Japon n'est pas encore battu. Ses troupes ont livré une farouche résistance à Iwo Jima et n'ont pas fini de se battre à Okinawa.

Le bilan ? Les Américains ont eu 406 000 morts. Jamais, en dehors de la guerre de Sécession, ils n'avaient versé un si lourd tribut. C'est peu par rapport aux 20 millions de Soviétiques, aux 4,5 millions d'Allemands et aux 2 millions de Japonais ; ou aux 6 millions de Juifs qui ont été exterminés par les nazis. Il est vrai que les Américains sont entrés les derniers dans le conflit mondial, qu'ils n'ont eu à supporter aucun combat sur leur territoire national, qu'ils ont toujours sacrifié en priorité les armements et non les hommes, que l'armée américaine est une armée de riche et de puissant, extraordinairement moderne en son temps. Mais dans ce conflit planétaire où les distances s'estiment par milliers de kilomètres, où les opérations maritimes et aériennes nécessitent des millions de tonnes de matériel, où la coopération avec les Alliés, particulièrement les Britanniques, est une condition *sine qua non* de la victoire, les États-Unis ont

1. À Guadalcanal dans les îles Salomon (d'août 1942 à février 1943), en Nouvelle-Guinée et Nouvelle-Georgie (en 1943). Puis, le théâtre d'opérations se déplace dans le Pacifique central (les Marshall, les Mariannes, et à partir de juin 1944 les combats se déroulent dans les Philippines que les Japonais abandonnent en février 1945).

appris à devenir une grande puissance militaire. En 1945, un retour en arrière ne paraît plus possible.

Malgré la victoire qu'il voit se dessiner sur les deux théâtres d'opérations, Roosevelt se souvient de l'échec de Wilson en 1919-1920. Cette fois-ci, il ne veut pas se contenter de gagner la guerre ; il souhaite également construire une paix durable. Il s'en charge lui-même, bien qu'il confie des responsabilités à son secrétaire d'État (jusqu'à 1944, Cordell Hull), voire à son secrétaire au Trésor, Henry Morgenthau, ou à son secrétaire à la Guerre, Henry Stimson, quand ce n'est pas à son conseiller le plus proche, Harry Hopkins. Pour Roosevelt, il y a des hommes qui incarnent des nations d'importance mondiale, comme Staline, Churchill ou Tchang Kaï-chek. Il faut assurer entre eux une entente assez solide pour qu'elle puisse garantir le maintien de la paix. Les trois Grands plus la Chine seront les policiers du monde, mais tous les États se retrouveront dans une Organisation des nations unies, qui sera une SDN améliorée. Les principes de la sécurité collective régleront les rapports internationaux, dans un monde enfin débarrassé du militarisme japonais et du nazisme. Pour mettre sur pied l'ONU, Roosevelt paie le prix fort. Il n'épargne aucun effort pour rassurer Staline : il a promis l'ouverture d'un second front et, dès que cela est possible, tient parole ; il s'engage à n'accepter de l'Allemagne qu'une reddition sans condition, preuve que les États-Unis ne chercheront pas à s'entendre avec les Allemands sur le dos des Soviétiques ; il laisse faire Staline qui annexe les États baltes, feint de croire à sa bonne volonté en Europe de l'Est, notamment en Pologne, tout en constatant que les troupes soviétiques, et non les troupes américaines, l'ont libérée de la présence allemande. À la conférence de Yalta (février 1945), il acccepte qu'au sein de l'ONU, l'Union soviétique dispose de trois voix. Bref, de Téhéran (novembre 1943) à Yalta, dans ces conférences au sommet qu'il affectionne parce qu'il croit pouvoir y jouer de son charme personnel, Roosevelt tâche de gagner la paix, comme il est en train de gagner la guerre.

Sans doute des tensions surgissent-elles à l'intérieur du camp occidental. La question française paraît à Washington insoluble. En novembre 1942, les relations diplomatiques avec Vichy ont été rompues, mais Roosevelt ne croit pas à la représentativité du général de Gaulle et ne reconnaît *de facto* le gouvernement provisoire de la République française qu'en octobre 1944. À Yalta, toutefois, il donne son accord à la suggestion britannique de laisser à la France une zone d'occupation en Allemagne découpée sur les zones britannique et américaine. Le sort de l'Inde est avec la Grande-Bretagne une pomme de discorde et le cynisme de Churchill, qui a partagé l'Europe centrale et orientale en zones d'influence entre les Alliés occidentaux et l'URSS à la conférence de Moscou d'octobre 1944, lui est insupportable. Tout compte fait, ce sont bien les relations avec l'Union soviétique qui l'inquiètent le plus. À Yalta, il a reconnu la nouvelle frontière occidentale de l'URSS et accepté que la Pologne reçoive des compensations à l'ouest ; il espère encore que Staline fera entrer dans le comité de Lublin, composé de membres du parti communiste polonais, des représentants du gouvernement polonais en exil à Londres et que des élections libres se tiendront en Pologne ; il demande avec insistance que les Soviétiques déclarent la guerre au Japon et c'est pour obtenir cette promesse qu'il est prêt à des concessions.

Quelques semaines plus tard, il a perdu ses illusions. Peut-être compte-t-il sur l'arme absolue, la bombe atomique qui se prépare dans le plus grand secret, pour mettre un terme rapidement à la guerre contre le Japon. Mais le 12 avril 1945, au début de son quatrième mandat, il meurt subitement à Warm Springs (Georgie). Comment décrire la peine profonde des Américains et de leurs amis ? Au moment où les armées alliées abattent le nazisme, l'un des chefs historiques de la coalition, le rénovateur de la démocratie, le garant de la paix future, Roosevelt, qui présidait aux destinées des États-Unis depuis douze ans, disparaît à la veille de son triomphe. C'est qu'il avait fini par incarner l'Amérique tout entière, celle du New Deal comme celle de la victoire sur l'Allemagne, une Amérique généreuse, libérale, ouverte sur le monde. Une identification trop belle pour être justifiée ? Peut-être, mais il faudra quelques années pour que le portrait du grand homme subisse des retouches.

Chronologie

La naissance des États-Unis (1607-1815)

1585 Fondation d'une colonie anglaise sur l'île de Roanoke, dans un territoire baptisé la « Virginie ».

1607 Fondation de la colonie de Jamestown.

1620 *22 juillet-9 novembre* : Les Pèlerins traversent l'Atlantique.
21 novembre : Signature du Pacte du *Mayflower*.
25 décembre : Plymouth est choisi comme emplacement de la colonie des Pèlerins.

1630-1640 Émigration des puritains vers la Nouvelle-Angleterre.

1631-1660 Fondation de la colonie du Connecticut.

1632 Charles Ier accorde à lord Baltimore une charte de colonisation pour le Maryland.

1635 Roger Williams, chassé de la colonie du Massachusetts, fonde en 1636 la colonie du Rhode Island.

1636 Création du *college* Harvard, près de Boston.

1636-1637 Guerre contre les Indiens péquots.

1638-1643 Fondation de la colonie du New Hampshire.

1640-1651 Fondation de la colonie du Maine.

1661 Conquête par les Anglais de la Nouvelle-Hollande ; Nieuw

1664 Amsterdam devient New York.

1662-1663 Nouvelle charte du roi d'Angleterre aux colonies du Connecticut et du Rhode Island.

1663-1665 Fondation des colonies des Carolines.

1664-1665 Fondation de la colonie du New Jersey.

1665-1669 Annexion du Maine par le Massachusetts.

1675-1676 Guerre contre les Indiens du roi Philippe.

1680-1682 Fondation de la colonie de Pennsylvanie.

1692 Chasse aux sorcières à Salem (Massachusetts).

1726-1756 Le Grand Réveil.

1732 Fondation de la colonie de Georgie.

1754-1763 Guerre contre les Français et les Indiens.

1764 Loi sur le sucre.

1765 Loi sur le droit de timbre.

1766 Abrogation de la loi sur le droit de timbre.
Acte déclaratoire au nom du Parlement britannique.

1767 Droits Townshend.

1770 Abrogation des droits Townshend.
Massacre de Boston.

1772 Création des premiers comités de correspondance.

1773 Loi sur le thé.
La Boston *tea party*.

1774 Lois dites « intolérables » adoptées à Londres pour punir la ville de Boston.
Réunion du premier Congrès continental.
Loi sur le Québec.

1775 Incidents de Lexington et de Concord.
Réunion du deuxième Congrès continental.
Nomination de George Washington comme commandant en chef des troupes continentales.

1776 *9 janvier* : Publication du *Sens commun* de Thomas Paine.
Février : Déclenchement des hostilités dans les colonies du Sud.
17 mars : Les Anglais évacuent Boston.
Premières manifestations d'une aide secrète de la France aux Insurgents.
2 juillet : Le Congrès adopte une motion en faveur de l'indépendance des colonies.
4 juillet : Adoption de la Déclaration d'indépendance, qui est signée par le président du Congrès, John Hancock.
8 juillet : Proclamation de l'indépendance.
2 août : La Déclaration est signée par la plupart des 55 délégués au Congrès.
15 septembre : Les troupes britanniques occupent la ville de New York.

26 septembre : Le Congrès nomme une commission chargée de négocier des traités d'amitié avec les puissances étrangères.
18 novembre-20 décembre : Retraite de Washington et de ses soldats à travers le New Jersey.
26 décembre : Washington franchit la Delaware et surprend à Trenton les troupes britanniques.

1777 *3 janvier* : Nouvelle victoire de Washington à Princeton.
14 juin : Adoption d'un drapeau national (13 bandes rouges et blanches en alternance, 13 étoiles blanches sur fond bleu).
Juillet : La Fayette et de Kalb se mettent au service de Washington.
23 juillet-26 septembre : Campagne du général britannique Howe contre Philadelphie, qui tombe aux mains de Howe.
4 octobre : Bataille de Germantown.
15 novembre : La rédaction des Articles de confédération est terminée.
17 octobre : Le général Burgoyne signe la convention de Saratoga par laquelle 5 700 soldats britanniques déposent les armes.

1778 *6 février* : Signature des deux traités franco-américains.
29 juillet-29 août : Attaque maritime contre Newport menée par l'amiral d'Estaing.

1779 *21 juin* : L'Espagne entre en guerre contre l'Angleterre.
3 septembre-28 octobre : Nouvel échec de l'amiral d'Estaing, cette fois-ci devant Savannah.

1780 Le corps expéditionnaire français débarque à Newport.

1781 *1er mars* : Les Articles de confédération entrent en vigueur.

10 mai-1er août : Les Anglais progressent dans le Sud, particulièrement en Virginie, et s'installent à Yorktown.
30 août-19 octobre : Campagne franco-américaine qui s'achève par la victoire de Yorktown.

1782 Chute du ministère de lord North à Londres.
12 avril : Les pourparlers de paix commencent à Paris.
27 septembre : Début des négociations officielles.
30 novembre : Signature entre négociateurs anglais et américains des préliminaires de paix.

1783 *20 janvier* : Signature entre négociateurs anglais et français, puis entre négociateurs anglais et espagnols, des préliminaires de paix.
3 septembre : Signature des traités de paix (entre l'Angleterre et les États-Unis à Paris, entre l'Angleterre et la France à Versailles).

1785 Thomas Jefferson est nommé ministre des États-Unis en France, où il succède à Benjamin Franklin. John Adams devient ministre des États-Unis à Londres.
28 mars : Conférence de Mount Vernon.
20 mai : Première loi sur la division des territoires, leur découpage et le prix des terres.
Noah Webster, *American Spelling Book*.

1786 *11-14 septembre* : Convention d'Annapolis.
Août-décembre : Rébellion dans le Massachusetts, conduite par Daniel Shays, en faveur du maintien d'une monnaie faible.

1787 *25 mai-17 septembre* : Convention constitutionnelle de Philadelphie.
13 juillet : Adoption par le Congrès de l'ordonnance du Nord-Ouest.

27 octobre : Début de la parution des articles « fédéralistes ».
7 décembre : Le Delaware est le premier État à approuver le texte de la nouvelle Constitution. Il est suivi, peu après, par la Pennsylvanie et le New Jersey.

1788 *21 juin* : Neuf États ont donné leur approbation à la Constitution. La majorité requise est atteinte.
25 juin : Approbation de la Virginie.
26 juillet : Approbation du New York.

1789 *7 janvier* : Premières élections présidentielles.
4 mars : Réunion du premier Congrès élu conformément à la Constitution de 1787.
30 avril : George Washington prête serment.
9 septembre-22 décembre : Adoption des amendements qui formeront le Bill of Rights (définitivement approuvé en 1791).

1790 Premiers rapports d'Alexander Hamilton.

1791 Création de la Banque des États-Unis avec une charte de vingt ans.
Apparition des « factions » (jeffersoniens ou républicains-démocrates et hamiltoniens ou fédéralistes).

1793 Proclamation de neutralité.
Invention de la machine à égrener le coton (Eli Whitney).

1794 Rébellion contre les droits qui frappent le *whiskey*.

1795 Traité Jay avec la Grande-Bretagne.
1796 Traité Pinckney avec l'Espagne.
Message d'adieu de Washington.

1798 Lois sur la sédition et les étrangers.
Résolutions des assemblées de Virginie et du Kentucky.

1803 Arrêt « Marbury contre Madison » rendu par la Cour suprême.
Achat de la Louisiane à la France.
Départ de l'expédition de Lewis et de Clark vers l'Ouest.

1807 Loi sur l'embargo.

1809 La loi sur l'arrêt des échanges commerciaux *(Non Intercourse)* remplace la loi sur l'embargo.

1811 La Banque des États-Unis n'est pas maintenue.

1812-1814 Deuxième guerre d'Indépendance.

L'accession à la puissance
(1815-1945)

1816 Charte de la deuxième Banque des États-Unis.

1817-1818 Le général Andrew Jackson envahit la Floride.

1817-1825 Construction du canal de l'Érié.

1819 Annexion de la Floride.

1820 Compromis du Missouri.

1824 Augmentation des droits de douane.

1826 Début de l'agitation antimaçonnique.
James F. Cooper, *Le Dernier des Mohicans.*

1828 Nouvelle augmentation des droits de douane : le « tarif des abominations » pour les États du Sud.

1830 Joseph Smith, *Le Livre de Mormon.*

1831 Mise au point de la moissonneuse McCormick.
Premier numéro du *Liberator*, journal abolitionniste de Garrison.

1832 Légère diminution des droits de douane. Crise dite de la nullification ; démission du vice-président des États-Unis, John Calhoun.

1833 Le président Jackson s'engage à ne pas renouveler la charte de la deuxième Banque des États-Unis.

1835 Invention du revolver (Samuel Colt).

1836 Fondation de la république indépendante du Texas.

1837 Crise financière et économique.

1839 Vulcanisation du caoutchouc (Goodyear).

1841 Le vice-président John Tyler devient président des États-Unis, à la mort du président William Harrison.

1842 Accord anglo-américain sur la frontière du Maine avec le Canada.

1843 Invention de la machine à écrire.

1844 Invention du télégraphe Morse.

1845 Le Texas entre dans l'Union.

1846 Cession par la Grande-Bretagne aux États-Unis de la plus grande partie du territoire de l'Oregon.
Début de la guerre contre le Mexique (qui s'achève en 1848).

1849 Ruée vers l'or en Californie.

1850 Nouveau compromis sur l'esclavage.

1852 Harriet Beecher-Stowe, *La Case de l'oncle Tom.*

1854 Loi sur le Kansas-Nebraska.
Fondation du parti républicain.

1855 Walt Whitman, *Feuilles d'herbe.*

1857 Arrêt Dred Scott.

1858 Débats Lincoln-Douglas.

1859 Raid de John Brown en Virginie.

1859-1867 Découverte d'or et d'argent dans l'Ouest (Nevada, Colorado, Idaho, Montana, Arizona).

1860 *24 décembre* : La Caroline du Sud se retire de l'Union.

1861 *9 février* : Jefferson Davis, président de la Confédération.
4 mars : Lincoln entre en fonctions.
1er-15 avril : Incidents de Fort Sumter.
17 avril-20 mai : La Virginie, l'Arkansas, le Tennessee et la Caroline du Nord se joignent aux sept autres États du Sud qui ont déjà décidé de quitter l'Union.

1862 Loi sur le *homestead*.
Loi sur la construction d'un transcontinental.
Abolition de l'esclavage dans le district de Columbia.

1863 Proclamation d'émancipation.
Loi de réorganisation bancaire.
Bataille de Gettysburg.
Plan de Lincoln pour la réintégration des États « rebelles ».

1864-1867 Guerres indiennes (contre les Arapahos, les Cheyennes et les Sioux).

1865 *9 avril* : Reddition de Lee à Appomattox.
14 avril : Assassinat de Lincoln.
18 décembre : Le Congrès adopte le 13e amendement.

1866 Renforcement des pouvoirs du Bureau des affranchis.
Élaboration du 14e amendement.

1867-1868 Reconstruction du Sud par le Congrès.

1868 *24 février-26 mai* : Procédure d'*impeachment* à l'encontre du président Andrew Johnson.

1869 Achèvement du premier transcontinental.

1870 Approbation du 15e amendement.

1873 Démonétisation de l'argent.

1874 Invention du fil de fer barbelé.

1875 Reprise des paiements en espèces métalliques.

1875-1876 Guerre contre les Sioux du Dakota.

1876 Mark Twain, *Les Aventures de Tom Sawyer*.
Invention du téléphone (Graham Bell).

1877 Fin de la Reconstruction.

1878 Invention de la lampe à incandescence et du phonographe (Thomas Edison).
Création officielle des Chevaliers du travail.
Rétablissement des achats de métal-argent par le gouvernement fédéral.

1882 Interdiction de l'immigration chinoise.

1885 Capture de Géronimo et fin de la guerre contre les Apaches.

1886 *4 mai* : Massacre du Haymarket à Chicago.
Fondation de la Fédération américaine du travail (AFL).

1887 Loi Dawes sur la propriété indienne.
Loi sur le commerce entre les États.

1889-1890 Dernière guerre indienne. Bataille de Wounded Knee.

1890 Loi Sherman antitrust.
Loi McKinley sur les droits de douane.

1892 Fondation du parti du peuple (ou parti populiste).

1893 Crise économique et sociale.

1893-1896 Agitation populiste en faveur notamment du bimétallisme.

1894 Grève aux usines Pullman.

1896 Arrêt de la Cour suprême légalisant la ségrégation raciale (*Plessy v. Ferguson*).

1898 *20 avril* : Déclenchement de la guerre de Cuba.
7 juillet : Annexion de Hawaii.
10 décembre : Traité hispano-américain de Paris.

1899 Doctrine de la « porte ouverte » à l'égard de la Chine.

1900 Adoption du monométallisme or.

1901 Assassinat du président McKinley.
Adoption de l'amendement Platt, qui instaure le protectorat des États-Unis sur Cuba.

1903 Création, au sein du cabinet, d'un département du Commerce et du Travail.

1905 Fondation du syndicat à tendances libertaires des Industrial Workers of the World (IWW).

1906 Lois sur les tarifs ferroviaires et sur le contrôle des industries alimentaires.

1907 *Gentlemen's agreement* entre les États-Unis et le Japon sur l'émigration japonaise vers les États-Unis.

1913 Rapport de la commission Pujo sur les trusts.
Création du Federal Reserve System.
Première grande exposition de peinture américaine à l'Armory Show de New York.

1914 Loi Clayton antitrust.
Incidents avec le Mexique.
Règlement de la question du canal de Panama.
Premiers prêts aux belligérants européens.

1915 Griffith termine son film, *Birth of a Nation.*
Le *Lusitania* est coulé par les Allemands.

1916 Lois sur les prêts aux fermiers et sur le travail des enfants.

1917 *6 avril* : Entrée en guerre des États-Unis.
14 juin : Arrivée à Paris du général Pershing.
21 octobre : Les premières troupes américaines sur le front occidental.

1918 *8 janvier* : Programme de paix en 14 points du président Wilson.
6 juin-1er juillet : Les troupes américaines tiennent un rôle important en Champagne.
26 septembre : Victoire américaine à Saint-Mihiel.
Octobre : Progression lente du corps expéditionnaire américain en Argonne.
Novembre : Aux élections législatives, les républicains remportent la victoire sur les démocrates.

1919 *Janvier-octobre* : Grèves dans divers secteurs.
Adoption du 18e amendement sur la prohibition des boissons alcoolisées.

1919-1920 Peur des « rouges ».

1920 Adoption du 19e amendement sur le vote des femmes.
Rejet par le Sénat du traité de Versailles.
Arrestation de Sacco et Vanzetti.
Sinclair Lewis, *Main Street.*

1921 Première loi des quotas.
12 novembre : Début de la conférence de Washington sur le désarmement naval (fin des travaux : 6 février 1922).

1923 *2 août* : Mort du président Harding.

1924 Deuxième loi des quotas.
Interdiction de l'immigration japonaise.

1925 Procès du « singe » dans le Tennessee.

1927 Traversée de l'Atlantique en solitaire par Lindbergh.
Exécution de Sacco et Vanzetti.

1929 *Octobre* : Début de la Grande Crise.

1931 Débat sur le versement d'une indemnité *(bonus)* aux anciens combattants.

1932 Loi instituant la Reconstruction Finance Corporation, chargée de gérer des prêts aux entreprises privées.
Incidents à Washington : la troupe disperse la manifestation des anciens combattants.

1933 *4 mars* : Le président Franklin D. Roosevelt entre en fonctions.
9 mars : Loi d'urgence sur l'aide aux banques.
12 mai : Loi créant un organisme visant à résorber le chômage.
Loi sur l'agriculture (AAA).
18 mai : Loi créant la Haute Autorité de la vallée Tennessee (TVA).
16 juin : Loi créant l'administration chargée du relèvement industriel (NIRA).
22 octobre : Dévaluation du dollar.
8 novembre : Création de la Civil Works Administration.

1934 Loi sur la valeur nouvelle du dollar (1 once d'or = 35 dollars).
Loi sur la production cotonnière.
Loi sur les faillites des exploitations agricoles.
Loi sur le fonctionnement des opérations boursières.
Loi sur la construction de logements.
Loi sur les secours aux chômeurs.
Loi sur les prêts aux pays étrangers qui n'ont pas remboursé leurs dettes de guerre.

1935 Loi Wagner sur les relations au sein du monde du travail.
Création de la Works Progress Administration.
Nouvelle loi d'organisation bancaire.
Mise sur pied de la sécurité sociale.
Loi concernant l'impôt sur le revenu.
Première loi de neutralité.
La Cour suprême annule la loi sur le relèvement industriel (NIRA).

1937 Débat sur la Cour suprême.
Nouvelle loi sur la construction de logements.
Loi de neutralité.

1938 Deuxième loi sur l'agriculture.
Réarmement naval.
Création de la commission des Activités anti-américaines, au sein de la Chambre des représentants.
Loi sur les horaires de travail et les salaires : salaire minimal fixé à 40 cents par heure, semaine de quarante heures, interdiction de faire travailler les enfants de moins de 16 ans.

1939 *4 novembre* : La loi de neutralité est amendée par la clause *cash and carry*.
John Steinbeck, *Les Raisins de la colère*. Sortie du film *Autant en emporte le vent*.

1940 *3 septembre* : Accord anglo-américain sur l'échange de destroyers contre des bases.
16 septembre : Établissement du service militaire sélectif.

1941 *11 mars* : Loi dite du prêt-bail.
Avril-mai : Convois américains dans l'Atlantique.
26 juillet : Les États-Unis gèlent les fonds japonais.
14 août : Adoption de la charte de l'Atlantique.
17 novembre : Abrogation des lois de neutralité.
7 décembre : Attaque japonaise sur Pearl Harbor.
8 décembre : Déclaration de guerre des États-Unis au Japon.
11 décembre : Déclaration de guerre de l'Allemagne et de l'Italie aux États-Unis.

1942 *2 janvier-6 mai* : Les troupes américaines et leurs alliés évacuent les Philippines.
18 avril : Premier raid aérien de l'aviation américaine sur Tokyo (par le major Doolittle).
7-8 mai : Bataille de la mer de Corail.
3-6 juin : Bataille des îles Midway.
7 août : Début de la contre-offensive américaine dans les îles Salomon (bataille de Guadalcanal) ; elle prendra fin le 9 février 1943.
7-8 novembre : Débarquement anglo-américain en Algérie et au Maroc.
2 décembre : Première réaction nucléaire dans le laboratoire de Chicago.

1943 *14-24 janvier* : Conférence de Casablanca.
7 mai : Fin de la campagne en Afrique du Nord, prise de Tunis.
10 juillet : Débarquement allié en Sicile.
9 septembre : Débarquement allié en Italie du Sud.
11-24 août : Conférence de Québec entre Churchill et Roosevelt.

1943 *5 novembre* : Le Sénat vote une résolution en faveur d'une organisation internationale qui serait instituée après la guerre.
28 novembre-1er décembre : Conférence de Téhéran (Churchill, Roosevelt et Staline).
Novembre : Les troupes américaines engagent l'offensive dans le Pacifique central.

1944 *Janvier* : Les îles Marshall sont envahies par les Américains.
Juin : Les îles Mariannes sont à leur tour envahies.
6 juin : Débarquement en Normandie.
1er-22 juillet : Conférence monétaire de Bretton Woods.
21 août-7 octobre : Conférence de Dumbarton Oaks.
Octobre : Bataille de la mer des Philippines.
24 novembre : Début des bombardements intensifs sur Tokyo.

1945 *4-11 février* : Conférence de Yalta (Churchill, Roosevelt et Staline).
Février : Manille est reprise.
Février-mars : Bataille d'Iwo Jima.
Avril-juin : Bataille d'Okinawa.
12 avril : Mort de Roosevelt.
23 avril-26 juin : Conférence inaugurale sur l'Organisation des Nations unies à San Francisco.
25 avril : Américains et Soviétiques font leur jonction sur l'Elbe.

Bibliographie

Il n'est pas possible de présenter en quelques pages une bibliographie exhaustive ni même de faire entrevoir la richesse de la production historique aux États-Unis. Tout au plus peut-on indiquer des titres indispensables, en insistant plus particulièrement sur les ouvrages en français et sur les ouvrages américains qui sont disponibles en France.

OUVRAGES GÉNÉRAUX

1. Instruments de travail

- Claude Fohlen, Jean Heffer et François Weil, *Canada et États-Unis depuis 1770*, Paris, PUF, Nouvelle Clio, 1997.
- Peter J. Parish (ed.), *Reader's Guide to American History*, Londres et Chicago, Fitzroy Dearborn, 1997.
- Doug Henwood, *Atlas des États-Unis d'Amérique*, Paris, Autrement, 1995.
- Eric Homberger, *Atlas historique de l'Amérique du Nord. États-Unis, Mexique, Canada une lutte pour l'espace*, Paris, Autrement, 1996. Avec une préface de Hélène Trocmé.
- Philippe Lemarchand (sous la direction de), *Atlas des États-Unis. Les paradoxes de la puissance*, Neuilly et Bruxelles, Atlande et Complexe, 1997. Clair, solidement documenté, d'excellents commentaires.
- Richard B. Morris (ed.), *Encyclopedia of American History*, New York, Harper & Row, 6ᵉ éd., 1982. Donne toutes les dates importantes de l'histoire des États-Unis.

– Gordon Carruth (ed.), *The Encyclopedia of American Facts and Dates*, New York, HarperCollins, 9e éd., 1993. Pour la biographie des grands hommes, voir *Dictionary of American Biography* (New York, rééd. ACLS. 1981, 17 vol.) qu'il faudrait mettre à jour avec les grandes encyclopédies (Larousse, Universalis, Britannica, Americana).
– Charles O. Paullin, *Atlas of the Historical Geography of the United States*, Washington (DC) et New York, 1932. À défaut, consulter l'atlas de l'*Encyclopedia Universalis* ou bien Edgar B. Wesley, *Our United States. Its History in Maps*, Chicago, Denoyer-Geppert, 1956.
– US Department of Commerce, Bureau of the Census, *Historical Statistics of the United States. Colonial Times to 1970*, Washington (DC), Government Printing Office, 1975, 2 vol. À compléter avec *Statistical Abstract of the United States*, 1999.
– Jean Heffer et François Weil (sous la direction de), *Chantiers d'histoire américaine*, Paris, Belin, 1994.

2. Recueils de documents

– Henry Steele Commager (ed.), *Documents of American History*, New York, Appleton-Century-Crofts, 9e éd., 1974. Le plus classique.
– Frank Freidel (ed.), *The American Epochs Series*. New York, Braziller, 1962-1965, 6 vol.

3. Histoires générales des États-Unis

En français :

– Robert Lacour-Gayet, *Histoire des États-Unis*, t. 1, *Des origines à la fin de la guerre civile*, t. 2, *De la fin de la guerre civile à Pearl Harbor*, t. 3, *De Pearl Harbor à Kennedy*, et t. 4. *L'Amérique contemporaine*, Paris, Fayard, 1976-1982.
– Jean-Michel Lacroix, *Histoire des États-Unis*, Paris, PUF, 1996.
– Désiré Pasquet, *Histoire politique et sociale du peuple américain*, Paris, Auguste Picard, 1924-1931, 3 vol. En dépit de sa date de parution, cette histoire est encore intéressante et mérite d'être consultée.

– Claude Fohlen, *Les États-Unis au XXe siècle*, Paris, Aubier, 1988.
– Hélène Trocmé et Jeanine Rovet, *Naissance de l'Amérique moderne*, XVIe-XIXe *siècle*, Paris, Hachette/Supérieur, 1997.

En anglais :

La liste serait interminable. Il faudrait commencer par David Saville Muzzey, *A History of Our Country*, Boston et New York, Ginn, nouv. éd., 1946, qui a formé des générations d'étudiants américains.

– John M. Blum, William S. McFeely, Edmund S. Morgan, Arthur M. Schlesinger, Jr., Kenneth M. Stampp et C. Vann Woodward, *The National Experience. A History of the United States*, New York, Harcourt Brace Jovanovich, 6e éd., 1985. Le manuel le plus complet.
– Frances Fitzgerald, « Onward and Upward With the Arts. History Text-books », *The New Yorker*, 26 février, 5 et 12 mars 1979. Essentiel pour comprendre l'état d'esprit et les ambitions des auteurs de manuels.

4. Histoire des idées politiques, de la Constitution et de la vie politique

Partir d'Yves-Henri Nouailhat, *Histoire des doctrines politiques aux États-Unis* (Paris, PUF, coll. « Que sais-je ? », 1969), et de Jean Béranger et Robert Rougé, *Histoire des idées aux USA du* XVIIe *siècle à nos jours* (Paris, PUF, coll. « Monde anglophone », 1981).

Sur la Constitution et les institutions :

– Alfred H. Kelly et Winfred A. Harbison, *The American Constitution. Its Origins and Development*, New York, W.W. Norton, 6e éd., 1983.
– Jean-Pierre Lassale, *Les Institutions des États-Unis*, Paris, La Documentation française, coll. « Documents d'études », 2001.
– Jean-Pierre Lassale, *La démocratie américaine. Anatomie d'un marché politique*, Paris, Armand Colin, 1991. Comment analyser les institutions et leur fonctionnement en tenant compte des contraintes économiques et financières.

– Marie-France Toinet, *Le Système politique des États-Unis*, Paris, Thémis, PUF, 1987.
– André Tune, *Les États-Unis*, Paris, LGDJ, 3e éd., 1973.
– André et Suzanne Tunc, *Le Système constitutionnel des États-Unis*, Paris, Domat-Montchrestien, 1954, 2 vol.

Sur la politique étrangère :
– Thomas A. Bailey, *A Diplomatic History of the American People*, New York, Appleton-Century-Crofts, 8e éd., 1969.
– Robert Dallek, *The American Style of Foreign Policy, Cultural Politics and Foreign Affairs*, New York, Alfred A. Knopf, 1983.

Pour une analyse révisionniste, lire :
– William A. Williams, *America Confronts a Revolutionary World, 1776-1976*, New York, William Morrow, 1976.

5. Histoire de l'économie et de la société

– Ray A. Billington, *Westward Expansion. A History of the American Frontier*, New York, Macmillan Publishing Co., 4e éd., 1974. Fondamental sur l'histoire de la Frontière.
– Robert W. Fogel et Stanley L. Engerman, *The Reinterpretation of American Economic History*, New York, Harper & Row, 1971. Pour juger de l'apport des cliométriciens.
– Milton Friedman et Anna J. Schwartz, *A Monetary History of the United States, 1867-1960*, Princeton, Princeton University Press, 1963.
– Barry W. Poulson, *Economic History of the United States*, New York, Macmillan, 1981.

Sur l'immigration :
– James Paul Allen et Eugene James Turner (eds), *We the People. An Atlas of America's Ethnic Diversity*, New York, Macmillan, 1988.
– Jeanine Brun, *America ! America !*, Paris, Gallimard-Julliard, coll. « Archives », 1980.
– Dominique Daniel, *Immigration aux États-Unis, 1965-1995*, Paris, L'Harmattan, 1996.
– Roger Daniels, *Coming to America. A History of Immigration*

and Ethnicity in American Life, New York, Harper Perennial, 1991. L'un des meilleurs manuels sur la question.
– Maldwyn Allen Jones, *American Immigration*, Chicago, The University of Chicago Press, 1960.
– Stephan Thernstrom (ed.), *Harvard Encyclopedia of American Ethnic Groups*, Cambridge (Mass.), Harvard University Press, 1980.

Sur les Indiens :
– Nelcya Delanoë, *L'Entaille rouge. Terres indiennes et démocratie américaine, 1776-1980*, Paris, Maspero, 1982.
– Claude Fohlen, *Les Indiens d'Amérique du Nord*, Paris, PUF, coll. « Que sais-je ? », 1985.
– Philippe Jacquin, *Histoire des Indiens d'Amérique du Nord*, Paris, Payot, 1976.
– Élise Marienstras, *La Résistance indienne aux États-Unis du* XVIe *au* XXe *siècle*, Paris, Gallimard-Julliard, coll. « Archives », 1980.
– Joëlle Rostkowski, *La conversion inachevée. Les Indiens et le christianisme*, Paris, Albin Michel, 1998.
– Joëlle Rostkowski, *Le Renouveau indien. Un siècle de reconquêtes*, Paris, Albin Michel, 2e éd., 2001.

Sur les Noirs :
– Nicole Bacharan, *Histoire des noirs américains au* XXe *siècle*, Bruxelles, Éditions Complexe, 1994.
– John Hope Franklin, *De l'esclavage à la liberté*, Paris, Éditions caribéennes, 1984.

6. Histoire de la culture américaine

Sur les religions :
– Sydney E. Ahlstrom, *A Religious History of the American People*, New Haven, Yale University Press, 1972.

Sur la vie artistique :
– Claude-Jean Bertrand, *Les Églises aux États-Unis*, Paris, PUF, coll. « Que sais-je ? », 1975.
– Isabelle Richet, *La Religion aux États-Unis*, Paris, PUF, coll. « Que sais-je ? », 2001.

– Gilbert Chase, *Musique de l'Amérique*, Paris, Buchet-Chastel, Correa, 1957.
– Marcus Cunliffe, *La Littérature des États-Unis*, Paris, PUF, 1964.
– Olivier W. Larkin, *L'Art et la Vie en Amérique*, Paris, Plon, 1952.
– Gary W. McDonogh, Robert Gregg et Cindy H. Wong (eds), *Encyclopedia of Contemporary American Culture*, Londres et New York, Routledge, 2001.
– Glenn B. Optiz (ed.), *Dictionary of American Painters, Sculptors, and Engravers*, Poughkeepsie (N.Y.), Apollo Book, 3e éd., 1988.
– Jules David Prown et Barbara Rose, *La Peinture américaine*, Genève, Skira, 1969.
– Daniel Royot, Jean-Loup Bourget, Jean-Pierre Martin, *Histoire de la culture américaine*, Paris, PUF, 1993.
– Marc Saporta, *Histoire du roman américain*, Paris, Seghers, 1970 ; Gallimard, coll. « Idées », 1976.
– Roland Tissot, *Peinture et Sculpture aux États-Unis*, Paris, Armand Colin, coll. « U Prisme », 1974.
– Hélène Trocmé, *Les Américains et leur architecture*, Paris, Aubier-Montaigne, coll. « USA », 1981.
– Olivier Cohen-Steiner, *L'Enseignement aux États-Unis*, Nancy, Presses universitaires de Nancy, 1992.
– Malie Montagutelli, *Histoire de l'enseignement aux États-Unis*, Paris, Belin, 2000.

Sur les courants d'idées et les mentalités, lire attentivement :

– Daniel J. Boorstin, *Histoire des Américains*, Paris, Armand Colin, 1981, 3 vol.

Sur les médias :

– Claude-Jean Bertrand, *Les Médias aux États-Unis*, Paris, PUF, coll. « Que sais-je ? », 1974.
– Robert Burbage, *La Presse aux États-Unis*, Paris, La Documentation française, 1981.
– Robert Burbage, Jean Cazemajou et André Kaspi, *Presse, Radio et Télévision aux Etats-Unis*, Paris, Armand Colin, coll. « U 2 », 1972.
– Divina Frau-Meigs, *Médiamorphoses américaines dans un espace privé unique au monde*, Paris, Economica, 2001.
– David Halberstam, *Le pouvoir est là*, Paris, Fayard, 1980.

– Frank Luther Mott, *A History of American Magazines*, Cambridge (Mass.), Harvard University Press, 1968.
– François Mariet, *La Télévision américaine. Médias, marketing, publicité*, Paris, Economica, 1992.
– Dominique Pasquier, *La Télévision américaine*, Milan-Média, 1990.
– Daniel Royot et Susan Ruel (sous la direction de), *Les Médias et l'Information aux États-Unis de 1945 à nos jours. Presse, radio, télévision et multimédia*, Paris, Didier-Érudition, 1997.
– John Tebbel et Mary Ellen Zuckerman, *The Magazine in America, 1741-1990*, New York, Oxford University Press, 1991.

LA NAISSANCE DES ÉTATS-UNIS (1607-1815)

1. La société coloniale

Pour acquérir une vue d'ensemble, se reporter à Charles M. Andrews, *The Colonial Period of American History*, New Haven, Yale University Press, 1934-1938, 4 vol. L'ouvrage demeure fondamental.

Pour une étude systématique, on commencera par s'interroger sur la Grande-Bretagne au XVIIe siècle :
– Carl Bridenhaugh, *Vexed and Troubled Englishmen, 1590-1642*, New York, Oxford University Press, 1968.
– Claude Fohlen, *Les Pères de la révolution américaine*, Paris, Albin Michel, 1989.
– Roland Marx, *Religion et Société en Angleterre, de la Réforme à nos jours*, Paris, PUF, coll. « L'historien », 1978.
– Wallace Notestein, *The English People on the Eve of Colonization, 1603-1630*, New York, Harper Torchbooks, 1962.
– Jean Séguy, « Les non-conformismes religieux d'Occident », in *Histoire des religions*, Paris, Gallimard, coll. « Encyclopédie de la Pléiade », 1972. À compléter avec Pierre Brodin, *Les Quakers en Amérique du Nord au* XVIIe *siècle*, Paris, Dervy-Livres, nouv. éd., 1985.

Sur les voyages de découverte et les premiers établissements :
– David N. Durant, *Raleigh's Lost Colony*, Londres, Weidenfeld & Nicolson, 1981.

– John E. Pomfret, *Founding the American Colonies, 1583-1660*, New York, Harper Torchbooks, 1971.

Sur l'histoire des colonies :
– Bernard Bailyn, *The New England Merchants in the Seventeenth Century*, New York, Harper Torchbooks, 1964.
– Wesley Frank Craven, *The Southern Colonies in the Seventeenth Century 1607-1689*, Baton Rouge, Louisiana State University Press, nouv. éd., 1970.
– John Demos, *A Little Commonwealth. Family Life in Plymouth Colony*, New York, Oxford University Press, 1970.
– Alden T. Vaughan, *New England Frontier. Puritans and Indians, 1620-1675*, Boston, Little, Brown & Co., 1965.

Sur de grandes familles de la société coloniale :
– James B. Hedges, *The Browns of Providence Plantations*, Providence, Brown University, 1968.
– Aubrey C. Land, *The Dulanys of Maryland*, Baltimore, The Johns Hopkins University Press, 2e éd., 1968.

Sur la mise en valeur :
– David Galenson, *White Servitude in Colonial America. An Economic Analysis*, Cambridge, Cambridge University Press, 1981.
– Edwin J. Perkins, *The Economy of Colonial America*, New York, Columbia University Press, 1980.
– James A. Rawley, *The Transatlantic Trade. A History*, New York, W.W. Norton, 1981.

Sur la vie culturelle :
– Louis B. Wright, *The Cultural Life of the American Colonies*, New York, Harper & Row, 1957.

2. La Révolution américaine

Son histoire est, depuis une centaine d'années, un champ de bataille sur lequel s'affrontent les historiens, les juristes, les politologues. George Bancroft fut le premier à ouvrir le débat. Dans son *History of the United States of America from the Discovery of the Continent* (New York, D. Appleton, nouv. éd., 1924) en 10 volumes qu'il publia de 1834 à 1874, les Américains apparaissent comme les défenseurs de la démocratie, tandis que les Anglais sont les champions de la tyrannie.

Deux réactions se sont produites. L'école impériale se refuse à donner tort aux Anglais : elle insiste par contre sur le provincialisme, l'étroitesse d'esprit, la déloyauté des colons pendant la guerre de Sept Ans et sur leur particularisme grandissant. Voir, par exemple, Lawrence H. Gipson, *The Coming of the Revolution, 1763-1775*, New York, Harper Torchbooks, 1962. L'école progressiste, elle, naît avec la parution en 1913 de l'ouvrage de Charles Beard, *An Economic Interpretation of the Constitution*, New York, Macmillan. Beard était un historien *muckraker* qui s'efforçait de révéler les complots des « intérêts spéciaux ». Pour lui, la Constitution de 1787 résulte d'une conspiration réactionnaire, inspirée par les détenteurs de la fortune mobilière. Pendant quarante ans, la thèse de Beard eut un énorme succès.

C'est ainsi qu'une nouvelle interprétation s'est dégagée. Pour les progressistes, la Révolution est née d'un double mouvement : d'une part, les marchands américains, victimes du mercantilisme, veulent se rendre indépendants ; d'autre part, ils s'allient à des forces radicales qui s'efforcent, après 1776, de l'emporter. Les radicaux imposent leur volonté jusqu'en 1785-1787, puis cèdent le pouvoir aux nationalistes, qui font adopter la Constitution fédérale.

Après 1950, l'école progressiste subit les assauts des historiens révisionnistes. En particulier :

Daniel Boorstin, *The Genius of American Politics*, Chicago, The University of Chicago Press, 1953.

– Robert E. Brown, *Middle-Class Democracy and the Revolution in Massachusetts, 1691-1780*, Ithaca, Cornell University Press, 1955.

Pour Brown, la société coloniale était démocratique avant même que la Révolution n'éclate ; les colons formaient un consensus. Pour Boorstin, il n'y avait pas de clivages économiques et sociaux dans les colonies ; la Révolution ne fut qu'un mouvement pour protéger les acquis.

Deux historiens se sont livrés à des comparaisons fort instructives entre la révolution américaine et les révolutions européennes de la fin du XVIIIe siècle :

– Jacques Godechot, *Les Révolutions, 1770-1799*, Paris, PUF, 2e éd., 1965.
– Robert R. Palmer, *The Age of the Democratic Revolution. A Political History of Europe and America, 1760-1800*, Princeton, Princeton University Press, 1959-1964, 2 vol.

Malgré leur démarche prudente, les historiens révisionnistes ont été à leur tour révisés, notamment par les historiens de la *new left* qui ont cherché méthodiquement les traces d'une lutte des classes dans la période pré-révolutionnaire. Au premier abord, le lecteur est confondu par tant de réflexions contradictoires et ballotté d'une interprétation à l'autre. Le plus simple est d'acquérir une vue d'ensemble de la période :

– John R. Alden, *La Guerre d'Indépendance, 1776-1783*, Paris, Seghers, coll. « Vent d'Ouest », 1965.
– Carl Becker, *La Déclaration d'indépendance*, Paris, Seghers, coll. « Vent d'Ouest », 1965.
– A. Goodwin (ed), *The New Cambridge Modern History*, t. 8, *The American and French Revolutions, 1763-1793*, Cambridge, Cambridge University Press, 1971.
– Edmund S. Morgan, *The Birth of the Republic, 1763-1789*, Chicago, The University of Chicago Press, 1956.
– Curtis P. Nettels, *The Emergence of a National Economy, 1775-1815*, New York, Holt, Rinehart & Winston, 1962.

Il convient également de lire les textes de l'époque :

– André Kaspi, *L'Indépendance américaine, 1763-1789*, Paris, Gallimard-Julliard, coll. « Archives », 1976.
– Thomas Paine, *Le Sens commun*, Paris, Aubier, 1983. Introduction et traduction de Bernard Vincent.

Puis, l'on pourra se plonger dans les diverses interprétations :

– Jack P. Greene, *The Reinterpretation of the American Revolution, 1763-1789*, New York, Harper & Row, 1968.

Enfin, le lecteur poussera plus avant l'analyse avec :

– Elise Marienstras, *Nous, le peuple. Les origines du nationalisme américain*, Paris, Gallimard, 1988.
– Russel Blaine Nye, *The Cultural Life of the New Nation, 1776-1830*, New York, Harper Torchbooks, 1960.

– Bernard Vincent, *Thomas Paine ou la religion de la liberté*, Paris, Aubier, 1987.

L'ACCESSION À LA PUISSANCE (1815-1945)

1. La croissance économique jusqu'à la Première Guerre mondiale

Partir de l'ouvrage d'Yves-Henri Nouailhat, *Évolution économique des États-Unis du milieu du* XIXe *siècle à 1914*, Paris, SEDES, 1982, qui se termine par une longue bibliographie.

On pourra ajouter :

– Harold U. Faulkner, *The Decline of Laissez-Faire, 1897-1917*, New York, Harper Torchbooks, nouv. éd., 1968.
– Paul W. Gates, *The Farmer's Age : Agriculture, 1815-1860*, New York, Harper Torchbooks, 1960.
– Edward Chase Kirkland, *Industry Comes of Age, Business, Labor and Public Policy, 1860-1897*, Chicago, Quadrangle Paperbacks, nouv. éd., 1967.
– Pierre Melandri, *Histoire des États-Unis, 1865-1996*, Paris, Nathan/ Université, 6e éd., 1996.
– Douglas C. North, *Growth and Welfare in the American Past : a New Economic History*, Englewood Cliffs (NJ), Prentice Hall, 1966.
– Fred A. Shannon, *The Farmer's Last Frontier : Agriculture 1860-1897*, New York, Harper & Row, nouv. éd., 1968.
– John F. Stover, *American Railroads*, Chicago, The University of Chicago Press, 1961.
– George Rogers Taylor, *The Transportation Revolution, 1815-1860*, New York, Harper Torchbooks, 1951.

Lié au problème de la croissance économique, celui de la naissance et de l'essor d'une classe d'entrepreneurs. Ces grands capitalistes ont-ils été des « barons voleurs » ou bien les agents de la mutation ? On lira sur ce thème :

– Thomas C. Cochran et William Miller, *The Age of Enterprise. A Social History of Industrial America*, New York, Harper & Row, nouv. éd., 1961. Un classique.

– Peter Collier et David Horowitz, *Une dynastie américaine : les Rockefeller*, Paris, Le Seuil, 1976.
– Harold C. Livesay, *Andrew Carnegie and the Rise of Big Business*, Boston, Little, Brown & Co., 1975.
– Glenn Porter, *The Rise of Big Business, 1860-1910*, New York, Crowell, 1973.

Sur l'histoire des villes :

– Hélène Harter, *Les Ingénieurs des travaux publics et la transformation des métropoles américaines, 1870-1910*, Paris, Publications de la Sorbonne, 2001.
– François Weil, *Naissance de l'Amérique urbaine, 1820-1920*, Paris, SEDES, 1992. Une longue bibliographie enrichit l'ouvrage.
– Olivier Zunz, *Naissance de l'Amérique industrielle. Detroit, 1880-1920*, Paris, Aubier, 1983.
– Olivier Zunz, *L'Amérique en col blanc. L'invention du tertiaire, 1870-1920*, Paris, Belin, 1991.
– Olivier Zunz, *Le Siècle américain. Essai sur l'essor d'une grande puissance*, Paris, Fayard, 2000.

2. La démocratie jacksonienne

Les historiens continuent de s'interroger sur la personnalité et le programme politique d'Andrew Jackson. A-t-il été l'incarnation de la souveraineté populaire et a-t-il fait accéder son pays à la vraie démocratie ? Ou bien n'a-t-il été que le représentant d'une classe sociale, avide de stimuler l'essor économique et d'en tirer parti ?

Outre les analyses d'Alexis de Tocqueville qui restent essentielles pour comprendre cette période, on lira :

– George Dangerfield, *The Awakening of American Nationalism, 1815-1828*, New York, Harper Torchbooks, 1965.
– John Allen Krout et Dixon Ryan Fox, *The Completion of Independence, 1790-1830*, Chicago, Quadrangle Books, nouv. éd., 1971.
– Frederick Merk, *Manifest Destiny and Mission in American History*, New York, Random House, 1966.
– Dexter Perkins, *A History of the Monroe Doctrine*, Boston, Little, Brown & Co., nouv. éd., 1963.

– Edward Pessen, *Riches, Class and Power Before the Civil War*, New York, Heath, 1973.
– Robert V. Remini, *Andrew Jackson*, New York, Harper & Row, 1966. Le meilleur biographe de Jackson.
– Robert V. Remini, *Andrew Jackson and the Bank War*, New York, W.W. Norton, 1967.
– Robert V. Remini, *The Age of Jackson*, New York, Harper & Row, 1972.
– Robert V. Remini, *The Revolutionary Age of Andrew Jackson*, New York, Harper & Row, 1976.
– René Rémond, *Les États-Unis et l'Opinion française, 1815-1852*, Paris, Armand Colin, 1962, 2 vol. Pour discerner l'image des États-Unis à l'étranger.
– Peter Temin, *The Jacksonian Economy*, New York, Heath, 1969.

3. La guerre de Sécession

a) Les origines du conflit font l'objet d'un débat historiographique. Quelle place tiennent les facteurs économiques, politiques et idéologiques dans la rupture entre le Nord et le Sud ? La guerre était-elle inévitable ? Quelle signification donner à l'élection de Lincoln ? Lire notamment :

– Jean Heffer, *Les Origines de la guerre de Sécession*, Paris, PUF, coll. « Dossiers Clio », 1971. Une bonne mise au point.
– Allan Nevins, *The Ordeal of the Union* (2 vol.), *The Emergence of Lincoln* (2 vol.). *The War for the Union* (2 vol.), New York, Charles Scribner's Sons, 1947-1959. Une excellente synthèse.

Sur l'état d'esprit qui prévaut dans les États-Unis du milieu du siècle, d'innombrables ouvrages. Se reporter pour une vue d'ensemble à Irving H. Bartlett, *The American Mind in the Mid-Nineteenth Century*, New York, Crowell, 1967.

Sur la vie quotidienne, lire :

– Robert Lacour-Gayet, *La Vie quotidienne aux États-Unis à la veille de la guerre de Sécession*, Paris, Hachette, 1958.
– Van Wyck Brooks, *L'Âge d'or de la Nouvelle-Angleterre*, Paris, Seghers, coll. « Vent d'Ouest », 1968, 2 vol.

Un aspect jusqu'alors mal connu :

- W.J. Rorahaugh, *The Alcoholic Republic. An American Tradition*, New York, Oxford University Press, 1979.

Sur le Sud et l'esclavage, il n'y a que l'embarras du choix. Les textes que donne Michel Fabre dans *Esclaves et Planteurs* (Paris, Gallimard-Julliard, coll. « Archives », 1970) sont intéressants. D'autres ouvrages permettront une analyse approfondie du problème :

- Dickson D. Bruce, *Violence and Culture in the Antebellum South*, Austin, University of Texas Press, 1979.
- Clement Eaton, *The Growth of Southern Civilization, 1790-1860*, New York, Harper Torchbooks, 1961.
- Stanley M. Elkins, *Slavery : A Problem in American Institutional and Intellectual Life*, Chicago, The University of Chicago Press, 3e éd., 1976.
- Robert W. Fogel et Stanley Engerman, *Time on the Cross*, Boston, Little, Brown & Co., 1974, 2 vol. L'ouvrage, qui a fait beaucoup de bruit, doit être lu, et sa lecture suivie par celle des critiques de Fogel et Engerman.
- Claude Fohlen, *Histoire de l'esclavage aux États-Unis*, Paris, Perrin, 1998.
- Eugene Genovese, *L'Économie politique de l'esclavage*, Paris, Maspero, 1968.
- Herbert Gutman, *The Black Family in Slavery and Freedom, 1750-1925*, New York, Pantheon Books, 1976.
- James McPherson, *La guerre de Sécession (1861-1865)*, Paris, Robert Laffont/bouquins, 1991.
- Theda Perdue, *Slavery and the Evolution of Cherokee Society, 1540-1866*, Knoxville, The University of Tennessee Press, 1979. Fait découvrir l'esclavage dans le monde des Indiens Cherokees.
- Dickson J. Preston, *Young Frederick Douglass*, Baltimore, The Johns Hopkins University Press, 1980. La jeunesse d'un esclave noir, devenu l'un des leaders du mouvement abolitionniste.
- Elbert B. Smith, *The Death of Slavery. The United States, 1837-1865*, Chicago, The University of Chicago Press, 1967.

b) Le déroulement de la guerre suscite moins de controverses. Commencer par :

- André Kaspi, *La guerre de Sécession. Les États désunis*, Paris, Gallimard/Découvertes, 1992.

Sur le rival de Grant :

- Pierre Illiez, *L'Autorité discrète de Robert Lee. Ou les victoires manquées de la guerre de Sécession*, Paris, Librairie académique Perrin, 1981.

Sur l'histoire des États sécessionnistes :

- Emory M. Thomas, *The Confederate Nation, 1861-1865*, New York, Harper Colophon Books, 1979.
- Lynn M. Case et Warren F. Spencer, *The United States and France : Civil War Diplopmacy*. Philadelphia, University of Pennsylvania Press, nouv. éd., 1974.

Sur Lincoln :

- Stephen Oates, *Lincoln*, Paris, Fayard, 1984. Très bonne biographie.

c) Les lendemains de la guerre constituent la Reconstruction. Est-ce une période d'excès commis par les vainqueurs ? Ou bien y a-t-il eu une tentative de réalignement politique, dont le Sud aurait fait les frais ? Quelle a été la conséquence de l'émancipation sur la condition des Noirs ? Lire notamment :

- Eric Foner, *Nothing but Freedom. Emancipation and Its Legacy*, Baton Rouge, Louisiana State University Press, 1983.
- John Hope Franklin, *Reconstruction. After the Civil War*, Chicago, The University of Chicago Press, 1961.
- James McPherson, *Ordeal by Fire. The Civil War and Reconstruction*, New York, Alfred A. Knopf, 1982. La meilleure synthèse.
- Kenneth M. Stampp, *The Era of Reconstruction, 1865-1877*, New York, Vintage Books, 1965.
- C. Vann Woodward, *The Strange Career of Jim Crow*, New York, Oxford University Press, 1966. Comment la ségrégation raciale a été instaurée et consolidée.

4. La Frontière

Si l'ouvrage de Ray Billington demeure la référence fondamentale, d'autres livres éclairent des aspects plus précis de l'histoire de la Frontière. Par exemple :

- Liliane Crété, *La Vie quotidienne en Louisiane, 1815-1830*, Paris, Hachette, 1978.
- Liliane Crété, *La Vie quotidienne en Californie au temps de la ruée vers l'or, 1848-1856*, Paris, Hachette, 1982.
- Claude Fohlen, *La Vie quotidienne au Far West 1860-1890*, Paris, Hachette, 1974.
- Philippe Jacquin et Daniel Royot, *Go West ! Histoire de l'Ouest américain d'hier à aujourd'hui*, Paris, Flammarion, 2002.
- Jean-Louis Rieupeyrout, *Histoire du Far West*, Paris, Tchou, 1967. Touffu, mais plein d'informations.

Sur les activités économiques de la Frontière :

- Erhing A. Erickson, *Banking in Frontier lowa, 1836-1865*, Ames, The lowa State University Press, 1971.
- Terry G. Jordan, *Trails to Texas, Southern Roots of Western Cattle Ranching*, Lincoln, University of Nebraska Press, 1981.

Sur la société de la Frontière :

- Don Harrison Doyle, *The Social Order of a Frontier Community. Jacksonville, Illinois, 1825-1870*, Urbana, University of Illinois Press, 1978.
- Nicholas P. Hardeman, *Shucks, Shocks and Hominy Blocks. Corn As a Way of Life in Pionneer America*, Baton Rouge, Louisiana State University Press, 1981.
- Sandra L. Myres, *Westering Women and the Frontier Experience, 1800-1915*, Albuquerque, University of New Mexico Press, 1982.
- Farid Ameur, *La Victoire ou la mort*, Paris, Larousse, 2007.

Il va de soi que les articles de Frederick J. Turner, réunis dans *La Frontière dans l'histoire des États-Unis* (Paris, PUF, 1963 ; la version américaine a paru en 1920), font comprendre l'importance de la Frontière dans l'histoire des mentalités américaines.

Enfin, sur l'ensemble des questions touchant à l'histoire de la Frontière : – Clyde A. Milner, Carol O'Connor et Martha A. Sanders (eds), *The Oxford History of the American West*, New York, Oxford University Press, 1994.

5. L'impérialisme et ses interprétations

Pourquoi les États-Unis sont-ils devenus en 1898 une puissance impérialiste ? Les milieux d'affaires sont-ils responsables de l'évolution ? Résulte-t-elle d'un expansionnisme que la fermeture de la Frontière ne satisferait plus ? N'est-ce que le fait du hasard ? Comment se sont exprimés les adversaires américains de l'impérialisme ? Dans quelle mesure la politique extérieure des États-Unis change-t-elle à la veille de la Première Guerre mondiale ? Voilà les questions traitées par les historiens. Pour faire le point :

– Denise Artaud, *Les États-Unis et leur arrière-cour*, Paris, Hachette, 1995.
– Yves-Henri Nouailhat, *Les États-Unis de 1898 à 1933. L'avènement d'une puissance mondiale*, Paris, Richelieu-Bordas, 1973.
– Yves-Henri Nouailhat, *Les États-Unis et le monde au* XXe *siècle*, Paris, Armand Colin, 2000.

Pour entrer dans le débat :

– Howard K. Beale, *Theodore Roosevelt and the Rise of America to World Power*, New York, Collier Books, nouv. éd., 1968.
– Foster Rhea Dulles, *America's Rise to World Power, 1898-1914*, New York, Harper & Row, nouv. éd., 1963.
– Jean Heffer, *Les États-Unis et le Pacifique. Histoire d'une frontière*, Paris, Albin Michel, L'évolution de l'humanité, 1995.
– Walter La Feber, *The New Empire : an Interpretation of American Expansion, 1860-1898*, Ithaca, Cornell University Press, 1963.
– H. Wayne Morgan, *America's Road to Empire*, New York, Random House, 1965.
– Julius Pratt, *The Expansionists of 1898*, New York, Peter Smith, 1936.
– E.B. Tompkins, *Anti-imperialism in the United States*, Philadelphia, The University of Pennsylvania Press, 1972.

Sur des aspects plus particuliers :

– Richard D. Chaltener, *Admirals, Generals and American Foreign Policy, 1898-1914*, Princeton, Princeton University Press, 1973.

– Jane Hunter, *The Gospel of Gentility. American Women Missionaries in Turn-of-Century China*, New Haven, Yale University Press, 1984.
– C. Roland Marchand, *The American Peace Movement and Social Reform, 1898-1918*, Princeton, Princeton University Press, 1972.

6. Le réformisme

Il a pris des formes différentes : populisme, progressisme, plus tard le New Deal. Quels sont les liens entre ces mouvements ? Il faut, pour comprendre le problème, pénétrer de plain-pied dans l'histoire sociale et lire :

– Richard Hofstadter, *The Age of Reform*, New York, Vintage Books, 1955.
– Richard Hofstadter, *Anti-Intellectualism in American Life*, New York, Vintage Books, 1963.
– Richard Hofstadter, *The Progressive Movement, 1900-1915*, Englewood Cliffs (NJ), Prentice Hall, 1963.
– Richard Hofstadter, *Bâtisseurs d'une tradition*, Paris, Seghers, coll. « Vent d'Ouest », 1966.

Les textes des contemporains sont toujours significatifs. Se reporter à :

– Richard M. Abrams (ed.), *Issues of the Populist and Progressive Eras, 1892-1912*, New York, Harper & Row, 1969.

Sur le populisme :

– Margaret Canovan, *Populism*, New York, Harcourt Brace Jovanovich, 1981.
– Norman Pollack, *The Populist Response to Industrial America. Midwestern Populist Thought*, New York, W.W. Norton, 1962.

Sur les comportements politiques contre lesquels réagissent les populistes :

– John M. Dobson, *Politics in the Gilded Age. A New Perspective on Reform*, New York, Pracger, 1972.

Sur le progressisme :

– Arthur S. Link, *Woodrow Wilson and the Progressive Era, 1910-1917*, New York, Harper Torchbooks, nouv. éd., 1963.

Pour élargir les horizons :
- Henry Commager, *L'Esprit américain*, Paris, PUF, 1965.
- Ronald Creagh, *Histoire de l'anarchisme aux États-Unis d'Amérique, 1826-1886*, Grenoble, La Pensée sauvage, 1981.
- Ronald Creagh, *Laboratoires de l'utopie. Les communautés libertaires aux États-Unis*, Paris, Payot, 1983.
- Harold U. Faulkner. *The Quest for Social Justice, 1898-1914*, Chicago, Quadrangle Books, nouv. éd., 1971.
- James T. Patterson, *America's Struggle Against Poverty, 1900-1980*, Cambridge (Mass.), Harvard University Press, 1981.
- Henry Pelling, *Le Mouvement ouvrier aux États-Unis*, Paris, Seghers, coll. « Vent d'Ouest », 1965.

7. La Première Guerre mondiale et les années vingt

Sur l'entrée en guerre des États-Unis et leur participation au conflit :
- Edward M. Coffman, *The War to End All Wars. The American Military Experience in World War I*. New York, Oxford University Press, 1968.
- Jean-Baptiste Duroselle, *De Wilson à Roosevelt. La politique extérieure des États-Unis. 1913-1945*, Paris, Armand Colin, 1960.
- Frank Freidel, *Over There. The Story of America's First Great Overseas Crusade*, Boston, Little, Brown & Co., 1964.
- André Kaspi, *Le Temps des Américains. Le concours américain à la France, 1917-1918*, Paris, Publications de la Sorbonne, 1976.
- Yves-Henri Nouailhat, *Les Américains à Nantes et à Saint-Nazaire, 1917-1919*, Paris, Les Belles Lettres, 1972.
- Yves-Henri Nouailhat, *France et États-Unis, août 1914-avril 1917*, Paris, Publications de la Sorbonne, 1979.
- Carl P. Parrini, *Heir to Empire : United States Economic Diplomacy, 1916-1923*, Pittsburgh, University of Pittsburgh Press, 1969.
- Frederic Paxson, *American Democracy and the World War*, Boston, Houghton Mifflin, 1939.
- Peter W. Slosson, *The Great Crusade and After, 1914-1928*, Chicago, Quadrangle Books, nouv. éd., 1970. Une histoire de la vie quotidienne.

Les années vingt sont marquées en premier lieu par une forte expansion économique. Sur ce thème :

– Louis R. Franck, *Histoire économique et sociale des États-Unis de 1919 à 1949*, Paris, Aubier, 1950. Ouvrage un peu vieilli.
– Jim Potter, *The American Economy Between the World Wars*, New York, John Wiley & Sons, 1974. Excellent.
– George Soule, *Prosperity Decade : From War to Depression, 1917-1929*, New York, Harper Torchbooks, nouv. éd., 1968.

Sur l'atmosphère de l'époque :
– William H. Chafe, *The American Woman. Her Changing Social, Economic, and Political Roles, 1920-1970*, New York, Oxford University Press, 1972.
– André Kaspi, *La Vie quotidienne aux États-Unis au temps de la prospérité, 1919-1929*, Paris, Hachette, 1993.
– George E. Mowry et Blaine A. Brownell, *The Urban Nation, 1920-1980*, New York, Hill & Wang, nouv. éd., 1981.
André Siegfried, *Les États-Unis d'aujourd'hui*, Paris, Armand Colin, nouv. éd., 1948. De bonnes observations, même s'il faut lire le livre avec esprit critique.

Sur l'histoire politique :
– Selig Adler, *The Uncertain Giant, 1921-1941. American Foreign Policy Between the Wars*, New York, Collier Books, 1969.
– John D. Hicks, *Republican Ascendancy, 1921-1933*, New York, Harper Torchbooks, 1963.

Sur la vie culturelle :
– Annie Cohen-Solal, *« Un jour, ils auront des peintres ». L'avènement des peintres américains, Paris 1867-New York 1948*, Paris, Gallimard, 2000.
– Eric Lipmann, *L'Amérique de George Gershwin*, Paris, Messine, 1983.
– Michel Terrier, *Le Roman américain, 1914-1945*, Paris, PUF, coll. « Monde anglophone », 1979.

8. Franklin D. Roosevelt, le New Deal et la Seconde Guerre mondiale

a) Sur Roosevelt, la meilleure biographie est celle de Frank Freidel, *Franklin D. Roosevelt* (4 volumes parus ; le dernier traite

des débuts du New Deal), Boston, Little, Brown & Co., 1952-1973.
On complétera avec :
- James McGregor Burns, *Roosevelt*, New York, Harcourt Brace Jovanovich, 1956-1970, 2 vol.
- André Kaspi, *Franklin Roosevelt*, Paris, Fayard, 1988.

Ne pas oublier le rôle tenu par Eleanor Roosevelt :
- Joseph P. Lash, *Eleanor and Franklin*, New York, A Signet Book, 1973.
- J. William T. Young, *Eleanor Roosevelt. A Personal and Public Life*, Boston, Little, Brown & Co., 1985.

b) Pour saisir l'importance du New Deal, il faut s'interroger sur l'ampleur et les origines de la crise et de la dépression :
- Jean Heffer, *La Grande Dépression. Les États-Unis en crise, 1929-1933*, Paris, Gallimard-Julliard, coll. « Archives », 1976.

Pour suivre de près la politique ou les politiques de Roosevelt :
- Denise Artaud, *Le New Deal*, Paris, Armand Colin, coll. « U 2 », 1969.
- Paul K. Cookin, *The New Deal*, New York, Thomas Y. Crowell, 1967.
- Claude Fohlen, *L'Amérique de Roosevelt*, Paris, Imprimerie nationale, 1982.
- William E. Leuchtenburg, *Franklin D. Roosevelt and the New Deal*, New York, Harper Torchbooks, 1963.
- Dexter Perkins, *The New Age of Franklin Roosevelt, 1932-1945*, Chicago, The University of Chicago Press, 1956.

Les États-Unis de la dépression sont décrits dans :
- Irving Bernstein, *The Lean Years. A History of the American Worker, 1920-1933*, Boston, Houghton Mifflin, 1960.
- Broadus Mitchell, *Depression Decade. From New Era Through New Deal, 1929-1941*, New York, Harper Torchbooks, 1947.
- Roland Tissot, *L'Amérique et ses peintres, 1908-1978. Essai de typologie artistique*, Lyon, Presses universitaires de Lyon, 1980.
- Dixon Wecter, *The Age of the Great Depression, 1929-1941*, New York, New Viewpoints, nouv. éd., 1975.

c) Sur la Seconde Guerre mondiale, l'étude la plus claire est celle de :

– Robert Dallek, *Franklin D. Roosevelt and American Foreign Policy, 1932-1945*, New York, Oxford University Press, 1979.

Pour entrer dans l'analyse serrée des faits et des interprétations :

– Robert A. Divine, *The Reluctant Belligerent. American Entry Into World War II*, New York, John Wiley & Sons, 1965.
– William L. Langer et S. Everett Gleason, *The Challenge to Isolation, 1937-1940*, New York, Harper & Brothers, 1952-1953, 2 vol. Utile mais un peu vieilli.
– Arnold A. Offner (ed.), *America and the Origins of World War II*, Boston, Houghton Mifflin, 1971.

Les liens entre la situation internationale et la politique intérieure sont étudiés dans :

– Robert A. Divine, *Foreign Policy and U.S. Presidential Elections, 1940-1948*, New York, Viewpoints, 1974.

Enfin, pour la période 1941-1945, lire :

– John Morton Blum, *V Was for Victory. Politics and American Culture During World War II*, New York, Harcourt Brace Jovanovich, 1976.
– Hélène Harter, *L'Amérique en guerre. Les villes pendant la Seconde Guerre mondiale*, Paris, Galaade Éditions, 2006.
– Lee Kennett, *For the Duration. The United States Goes to War. Pearl Harbor, 1942*, New York, Charles Scribner's Sons, 1985.
– Richard R. Lingeman, *Don't You Know There Is a War On ? The American Home Front, 1941-1945*, New York, Paperback Library, 1970.
– Gaddis Smith, *American Diplomacy During the Second World War, 1941-1945*, New York, John Wiley & Sons, 1965.
– David S. Wyman, *The Abandonment of the Jews. America and the Holocaust, 1941-1945*, New York, Pantheon Books, 1984. Fondamental sur un sujet très controversé.

Index

Illustrations

Table

DEUXIÈME PARTIE

L'accession à la puissance
(1815-1945)

ANNEXES

Du même auteur

La Mission de Jean Monnet à Alger
Mars-octobre 1943
Éditions Richelieu/Publications de la Sorbonne, 1971

Le Temps des Américains
Le concours américain à la France (1917-1918)
Publications de la Sorbonne, 1976
Ouvrage couronné par l'Académie des Sciences morales et politiques

L'Indépendance américaine (1763-1789)
Gallimard/Julliard, « Archives », 1976
et « Folio Histoire », 2013, sous le titre :
La Révolution américaine (1763-1789)

La Vie quotidienne au États-Unis au temps de la prospérité
1919-1929
Hachette, 1980, nouv. éd., 1993
Ouvrage couronné par l'Académie française

La Deuxième Guerre mondiale
Chronologie commentée
(en collaboration)
Perrin, 1980
rééd., Bruxelles, Complexe, 1995
rééd., Perrin, « Tempus », 2010

Le Watergate (1972-1974)
La Démocratie américaine à l'épreuve
Bruxelles, Complexe, 1983

Les Américains
2. Les États-Unis de 1945 à nos jours
« Points Histoire » n° 90, 1986
nouv. éd., 2008, 2014

États-Unis 1968
L'Année des contestations
Bruxelles, Complexe, 1988
rééd., Bruxelles, André Versaille, 2008

Franklin Roosevelt
Fayard, 1988
rééd., Perrin, « Tempus », 2012

Les Juifs pendant l'Occupation
Seuil, 1991
et « Points Histoire » n° 238, nouv. éd., 1997

La Guerre de Sécession
Les États désunis
Gallimard, 1992

La Libération de la France
Juin 1944-janvier 1946
(en collaboration)
Perrin, 1995
rééd., « Tempus », 2004
rééd., Succès du livre, 2008

Jules Isaac ou la Passion de la vérité
Plon, 2002

La Peine de mort aux États-Unis
Plon, 2003

La Civilisation américaine
(en collaboration)
PUF, nouvelle édition, 2006

John F. Kennedy
Une famille, un président, un mythe
Bruxelles, Complexe, 2007

Comprendre les États-Unis d'aujourd'hui
Perrin, « Tempus », 2008
nouv. éd., 2009

Les Juifs américains
Plon, 2008
rééd., Seuil, « Points Histoire » n° 418, 2009

Des espions ordinaires
L'Affaire Rosenberg
Larousse, 2009

Histoire des relations internationales
1. De 1919 à 1945
2. De 1945 à nos jours
(ouvrage écrit par Jean-Baptiste Duroselle,
revu et complété par André Kaspi)
Armand Colin, 15e édition, 2009

Histoire de l'Alliance israélite universelle
De 1860 à nos jours
(direction)
Armand Colin, 2010

Chronologie commentée
de la Seconde Guerre mondiale
(en collaboration)
Perrin, « Tempus », 2010

Saint-Maur-des-Fossés
Quand la banlieue peut avoir une âme
(en collaboration avec Joëlle Conan)
Gallimard, « Découvertes », 2010

Barack Obama, la grande désillusion
Plon, 2012

Les Présidents américains
De Washington à Obama
(avec Hélène Harter)
Tallandier, 2012
et « Texto », 2013

COMPOSITION : NORD COMPO À VILLENEUVE-D'ASCQ
IMPRESSION : NORMANDIE ROTO IMPRESSION S.A.S. À LONRAI
DÉPÔT LÉGAL : MAI 2014. N° 116646-2 (1601911)
IMPRIMÉ EN FRANCE

Collection Points Histoire

H446. Noir, *par Michel Pastoureau*
H447. Histoire du corps, t. I, De la Renaissance aux Lumières
sous la direction de Georges Vigarello
H448. Histoire du corps, t. II, De la Révolution à la Grande Guerre
sous la direction d'Alain Corbin
H449. Histoire du corps, t. III, Les Mutations du regard.
Le XXe siècle
sous la direction de Jean-Jacques Courtine
H450. Histoire de l'Europe urbaine, t. I, La Ville antique
par Xavier Lafon, Jean-Yves Marc et Maurice Sartre
H451. Histoire de l'Europe urbaine, t. II, La Ville médiévale
par Patrick Boucheron et Denis Menjot
H452. Histoire de l'Europe urbaine, t. III, La Ville moderne
par Olivier Zeller
H453. Histoire de l'Europe urbaine, t. IV
La Ville contemporaine jusqu'à la Seconde Guerre mondiale, *par J.-L. Pinol, F. Walter*
H454. Histoire de l'Europe urbaine, t. V, La Ville coloniale
par Odile Goerg et Xavier Huetz de Lemps
H455. Histoire de l'Europe urbaine, t. VI
La Ville contemporaine après 1945, *par Guy Burgel*
H456. L'Allemagne nazie et les Juifs,
t. I, Les Années de persécution (1933-1939)
par Saul Friedländer
H457. L'Allemagne nazie et les Juifs
t. II, Les Années d'extermination (1939-1945)
par Saul Friedländer
H458. Régimes d'historicité, *par François Hartog*
H459. L'Empire gréco-romain, *par Paul Veyne*
H460. La Formation de la classe ouvrière anglaise
par Edward P. Thompson

H461. Mitterrand. Une histoire de Français
t. II, Les Vertiges du sommet, *par Jean Lacouture*
H462. Nos ancêtres les Gaulois, *par Jean-Louis Brunaux*
H463. Une histoire de la violence
par Robert Muchembled
H464. Einsatzgruppen, *par Michaël Prazan*
H465. Une histoire symbolique du Moyen Âge occidental
par Michel Pastoureau
H466. Choix fatidiques. Dix décisions qui ont changé le monde
(1940-1941), *par Ian Kershaw*
H467. Le Siècle juif, *par Yuri Slezkine*
H468. Les Empires coloniaux
sous la direction de Pierre Singaravélou
H469. La Maison Dieu, *par Dominique Iogna-Prat*
H470. 1940. L'année noire, *par Jean-Pierre Azéma*
H471. La Mémoire désunie, *par Olivier Wieviorka*
H472. L'Ours, *par Michel Pastoureau*
H473. La Guerre de Cent Ans, *par Christopher Allmand*
H474. L'Intégration des jeunes, *par Ivan Jablonka*
H475. Histoire du christianisme, *sous la direction d'Alain Corbin*
H476. Les Métamorphoses du gras, *par Georges Vigarello*
H477. Histoire de chambres, *par Michelle Perrot*
H478. Giotto et les humanistes, *par Michael Baxandall*
H479. Les Héros de l'histoire de France, *Alain Corbin*
H480. L'Islam, l'islamisme et l'Occident
par Gabriel Martinez-Gros et Lucette Valensi
H481. L'Empire portugais d'Asie, *par Sanjay Subrahmanyam*
H482. Histoire de l'Afrique du Sud
par François-Xavier Fauvelle-Aymar
H483. Histoire des grands-parents que je n'ai pas eus
par Ivan Jablonka
H484. Du nouveau sous le soleil, *par John R. Mc Neill*
H485. Mélancolie ouvrière, *par Michelle Perrot*
H486. Stèles. La Grande Famine en Chine (1958-1961)
par Jisheng Yang
H487. Histoire des Carolingiens. VIIIe-Xe siècle (inédit),
par Marie-Céline Isaia
H488. La Querelle des universaux, *par Alain de Libera*
H489. La Guerre de Vendée, *par Jean-Clément Martin*
H490. Les Écrans de l'ombre, *par Sylvie Lindeperg*
H491. La Fin. Allemagne, 1944-1945, *par Ian Kershaw*
H492. Vasco de Gama. Légende et tribulations
du vice-roi des Indes, *par Sanjay Subrahmanyam*
H493. Une histoire politique du pantalon, *par Christine Bard*
H494. Vingt destins dans la Grande Guerre.
La beauté et la douleur des combats, *par Peter Englud*